BESTSELLER

Cristina Morató (Barcelona, 1961) estudió periodismo y fotografía. Desde muy joven ha recorrido el mundo como reportera, realizando numerosos artículos y reportajes. Tras pasar largas temporadas en países de América Latina, Asia y África –donde trabajó para la Cooperación Sanitaria Española en la actual República Democrática del Congo–, en 2005 viajó por primera vez a Oriente Próximo y visitó Siria y más tarde Jordania. Durante esos años alternó sus viajes con la dirección de programas de televisión, trabajo que decidió abandonar para dedicarse a escribir sobre la vida de las grandes viajeras y exploradoras olvidadas por la historia. En busca de sus rastros, recorrió más de cuarenta países. Los documentos, libros y datos encontrados durante el camino le permitieron escribir *Viajeras intrépidas y aventureras* (2001), *Las reinas de África* (2003), *Las damas de Oriente* (2005) y *Cautiva en Arabia* (2009). Su fascinación por las mujeres excepcionales la ha llevado también a escribir sobre una serie de mujeres de leyenda en *Divas rebeldes* (2010) y en *Reinas malditas* (2014). En la actualidad tiene una columna de opinión en la revista *Mujer Hoy*. Además, es miembro fundador y vicepresidenta de la Sociedad Geográfica Española, y pertenece a la Royal Geographical Society de Londres.

Para más información, visite la web de la autora:
www.cristinamorato.com

También puede seguir a Cristina Morató en Facebook:
www.facebook.com/Cristina.Morato.Oficial

Biblioteca

CRISTINA MORATÓ

Divas rebeldes

DEBOLS!LLO

Papel certificado por el Forest Stewardship Council®

MIXTO
Papel procedente de
fuentes responsables
FSC® C117695

Segunda edición: diciembre de 2014
Cuarta reimpresión: octubre de 2017

© 2010, Cristina Morató
© 2010,Penguin Random House Grupo Editorial, S. A. U.
Travessera de Gràcia, 47-49. 08021 Barcelona

Printed in Spain – Impreso en España

ISBN: 978-84-9989-476-8 (vol.559/5)
Depósito legal: B-6.615-2012

Compuesto en Fotocomposición 2000, S. A.

Impreso en Liberdúplex
Sant Llorenç d'Hortons (Barcelona)

P994768

Penguin
Random House
Grupo Editorial

A Eduardo Sánchez Junco,
discreto guardián de los secretos de las grandes divas.
Nadie como tú conocía el verdadero significado de
la palabra glamour.

Y a Belén Junco, alma de este libro.

Índice

Una diva, además de cantar e interpretar, tiene que ser una diosa en la vida cotidiana.

MARIA CALLAS

MARIA CALLAS

Morir por amor

Soy muy tímida. Nunca me atrevo a mostrar
lo que siento por la gente. Me toman por
una diva orgullosa e indiferente. Y entonces,
aún me encierro más en mí misma.

MARIA CALLAS

«Me pregunto si llegaré a ser algún
día feliz o si me pasaré el resto de
mi vida luchando por sobrevivir, aunque sobrevivo fabulosamente, no quiero quejarme. Preferiría esperar lo peor y tener
lo mejor. Francamente, durante nueve años pensé que lo tendría,
y descubrí… ¿Cómo puede ser un hombre tan falso?… Oh, no,
ya he tenido suficientes altibajos. Al diablo con todo. Pero ¿y la
noche? ¿Qué pasa cuando cierras la puerta de tu dormitorio y
estás totalmente sola?…» Quien así hablaba era la gran Maria
Callas que por primera y última vez abría su corazón a un periodista amigo, el crítico musical John Ardoin. Corría el año
1968 y la famosa soprano asistía impotente al fin de su sonado
romance con el único hombre al que había amado de verdad, Aristóteles Onassis. Apenas unos días atrás paseaba de la
mano del armador griego por la isla privada de Skorpios, y ahora,
triste y amargada, contemplaba cómo su amante negociaba su

boda con Jackie Kennedy, la viuda del presidente estadounidense.

La historia de Maria Callas, la mayor diva de la ópera del siglo XX, fue tan trágica y apasionada como la de las heroínas que encarnó en los mejores teatros líricos del mundo. Nadie como ella —que vivió en carne propia los celos, el rechazo, el amor intenso, la culpa y el abandono— pudo meterse en la piel de una Norma, una Lucia o una Violeta, de manera tan sublime y dramática. La Callas fascinó al mundo porque representó a través de sus colosales personajes femeninos su propia vida marcada por el sufrimiento y las frustraciones.

El público que durante diez años —entre 1949 y 1959— la veneró como a una diosa, contempló con tristeza cómo su vida privada se convertía en un espectáculo mediático. La prensa rosa encontró un filón en aquella cantante poco atractiva y obesa, transformada por arte de magia en una mujer escultural y deslumbrante que cautivó a uno de los hombres más poderosos del mundo. Cuando su romance con el multimillonario griego saltó a las portadas de las revistas, sus seguidores olvidaron su fulgurante carrera artística y comenzaron a juzgarla sin piedad. Perseguida por los paparazzi, traicionada por su mezquino marido y agente Battista Meneghini, la Callas se refugió en los brazos de Onassis cuando su carrera estaba prácticamente terminada. «No quiero cantar, quiero vivir», repetiría una y otra vez. Y a sus treinta y seis años, libre al fin de ataduras y compromisos, se alejó de los escenarios que la habían encumbrado a la gloria para vivir como una reina un exilio menos dorado de lo que imaginó.

Su turbulenta relación con Onassis, sus abruptas cancelaciones de actuaciones y berrinches, las frecuentes ocasiones en que abandonó el escenario en plena función, sus altercados con empresarios y directores de teatro, sus enfermedades y su temprana muerte —relacionada con el abuso de somníferos— forman parte de su leyenda. Los que admiraban e idolatraban a la estrella nunca le perdonaron que acabara desperdiciando su talento y perdiendo la voz. Su dramático final, sola y atrapada en sus recuerdos, estuvo a la altura de las tragedias griegas que la convirtieron en un mito. «Hay gente que ha nacido para ser feliz y gente que ha nacido para ser infeliz. Simplemente no he tenido suerte en el amor. Muchas veces me pregunto: ¿por qué?», confesaba poco antes de morir en su apartamento parisino con la única compañía de sus sirvientes.

UNA INFANCIA ROBADA

El 2 de diciembre de 1923, cuando Maria vino al mundo en un hospital de la Quinta Avenida de Manhattan, en Nueva York, su madre, Evangelia, sintió una gran decepción. Estaba convencida de que traía al mundo a un niño —en aquel mismo año había fallecido, a la edad de tres años, su único hijo varón— y cuando la enfermera le mostró a aquella pequeña risueña, de casi cinco kilos de peso, morena y mofletuda, la rechazó. Durante cuatro días no quiso acercarse a ella e incluso se negó a darle un nombre. La relación entre la gran diva de la ópera y su madre sería, hasta el final de sus días, tan fría y conflictiva como lo fue en sus primeros meses de vida.

Evangelia Dimitriadis ya era una mujer triste y amargada antes de que su hija naciera. Pertenecía a una familia de la alta burguesía griega, y se enorgullecía de estar emparentada con destacados hombres de la política, oficiales de rango, músicos y poetas. Su padre, el general Petros Dimitriadis, era un veterano militar que tenía un gran talento musical y le apodaban el «comandante cantante». Amante de la ópera, transmitió a sus once hijos su amor por la música, y muy especialmente a la más pequeña, Evangelia, su predilecta. Pero Litza —como él la llamaba— aunque soñaba con ser actriz o cantante no tenía ni voz ni talento dramático. A los diecisiete años renunciaría a sus sueños adolescentes y buscaría un marido. El elegido fue un prometedor y atractivo farmacéutico, George Kalogeropoulos, quince años mayor que ella. Aunque todos parecían encantados con la elección de la joven, Petros, que conocía bien a su hija, le aconsejó que no se casara con un hombre tan distinto de ella. Pero Litza ya había tomado una decisión y no estaba dispuesta a cambiar de planes. El general moriría dos semanas antes de la boda, que se celebró de manera discreta en una iglesia ortodoxa de Atenas.

Tras el enlace, la pareja se estableció en Meligala, ciudad natal del marido. En esta pequeña localidad del Peloponeso, George abrió una farmacia que les daría dinero y prestigio social. Evangelia pronto descubriría que su vida de casada no iba a ser lo que esperaba. Acostumbrada a vivir en la capital, rodeada de gente refinada y cultivada, esa polvorienta y tranquila ciudad de provincias le ofrecía pocos alicientes. A los pocos meses se arrepentiría de haberse casado con aquel boticario, a quien no le interesaba, como a ella, el arte ni la música clásica, y mucho menos aún el lujo y la vida social. Es cierto que, a falta de competencia, George Kalogeropoulos acabó siendo uno de los hombres más ricos del pueblo y pudo comprarse una de las mejores casas de Meligana. Pero tal como le pronosticó su padre, un año después de su boda, su matrimonio estaba roto.

En 1917 nació en Atenas la primera hija del matrimonio Kalogeropoulos, Cynthia —llamada por todos Jackie—, y tres años más tarde llegaba al mundo un varón rubio y de ojos azules como los de la madre al que llamaron Vasily. Evangelia, ante el vacío que sentía en su matrimonio —y harta de soportar los devaneos amorosos de su esposo— volcó toda su atención en aquel niño que con sólo tres años de edad ya mostraba predisposición para la música y tocaba algunas canciones infantiles al piano. Pero la trágica muerte del pequeño en el verano de 1922, a causa de una meningitis, provocó entre ellos un mayor distanciamiento. Evangelia cayó en una profunda depresión y se volvió una mujer atormentada y de carácter muy inestable.

Fue en ese instante tan doloroso de sus vidas, cuando George le comunicó a su esposa que había vendido la farmacia y que pronto se irían a Estados Unidos, donde podría ganarse bien la vida. Evangelia, embarazada de cinco meses, no dio crédito a la inesperada noticia. Se negaba a aceptar que quisiera sacrificarlo todo para irse a vivir a un país lejano, cuyo idioma desconocían —ninguno de los dos hablaba inglés— y alejarse de sus familias y de sus amigos. Sus lágrimas y reproches no harían cambiar de idea a su marido, que estaba dispuesto a comenzar una nueva y próspera vida en aquella tierra de promisión.

A principios de agosto de 1923, la familia Kalogeropoulos llegaba al puerto de Nueva York donde los esperaba el doctor Leonidas Lantzounis, un amigo de George de los tiempos de la universidad. Este cirujano ortopédico que había emigrado a Nueva York el año anterior, ayudaría a los recién llegados a instalarse en la ciudad. Con el paso del tiempo el doctor Lantzounis, padrino de Maria, sería uno de los hombres que más querría y ayudaría a la cantante a lo largo de su vida. Leo —como ella le llamaba cariñosamente—, buen amigo y confidente, mediaría en los interminables conflictos entre la diva y su madre. Maria, ya convertida en una estrella del bel canto, reconocía haber recibido de su padrino todo el afecto y el apoyo que nunca tuvo de su familia. En una de las muchas cartas que le escribió a su padrino, la Callas le abre su corazón y le confiesa con tristeza: «…Te quiero y te admiro Noné [padrino en griego] y eres para mí como parte de mi sangre. Es extraño notar cómo los parentescos que nos unen a nuestros consanguíneos no son realmente importantes. Los míos me han dado sólo infelicidad».

La colonia griega asentada en Nueva York recibió a sus nuevos miembros con los brazos abiertos, y pronto a Evangelia aquella vida no le pareció tan terrible como imaginaba. La familia se instaló en el barrio de Queens, donde residía la mayor parte de los inmigrantes griegos. Cuatro meses después de su llegada, en la fría noche del 2 de diciembre, Evangelia daría a luz a su hija en un hospital de la Quinta Avenida. Como esperaba un varón tuvo que improvisar un nombre y la llamó Maria. A los tres años de edad la pequeña sería bautizada como Cecilia Sophia Anna Maria Kalogeropoulos. Al poco de nacer su segunda hija, y tras obtener la nacionalidad estadounidense, su padre cambiaría el apellido Kalogeropoulos por el de Callas. George, que por entonces ya podía ejercer su profesión, compró una farmacia en la esquina de la calle Treinta y ocho y la Octava Avenida en Manhattan; la familia viviría en un modesto piso encima de la tienda hasta que pudieran mudarse a un lugar más confortable.

Evangelia volcó todas sus frustraciones en sus dos hijas a las que impuso su amor por la música. Cuando Maria tenía apenas cinco años, su madre descubrió que aquella niña mofletuda y miope tenía una maravillosa voz. Entonces compró una pianola y empezó a enseñar a sus hijas canciones griegas y estadounidenses; más adelante trajo a casa un gramófono en el que Maria iba a escuchar sus primeras óperas de Bellini y de Verdi. Ya en su madurez y convertida en una estrella, la Callas confesaría: «Mi madre decidió que yo estaba preparada para cantar aunque entonces sólo tuviera cuatro años, y yo lo detestaba. Es por este motivo que siempre he tenido una relación de amor y de odio con el bel canto».

Maria creció falta de cariño y marcada por las desavenencias de sus padres. «Yo no tuve infancia —diría más tarde—, mi madre no me comprendía y mi padre estaba casi siempre ausente y no me podía ayudar.» Era una niña introvertida y acomplejada ante la belleza de su hermana, que apenas tenía amigos y pasaba muchas horas sola en su casa. Evangelia siempre prestó más atención a su hija Jackie —seis años mayor—, una muchacha atractiva, rubia y esbelta, en la que depositó todas sus esperanzas de ascender socialmente gracias a un buen matrimonio. Con Maria se mostraba distante y exigente, imponiéndole una férrea disciplina más propia de una institutriz. Las dos hermanas, entonces muy bien avenidas, se reconfortaban mutuamente y trataban de sobrellevar los bruscos cambios de humor de una madre propensa a las depresiones.

Cuando en 1929 la grave crisis económica golpeó a la sociedad estadounidense, el padre de Maria vendió su negocio y regresó a su antigua ocupación de representante de farmacia. Por entonces las desavenencias del matrimonio eran insalvables. George, que pasaba mucho tiempo lejos de casa debido a su nueva ocupación, inició una relación con Alexandra Papajohn, una joven de origen griego hija de unos amigos de la familia. Evangelia, que siempre estuvo al tanto de las infidelidades de su marido, estaba al límite de la desesperación. Se habían visto obligados a mudarse de casa y ahora vivían en un pequeño apartamento sin ascensor, a un paso del barrio negro de

Harlem, uno de los más pobres de la ciudad. La única esperanza de la señora Callas era que Maria obtuviera el graduado escolar y regresar con sus dos hijas a Grecia donde podrían continuar sus estudios.

Al cumplir los diez años, Maria empezó a recibir una rigurosa educación musical que le impediría disfrutar de una infancia como la de otros niños de su edad. A Evangelia no parecía importarle en absoluto la opinión de su hija, para quien la música entonces no era más que un divertido pasatiempo. Tampoco le inquietaba que a la pequeña le aterrorizara actuar en público y hacer el ridículo en un escenario. Acomplejada por su peso odiaba mirarse al espejo y sin embargo su madre la obligaba a exhibirse. Esta inseguridad se mantendría a lo largo de su vida y al convertirse en una estrella Maria inventaría el personaje de la gran diva Callas para esconderse tras él como una máscara.

La madre de Maria, una mujer de ambición ilimitada, había decidido explotar a su «niña prodigio» y en los meses siguientes la llevaría de audición en audición para intentar lanzarla al estrellato. Para la pequeña comenzaba una época muy dura, sometida a las continuas presiones de su madre y a un trabajo agotador marcado por las clases y los ensayos. Evangelia la acompañaba al piano y la obligaba a forzar la voz con piezas clásicas demasiado difíciles para su edad. La Callas siempre lamentó en público haber perdido su infancia: «Efectivamente yo poseía una gran voz, y mi madre me empujó a hacer una carrera musical. Yo también fui considerada una niña prodigio. Viendo las cosas como me han ido, no me puedo quejar. Pero debería existir una ley que prohibiera que una responsabilidad tan grande recayera sobre un niño tan pequeño. Siempre se priva a los niños prodigio de una verdadera infancia. Yo no recuerdo ningún juguete —ni siquiera una muñeca o un juego preferido—, sólo las arias que me hacían ensayar, en ocasiones hasta el agotamiento, para que pudiera lucirme en la fiesta de fin de curso del colegio».

A pesar de que Maria comenzó su educación musical sin demasiado entusiasmo —por entonces quería ser dentista— poco a poco mostró un gran interés por la música. Se dio cuenta de que aunque no era atractiva, gracias a su magnífica voz conseguía el cariño y la admiración de la gente. En ese instante su vida dio un profundo cambio, descubrió que ya no tenía sentido intentar ser como su hermana, sino que debía sacrificarse por llegar a ser alguien en el mundo artístico. Dejó de preocuparse por su aspecto físico, y se centró en lo único en lo que su hermana Jackie jamás podría vencerla: en el canto.

Cuando en enero de 1937 la señora Callas le dijo a su esposo que regresaba a Grecia con sus hijas, éste intentó sin éxito que Maria se quedara con él. Evangelia deseaba lanzar a su niña prodigio en su país natal y contaba con la generosidad de sus parientes para costear las clases de música. Le prometió que volverían a final del verano o a más tardar en Navidades. George aceptó enviarle ciento veinticinco dólares al mes para su manutención, la mitad de su exiguo salario. Las niñas siempre pensaron que aquélla iba a ser una separación temporal, pero la cantante —que físicamente se parecía mucho a su padre y estaba muy unida a él— tardaría ocho años en volver a verlo.

La vuelta a casa no fue tan fácil como Evangelia creía. Al llegar a Atenas se instalaron con la abuela materna que ahora residía en una modesta vivienda de apenas tres exiguas habitaciones. Tras catorce años de ausencia, pudo constatar que la familia Dimitriadis ya no nadaba en la abundancia y su prestigio social no era el de antaño. Al poco tiempo de llegar y tras una intensa ronda de visitas a la familia y a los amigos, la señora Callas tuvo claro que nadie la ayudaría a financiar las carreras musicales de sus hijas. Durante ocho años madre e hijas se verían atrapadas en un país sometido al dolor y las penurias de la Segunda Guerra Mundial, y más tarde a la guerra civil griega.

Sus problemas económicos se agravaron cuando a los dos meses de su llegada, su esposo George contrajo una neumonía y perdió su trabajo. Ya no podía enviarles dinero desde Estados Unidos y le pidió a Evangelia que regresaran a Nueva York. La madre de Maria no tenía ninguna intención de abandonar su país, y consiguieron salir adelante gracias al modesto salario que Jackie obtenía trabajando como secretaria, y a la ayuda de sus parientes. La familia se pudo mudar a un apartamento más amplio que Evangelia decoró con los escasos muebles que tenía. Maria, que no disponía de calefacción en su habitación, se ponía guantes y un grueso abrigo para estudiar durante la noche.

A Maria, Grecia le parecía un país pobre y atrasado, que no se correspondía en nada con las descripciones idílicas a las que la tenía acostumbrada su madre. Se sentía una intrusa entre su propia familia —sus primas la apodaban «la yanqui»— y añoraba mucho a su padre. Evangelia continuaba reprochando a su marido todas las incomodidades que sufrían y nunca le enseñaba a Maria las cartas donde éste le rogaba que volvieran a casa. La joven Callas, sin apenas tiempo para poder adaptarse a su nueva vida, y creyendo que su padre ya no la quería, se vio inmersa en un ritmo frenético de audiciones, recitales y actuaciones en los lugares más pintorescos. Aceptó con resignación las exigencias y humillaciones de su madre, y empezó a odiar que a todas horas le pidieran que «cantara algo».

A principios de septiembre de 1937, Evangelia descubrió que, con trece años, su hija era demasiado joven para matricularse en el Conservatorio de Atenas, el mejor del país. Sin embargo, consiguió una audición para su hija en el Conservatorio Nacional, considerado el segundo en categoría. Falsificó la edad de Maria, diciendo que tenía dieciséis años, algo que nadie dudó dada su corpulencia y altura. La audición ante Maria Trivella, una de las mejores profesoras de canto de la capital, no pudo ir mejor. La joven consiguió una beca para estudiar con la señora Trivella, quien se mostró entusiasmada ante las posibilidades vocales y la madurez interpretativa de su nueva pupila. Comenzaba para ella una época de arduo trabajo y mucho sacrificio personal.

Los días transcurrían entre cursos de voz, de arte dramático, de historia de la ópera, de piano, clases de dicción en francés y en italiano. No tenía amigas de su edad porque apenas disponía de tiempo libre y hablaba mal el griego. Su educación musical se convirtió en su prioridad, y a la vez en una obsesión. Trabajaba hasta el agotamiento —doce o catorce horas seguidas—, y su único aliciente entonces era la comida, algo poco beneficioso para su salud y para su imagen. Maria seguía siendo una muchacha de aspecto desgarbado y torpe, con gruesas gafas y excesivo peso. Su madre, en lugar de cuidar la dieta de su hija, le ofrecía grandes cantidades de comida como premio a tanto sacrificio. A sus catorce años —y en una época en que muy poco se sabía de esta enfermedad— la cantante padecía bulimia, un desorden alimentario causado por una preocupación excesiva por el peso corporal y el aspecto físico.

En aquel verano de 1939, su hermana Jackie se comprometía con el heredero de una importante familia de navieros,

Miltos Embiricos. La joven había renunciado a una prometedora carrera musical por casarse con un buen partido. Evangelia se mostraba satisfecha porque había conseguido «colocar» a una de sus hijas y, de paso, ascender socialmente. Pero las cosas no iban a ser tan fáciles y Jackie pasaría de ser su prometida a su eterna amante. La adinerada familia Embiricos se opondría al matrimonio de su hijo con una muchacha de origen modesto y dudosa moralidad. A Maria la noticia del compromiso de su hermana no le sentó muy bien pues, a pesar de los celos y las desavenencias, seguía muy unida a ella. Sólo un tiempo más tarde descubriría las verdaderas razones por las que Jackie Callas no llegó a casarse con su prometido.

A final de año, Maria obtuvo su anhelada plaza en el prestigioso Conservatorio de Atenas tras una audición con una mujer que impulsaría definitivamente su carrera e influiría como nadie en su transformación, Elvira Hidalgo. Esta famosa soprano española, que había cantado en los más importantes teatros de ópera del mundo como La Scala de Milán o el Covent Garden de Londres, se quedó atrapada en Grecia cuando estalló la Guerra Civil española. Perteneciente a la alta sociedad, Elvira no sólo era una prestigiosa profesora del conservatorio sino una mujer culta y estilosa, muy bien relacionada en el mundo artístico.

El primer encuentro entre Elvira y su futura pupila no pudo ser más descorazonador para ambas. La Hidalgo se encontró frente a una adolescente descuidada, con el rostro cubierto por el acné y unas gruesas gafas, que a sus quince años pesaba noventa kilos, y no paraba de morderse las uñas a causa de los nervios. Le parecía ridículo que aquella joven quisiera ser cantante, pero cuando la escuchó al instante supo que sería una extraordinaria intérprete. «Su técnica vocal estaba lejos de ser perfecta pero su voz poseía un sentido dramático innato, un sentido de la musicalidad y una individualidad que me emocionaron. Derramé un par de lágrimas y me di la vuelta para que ella no me viera. Enseguida supe que sería su profesora y cuando miré en sus magníficos ojos, me dije que a pesar de todo lo demás, era muy bella», recordaría Elvira Hidalgo a propósito de aquella primera audición.

A partir de ese instante, la señora Hidalgo pasó a ser la profesora, la amiga y la mentora de Maria, al igual que lo fuera su primera maestra Trivella. El día que la Callas falleció en su piso de París, la fotografía de su admirada mentora ocupaba un lugar destacado entre sus recuerdos. En una ocasión la soprano diría: «Debo toda mi preparación y mi formación artística, escénica y musical a esta ilustre artista española». Elvira no sólo se ocuparía de la voz de Maria sino también insistiría en su aspecto físico, hasta el punto de amenazarla con dejar de darle clases si no adelgazaba y cuidaba más su imagen. «Una futura prima donna debe ser elegante tanto por su voz como por su físico», le recordaría en una ocasión.

Nadie había captado las auténticas cualidades de la voz de Maria Callas hasta que Elvira Hidalgo entró en su vida. Trivella la había considerado una mezzosoprano, pero ella la ayudaría a alcanzar las notas más altas de las sopranos. Y de la mano de la que sería su primer «pigmalión», la joven comenzó con entusiasmo una nueva etapa, un período de intensa formación que abarcaba de las diez de la mañana a las ocho de la noche. Sólo vivía para la música y poco a poco el trabajo de Elvira sobre Maria se fue dejando ver. A medida que pasaban los meses se sentía mejor consigo misma, y el sentimiento de soledad que siempre la invadía comenzó a disiparse. Aprendió a vestirse con trajes que disimulaban su obesidad, a andar con elegancia, a moverse con naturalidad sobre el escenario y a cuidar cada uno de sus gestos.

El 28 de octubre de 1940, Grecia entraba en una guerra que había querido evitar a toda costa. El ejército de Mussolini había invadido Albania y cuando las tropas italianas pretendieron cruzar la frontera griega, el país se movilizó y obligó a los hombres del Duce a retroceder. Las penurias de la guerra llegaron de manera casi imprevista al país donde Maria Callas se preparaba para debutar en el Teatro Lírico Nacional de Atenas interpretando un pequeño papel en la opereta *Boccaccio*, de Suppé. El reconocimiento del público fue unánime y por primera vez se sintió una cantante profesional y no una simple aficionada. Toda su familia asistió orgullosa al estreno, aplaudiéndola en primera fila. El éxito de aquella noche inolvidable la ayudaría a madurar y sentirse más segura de sí misma. El arduo trabajo junto a Elvira había dado al fin sus frutos.

La vida de Evangelia y sus hijas no se vio muy afectada en los primeros meses de la contienda, pero lo peor estaba por llegar. El 27 de abril de 1941, tras la huida del rey Jorge y su familia a Egipto, Grecia cayó en manos de los alemanes. Algunas semanas después, la cruz gamada ondeaba en lo alto de la Acrópolis, y los griegos comenzaron a vivir el horror que ya sufrían millones de personas en Europa. Los víveres empezaron a escasear, los servicios públicos estaban en manos del ejército invasor y se impuso el toque de queda desde media tarde. Pero los nazis no iban a conseguir que Maria interrumpiera su trabajo y cada mañana caminaba sola hasta la casa de la señora Hidalgo donde permanecía todo el día. Regresaba al anochecer tras los agotadores ensayos, a veces desafiando el toque de queda y con el riesgo de ser detenida por alguna patrulla alemana.

A pesar de la ocupación, la situación de Maria y de su madre no era del todo mala ya que Miltos Embiricos, el rico prometido de su hermana Jackie, les conseguía ropa de abrigo y víveres. La hermana de Maria, en sus reveladoras memorias publicadas en 1989, confesaba que la razón por la que durante la guerra nunca les faltó comida ni dinero, era un secreto bien guardado por su madre. Cuando Evangelia se enteró que su hija mayor se había comprometido con el rico heredero no dudó en entrevistarse con él para ofrecerle un trato: si las ayudaba económicamente, ella permitiría que su hija Jackie fuera su amante. Aquel acuerdo acabaría con las esperanzas de que un día Jackie pudiera convertirse en su esposa. Cuando un año más tarde Maria, que siempre pensó que era su padre quien las ayudaba económicamente, descubrió la verdad, odió aún más a su madre.

Maria nunca olvidaría el invierno de 1941, cuando una ola de frío invadió la ciudad causando muchas bajas, y había que ir caminando hasta las montañas para comprar alimentos en el mercado negro. «La ocupación de Atenas fue el período más doloroso de mi vida. Recuerdo muy bien el invierno de 1941, el invierno más frío que haya padecido jamás, durante el cual nevó por primera vez en más de veinte años. Durante todo el verano siguiente, comí tomates y coles que conseguía tras caminar durante kilómetros y suplicar a los granjeros que me dieran algunas verduras», contaría la Callas años más tarde. Maria tampoco olvidaría los sufrimientos que padecieron durante la ocupación alemana. Años de hambre, pobreza y mucho miedo que la marcarían para siempre.

En aquellos días dramáticos, Maria supo que Elvira le había conseguido un puesto en la Ópera de Atenas. Tenía sólo diecisiete años y el hecho de haber entrado por la puerta grande gracias a las influencias de su maestra, la convirtieron en el blanco de las envidias de sus compañeros. Maria, que había comenzado a sentirse segura y a perder el miedo a los demás, se volvió de nuevo desconfiada y se encerró en sí misma. En el verano de 1942, cuando los alemanes permitieron que se reanudara en Atenas la vida cultural, tuvo la oportunidad de interpretar un papel que marcaría su lanzamiento. En la Ópera de Atenas se iba a representar *Tosca* y al caer enferma la protagonista le ofrecieron sustituirla. Maria, apenas una adolescente, salió al escenario y triunfó cantando en griego esta ópera de Puccini cargada de dramatismo. Un mes después lo haría en italiano. En una Grecia desgarrada por la guerra, aquella muchacha hasta entonces casi desconocida había conseguido, una vez más, ganarse el respeto unánime del público.

A partir de su primera representación de *Tosca* como suplente, Maria fue considerada una de las mejores cantantes de ópera del país. Hacía ocho años que había abandonado Estados Unidos —siendo la única de la familia que tenía la nacionalidad estadounidense— y aunque en Grecia era una celebridad, deseaba regresar a ese país y reunirse con su padre. Los alemanes habían abandonado Atenas y tras un período de euforia, el país se vio inmerso en una sangrienta guerra civil. La situación era aún más delicada que durante la guerra mundial y Maria, cuyo contrato en la Ópera de Atenas había finalizado, tenía muy pocas posibilidades de continuar su ascendente carrera. A punto de cumplir los veintiún años, y cuando menos lo esperaba, recibió una carta de George Callas dirigida a ella. Era el 5 de diciembre de 1944 y dentro del sobre su padre le metió cien dólares como regalo de cumpleaños. La cantante estaba convencida de que tras sus éxitos en Grecia, en Nueva

York se le abrirían muchas puertas, incluidas las del mítico Metropolitan Opera House.

HA NACIDO UNA ESTRELLA

El 14 de septiembre de 1945, la joven soprano zarpaba en el vapor *Stockholm* rumbo a Estados Unidos. Viajaba con cien dólares en el bolsillo, ligera de equipaje y sin saber la dirección exacta donde vivía su padre. Evangelia, furiosa ante la «traición» de su hija, se negó a facilitarle ninguna información sobre el paradero de sus familiares al otro lado del Atlántico. De ahí la emoción cuando desembarcó en el muelle de Nueva York y reconoció a George entre la multitud. Su padre se había enterado de su llegada por casualidad leyendo las páginas del periódico de la colonia griega donde se publicaban las listas de pasajeros de los barcos procedentes de Grecia. Maria ya tenía un sitio donde vivir: el pequeño apartamento de Washington Heights, en el mismo barrio en el que habían residido años atrás.

Tras la euforia inicial por reencontrarse con su padre, Maria descubrió que éste vivía con su antigua amante Alexandra Papajohn. Aunque comprendía que Evangelia le había abandonado ocho años atrás, le costaba compartir el afecto de su padre por quien sentía una oculta adoración. Alexandra, una mujer soltera de cuarenta años, discreta y sencilla —con la que George acabaría casándose en 1964 tras obtener el divorcio de su mujer— decidió que mientras Maria viviera en la casa ella se mudaría a la de sus padres para no interferir entre ellos.

Los primeros meses en Nueva York fueron para Maria como unas cortas vacaciones tras años de duro trabajo y privaciones en Grecia. Le gustaba pasear por las calles de esa ciudad próspera y dinámica, mientras no dejaba de comer hamburguesas y perritos calientes por lo que seguía ganando peso. Pronto tuvo que renovar todo su vestuario, pero además necesitaba un piano, contratar un profesor de canto y un agente artístico. Soñaba con independizarse y encontrar un pequeño apartamento en un barrio más elegante. Como su padre no podía ayudarla en sus gastos personales, recurrió a su padrino, el doctor Lantzounis, quien le prestó dinero y le permitió ensayar en su elegante casa de East Side en Manhattan.

El anhelado triunfo de Maria en Estados Unidos no iba a ser fácil ni mucho menos inmediato. Durante semanas visitó a los mejores agentes y empresarios sin demasiado éxito. Cuando les mostraba las reseñas y las buenas críticas de sus actuaciones en Grecia se encontraba con un problema insalvable: ninguno de los agentes hablaba griego, así que era como si su glorioso pasado no hubiera existido. Por fortuna, seis meses después de su llegada conseguiría una audición con el gerente del prestigioso Metropolitan. Tras cantar la «Casta Diva», el señor Edward Johnson le ofreció a aquella joven de veintidós años para él desconocida, los papeles principales de dos óperas: *Madame Butterfly* y *Fidelio*. Para su sorpresa, la respuesta de la Callas fue un no rotundo. Maria quería triunfar en ese templo de la ópera pero se negaba a hacer el ridículo. No quiso arriesgarse a interpretar *Fidelio* en inglés, y tampoco a encarnar a una delicada muchacha japonesa, siendo ella entonces una mujer robusta de noventa kilos de peso.

Aunque sus amigos pusieron el grito en el cielo al conocer su negativa a actuar en el Metropolitan, la cantante muy altiva, diría: «Idiotas, un día el Met vendrá a suplicarme de rodillas que cante». El ego de la Callas había crecido con sus tempranos éxitos en Grecia y cuando, tras una audición celebrada ante el director de la Ópera de San Francisco, éste le comentó que se marchara a Italia para formarse y que luego la contrataría, ella le respondió: «Gracias, pero cuando yo haya hecho carrera en Italia, ya no le necesitaré para nada». Estaba convencida de que había tomado la decisión adecuada —y el tiempo le daría la razón—, pero por el momento se acababa de cerrar las puertas de las dos compañías de ópera más importantes de Estados Unidos.

Poco antes de las Navidades de 1946, Evangelia desembarcaba en Nueva York donde la esperaban Maria y su esposo George al que hacía nueve años que no veía. En un vano intento por reconciliar a sus padres, la cantante le había pagado el pasaje a su madre para que se reuniera con ellos. El reencuentro entre la pareja no fue como Maria imaginó. Cuando su madre descubrió que George mantenía una relación con su antigua amante Alexandra, se puso furiosa. A partir de ese momento la vida familiar sería un auténtico infierno. Maria, que en su ingenuidad había intentado salvar el matrimonio de sus padres, se encontraba de nuevo controlada por su posesiva madre y en medio de sus continuas disputas.

Por fortuna en aquellos días la Callas conoció al famoso tenor italiano Giovanni Zenatello, director artístico del Festival de Verona quien se encontraba en Nueva York buscando una soprano para una nueva producción de la ópera *La Gioconda*. Por mediación de su amiga la cantante Nicola Rossi-Lemeni, consiguió una audición en el apartamento de Zenatello donde el veterano tenor se quedó prendado de la voz de Maria. Sin dejar que finalizara su monólogo, la contrató convencido de que era lo que andaba buscando. Para Maria aquélla era su gran oportunidad de debutar en Italia con un papel a su medida y la posibilidad de alejarse de sus padres, cuya relación era cada día más tormentosa.

La carrera de Maria Callas comenzaría con buenos augurios en Italia, a donde llegó el 27 de junio dispuesta a triunfar en el prestigioso Festival de Verona. Con sólo veintitrés años actuaría en un anfiteatro ante veinticinco mil personas bajo la batuta de Tulio Serafin, antiguo director del Metropolitan, considerado «el gran maestro en la dirección de óperas». Tras despedirse de sus padres, Maria partiría rumbo a Italia, donde su profesora y mentora Elvira Hidalgo había soñado con verla actuar un día. Nada más llegar a Verona comenzó a trabajar y ensayar con el maestro Serafin, quien enseguida reconoció el enorme talento de la joven, y se prestó a darle todo su apoyo.

Una noche, la Callas acudió a una cena donde conocería al hombre que acabaría siendo su esposo y agente artístico, Giovanni Battista Meneghini. Eran muchos los que no entendían qué vio la cantante en un hombre como él, calvo, grueso y mayor, a quien todos confundían con su padre. Este acaudalado industrial italiano dedicado al negocio de la construcción, soltero y treinta años mayor que Maria, pertenecía a una familia tradicional de la burguesía de Verona. Gran amante de la lírica, Meneghini era conocido en toda la ciudad como mentor y protector de cantantes primerizas y uno de los mecenas del Festival de la Arena de Verona. Maria desde el primer momento se sintió atraída por él: «Me pareció un hombre honesto y sincero, me gustó enseguida».

Al día siguiente, Battista invitó a Maria a visitar Venecia, ciudad próxima a Verona. Al parecer los dos se gustaron desde el primer instante, aunque entonces el físico de Maria tampoco era muy agraciado debido a su sobrepeso. En su controvertido libro autobiográfico titulado *Mi mujer Maria Callas*, Meneghini recordaba así aquel primer encuentro: «Me dio lástima. Tenía deformadas las extremidades inferiores. Los tobillos estaban tan hinchados que parecían pantorrillas. Se movía con torpeza y esfuerzo». A ella le atraían las buenas maneras y la esmerada educación de su anfitrión; desde un principio Battista —quizá por su edad— le hacía sentirse protegida y segura de sí misma. Por primera vez en su vida un hombre la trataba con respeto y admiración. Desde aquella romántica excursión a Venecia, se convirtió en su asiduo e inseparable acompañante. A lo largo de aquel verano de 1947, la relación entre ambos se fue estrechando y lo que empezó siendo sólo una buena amistad, acabó en un discreto romance.

El esperado debut de Maria Callas en Italia no fue como ella soñaba. Unos días antes del estreno de *La Gioconda*, y durante un ensayo general, la cantante sufrió un accidente. Como Maria era miope y no podía llevar gafas durante su actuación, había memorizado cada movimiento en el escenario. Pero ocurrió que al final del segundo acto, tropezó y se torció un tobillo. El público asistente al ensayo nunca repararía en la fatal caída de la soprano, quien aprovechó el incidente para imprimir aún más dramatismo a su personaje. El día del estreno, Maria Callas estuvo soberbia y actuó como si nada hubiera pasado; llevaba el tobillo vendado y soportó como pudo el intenso dolor. Aunque las críticas fueron buenas, no consiguió el anhelado reconocimiento internacional.

A sus veinticuatro años, Maria se había enamorado de un hombre al que eligió «como padre y compañero». En las cartas que enviaba a su madre y a su hermana Jackie les contaba cómo era su nuevo acompañante y lo atento que se mostraba con ella. El 18 de agosto tuvo lugar la última representación de la Callas en Verona y la cantante dudaba en regresar a Nueva York. No tenía ningún contrato en perspectiva —y apenas 240 dólares que había cobrado por las cuatro funciones en el festival— y la idea de regresar junto a sus padres no le resultaba nada atrayente. Fue entonces cuando Battista se ofreció a ser su mentor y a financiar todos los gastos de su estancia en Italia. Aunque sus más cercanos le aconsejaron que no pusiera su carrera artística en manos de un hombre que no era empresario del sector, ella estaba encantada de que su nuevo amor se ocupara de sus asuntos profesionales.

A mediados de octubre de 1947, la pareja abandonaba Verona para instalarse en Milán. El industrial —al que Maria llamaba cariñosamente Titta— se sentía presionado por su anciana madre que se oponía a su relación con «una mujer del teatro» demasiado joven para él. Además le echaba en cara que desatendiera el negocio familiar, del que vivían tanto ella como sus hermanos, por seguir a una artista. Sin embargo, Meneghini se volcó en la carrera de Maria desde el primer día que la oyó cantar, y dedicaría su tiempo y dinero a facilitarle los mejores maestros y audiciones. Con la ayuda del maestro Serafin, la joven soprano fue contratada para cantar el papel principal en la gran ópera dramática *Tristán e Isolda* de Wagner en la célebre La Fenice de Venecia. Tras su tormentoso debut en Verona, la Callas obtendría su primer gran éxito en Italia interpretando a Isolda, uno de los papeles más difíciles del bel canto.

A lo largo del siguiente año, con una voz y un registro incomparables, se enfrentaría a óperas de gran envergadura y dificultad en distintas ciudades italianas. La Callas no sólo era capaz de aprender un papel a una velocidad increíble, sino que a lo largo de toda su carrera se haría famosa por dominar todos los géneros y enfrentarse a óperas que llevaban, por su dificultad, mucho tiempo sin cantarse. En noviembre debutaría en Florencia con la *Norma* de Bellini, un papel que la marcaría de por vida. Nadie como ella fue capaz de afrontar un personaje de tanta complejidad y exigencia vocal con el dramatismo y la dignidad que ella le impuso. El papel de Norma —que llegaría a interpretar hasta ochenta veces— le reportaría alguno de los momentos más dulces de su carrera.

En aquellos meses de tanta presión, Maria pasaba de la euforia a la tristeza, y no dejaba de ganar peso. Se sentía desdichada porque Battista no le había pedido matrimonio, y en el plano profesional lamentaba que a estas alturas La Scala o el Covent Garden no la hubieran invitado a actuar. Pero las críticas eran cada vez mejores y su reputación iba en aumento. No fue hasta julio de 1948 cuando Maria se enteró de que la familia de Meneghini estaba cada vez más en su contra. La culpaban de haber acaparado por completo a Battista, que por ella había dejado de lado el negocio familiar, y no dudaban en acusarla de haber ido a Verona a «cazar» un hombre rico y bien relacionado en el mundo artístico. Por su parte Evangelia, que todavía no conocía a Battista, tampoco veía con buenos ojos que su hija se casara con un hombre que «parecía su padre».

A finales de marzo de 1949, Maria regresó a Verona para pasar unos días con Battista antes de emprender viaje a Buenos Aires donde comenzaría una gira que él le había organizado. En aquel año de grandes proyectos, tendría que separarse por primera vez de su prometido, algo que le desagradaba profundamente. Fue entonces, y de manera inesperada, cuando el empresario le pidió matrimonio, y ella aceptó al instante. El 21 de abril de 1949, Maria se convertía en su esposa aunque la boda no fue lo romántica que hubiera deseado. La Callas no era católica —estaba muy unida a la Iglesia ortodoxa griega— y el sacerdote los casó en la vieja sacristía que servía de almacén. La ceremonia se celebró en una pequeña iglesia de Verona y en presencia de sólo dos testigos. El esposo de Maria recordaba en sus memorias que se casaron a toda prisa «entre sillas rotas, estatuas sin cabeza, paños mortuorios polvorientos, palios y estandartes antiguos». La luna de miel tendría que aplazarse hasta que la cantante regresara de su gira argentina. Mientras, Meneghini la esperaría en Verona ocupado en encontrar y decorar una vivienda para ellos.

El 20 de mayo, Maria Callas actuaba por primera vez en el Teatro Colón de Buenos Aires, que a lo largo de su historia había acogido a las más grandes voces de la lírica. El público argentino se rindió ante su magnífica interpretación en la ópera *Turandot* y la crítica la elevó a la altura de una diosa. Pero a pesar de los éxitos que cosechaba en Argentina, Maria se sentía muy sola y echaba de menos a su esposo. Finalmente, el 9 de julio se reunió con él en Verona y pudo conocer el que sería su primer hogar estable, un luminoso y elegante ático en el centro de la ciudad. La Callas apenas tendría tiempo de disfrutar su flamante casa, pues a su regreso a Argentina los contratos se sucedieron sin interrupción y su vida transcurría de hotel en hotel. Se había convertido en una de las cantantes más prometedoras de la ópera mundial y en 1950 abría la temporada con *Norma* en Venecia.

Tras una agotadora gira por México donde fue recibida como una gran estrella, la soprano regresó a Italia. Durante la misma, Maria invitó a su madre a compartir con ella unos días en la capital mexicana. Evangelia, que llegó desde Nueva York donde seguía residiendo, fue tratada como una personalidad, agasajada por todos como si ella misma fuera una estrella. Ahora que estaba llegando a lo más alto de su popularidad, la Callas le quería demostrar a su madre que había conseguido triunfar sin su ayuda y tener su propia vida. De nuevo en su casa de Verona, la cantante decidió descansar tres meses junto a su esposo, quien no había podido acompañarla a México por estar muy ocupado en sus negocios. En aquellos días de reposo y escasa vida social, se preparó el papel protagonista de la ópera cómica *Il turco in Italia*, de Rossini, que le habían ofrecido a instancias del director Luchino Visconti.

Maria Callas era un «animal escénico», pero Visconti le ayudó a alcanzar su legendaria perfección dramática y a meterse de lleno en el alma de los personajes que encarnaba. El gran director italiano soñaba desde hacía tiempo con llevar una ópera a la escena. La primera vez que vio actuar a Maria en la Ópera de Roma fue en 1949 con *Parsifal* y se quedó tan impresionado que no se perdió ninguna de sus actuaciones. A partir de ese momento el director sólo pensó en trabajar junto a ella. Por su parte Maria admiraba la sensibilidad artística de este hombre de origen aristocrático, atractivo y culto, a quien solía visitar en su palacio de verano. La Callas y Visconti volverían a coincidir cuatro años más tarde en La Scala con dos óperas que pasarían a la historia, *La Vestale* y *La Traviata*. Luchino, que consideraba a Maria «un tipo de actriz dramática única y extraordinaria», la arropó en el escenario como nadie antes lo había hecho. Muy pocos sabían entonces que la cantante, a causa de su miopía, se movía por el escenario prácticamente ciega cuando se quitaba sus gruesas gafas. Maria aprendía siempre de memoria los pasos que tenía que dar, lo que le provocaba una indecisión en sus movimientos. Visconti consiguió darle tanta seguridad que nadie notaría en sus actuaciones este defecto que persistiría toda su vida.

Al finalizar aquel año de 1950, Maria estaba exhausta y tuvo que suspender algunas de las representaciones previstas en Nápoles y en Roma. El matrimonio Meneghini había cambiado su residencia y ahora vivía en Milán, en un elegante piso en la via Buonarroti, conocido por su recargada decoración como «el palacio de la reina de La Scala». En aquel momento dulce de su vida, cuando tras años de esfuerzos Maria comenzaba a saborear las mieles del éxito, su madre seguía siendo un escollo para su felicidad. Evangelia había decidido regresar a Grecia para reunirse con su hija Jackie y dejar atrás un matrimonio que llevaba mucho tiempo roto. Resentida con su marido, pero también con Maria, le escribió a su hija una serie de cartas muy duras, llenas de reproches y acusaciones, que afectaron profundamente a la soprano.

En 1951, restablecida por completo de su agotamiento, la Callas hizo realidad su sueño: actuar en La Scala con un contrato fabuloso y como primera figura. El director del gran teatro lírico, su enemigo acérrimo Ghiringhelli, no tuvo más remedio que humillarse ante ella y recibirla como lo que era: la mejor cantante de ópera del mundo. A esta oferta le siguió otra del Covent Garden de Londres, donde debido a las malas gestiones de su esposo Meneghini, a punto estuvo de no cantar *Norma*. El recibimiento en ambos teatros no pudo ser más espectacular. El público se entregó entusiasmado y la crítica destacaba sus magníficas dotes vocales y su talento dramático. A sus veintiocho años, Maria Callas había logrado su sueño, trabajar en grandes producciones a las órdenes de los mejores directores musicales y escénicos del mundo, entre ellos, Leonard Bernstein, Herbert von Karajan, Visconti y Zeffirelli. Había llegado a Italia en 1947, con muy poco dinero en el bolsillo y siendo casi una desconocida. Cuatro años después, cobraba cerca de treinta mil dólares actuales por actuación y era considerada la más grande en el mundo de la ópera.

La Callas estaba en su mejor momento profesional y no se daba cuenta de que su esposo y agente controlaba absolutamente su carrera como había hecho en el pasado su madre. Sin consultarle nunca, se permitía el lujo de rechazar a su antojo excelentes ofertas y de pedir honorarios elevadísimos por sus actuaciones. La actitud avara de Meneghini —que no contaba con las simpatías de nadie— sería muy perjudicial para su futuro profesional. Pero aún tendrían que pasar unos años para que su enamorada y confiada esposa descubriera qué se escondía detrás de aquel hombre, «educado y paternal», que no se separaba de ella.

En 1953, la voluminosa soprano sufrió una transformación que ya forma parte de su leyenda. La gran diva, que ahora se sentía observada por todo el mundo al convertirse en una estrella operística, comenzó a preocuparse seriamente por su físico y decidió adelgazar. Las jaquecas, mareos y estados de agotamiento que padecía habitualmente se debían a su exceso de peso. En los meses siguientes —y mientras perdía kilos— siguió cosechando éxitos de nuevo en La Scala de Milán, y en el Covent Garden donde representó *Norma*, *Il Trovadore* y *Aida*, resucitando el gusto por la ópera para el público inglés. Algunos biógrafos apuntan a que Callas se sometió a un drástico régimen para parecerse a la actriz Audrey Hepburn. Cuentan que un día Visconti, a quien Maria pedía siempre consejo, fue a visitarla a su casa. La cantante acababa de ver la película *Vacaciones en Roma* y encontró en la encantadora y estilosa protagonista su modelo.

—Luchino, ¿si tuviera el cuerpo de Audrey Hepburn sería bella? —le preguntó.

—Estarías demasiado delgada.

—Pero… ¿sería atractiva?

—Serías una Traviata más verídica, no olvides que murió consumida —le respondió el director.

Maria se tomó muy en serio las palabras de Visconti y en apenas dos años perdería treinta y cinco kilos. En una sesión de fotos, realizada en Nueva York en 1959 para su casa discográfica, posaría muy sofisticada imitando el estilo de su admirada Audrey en la película *Desayuno con diamantes*. Por aquella época se alimentaba casi exclusivamente de ensaladas y carne casi cruda, mientras continuaba con su apretada agenda. Debido a su estricto régimen, y su frenético ritmo de trabajo, se mostraba muy irritable y descontenta con todo. En menos de un año había perdido cerca de veintiocho kilos y en los escenarios se movía con naturalidad, sin fatigarse como antes. Algunos biógrafos y el propio Meneghini en sus memorias, apuntan a que la verdadera transformación de su esposa fue debida a un parásito intestinal —conocido como la solitaria— que la cantante pudo contraer a través de los alimentos. Ella en público nunca reconoció haber padecido esta enfermedad y achacaba su repentino cambio físico a una dieta milagrosa y la férrea disciplina que se había impuesto.

En octubre de 1954, Maria Callas, tras una primavera y un verano dedicada casi por entero a grabar discos de sus óperas más famosas, actuaba por primera vez en Estados Unidos. Cuando llegó al país para su debut en el Chicago Lyric, la prensa se quedó asombrada ante el aspecto casi irreconocible de la soprano. La «nueva» Callas era una mujer radiante y esbelta que lucía con clase elegantes vestidos entallados de Dior, Givenchy o Balmain. Se había convertido en una belleza de rasgos exóticos, de gran magnetismo y personalidad. Le gustaba cambiar el color de su cabello y lucir originales peinados. Ya no le importaba enseñar sus piernas y sus tobillos hinchados —que ninguna dieta consiguió cambiar—, de los que antaño se avergonzaba. Ahora usaba tacones de aguja que aún la hacían más alta y acudía a las fiestas con deslumbrantes vestidos de noche y luciendo joyas de esmeraldas y diamantes. En las fotografías que se conservan de aquellos años parece una glamurosa actriz de cine. Si Maria consiguió ser una estrella dentro y fuera de los escenarios, fue gracias a madame Biki, nieta de Puccini y una de las más importantes diseñadoras de moda de Milán. Ella —con la ayuda de su socio Alain Reynaud— se encargó de su imagen y la transformaría en la cantante estilosa y atractiva que seduciría al mundo entero.

La Callas era ya considerada por muchos una auténtica diva, algo que la halagaba especialmente pues ella misma pensaba que «una diva, además de cantar e interpretar, tiene que ser una diosa en la vida cotidiana». Gracias a su nuevo aspecto la soprano podía dar más veracidad a las heroínas que encarnaba e incluso en el segundo acto de la ópera *Alceste* en La Scala, tres hombres la izaron en lo alto, algo impensable cuando pesaba cien kilos. Sus profundos ojos negros bizantinos, sus cejas bien delineadas, sus labios carnosos y su nariz aguileña destacaban ahora en su rostro anguloso y lleno de fuerza. En su gira por Chicago debutó con *Norma* y el éxito fue apabullante. Los medios de comunicación seguían sus pasos a todas horas, y la artista sacaba tiempo para conceder entrevistas, y posar para las mejores revistas estadounidenses luciendo orgullosa su nueva silueta. Era la cantante de ópera más mediática del momento y la mejor pagada.

En el otoño de 1956, Callas llegaba a Nueva York dispuesta a triunfar en el Metropolitan, que abría la temporada con «la más importante soprano dramática del mundo». Once años después de haber rechazado actuar en este mítico teatro, su director Rudolf Bing —tras unos años resistiéndose debido al elevado caché que pedía su esposo— llegó a un acuerdo con Meneghini. El esperado debut neoyorquino de Maria se produjo el 29 de octubre de 1956, y desde un principio estuvo rodeado de polémica. Dos días antes de su estreno en *Norma*, la revista *Time* publicó un reportaje que afectó mucho a la gran diva. En el mismo se recogía una entrevista con su madre Evangelia que se presentaba a sí misma como una pobre víctima de la gran cantante, a la que retrataba como una mujer ambiciosa y sin escrúpulos que se negaba a ayudar económicamente a su familia. Las mentiras y difamaciones que vertió sobre ella hicieron peligrar su debut. Sin embargo, la Callas consiguió meterse al público y a la crítica en el bolsillo. Al final de la primera función tuvo que salir a saludar dieciséis veces antes de poder retirarse al hotel.

Si Maria, en la cumbre de su carrera, seguía sufriendo los ataques de su problemática madre —a quien nunca dejó de pasar una renta mensual—, la relación con Meneghini tampoco atravesaba por su mejor momento. A la ausencia de pasión entre ellos —motivada también por su diferencia de edad pues él tenía sesenta años y ella apenas treinta—, se unía la antipatía y el desprecio que la gente del mundo artístico sentía hacia él. En realidad, Maria había cambiado mucho y no sólo físicamente. Si antes se mostraba tímida y le incomodaban las reuniones sociales, ahora con su nuevo aspecto sentía una gran seguridad en sí misma. En la cima de la gloria, soñaba con abrirse paso en la alta sociedad internacional, y su marido no era el mejor acompañante. Meneghini, que parecía un tipo gris y poco interesante al lado de su espléndida esposa —se hablaba de él como de «un palurdo de provincias»—, se aburría en las esferas mundanas y no parecía interesarle la vida social.

Fue la célebre cronista de sociedad Elsa Maxwell quien introdujo a la Callas en el mundo de la jet set aunque en un principio se dedicara a criticar sin piedad a la diva. Elsa, a sus setenta y cuatro años, era una conocida —y temida— periodista que desde su columna de cotilleos sobre la alta sociedad, adulaba o despellejaba a sus elegidos. En aquella época la Maxwell era buena amiga y admiradora de Renata Tebaldi —eterna rival de la Callas— por lo que desde su sección se dedicó a criticar todas las actuaciones de la soprano griega. Durante las nueve semanas que la Callas pasó en la ciudad de Nueva York, se dieron un buen número de fiestas en su honor, donde la diva brillaba con luz propia. Maria trataba de poner buena cara ante los dardos envenenados que le lanzaba la periodista, hasta el día en que se conocieron en el transcurso de una fiesta celebrada en el Waldorf-Astoria. Tras un breve intercambio de palabras, la Maxwell cayó rendida ante los encantos de La Divina —como la prensa apodaba a la Callas— y desde ese instante se convirtió en su amiga y mentora.

En aquel año de 1957, Maria Callas era no sólo la cantante de ópera más famosa del mundo, sino un personaje asiduo de la jet set. En verano, la Maxwell organizó en honor de la estrella un baile de máscaras que tendría lugar en el hotel Danieli de Venecia. Para poder asistir al compromiso de su amiga, Maria canceló una función en Edimburgo, lo que ocasionó un enorme escándalo. En aquella fiesta, donde los ciento cincuenta invitados debían llevar un tocado en la cabeza que los identificase, la Callas conoció al multimillonario Aristóteles Onassis. Maria se presentó en el baile luciendo un body negro ajustado, una faja de raso blanco y una falda del mismo tejido con lunares y mucho volumen. Llevaba cubiertos los brazos con unos largos guantes de color negro y en el cuello un magnífico collar de esmeraldas en forma de lágrimas. El magnate acudió a la fiesta con su atractiva esposa Tina Livanos, que lucía para la ocasión un llamativo tocado de plumas blancas de más de medio metro de altura.

En aquella velada del 3 de septiembre de 1957 en el hotel Danieli, Elsa Maxwell —famosa también como celestina de la alta sociedad— presentó entre sí a «los dos griegos más famosos del mundo», convencida de que tenían mucho en común. La Callas, a sus treinta y tres espléndidos años, y Onassis —veinte años mayor que ella— charlaron animadamente en griego y, a decir de los presentes, dio la impresión de que se cayeron bien desde el primer instante. Ya muy entrada la madrugada, el naviero invitó al matrimonio Meneghini a desayunar en su fabuloso yate *Christina* que estaba atracado en la desembocadura del Gran Canal. Ari —como le llamaban sus amigos— puso a disposición de Maria su motora y dos tripulantes para el resto de su estancia en Venecia. El multimillonario y la diva de la ópera tardarían un año en volver a verse y entonces sus vidas darían un giro inesperado.

EL ROMANCE DEL SIGLO

Aristóteles Onassis estaba considerado uno de los hombres más ricos y poderosos del mundo cuando la Callas le conoció.

De pequeña estatura, tez oscura y poco atractivo físico —tenía el aspecto de un gángster de película—, era un amante de la buena vida y las mujeres hermosas que se sentían atraídas por su fortuna. Vestido casi siempre de oscuro, con su cabello gris plateado, sus gruesas gafas oscuras y un puro en la boca, el armador griego ejercía un gran magnetismo entre las féminas que lo encontraban «un feo seductor». Onassis podía presumir de haberse casado con las dos mujeres más bellas y famosas de su tiempo: Tina Livanos y la viuda Jackie Kennedy. Maria Callas fue su gran y único amor pero nunca se casaría con ella. Los admiradores de la gran diva siempre le culparían de romper el corazón a la Callas y precipitar el fin de su extraordinaria carrera.

Onassis era un luchador nato, y también un vencedor para quien la palabra fracaso no existía en su vocabulario. Nacido en la ciudad turca de Esmirna, era hijo de un acomodado comerciante griego que amasó una gran fortuna con el comercio del tabaco y las pieles. En 1923, con apenas diecisiete años y cien dólares en el bolsillo, llegó como inmigrante a Buenos Aires dispuesto a hacer fortuna. Tras unos duros comienzos en los que trabajó como telefonista, se convertiría en millonario gracias al lucrativo negocio familiar de la importación de tabaco turco. A la edad de veinticinco años había ganado su primer millón de dólares con los que compró seis buques de carga. En 1932 ya era un importante armador y próspero hombre de negocios con proyección internacional que se movía siempre en el límite de la legalidad. Más adelante fundaría su propia compañía aérea, la Olympic Airways, la primera línea aérea de bandera griega, y se convertiría en el principal accionista de la Société des Bains de Mer que controlaba casi todo Montecarlo.

En 1946, Onassis contrajo matrimonio en Nueva York con Athina «Tina» Livanos, hija menor del gran patriarca de los navieros griegos, Stavros Livanos. Tina era una hermosa y risueña adolescente rubia que se enamoró locamente del seductor Onassis, que tenía cuarenta y dos años. Aunque era menor de edad, Stavros tuvo que aceptar a regañadientes la boda. Su otra hija, Eugenia Livanos, se casaría un año después con Niarchos, el armador multimillonario eterno rival de Onassis. Para Aristóteles, el matrimonio no tenía nada que ver con el amor; era un asunto de negocios y la posibilidad de escalar socialmente. Su unión con Tina le permitió entrar en el selecto club de los grandes armadores griegos.

Cuando los caminos de Maria Callas y Aristóteles Onassis se cruzaron, el naviero —con fama de implacable negociante y mala reputación— llevaba ya casado once años con Tina y la relación no pasaba por su mejor momento. Después de los primeros y felices años de matrimonio en los que se los veía asistiendo a fiestas, viajando por el mundo en su avión privado y alojándose en las suntuosas mansiones de su propiedad, Onassis comenzó a serle infiel y ella, al descubrirlo, le pagaría con la misma moneda. En el verano de 1956, Tina inició un romance con el apuesto venezolano Reinaldo Herrera —en la actualidad marido de la diseñadora Carolina Herrera—, hijo de una familia de terratenientes de Sudamérica. Aunque en un principio pareció que la relación de Tina Livanos con Herrera, de veintidós años, no podía ser más que una aventura pasajera, la realidad es que estaban muy enamorados. Aristóteles Onassis no estaba dispuesto a concederle el divorcio a su esposa, así que ésta continuó a escondidas su relación con Reinaldo.

Ésta era la situación personal que atravesaba Aristóteles

Onassis cuando asistió con Tina al baile veneciano organizado por Elsa Maxwell. Más adelante, Onassis, que era un gran orador, le contaría a Maria en las veladas que compartieron en su yate, algunos capítulos de su novelesca existencia. La diva, que como él había logrado el éxito, podía entender muy bien a Ari. Los dos compartían una infancia difícil y solitaria, habían conocido las penurias económicas y el horror de la guerra. Los dos habían triunfado contra las adversidades y llegado a lo más alto aunque a costa de grandes sacrificios. Aristóteles había perdido a su madre con cinco años y creció al amparo de su abuela. Desde muy pequeño se tuvo que hacer cargo de su numerosa familia compuesta por la abuela Getsemaní y sus hermanas, dos de ellas nacidas del segundo matrimonio de su padre a quien los turcos recluyeron en un campo de concentración durante la invasión. Aristóteles, como Maria, era un superviviente que había salido a flote gracias a su fuerte determinación de vivir.

Onassis y la Callas tardarían más de un año en volver a encontrarse y mientras tanto la carrera artística de la gran diva sufrió algunos contratiempos. En enero de 1958, Maria tuvo que interpretar su papel estrella de protagonista en *Norma* a pesar de que su voz no estaba en condiciones. No pudo salir a escena en el segundo acto y se retiró a su hotel entre los abucheos del público. Fue para ella un trance muy duro pues era la primera vez en su vida que abandonaba una representación y que su público la rechazaba. Tras esta amarga experiencia la soprano actuó en Chicago y en el Metropolitan de Nueva York, donde una vez más causó sensación con dos de las óperas que la habían consagrado, *Tosca* y *La Traviata*.

A su regreso a Italia, a Maria todavía le esperaba otra desagradable sorpresa. El público milanés, que hasta ese momento la había adorado, ahora parecía haberse vuelto en su contra tras el escándalo de Roma. Cuando en abril representó *Ana Bolena* en La Scala, y a pesar de que su actuación fue brillante, el público se mostró muy hostil hacia ella. Maria, que hasta entonces había sido la «reina» de La Scala, comenzó a sufrir ataques e insultos de sus admiradores dentro y fuera de los escenarios. Hasta que los ánimos se calmaran el matrimonio Meneghini compró una villa en Sirmione, junto al lago de Garda, ya que en Milán no podían vivir. En su nueva residencia Maria preparó su próxima, y temida, actuación en La Scala en el mes de mayo. A pesar del éxito que obtuvo cantando *El Pirata* de Bellini, y de que el público la aplaudió durante más de media hora, la soprano decidió que aquélla sería su última función en el gran teatro milanés. «Cuando mis enemigos dejen de silbarme, es que habré fracasado», dijo la Callas en una ocasión, y ahora sabía que el fin estaba próximo.

El 19 de diciembre de 1958, y unos días después de cumplir treinta y cinco años, Maria debutaba en París en un concierto de ópera a beneficio de la Legión de Honor. Fue el acontecimiento social de la capital francesa y las entradas se pagaron a los precios más altos de toda la historia de aquel teatro. Todo París iba a estar allí, y entre los asistentes se encontraban los duques de Windsor, el príncipe Ali Khan y el matrimonio Onassis. Maria fue contratada por cinco millones de francos, los mayores honorarios de la historia de la ópera, y la gala fue, a decir de los asistentes, la fiesta más esplendorosa que se había celebrado en la capital francesa después de la guerra. Algunos biógrafos de la Callas aseguran que fue el éxito de aquella velada en el Palais Garnier lo que animó a Onassis a conquistarla.

El armador comenzó a cortejar a la prima donna el mismo día que París se rindió a su innegable talento. Le envió a su admirada compatriota tres enormes ramos de rosas rojas, uno por la mañana, otro a la hora de la comida y el tercero poco antes de la función. A partir de ese momento, el magnate le obsequiaría con sendos ramos de estas flores, antes de cada una de sus actuaciones. Ari, en una tarjeta, le deseaba suerte en griego y a la cantante le pareció un detalle de lo más romántico. No le veía desde la fiesta veneciana de la Maxwell y ahora volvían a coincidir en un concierto donde la soprano cautivaría con sus dotes dramáticas y espléndida voz al multimillonario.

Durante la cena que siguió a la actuación, uno de los primeros en acercarse a su mesa para felicitarla fue Onassis. Vestida de rojo, su color preferido, y luciendo unos magníficos diamantes prestados por Van Cleef and Arpels, la Callas ya debía de intuir que el naviero intentaba conquistar su corazón. Pero por el momento, el 21 de abril de 1959, la Callas y Meneghini celebraron en Maxim's su décimo aniversario de boda. Su matrimonio a esas alturas era un puro convencionalismo pero de cara a la galería se mostraban cordiales, como si nada entre ellos hubiera pasado.

Unos meses después de su triunfal concierto parisino, Maria coincidió de nuevo con Onassis en Venecia donde asistió a otro de los fabulosos bailes organizados en su honor. La Callas apareció del brazo de su esposo Meneghini, y Onassis asistió en compañía de Tina, considerada entonces una de las mujeres más bellas de la jet. En esta ocasión, el multimillonario los invitó a un crucero en el *Christina* que en verano recorrería las costas griega y turca. Maria lamentó no poder ir ya que tenía que cantar en junio en el Covent Garden. Ari le prometió entonces que acudiría a Londres para verla actuar. Si hasta el momento Tina Onassis pensaba que su esposo —a quien le gustaba seducir a mujeres famosas— intentaba añadir a su larga lista de conquistas a la gran diva de la ópera, aquel día descubrió que Maria era alguien importante para él. De todos era conocido que Onassis detestaba la ópera, «a mí me suena como un montón de cocineros italianos gritándose recetas de risotto», y sin embargo ahora estaba dispuesto a descubrir las delicias del bel canto.

La actuación de Maria Callas en el Covent Garden se convirtió en el acontecimiento cultural del año en Inglaterra. Las entradas se agotaron a las tres horas de abrirse las taquillas y el recital fue retransmitido por televisión a nueve países. Entre los ilustres invitados estaban lady Churchill, la duquesa de Kent con su hija la princesa Alejandra, lord Mountbatten, el fotógrafo Cecil Beaton, y los actores Gary Cooper, Vivien Leigh y Margot Fonteyn. Onassis se sentó entre el público al lado de su esposa y contempló fascinado la magnífica interpretación de la tragedia griega *Medea* que ofreció la Callas. Tras la función, el armador dio una gran fiesta en el hotel Dorchester para homenajear a la soprano. Ari no reparó en gastos para impresionar a su célebre compatriota —a quien envió como regalo a su camerino un espléndido abrigo de chinchilla—, y encargó que todo el salón de baile del hotel fuera decorado con rosas rojas y que no faltara el champán en las copas.

En un momento de aquella inolvidable velada en el Dorchester de Londres, Onassis se acercó a Maria y le preguntó qué música le gustaría escuchar. «Un tango», contestó pletórica ella. Entonces el naviero puso un billete de cincuenta libras en la mano del director de la orquesta húngara y le ordenó que no tocasen nada distinto a lo largo de toda la noche. A las tres de la madrugada, Maria se despidió de los presentes alegando que estaba muy cansada. La fotografía de Maria Callas, envuelta en su flamante abrigo de pieles, y abrazada entre su esposo y Onassis mientras salía del hotel, daría la vuelta al mundo. Estaba claro que el armador estaba dispuesto a conseguir a la Callas como fuera.

Antes de que apareciera Aristóteles Onassis en su vida, Maria ya tenía problemas en su matrimonio debido a la manera en que Meneghini administraba sus negocios. La cantante descubrió por casualidad que su esposo había transferido la casi totalidad de sus ingresos a una cuenta bancaria en Verona a la que ella no podía acceder. Battista le confesó que había puesto su dinero a su nombre y que había transferido una parte a su familia. Aunque le aseguró que sus ganancias también habían servido para sufragar gastos de publicidad y devolver antiguos préstamos, el desencanto de Maria fue tremendo. De nuevo se sentía explotada y utilizada como cuando era una niña. Daba por hecho que nadie la apreciaba por sí misma, que sólo les importaba su voz y enriquecerse a su costa. «Los únicos que no me traicionan son mis perros», exclamó indignada en una ocasión. A partir de ese momento daría las órdenes oportunas para que sus honorarios no fueran ingresados en la cuenta común del matrimonio.

Si finalmente Maria Callas aceptó la invitación de Aristóteles Onassis de acompañarle en un crucero por el Mediterráneo aquel verano de 1959, fue porque se sentía traicionada por su marido y necesitaba reflexionar sobre su futuro. Había pensado seriamente en retirarse de los escenarios porque su voz ya no era la misma y estaba agotada física y mentalmente. Pero Meneghini, que veía peligrar su fuente de ingresos, le desaconsejó que abandonara su carrera porque, entre otras cosas, necesitaba dinero. Unos días antes de la fecha prevista para la partida, Maria encargó a la diseñadora Biki que le confeccionara un vestuario adecuado para su estancia en el *Christina*. La Callas quería estar a la altura de sus ilustres compañeros de viaje, entre ellos, sir Winston Churchill y su esposa lady Clementina. En Milán, una semana antes del crucero, Maria se gastó varios millones de liras en trajes de baño, conjuntos playeros y ropa interior. Cuando el 22 de julio, la prima donna de la ópera y su inseparable esposo llegaron con su voluminoso equipaje a Montecarlo para embarcar en el lujoso yate, nadie podía imaginar que aquel viaje cambiaría para siempre sus vidas.

El yate de Onassis, donde la Callas pasaría las tres siguientes semanas, deslumbraba a todo aquel que tenía el privilegio de ser invitado por el magnate. El *Christina*, bautizado así en honor a la hija del naviero, además de sus enormes proporciones —cien metros de eslora y seiscientas toneladas de peso— ofrecía un lujo y un confort que impresionó al propio rey Faruk de Egipto, quien lo describió como «lo último en opulencia». Contaba con nueve camarotes de lujo, todos con baño privado y grifería chapada en oro, y una sala de estar decorada con valiosas antigüedades y cuadros. Tenía un cine, un bar con taburetes forrados con piel de escroto de ballena —según se jactaba Onassis—, peluquería y un jacuzzi en la cubierta central. En el espacioso salón de juegos destacaba una chimenea en lapislázuli, una gran biblioteca y un magnífico piano de cola. Su dueño no escatimó en gastos y mandó construir una piscina climatizada en el interior del barco cuyo suelo era una réplica de un mosaico del palacio de Cnosos en Creta, y que podía convertirse en pista de baile con sólo apretar un botón.

Maria y su esposo se alojaron en la suite de honor, la que

en su día había ocupado la actriz Greta Garbo, y donde más adelante se instalaría Jackie Kennedy. Onassis dejó su fastuosa suite de cuatro estancias situada en la cubierta del puente —y provista de un baño de mármol de Siena— a su invitado más especial, Winston Churchill, que contaba noventa años. El barco tenía cuarenta y dos empleados a bordo, incluidos dos chefs de cocina —uno griego y otro francés—, ayudas de cámara, doncellas, masajistas, costureras y personal médico. Ari se trasladó encantado a un camarote no lejos del de la Callas, a quien no dejó de atender solícito desde su llegada. En el yate viajaban además de su esposa Tina, sus dos hijos —Alexander, de once años, y Christina, de ocho—; Diana Sandys, hija de Churchill, y el matrimonio Montague Browne, amigo de los Onassis. Todos ellos serían testigos del apasionado idilio entre la diva y el naviero al poco tiempo de levar anclas. El crucero recorrería los más bellos parajes del Mediterráneo y se detendría en la isla de Capri, las islas griegas, Esmirna y Estambul.

Mientras Meneghini, a quien el mar no le sentaba muy bien, se pasó los primeros días mareado sin apenas salir de su camarote, Maria estaba radiante. Aquellas imprevistas vacaciones le habían devuelto la alegría de vivir tal como reflejan las fotografías que se conservan de aquel crucero que pasaría a la historia. A sus treinta y seis años, la diva se dejaba agasajar por Aristo —como ella le llamaba—, y aunque desde un principio trataron de ser discretos y ocultaban sus sentimientos, era evidente la atracción que existía entre ellos. «Parecía como si el fuego los devorara a los dos», escribiría Meneghini en sus memorias. Durante aquellas tres semanas inolvidables de cenas románticas en cubierta, visitas a bordo de personalidades —entre ellas la del príncipe Juan Carlos y su padre el conde de

Barcelona—, baños de mar, excursiones a pueblos costeros y compras en los puertos en los que el *Christina* atracaba, la Callas se sintió al fin una mujer libre.

El romance entre la diva de la ópera y Onassis empezó en las largas noches que compartieron conversando hasta el amanecer en la cubierta del barco. Los dos padecían insomnio y cuando los demás invitados se retiraban, dejaban pasar las horas desgranando recuerdos y confidencias bajo las estrellas. En aquellos momentos de intimidad, Maria le abrió su corazón a Aristo y le contó los problemas económicos que atravesaba debido a la mala gestión de su esposo. Le confesó su dificultad para controlar su voz y la angustia de no poder cumplir con su habitual —y muy estresante— programa operístico. Onassis, en tono paternal, le pidió a Maria que le dejara a él ocuparse de sus negocios y le comentó su idea de crear una compañía de ópera propia en Montecarlo donde ella podría actuar siempre que quisiera eligiendo los papeles a su gusto.

Al armador le conmovieron las historias que Maria recordaba de su infancia y las penurias que sufrió en la Atenas ocupada durante la guerra. Los dos tenían mucho en común; además de ser famosos e importantes, creían en el destino —eran muy supersticiosos—, y se sentían profundamente griegos. Hasta el momento, Ari y Maria se habían limitado a cogerse de las manos cuando estaban solos y a intercambiarse miradas llenas de complicidad. Pero cuando llegaron a Estambul, etapa final del viaje, la pareja se dejó llevar por la pasión y se hicieron amantes. Las malas lenguas dicen que acabaron haciendo el amor en una de las barcas auxiliares del yate. Artemis, hermana de Aristo y a quien la Callas nunca le simpatizó, diría más tarde: «Ella nunca le hará feliz. Se parecen demasiado. Los dos son personas importantes. ¿Cómo podrían vivir juntos sin matarse?». Cuando el 13 de agosto el *Christina* atracó en Montecarlo, la Callas, tras once años de matrimonio, estaba decidida a pedir el divorcio.

La relación de los dos griegos más famosos del momento no pasaría desapercibida para la nube de fotógrafos que habían seguido al yate *Christina*. A los ojos del mundo —y sobre todo de la prensa del corazón— había nacido «el romance del siglo» y desde ese mismo instante la pareja sufriría el constante acoso de los paparazzi. Unos días después de haber finalizado el crucero, Onassis y la Callas visitaron a Meneghini en su mansión de Sirmione. El armador no se anduvo con rodeos y según contaba el marido de la soprano en sus memorias, Onassis, además de ofrecerle una cuantiosa suma de dinero por la cantante, le dijo con prepotencia: «Soy un desgraciado, soy un asesino, soy un ladrón, soy un impío, soy el ser más repugnante de la tierra... pero soy millonario y déspota, así que no renuncio a Maria». Aristóteles, a quien su padre le enseñó a no tomarse demasiado en serio a las mujeres, cuando se encaprichó de la diva no tenía intención de divorciarse de su esposa Tina y de perder a sus dos hijos.

El 8 de septiembre de aquel tumultuoso año de 1959, Maria Callas anunció oficialmente la ruptura de su matrimonio con Battista Meneghini. Se limitó a comentar que a partir de ese momento no haría más declaraciones y que el caso estaba en manos de los abogados. A diferencia de Maria, que siempre se mantuvo discreta en este asunto, su esposo no dejaría de conceder entrevistas a los medios aireando las intimidades de su matrimonio y presentándose ante el público como una víctima. Despechado y humillado, Battista Meneghini acusaría de ingratitud a Maria, llegando a decir: «Yo creé a la Callas y ella me ha pagado con una puñalada en la espalda. Cuando la conocí era una mujer gorda y mal vestida, una refugiada, una gitana. No tenía ni un céntimo ni la menor posibilidad de hacer carrera».

Ajena a todo el revuelo que se había levantado a su alrededor, Maria Callas, tras grabar una ópera en La Scala, se reunió con Ari en el *Christina*. La cantante parecía feliz y despreocupada, pendiente en todo momento de su nuevo amor. A estas alturas de su vida, estaba dispuesta a sacrificarlo todo por esta inesperada pasión que había nacido entre ella y el naviero. «He pasado tanto tiempo prisionera en una jaula, que cuando me encontré con Aristo y sus amigos, tan llenos de vida, cambié por completo. Mi vida hasta ese momento con un hombre mucho mayor que yo, me había vuelto siniestra», declararía a los periodistas. En aquellos días Maria lucía orgullosa un brazalete que le había regalado Ari y que llevaba inscritas las letras TMWL, «To Maria With Love». Pronto descubriría que Tina tenía uno idéntico con sus correspondientes siglas, y años más tarde Jackie Kennedy llevaría otro igual.

Ante la sorpresa y el desconcierto de Onassis, que siempre creyó que podría reconciliarse con su esposa, el 25 de noviembre Tina, en una rueda de prensa, pidió el divorcio al armador, alegando adulterio. Tras trece años de matrimonio, la señora Onassis —que en ningún momento mencionó a su ahora rival Maria Callas— deseaba comenzar una nueva vida y pedía a la prensa respeto para ella y sus hijos. La noticia fue un duro golpe para el armador, que lejos de alegrarse sabía que aquel divorcio no sólo le costaría una fortuna, sino que le enfrentaba directamente con un hombre tan poderoso e influyente como él: su suegro, Stavros Livanos. Maria ignoraba entonces que Aristo, a pesar de estar con ella, a sus espaldas intentaría por todos los medios reconquistar el corazón de su esposa.

Maria empezó a vivir cuando se enamoró de Onassis. En los siguientes diez años él sería su única fuente de felicidad; alguien que la apreciaba no sólo por su voz sino como mujer, al menos eso pensaba ella. La Callas se mostraba satisfecha ante la prensa porque había conseguido la separación legal de su esposo. Pero al naviero, mucho menos romántico que Maria y más pragmático, no le ocurría lo mismo. Aristo intentaba evitar las muestras de afecto a Maria en público y trataba de esquivar a los paparazzi que le seguían a todas partes. Durante aquellas tensas semanas de diciembre, la cantante pasó mucho tiempo sola, sin saber dónde estaba su amante, quien nunca le daba explicaciones de lo que hacía. De repente, Onassis la mandaba a buscar y pasaban juntos unos días maravillosos para después desaparecer otra vez. La Callas, que disfrutaba por primera vez de los placeres de la vida, aceptó resignada su caprichoso comportamiento. Pero aún tendría que soportar otras humillaciones, entre ellas, el verse rechazada por algunos personajes importantes —como el príncipe Rainiero de Mónaco y su esposa Grace Kelly que se negaban a invitarla a palacio, o el propio Churchill, buen amigo de Tina Livanos—, que no veían con buenos ojos su apasionada relación con el armador.

Los primeros meses de 1960, Maria Callas los pasó sin trabajar, descansando en el *Christina* y sin apenas pisar su casa de Milán donde vivía sola con su fiel doncella Bruna y su caniche Toy, regalo de Visconti. Onassis tuvo que aceptar a regañadientes el divorcio de su esposa y comenzó a dedicar más tiempo a su solícita amante. La Callas tenía por delante un año lleno de incertidumbres en que tendría que afrontar nuevas derrotas y humillaciones. Mientras encontraba un agente que llevara su carrera artística, se veía obligada a decidir sobre su futuro profesional. No tenía ningún contrato importante en perspectiva pues eran muchos los que creían que vivía retirada desde que había conocido a Onassis. En su ausencia, su rival Renata Tebaldi había regresado con gran éxito a La Scala tras cinco años sin actuar allí, recuperando el trono que le había arrebatado Maria. La prensa comenzaba a insinuar que la Divina había perdido la voz y que su ocaso estaba cerca.

UNA MUJER TRAICIONADA

«Creía que estaba enamorada, pero ahora comprendo que lo que sentía por Battista no era amor, sino gratitud. Ignoraba qué era el amor hasta que conocí a Onassis», le confesaría Maria a una íntima amiga. La cantante había encontrado al fin al «hombre de su vida», pero la polémica por su nueva relación y las tensiones familiares —su madre seguía atacándola y Meneghini se negaba a aceptar que la había perdido para siempre— comenzaron a afectarla profundamente. Se sentía de nuevo muy insegura y su salud no era buena pues padecía una sinusitis crónica que le provocaba un terrible dolor de cabeza al cantar. Tras su última representación en Dallas, donde tuvo su primera crisis de voz en el escenario, decidió no volver a actuar hasta 1960. Tenía poderosas razones para querer estar tranquila en el yate de Onassis o descansando en su casa de Milán. A principios de agosto de 1959 la cantante estaba embarazada. La inesperada noticia la llenó de felicidad aunque Aristo no pareció alegrarse pues los dos aún estaban casados con sus respectivas parejas.

Aunque siempre se ha dicho que Maria Callas se sometió a un aborto, instigada por Onassis, la realidad fue muy distinta. La información parte de la propia cantante, quien tras la boda del armador con Jackie Kennedy, contó a algunos amigos íntimos que él la había obligado a abortar en contra de su voluntad. Los que conocían bien a la artista no acababan de creer este dramático episodio de su vida y dudaban de que Maria —por sus firmes convicciones religiosas y el gran deseo que tenía de ser madre— hubiera aceptado deshacerse de tan anhelado hijo. Con el paso del tiempo se descubriría que la historia del aborto era falsa, quizá inventada por una mujer herida en su orgullo al sentirse traicionada por el hombre que amaba.

En su documentada biografía *Fuego griego*, el escritor Nicholas Cage publicó las pruebas, hasta el momento inéditas, que demuestran que la soprano dio a luz en Milán. Fue el 30 de marzo de 1960 y el recién nacido falleció dos horas después por causas naturales. El autor tuvo acceso a los papeles personales de Maria y entre ellos descubrió una fotografía del bebé y los documentos milaneses que dan testimonio de su corta vida. Asimismo su leal sirvienta Bruna Lupoli, que estuvo al lado de la Callas desde que en 1954 entrara a su servicio hasta el día de su muerte, negaría al autor del libro el asunto del aborto, reconociendo el nacimiento del niño: «Madame no tuvo ningún aborto en 1966, ni en 1967 ni en ningún otro año. Únicamente estuvo encinta la vez en que el bebé nació al octavo mes de embarazo y sólo vivió un día. Ella tenía una cicatriz debajo del estómago porque el bebé nació mediante cesárea».

En una entrevista que concedió al periódico *France-Soir* en febrero de 1960, la cantante reconocía que a sus treinta y seis años su prioridad en la vida era formar una familia. Onassis, quien en un principio no deseaba más descendencia, empezó a buscar una casa en Suiza donde Maria pudiera vivir con su hijo alejada de los paparazzi y los curiosos. Entre ellos, se referían a este plan como «el proyecto suizo». Mientras la Callas intentaba hacer pocas apariciones públicas, el 8 de marzo el armador partía en otro largo crucero con Winston Churchill y su esposa, esta vez rumbo a Barbados y las islas Vírgenes. No debió de ser una etapa fácil para Maria que se sentía, como de costumbre, sola y abandonada por su amante. Para complicar la situación, su madre, Evangelia, que vivía en un sórdido hotel de Nueva York, acababa de publicar un libro de memorias, donde una vez más sacaba a la luz los trapos sucios de la familia y atacaba sin piedad a su hija.

Onassis telefoneaba cada día a Maria desde su yate pero el 30 de marzo no la encontró en su casa de la via Buonarroti. Por la mañana, acompañada de Bruna, la cantante llegaba de incógnito a una clínica milanesa donde le practicaron una cesárea a los ocho meses de su embarazo. Según su biógrafo Nicholas Cage, Maria quiso adelantar el nacimiento de su hijo para que el armador, a su regreso del crucero, pudiera verla más favorecida y con el hijo de ambos entre sus brazos. Pero las cosas se complicaron; el niño nació con poco peso y padecía problemas respiratorios. Aunque fue trasladado de urgencia a otro centro mejor equipado, murió de camino en la ambulancia. La enfermera que le acompañaba, consciente de que el pequeño iba a morir, lo bautizó con el nombre que Maria le contó que iba a ponerle si era un varón: Omero Lengrini.

Cuando Onassis finalmente pudo localizar a Maria, ésta le confesó desolada que el recién nacido había vivido apenas unas horas y que ni siquiera lo había podido ver. Unos días después, Aristo —tras cenar con Tina en París en un intento por suavizar las condiciones impuestas por ella en el divorcio— se reunió con la cantante en Milán mostrándose muy atento y cariñoso con ella. La inesperada muerte de su «pequeño Omero», como se refería a él, atormentó a Maria Callas hasta el final de sus días. El recién nacido fue enterrado en el cementerio de Milán, en un lugar que sólo ella y Onassis conocían. Bruna confesaría a la muerte de la diva que su señora visitaba la tumba de su hijo siempre que se encontraba en Milán y que en ocasiones viajaba expresamente desde París para rezar junto a ella. La doncella nunca reveló el lugar exacto donde se encontraba enterrado el niño por «respeto a la memoria de Madame».

Tras la pérdida de su hijo, y viendo que Maria no atravesaba por su mejor momento, Onassis intentó apoyar su carrera animándola a actuar en su tierra natal. Aunque la soprano sentía pavor a fracasar frente a su amante, que quería lucirla en su país, cantaría dos *Normas* en el antiguo teatro griego de Epidauro. El público la recibió como a una auténtica diosa y, a pesar de estar enferma —en la segunda función tenía fiebre alta pero no quiso cancelarla—, se entregó de corazón en el escenario. Cuando abandonó Grecia había recuperado la confianza en sí misma y se sentía con fuerzas de proseguir su carrera. Tras unos días de descanso en el *Christina*, la cantante se animó por fin a volver a La Scala. El 7 de diciembre de 1960 reapareció en la ópera *Poliuto* de Donizetti ante un público que reunió a algunos de los miembros más distinguidos de la alta sociedad europea. Aunque la soprano triunfó una vez más en su debut, sus admiradores comenzaban a echarle en cara que sólo hubiera interpretado dos óperas en todo el año y que descuidara su voz.

En realidad Maria se refugiaba cada vez más en el yate *Christina*, un palacio flotante donde se sentía como en su casa. A bordo casi nunca ensayaba a pesar de que Onassis había acondicionado para ella un gran salón de música donde instaló un piano de cola. Tras años de intenso sacrificio y trabajo, sólo deseaba disfrutar al máximo de la *dolce vita* en compañía del hombre al que amaba ciegamente. Como le confesó a un periodista, «quería vivir y sentirme una mujer», algo que hasta ese momento le había sido negado. En el verano de 1963, el armador compraría la isla desierta de Skorpios, en Grecia, que transformó en su particular paraíso terrenal. Esta idílica isla era el refugio que siempre había querido tener lejos de la mirada de los curiosos y los paparazzi. Tras cinco años de costosas obras y reparaciones, los amantes pudieron disfrutar de algunos momentos inolvidables de intimidad en sus playas de arena blanca.

Por primera vez Maria se sentía aliviada de dejar atrás a la Callas, un personaje que a estas alturas de la vida le resultaba una pesada carga. Quería olvidar los penosos ensayos, los agotadores ejercicios vocales y el miedo escénico que siempre la invadía antes de levantarse el telón. Pero no podía engañarse, y su vida con Onassis no era de color de rosa. Si cuando estaba casada con Meneghini su familia la despreciaba, ahora los dos hijos del armador, Alexander de doce años y Christina de ocho, mostraban una gran hostilidad hacia ella. Desde el primer momento se negaron a aceptarla porque la creían culpable de la ruptura del matrimonio de sus padres. Cuando Maria estaba en el barco, ellos preferían comer con la tripulación a compartir mesa con «la fea», como la llamaban. Aunque en 1961 Tina se casó en París con un aristócrata inglés —Sonny Blandford, primo de Winston

Churchill—, sus hijos aún creían posible una reconciliación entre sus padres.

En agosto de 1961, Maria volvió al teatro griego de Epidauro para cantar *Medea*, pero para su desilusión Onassis no acudió a verla actuar. Aunque puso la excusa de que unos asuntos de negocios le retenían en su barco, la verdad es que el armador se había cansado de asistir a sus estrenos y de ser solo el acompañante de la gran diva. Por su parte a la Callas le resultaba cada vez más difícil enfrentarse al público entendido y a los críticos porque no sólo se sentía insegura sino que su salud no era buena. El dolor de cabeza que le provocaba su sinusitis crónica la obligó a soportar sobre el escenario situaciones límites en las que creyó que no podría seguir actuando. A los problemas de salud se sumaban las tribulaciones que le seguía causando su esposo Meneghini, quien pretendía anular el acuerdo mutuo de separación y llevar a juicio a su ex esposa. Meneghini no desaparecería nunca de su vida. En una carta que Maria le escribió a su padrino Leo Lantzounis le confesaba: «Mi esposo sigue molestándome, no ha tenido suficiente con quedarse con más de la mitad de mi dinero, porque lo había puesto todo a su nombre desde que nos casamos. Él ha creado y aprovechado este escándalo con el único fin de tenerme siempre en los juzgados, porque lo que pretende es quedarse con todo».

Maria sacó fuerzas para viajar en mayo de 1962 a Nueva York, donde fue invitada a actuar en el Madison Square Garden con motivo del cuarenta y cinco cumpleaños del presidente John F. Kennedy. La Callas, que lució un espléndido vestido rojo de muselina y un valioso collar de diamantes, cantó un fragmento de la ópera *Carmen*. Pero aquella noche la gran protagonista fue la actriz Marilyn Monroe. La rubia explosiva interpretó un sensual «Happy Birthday Mr. President» envuelta en un vestido de lentejuelas casi transparente. En aquella ocasión, Maria Callas no podría conocer en persona a la mujer que más odiaría en su vida por haberle arrebatado a su amado Aristo: Jackie Kennedy. La esposa del presidente declinó la invitación a la fiesta al saber que Marilyn Monroe —cuya relación con John Kennedy estaba en boca de todos— tenía un pequeño papel en la ceremonia.

El nuevo año comenzó para Maria con malos presagios. A sus problemas personales se unían de nuevo los conflictos con su madre. El Departamento de Bienestar Social de Nueva York reclamó a la cantante que se hiciera cargo de Evangelia, quien había pedido asistencia pública por encontrarse en la indigencia. Callas, indignada ante lo que consideraba un nuevo chantaje de su madre, aceptó enviarle mensualmente una cantidad de dinero a cambio de que guardara silencio y dejara de conceder entrevistas. Temía que aquel asunto pudiera salir a la luz y salpicara a Onassis, a quien no le hubiera gustado verse relacionado con un problema familiar tan turbio y desagradable.

A principios de 1963 no quedaba nada en la vida de la Callas salvo su apasionada y tormentosa relación con Onassis. El armador era su «única razón de existir» y cada día dependía más de él. Si Maria se cortó su larga melena, se quitó las gafas y empezó a utilizar lentillas fue porque Aristo se lo pidió. Cuando comían juntos, si a él no le gustaba el vestido o el sombrero que ella llevaba, se levantaba de inmediato para cambiarlo por otro. Sus deseos eran órdenes para una mujer, frágil e insegura, que había perdido el poco orgullo que le quedaba. A medida que se alejaba de los escenarios —sólo aceptaba interpretar papeles que no comprometían demasiado su voz—, se refugiaba más en su amante. Sin embargo, Maria ya no era la rutilante estrella que el armador había conocido en la cúspide de su carrera, y su interés por ella había decrecido.

En aquellos días, una mujer hermosa y risueña de veintinueve años se convertiría en la nueva rival de Maria. Se trataba de Lee Radziwill, casada con un príncipe polaco y hermana de Jacqueline Kennedy, la primera dama de Estados Unidos. Los Radziwill formaban parte del grupo de amigos de Onassis y la Callas cuando en junio de 1963 el armador invitó a la pareja a un crucero organizado para su admirado Winston Churchill. Mientras la cantante realizaba una gira de conciertos por Europa, Onassis cortejaba discretamente a la señora Radziwill cuya relación con su esposo atravesaba una de sus habituales crisis. Tras el crucero por las islas griegas, comenzaron a circular rumores sobre el romance entre Onassis y Lee. Maria, que conocía algunas de las célebres conquistas del armador —a ella misma le había confesado sus aventuras amorosas con Eva Perón, Veronica Lake, Gloria Swanson y Paulette Godard—, no dio demasiada importancia a aquellos rumores. Sin embargo, cuando regresó al yate encontró un estuche vacío de Cartier con una nota de amor dirigida a Lee. Maria intentó mostrarse discreta frente a Aristo y mantener la compostura, pero en su apartamento de París se vino abajo. Su sirvienta Bruna fue testigo de lo mucho que le afectó a su señora descubrir que había otra mujer en la vida del hombre que lo era todo para ella.

A principios de agosto de 1963, Jacqueline Kennedy daba a luz a un niño prematuro que viviría apenas unas horas. La muerte de ese hijo tan deseado la sumió en una profunda tristeza. Su hermana Lee, preocupada por su estado, le pidió a su amigo Onassis que la invitara a un crucero para reponerse de tan duro trance. El armador griego se mostró encantado con la idea de alojar en su barco al presidente —quien en principio también había sido invitado— y a la primera dama de Estados Unidos, pero le pidió a Maria que no estuviera presente en el crucero. A Aristo le parecía poco decoroso recibir a tan ilustres invitados en compañía de su «concubina». Fue ésta una de las muchas —y muy crueles— humillaciones que la Callas tendría que soportar en los siguientes meses, aunque lo peor estaba aún por llegar.

El 4 de octubre de 1963, el yate *Christina* partía desde el puerto del Pireo rumbo a Estambul y a la isla de Lesbos. Entre los pasajeros de aquel polémico crucero se encontraban Lee Radziwill y su esposo, Jackie Kennedy —quien acudió sola pues el presidente no quería comprometer su campaña electoral mostrándose en público junto a un hombre al que consideraba un «pirata internacional»— y Franklin D. Roosevelt, enviado por el presidente para dar respetabilidad al viaje. Cuando Maria Callas vio publicada en los periódicos parisinos la foto de Onassis guiando de la mano a Jackie por la ciudad natal del armador, Esmirna, no se sintió molesta. Seguía convencida de que Lee Radziwill —de quien se sentía muy celosa— era el verdadero peligro. Onassis aprovechó aquel crucero para deslumbrar a la esposa del presidente más carismático de la historia de Estados Unidos. Al finalizar la travesía obsequió a su invitada de honor con un magnífico collar de rubíes y brillantes valorado en cincuenta mil dólares. Lee enseguida descubrió que el interés de Onassis por ella no era comparable al que sentía por su hermana y trató de poner buena cara a una situación de lo más embarazosa.

Cuando el 22 de noviembre de aquel año, Maria se sobrecogió ante las imágenes del brutal asesinato de John F.

Kennedy en Dallas, no imaginó la repercusión que aquella tragedia iba a tener en su vida personal. Jackie se convertía en la «viuda de América» y en una de las mujeres más admiradas del mundo por su entereza y elegancia. Onassis fue invitado a asistir al entierro y se alojó en las dependencias privadas de la Casa Blanca junto a los familiares más cercanos de la familia Kennedy. Cuando una semana más tarde la Callas y Aristo celebraban el cuarenta cumpleaños de la cantante en el restaurante Maxim's de París, parecía que nada hubiera cambiado entre ellos. Sin embargo, el armador se mostraba mucho más distante con Maria, que aún molesta por haber sido excluida del crucero, intentaba por todos los medios salvar su relación. A partir de 1966, y al igual que hizo con su ex esposa Tina al conocer a la Callas, Onassis mantendría su romance con Maria pero a escondidas se vería con Jackie.

La Callas, llena de miedos y de dudas al ver la frialdad de su amante, decidió retornar con más fuerza que nunca a los escenarios. A finales de 1963, y después de dos años de inactividad, la soprano reapareció en el Covent Garden con *Tosca* y a las órdenes de su amigo Franco Zeffirelli. Para muchos aquélla fue la mejor creación dramática de la Callas en toda su carrera. El éxito le dio seguridad en sí misma y la animó a realizar en Londres una serie de grabaciones. En mayo del siguiente año debutó con *Norma* en la Ópera de París, de nuevo en una producción de Zeffirelli. En aquella inolvidable noche de gala a la que acudieron —además de Onassis— distinguidos miembros de la aristocracia y la cultura europea, ocurrió lo que hacía tiempo que muchos temían: a Maria se le quebró la voz cuando intentó un *do* mayor. La Callas reaccionó como sólo ella era capaz de hacerlo y ordenó al director que empezara de nuevo. Arriesgando al límite, consiguió alcanzar la nota perfecta y aunque al bajar el telón, una parte del público la ovacionó largo rato, otra la abucheó sin compasión. Por primera vez en su vida, pensó seriamente que quizá ya nunca podría finalizar una ópera completa.

En el verano de 1964, Maria paseaba tranquila por la isla de Skorpios en compañía de Onassis y se la veía relajada tomando el sol en la cubierta del *Christina*. Daba la impresión de que el naviero estaba más pendiente de ella y disfrutaban nadando juntos en alta mar y conversando hasta el amanecer como en los viejos tiempos. «Nada supera en importancia lo que siento por este hombre», confesaría la cantante a una amiga. Tras unos meses estivales en apariencia idílicos, en invierno la pareja viajó a Nueva York. En aquella ocasión Onassis fue invitado a una cena —sólo para caballeros— organizada por Jackie Kennedy en su apartamento neoyorquino de la Quinta Avenida. Para el armador era todo un reto conquistar el corazón de la viuda más codiciada del mundo. Por su parte, los que conocían bien a Jackie afirman que ésta ya tenía sus ojos puestos en el magnate y que estaba dispuesta a dejarse seducir por sus encantos.

Durante el año 1965, Maria estuvo muy ocupada intentando remontar su carrera. Aceptó ocho funciones de *Tosca* en la Ópera de París en febrero, dos en el Metropolitan en marzo, cinco representaciones de *Norma* de nuevo en París en mayo y una *Tosca* en el Covent Garden en el mes de julio. Los interminables ensayos la tenían totalmente absorbida y no parecía muy preocupada por Jackie Kennedy a la que de momento no veía como una competidora. La *Tosca* de Maria Callas en el Metropolitan, donde llevaba siete años sin cantar, fue un acontecimiento único en su carrera —con más de una hora de aplausos al finalizar la actuación— y el público se entregó desde el principio a la gran diva. Entre las personalidades que se acercaron a felicitarla tras la gala que se ofreció en su honor, se encontraba Jackie Kennedy, quien le dijo: «Señora Callas, acabo de asistir a una de las más hermosas veladas de ópera de mi vida». Maria y Jackie se dieron la mano cordialmente; fue la primera —y la única— vez que las dos mujeres se vieron cara a cara.

Maria luchaba, a pesar de sus problemas de salud y de voz, por cumplir con todos los compromisos adquiridos en aquel año. Pero aunque eran muchos los elogios y las buenas críticas que aún recibía, se sentía sola y lejos de Onassis cuyos negocios no iban como él deseaba. En aquellos días, el armador, que no estaba acostumbrado a las derrotas, había perdido el control de la Société des Bains de Mer en Montecarlo que quedaba en manos del príncipe Rainiero. Maria, ajena a los planes de su amante —que seguía cortejando a Jackie Kennedy—, soñaba con pasar más tiempo con él en la isla de Skorpios y dejar para siempre la ópera. Pero en realidad, el fin de su apasionado y mediático romance estaba muy próximo. Cuando debutó el 14 de mayo de 1965 con *Norma* en la Ópera de París, el público asistió conmovido al ocaso de la Divina. Enferma y agotada, atiborrada de tranquilizantes y vitaminas, la Callas se desplomó sobre el escenario cuando cayó el telón en el tercer acto de su última función. No pudo continuar el cuarto acto de *Norma* ni tampoco podría cumplir sus compromisos en el Covent Garden, donde sólo ofrecería una representación de *Tosca* en la función de gala a la que acudió la reina de Inglaterra. Sería la última vez que interpretara una ópera entera, y tardaría ocho años en volver a cantar en público.

El verano de 1965 fue para la Callas el peor de cuantos compartió con su amante. El armador se mostraba distante y autoritario con ella y era evidente la indiferencia que sentía hacia la cantante. Los amigos, como el cineasta italiano Franco Zeffirelli, que los visitaron durante las vacaciones en el yate *Christina* fueron testigos del trato humillante que le daba. Onassis, consciente de que la cantante había tocado fondo, odiaba tener a su lado a una mujer derrotada y no dudaba en mostrarle su desprecio públicamente con comentarios del tipo: «¿Qué eres tú? ¡Nada! Tienes en la garganta un silbato que ya no funciona». Las discusiones y peleas entre la pareja eran cada vez más frecuentes y violentas, llegando incluso a las manos.

Aunque la relación de Maria y Onassis hacía aguas, la soprano estaba más dispuesta que nunca a acabar con los trámites de su divorcio con Meneghini. En abril de 1966 decidió renunciar a la ciudadanía estadounidense porque de esta manera —conservando únicamente la nacionalidad griega— su matrimonio sólo era válido en Italia. A sus cuarenta y tres años, y tras un proceso que había durado diez años, conseguía su anhelada libertad. A pesar de que la relación con Aristo era cada vez más fría y tormentosa, seguía deseando casarse con él y dejar de ser su eterna amante. Pero Onassis, más pragmático y ambicioso, tenía otros planes de futuro en mente y Maria no estaba entre ellos.

Desde un principio, aunque la diva aceptó de buen grado los regalos que Aristo le hizo —nunca comparables a los que le hiciera después a la señora Kennedy—, siempre se negó a que éste la mantuviera o se hiciera cargo de sus gastos personales. Cuando en aquel año de 1966, Onassis le compró el elegante apartamento de la avenue Georges Mandel, en París, estaba convencida de que vivirían juntos en él. Por fin la cantante tenía su propia residencia en París, una casa donde pasaría el resto de sus días y que decoraría a su gusto llenándola de recuerdos, cuadros, antigüedades, muebles Luis XV y un gran piano de cola en el salón. Onassis nunca compartiría con ella esta vivienda pues cuando se encontraba en París siempre se alojaba en su piso de la avenue Foch. Los que pudieron visitar la nueva casa de la Callas coincidían en que parecía más la tumba de una leyenda que un verdadero hogar.

Maria se dedicó con esmero a decorar su apartamento, mientras su carrera seguía paralizada y Onassis viajaba cada vez más a Estados Unidos. Durante los años 1966 y 1967 el armador griego había cruzado bastantes veces el Atlántico para verse con Jackie Kennedy. Eran escapadas muy discretas y Ari aprovechaba sus viajes de negocios para visitar a la viuda en su ático neoyorquino donde entraba por la puerta de servicio. A Maria, ajena a lo que Onassis planeaba, le preocupaba el tiempo que su amante pasaba en Nueva York, pero aún albergaba la esperanza de que se casara con ella. Finalmente, cuando en el mes de mayo de 1968, la Callas se enteró de que Jackie Kennedy había sido invitada por Onassis a hacer un crucero por el Caribe en el yate *Christina*, fue el principio del fin de su relación. Sólo dos meses atrás, Maria y Aristo habían sido fotografiados juntos en Nassau, en la cubierta del *Christina*, durante el crucero anual que realizaron por aguas caribeñas. Bronceados, luciendo gafas de sol y posando relajados —ella en traje de baño y él con el torso desnudo y una toalla enrollada a la cintura— aún parecían la pareja perfecta.

A mediados de mayo, mientras Aristo y Jackie navegaban rumbo a St. Thomas a bordo del *Christina*, Maria se recluyó en su casa parisina deprimida, enfurecida y al borde de una crisis nerviosa. Según su doncella Bruna fue entonces cuando comenzó a ingerir pastillas para dormir. En una carta a su maestra Elvira Hidalgo, con quien mantenía una buena amistad, le decía en el mes de junio: «Estoy bastante bien dadas las circunstancias, pero me siento como si me hubieran dado un tremendo golpe y todavía no me hubiera recuperado. [...] Durante estos meses sólo intento sobrevivir. No me exijo demasiado porque no estoy muy fuerte mental y psicológicamente. Me siento tan perdida después de tantos años de trabajo y sacrificio por él que ni siquiera sé adónde ir».

Tragedia griega

Aunque Onassis pudiera sentir una cierta atracción por Jackie Kennedy, su interés por la ex primera dama poco tenía que ver con el amor. El armador buscaba a través de ella vincularse con el que todos daban por hecho que se convertiría en el futuro presidente del país, su cuñado Robert Kennedy. Pero el 5 de junio de 1968, el candidato demócrata a la presidencia moría asesinado en Los Ángeles. Jackie, que desde el brutal asesinato de su esposo se sentía más amenazada que nunca y temía por la vida de sus hijos, tras la pérdida de Bob —su amigo y más cercano confidente desde que enviudó— buscó el consuelo y la protección en los brazos del naviero. Deseaba abandonar Estados Unidos y comenzar una nueva vida lejos de un país que la consideraba un icono. Aunque Onassis —según sus amigos más íntimos— al principio no pensó en casarse con ella y sólo se sentía halagado «por haber sido elegido por la mujer más célebre del momento», tras el asesinato de Robert Kennedy los acontecimientos se precipitaron.

Tras el breve crucero con la señora Kennedy en el *Christina*, y mientras Onassis dedicaba sus fines de semana a ganarse a la familia de Jackie, Maria seguía esperando un milagro: que regresara junto a ella. Cuando el armador le pidió que se reuniera con él para pasar juntos el verano en Skorpios, la Callas no pudo negarse. La diva creía que aún podían salvar su relación y a finales de junio acudió a su encuentro en el yate *Christina*. Aquel verano de 1968 —el último que compartiría con Onassis— sería el más corto y amargo de su vida. Al poco de instalarse en el barco, y de manera inesperada, Aristo le pidió que regresara a París porque esperaba invitados y ella no podía estar a bordo. La cantante hizo las maletas —olvidándose en la caja fuerte algunas de las valiosas joyas que el naviero le había regalado— y abandonó por última vez el barco que durante nueve años había sido su hogar. Sabía que Onassis la echaba de su vida por causa de la que ya era su amante oficial: la viuda de Kennedy. Una semana más tarde la soprano ingresaba en el Hospital Americano de París por una sobredosis de somníferos.

Mientras, a principios de agosto, Ted Kennedy —quien tras la muerte de Robert se había convertido en el patriarca del clan— negociaba en el yate *Christina*, y en presencia de Jackie, el acuerdo matrimonial de la pareja, Maria se marchó de viaje a Estados Unidos. Su viejo amigo Larry Kelly, cofundador de la Ópera de Dallas y personaje muy influyente en el mundo operístico estadounidense, la animó a viajar con él a Nueva York y pasar juntos el verano. Larry quería ayudarla de verdad, no sólo distraerla del dolor que le provocó la traición de su Onassis, sino en el relanzamiento de su carrera artística. Pero lo cierto es que Maria estaba inconsolable y tan sólo esperaba que su amante, en el último momento, se arrepintiera y regresara a sus brazos.

Durante su estancia en Nueva York, Maria fue invitada a la inauguración de la nueva temporada del Metropolitan Opera House. La Callas sacó fuerzas para reaparecer en público el 16 de septiembre en una función donde actuaba su rival Renata Tebaldi. Como buena actriz que era, la diva apareció aquella noche deslumbrante luciendo unas magníficas esmeraldas que hacían juego con su vestido de terciopelo verde. Aquel conjunto de joyas prestadas, compuesto por unos pendientes —una gran esmeralda en forma de lágrima rodeada de brillantes—, un anillo y una pulsera, causó sensación. Un año más tarde, el señor Onassis fue a la misma joyería que había prestado las joyas a la gran diva, y compró para la señora Kennedy los mismos pendientes en forma de lágrima de diamantes y esmeraldas. Detalles como éste golpeaban con fuerza a Maria, que se sentía más vulnerable que nunca y sin ningún motivo para vivir.

Cuando finalmente la cantante reunió valor para regresar a París tras su enloquecido periplo estadounidense, una noticia acabó por hundirla. El 20 de octubre de 1968, en la capilla de la isla de Skorpios, Jacqueline Kennedy y Aristóteles Onassis contraían matrimonio por el rito ortodoxo. Fue una ceremonia íntima, con apenas una veintena de invitados, y una nube de periodistas que desde la costa intentaban conseguir fotografías de la que sin duda sería «la boda del año». Más adelante Alexander, el hijo de Onassis, comentaría irónico: «Es la unión perfecta. Mi padre adora los apellidos y Jackie adora el dinero». Mientras se celebraba el banquete de bodas, Maria aparecía radiante en una cena de gala ofrecida por Maxim's con motivo del setenta y cinco aniversario del famoso restaurante. De nuevo realizó una gran actuación, se mostró alegre y relajada ante la prensa, como si nada hubiera ocurrido. A la pregunta de los periodistas sobre la boda de Onassis se limitó a felicitar a la pareja y a comentar con una sonrisa: «La señora Kennedy hizo bien en dar un abuelo a sus hijos».

Maria nunca le perdonaría a Onassis que tras nueve años de relación se enterara de su boda con Jackie a través de los periódicos. Aunque sabía que él no amaba a su refinada esposa —en una ocasión el armador le confesaría: «No la amo, pero la necesito»—, el dolor de la traición y el abandono eran muy intensos. En una entrevista radiofónica concedida por la cantante al crítico musical John Ardoin, se sinceró como nunca lo había hecho. Por primera vez, y última, quien habló frente a un micrófono fue Maria —y no la Callas—, una mujer triste y amargada que de manera entrecortada se lamentaba de los golpes que había recibido de la vida: «Soy orgullosa. No me gusta mostrar en público mis sentimientos… Nunca pido nada por temor a llevarme un desengaño… Sinceramente, me aterra ir a mi casa. Es como el principio de una representación… No creo que mi salud pueda soportar tanta tensión… Me encantaría volver a lo que fui en 1958, a los buenos tiempos…».

Sin embargo, a pesar de sentirse de nuevo sola y fracasada por no haber podido tener hijos, ni un hogar con la persona que amaba, estaba dispuesta a salir adelante. Pero Onassis no se lo pondría fácil; a los pocos días de su boda con Jackie, se presentó en la avenue Georges Mandel gritando y silbando bajo la ventana de Maria para que le permitiera entrar. Aunque en un principio ella se negó a que subiera a su apartamento, pronto reanudaron su relación sin dejarse ver en público. Maria, que seguía enamorada de él y carecía de amor propio, tras vivir nueve años una relación clandestina y humillante aceptó seguir siendo «la otra» a los ojos del mundo. Pero en esta ocasión, la cantante impondría sus condiciones: mientras Onassis estuviera casado con Jackie Kennedy, Maria y él no volverían a mantener relaciones íntimas.

«Una parte de ella misma murió el día en que Onassis se casó con Jackie Kennedy y la otra permaneció teñida de tristeza para siempre», escribiría su biógrafa Anne Edwards. Maria quería arrancar a Onassis de su vida y la mejor manera era volver a trabajar. Aunque su miedo escénico le impedía cantar una ópera en público, aceptó protagonizar una película que le daría una nueva razón de ser. Se trataba de una versión del mito de Medea dirigida por su gran admirador, el cineasta Pier Paolo Pasolini. Durante el rodaje, Onassis no dejó de llamar a Maria aunque ésta se negaba a ponerse al teléfono. La película, extraña y desconcertante, fue un auténtico fracaso a pesar de su magnífica interpretación. La cantante, que necesitaba un éxito para poder renacer, asistió impotente al estreno de la que sería su primera y última película.

Mientras una nueva puerta se cerraba para Maria, Onassis —tras diez meses de matrimonio— se arrepentía de haberse casado con Jackie. El armador pronto descubriría que nada tenía en común con aquella «caprichosa, ambiciosa e interesada» mujer, como él la definía, que pasaba la mayor parte del tiempo en Nueva York donde estudiaban sus hijos. Aunque durante el primer año de matrimonio se los vio juntos bailando, de compras por Capri, cenando a la luz de las velas o nadando junto al yate *Christina*, con el paso de los meses hacían vidas separadas. Seguramente Onassis se aburría con la severa elegancia de su esposa y sus maneras demasiado sofisticadas. La que fuera primera dama de Estados Unidos no había abandonado su afición a las compras y la decoración de interiores, y el armador se enfurecía al ver cómo despilfarraba su dinero. Echaba de menos el amor desinteresado de Maria, quien siempre le quiso por lo que era y no por su cuantiosa fortuna.

En febrero de 1970 salió a la luz que Jackie Kennedy Onassis —siempre conservaría los dos apellidos— tenía un amante llamado Roswell Kirkpatrick, con quien mantenía relaciones cuando se casó con el armador griego. Las cartas que la flamante esposa había escrito a su enamorado cayeron en manos de un coleccionista de autógrafos, y acabaron publicadas en todo el mundo. Para el armador fue un duro golpe a su hombría y orgullo. Aunque Jackie le pidió disculpas, dio por finalizado su matrimonio. De cara a la galería ambos guardarían la compostura pero él nunca la perdonó. En mayo, la relación de Onassis con Maria se hizo pública y una noche salieron juntos a cenar a Maxim's. La foto de ambos cenando en el restaurante preferido de la cantante dio la vuelta al mundo. Cuando Jackie, que se encontraba en Nueva York, vio publicada la foto, voló rápidamente a París y exigió a Onassis que la llevara a cenar al mismo restaurante y se sentaran en la misma mesa. Era su manera de acallar los rumores sobre una posible crisis en su matrimonio y de decirle al mundo que la Callas sólo era una vieja amiga del naviero. Maria, que seguía enamorada de él y pensaba que su matrimonio tenía los días contados, al ver en la prensa francesa las fotografías de Jackie y el armador en «su restaurante», sufrió una gran decepción. Temía que Aristo nunca se separaría de su famosa esposa y que sólo seguiría engañándola.

Unos días después del enrevesado asunto de Maxim's, Radio Luxemburgo emitía una noticia impactante: «Maria Callas ha intentado suicidarse con una sobredosis de barbitúricos. Ha sido llevada a Urgencias del Hospital Americano de Neuilly». La noticia era una bomba informativa; sin embargo, la Callas emitió un comunicado donde decía que había ingresado en el hospital para un reconocimiento médico rutinario. En realidad —y como ya ocurriera en otras ocasiones—, nunca pensó en quitarse la vida, simplemente intentaba calmar sus nervios a base de pastillas y en ocasiones calculaba mal la dosis que ingería. Le costaba mucho dormir, y según contaba su doncella Bruna, le tenía miedo a la oscuridad y acababa tomando somníferos para poder descansar.

En agosto de aquel año de 1970, Maria, tras unos meses de continuos disgustos y tensiones, se animó a pasar unos días de vacaciones en la isla privada del naviero Perry Embiricos. La Callas aprovechó para recobrar fuerzas paseando por la playa, nadando y visitando el pueblo natal de su padre, Meligala. El 15 de agosto, mientras la cantante se encontraba recostada en una tumbona bajo una sombrilla, el helicóptero de Onassis aterrizó en la isla de Embiricos. Aristo salió del aparato y se dirigió hacia Maria para darle un apasionado beso en los labios. El armador, que no había olvidado que era su santo, le regaló unos pendientes antiguos, y pasaron un rato juntos paseando por la playa cogidos de la mano. Al atardecer, Onassis —a quien Jackie había prohibido que viera a la cantante— regresó de nuevo a Atenas. La romántica escena, captada por un fotógrafo desde una barca de pesca, daría la vuelta al mundo. Como siempre, Jackie regresaría a Grecia en el primer avión para acallar los rumores.

Tras la publicación de aquella comprometedora fotografía, Maria Callas regresó a su casa de París donde la esperaban los periodistas. Con una sonrisa y de manera evasiva, comentó: «Él [Onassis] es mi mejor amigo. Lo es, lo fue y siempre lo

será… Cuando dos personas han estado juntas como nosotros, son muchas las cosas que las unen. Él sabe que siempre
encontrará buen humor, amigos comunes y honestidad cuando me vea. El escándalo viene dado porque no conozco a su
esposa». En los meses siguientes, el naviero recibiría un buen
número de reveses, no sólo en los negocios sino en su vida
personal, y Maria siempre estaría allí para escucharle y darle su
cariño. Ante las desgracias que se avecinaban, los más allegados
a Onassis —incluidos sus hijos— comenzaron a hablar del
«maleficio de Jackie», culpando a la viuda de Kennedy de todos los males que golpearon a la familia.

Maria, que había pasado el invierno prácticamente recluida en su casa parisina, en la única compañía de Djedda y Pixie —dos caniches regalo de Aristo— y apenas recibía visitas,
aceptó en 1971 convertirse en profesora y dar una serie de
clases magistrales en el Teatro Juilliard de Nueva York. Aquellas clases fueron para ella un alivio y una gran ayuda psicoló-
gica en un momento en que la cantante era más consciente
que nunca de su deterioro físico. Le acababan de diagnosticar
un principio de glaucoma que podía dejarla ciega si no se cuidaba. A partir de ese momento, y durante el resto de su vida,
tuvo que echarse gotas en los ojos cada dos horas. Mientras
impartía sus clases, Maria trabajó con un preparador del Metropolitan para mejorar su propia voz. Una y otra vez, la gente
le preguntaba si se había retirado definitivamente o si volvería
a los escenarios. Una y otra vez ella respondía: «En cualquier
momento volveré a cantar una ópera».

En aquel año de 1971 en el que la Callas parecía resurgir
de sus cenizas y se ilusionaba con nuevos proyectos musicales,
Onassis comenzaba su inevitable declive. En verano se enteró
de que su hija Christina, de veinte años, se había casado en Las

Vegas con el director de una inmobiliaria, divorciado y con cuatro hijos, que le doblaba la edad. Unos meses más tarde, el 22 de octubre, su ex esposa Tina —divorciada de Sonny Blandford— se casaba en secreto con Stavros Niarchos, su peor enemigo y el hombre sospechoso de haber asesinado a su primera esposa, Eugenia Livanos, hermana de Tina. Para Onassis la unión de la madre de sus hijos con Niarchos era más de lo que podía soportar. Su hijo Alexander, al conocer la abrumadora noticia, le retiró la palabra a su madre. Christina, de carácter más inestable, se enfrentó a la dolorosa realidad como era su costumbre: ingiriendo una sobredosis de pastillas. Por primera vez en su vida el poderoso naviero sentía que perdía el control de sus hijos, de su matrimonio, de sus negocios y de su primera esposa.

Durante su estancia en Nueva York, Maria se reencontró con Giuseppe Di Stefano, un famoso y egocéntrico tenor italiano con el que había cantado quince años atrás. Di Stefano, que atravesaba una situación parecida a la de la Callas —tenía un nombre pero su voz ya no era la de antaño—, le propuso una vuelta a los escenarios espectacular; el regreso de dos leyendas del bel canto, juntas de nuevo. Maria no estaba del todo convencida y tenía un miedo atroz al fracaso. Pero Di Stefano, que aún era un hombre atractivo y seductor, no sólo la animó a cantar de nuevo ante el público sino que inició un discreto romance con ella. Después de haber sido abandonada por Onassis, la Callas necesitaba sentirse amada como mujer y de paso demostrarle al armador que aún estaba en plena forma.

Antes de emprender la gira de conciertos por todo el mundo en compañía de Di Stefano, Maria y Onassis se volverían a encontrar unidos por el dolor. La Callas perdía a su padre, George, el 4 de diciembre de 1972, y aunque hacía mucho tiempo que no le veía ni hablaba con él se sintió culpable por haberle dado la espalda. Cuando Maria se enteró por su padrino Leo de que se había casado al fin con Alexandra Papajohn, rompió toda relación con él y ahora la cantante lamentaba el tiempo perdido. Por su parte Onassis, el 22 de enero, recibió una noticia que le dejó totalmente abatido: su hijo Alexander había muerto al estrellarse su avioneta al poco de despegar en el aeropuerto de Atenas. A pesar de su inmensa fortuna, el armador no podría devolverle la vida a su hijo de veinticinco años que había sufrido daños irreparables en el cerebro.

Unos días después del entierro de Alexander Onassis, celebrado en la isla de Skorpios, un Onassis completamente derrotado y envejecido llamaba a la puerta de la casa de Maria Callas. Bruna, la doncella, recordaba la conmovedora escena: «Maria le esperaba en el salón, Onassis se abrazó a ella y mientras las lágrimas le caían, dijo: "Mi hijo se ha ido. No me queda nada". La señora, ahogada por la emoción, gritó: "¡Si no hubiera muerto nuestro hijo!"». Maria seguía amando a Aristo y el verle acabado y vencido, la dejó destrozada. Durante aquel año de 1973 que comenzaba de manera tan trágica, la Callas sería el único consuelo del armador cuyos negocios comenzaban a sufrir grandes pérdidas debido a la crisis petrolera mundial. Onassis, que pasaba largas horas ante la tumba de su hijo en Skorpios, se alejó aún más de Jackie, dejó de ver a los amigos y de organizar lujosos cruceros en su yate.

Ante el rumbo que tomaban los acontecimientos y aunque Onassis le suplicó que no lo hiciera, la Callas aceptó viajar con Di Stefano en una gira agotadora que los llevaría a ocho países en siete meses. Aristo, que la necesitaba más que nunca a su lado, le aseguró que estaba muy arrepentido y que se divorciaría de Jackie para casarse con ella. Esta vez seguramente hablaba en serio, pero la propuesta llegaba demasiado tarde para Maria que sólo deseaba olvidarle. «Me habla de divorcio, como antes me hablaba de matrimonio —le diría la cantante a una amiga—. No cometeré la estupidez de creerle mientras no tenga el papel firmado en mi mano.»

Tras ocho años de ausencia, el debut de Maria Callas el 25 de octubre en Hamburgo causó una gran expectación, pero la gira fue el mayor fracaso artístico de toda su carrera. La Callas seguía siendo una gran actriz dramática pero su voz ya no estaba a la altura de las circunstancias, y su salud tampoco. La relación con Di Stefano fue turbulenta como antaño y la gira estuvo plagada de discusiones, anulaciones de última hora y contratiempos que enfurecían al público. Para poder soportar tanta tensión, Maria abusaba cada vez más de los fármacos y su angustia iba en aumento. El 11 de noviembre de 1974, en Sapporo (Japón), una Maria Callas extenuada y muy enferma a causa de una hernia que le provocaba terribles dolores, cantó por última vez en un escenario.

En plena gira japonesa, Maria Callas se enteró por la prensa de que Tina Livanos había muerto en su mansión de París. Al igual que Onassis, no pudo recuperarse de la trágica muerte de su hijo Alexander y su dependencia a los fármacos y al alcohol acabaron con su vida. El armador, tras esta nueva tragedia familiar, regresó abatido a Nueva York donde ingresó en un hospital para tratarse una miastenia grave, una enfermedad degenerativa que le destruía los músculos faciales obligándole a sujetarse los párpados con cinta adhesiva para mantenerlos abiertos. La Callas ignoraba entonces que los abogados de Onassis estaban preparando la demanda de divorcio mientras el magnate encajaba como podía la pérdida de su compañía aérea, Olympic Airways. Tras seis años y medio de matrimonio, el naviero, enfermo y consumido, sólo deseaba divorciarse de la mujer a la que culpaba de todas sus desgracias. Onassis, viendo que el fin estaba próximo, redactó un nuevo testamento en el que Jackie sólo heredaba lo dictado en el acuerdo prematrimonial, intentando salvaguardar así su imperio naviero para su hija Christina.

A principios de febrero de 1975, Aristóteles Onassis ingresaba de nuevo en el Hospital Americano de París aquejado de una piedra en la vesícula. Llevaba consigo una manta roja de cachemir de Hermès que Maria le había regalado el día de su setenta y un cumpleaños. La noche anterior, desde su casa de la avenue Foch, el armador telefoneó en secreto a la Callas para informarle sobre su inminente ingreso. Cuando Maria se enteró de que su estado había empeorado tras la intervención, la cantante se las ingenió para poder verle. «Vi a Ari en el hospital, en su lecho de muerte, y parecía sereno y en paz consigo mismo. Se encontraba muy enfermo y sabía que el final estaba cerca, aunque trataba de ignorarlo. No hablamos de los viejos tiempos, ni apenas de otras cosas, sino que nos comunicamos en silencio. Cuando me iba, hizo un esfuerzo y me dijo: "Te amé, no siempre bien, pero lo mejor que supe. Lo intenté"».

Nadie sabe si esta conmovedora despedida fue real o producto de la imaginación de una mujer que veía cómo la vida del hombre que aún amaba se apagaba lentamente. A principios de marzo, la Callas alquiló una casa en Palm Beach (Florida) para huir del infierno que estaba viviendo en París. Unos días más tarde, el 15 de marzo de 1975, se enteraría de la muerte de Aristo y profundamente afectada le diría a una amiga: «De repente, me he quedado viuda». Maria no podría asistir al entierro de su amante en la isla de Skorpios, donde su cuerpo descansa junto al de su querido hijo Alexander. «Oficialmente, Jackie era la viuda, pero los que llevábamos largo tiempo con Onassis, era por Maria por quien lo sentíamos. Fue ella quien más le amó y con quien él parecía disfrutar más de la vida», declaró el capitán del yate *Christina*.

La cantante regresó a París en el mes de mayo y se recluyó en su apartamento de la avenue Georges Mandel. En los meses siguientes, la muerte de algunos de sus buenos amigos, como Visconti y Pasolini, la afectaron terriblemente. Apenas abandonaba su piso donde se sentía protegida de un mundo que sin la presencia de su amante no tenía ya ningún aliciente. Rodeada de sus recuerdos del pasado, dejaba transcurrir los días viendo películas del lejano Oeste, jugando a las cartas con sus sirvientes y abusando cada vez más de los somníferos para conseguir conciliar el sueño. Era una sombra de sí misma y se contentaba con ver pasar la vida a través de los grandes ventanales del salón de su casa, como la captó un fotógrafo en una imagen que tras su muerte daría la vuelta al mundo.

Maria, que siempre fue muy coqueta y nunca salía de casa sin maquillar, empezó a engordar y se transformó en la mujer torpe y poco agraciada que había sido en su adolescencia. La gran Callas, en el ocaso de su vida, volvió a ser aquella muchacha solitaria y acomplejada llamada Maria Kalogeropoulos que sólo se sentía amada por su voz. Ahora había perdido su don divino y al único hombre que amó hasta la desesperación. Y así, en la mañana del 16 de septiembre de 1977, la diva decidió que había llegado al final de la representación. Tal como contó su doncella Bruna, la cantante, tras desayunar en la cama, se desplomó en el suelo como sus trágicas heroínas operísticas. Tenía cincuenta y tres años, y había perdido las ganas de vivir. Caía el telón de una vida marcada por una pasión tan intensa como letal que la encumbró al Olimpo de la lírica, pero que destrozó su corazón.

COCO CHANEL

El triunfo de la voluntad

La soledad ha formado mi carácter, que es malo; endurecido mi corazón, que es orgulloso, y mi cuerpo, que es resistente.

COCO CHANEL

El miedo a que los periodistas hurgasen en su pasado hizo que inventara una infancia idílica que jamás existió. Ser hija de una madre soltera y de un padre vendedor ambulante que abandonó a su familia no era la mejor tarjeta de presentación para la mujer que se convertiría en la reina indiscutible de la alta costura francesa. Coco Chanel engañó sutilmente a todos los que intentaron bucear en sus primeros años de vida; le gustaba jugar al despiste, cambiando a su antojo fechas, lugares y situaciones. Nunca escribió sus memorias, que hubieran sido un escándalo, aunque dejó para la posteridad una lista interminable de frases lapidarias y pensamientos que revelan su lucidez y visionaria personalidad.

Resulta extraordinario que la creadora del glamour fuera en realidad una muchacha de origen humilde educada en un orfanato por unas monjas que le enseñaron a coser. Y sin embargo, Coco no habría sido la misma si su infancia hubiera sido otra. Porque fue su rebeldía —y su particular sed de venganza— la que forjó su verdadera personalidad. Mademoiselle se desquitaría a gusto de su humillante pasado; de aquellas damas altivas de la buena sociedad que en su juventud la miraban por encima del hombro. Las vistió a todas de negro, las cubrió de joyas falsas, despreció la marta cibelina ocultándola en el forro de sus impermeables y puso de moda el género de punto. «Me he permitido el lujo de dar aspecto de pobre a aristócratas y multimillonarias», diría con su habitual ironía.

Coco fue una luchadora, una corredora de fondo solitaria que supo adaptarse como un camaleón a las circunstancias que le tocó vivir y se enorgullecía de haberlo aprendido todo por sí misma. Llegó a ser una de las primeras empresarias del país, y en la cúspide de su carrera contaba con tres mil empleados y tiendas en París, Deauville y Biarritz. Revolucionó la moda y contribuyó con sus atrevidas apuestas a emancipar a la mujer. Acabó con los corsés y las ballenas, con las cinturas de avispa y los sombreros recargados; inventó la ropa deportiva, el traje de chaqueta más imitado de la historia, las joyas de bisutería y el primer perfume firmado por un diseñador, el legendario Nº 5.

Diseñó como vivió, sin ataduras ni reglas preconcebidas. No fue la mejor modista de su época, pero sí la creadora más influyente del siglo xx. Compartió mesa y mantel con Winston Churchill y el príncipe de Gales; conoció el gran lujo de la mano del duque de Westminster y fue amiga de Picasso, Cocteau y Stravinski. Pero la gran dama de la alta costura, la mujer dura, emprendedora, de lengua afilada, que para unos poseía un encanto arrebatador y para otros era un ser casi infernal, nunca encontró la verdadera felicidad. Poco antes de su muerte, a sus ochenta y siete años, seguía siendo aquella niña huérfana y solitaria a la que un día su padre abandonó. «He sido muy desgraciada en una vida que, vista desde fuera, parece brillante», le confesó a su amigo el escritor Paul Morand.

Siempre adelante

Jeanne Devolle tenía diecinueve años cuando dio a luz a la pequeña Gabrielle Bonheur Chanel —más conocida como Coco Chanel— en el hospicio de la ciudad de Saumur, en la región del Loira. El padre de la recién nacida, Albert Chanel, era un vendedor ambulante natural del pueblo de Ponteils, donde sus antepasados habían sido taberneros siguiendo una tradición que pasaba de padres a hijos y que se remontaba al siglo XVIII. Con fama de fanfarrón y embaucador, el apuesto joven recorría los mercados y ferias del sur de Francia ofreciendo sus productos. La pequeña que venía al mundo era la segunda hija de la pareja, que entonces no estaba casada. Albert nunca se responsabilizaría de sus hijos —tuvieron cinco en total— y tras cada nuevo alumbramiento desaparecía del lado de su esposa. Jeanne se pasó su corta vida dando a luz a un hijo tras otro, soportando las infidelidades de su marido y deambulando por plazas y mercados con su familia a cuestas.

La vida de la madre de Gabrielle, una modesta campesina, estuvo marcada por la pobreza y la humillación. Era apenas una muchacha cuando conoció al «señorito» Chanel, que estaba de visita en su pueblo natal, Courpière. El vendedor, de carácter alegre y de buena planta, la sedujo con facilidad y la dejó embarazada. Luego, desapareció sin dejar rastro. Corría el año 1882 y Jeanne se encontró sola y desamparada con un

hijo en camino. Lejos de conformarse con ser una madre soltera, y embarazada de nueve meses, recorrió más de doscientos kilómetros hasta dar con él en una taberna en la población
de Aubenas. A los pocos días nacería su primogénita, Julie.
Aunque Albert dejó muy claro a la madre que no tenía dinero para mantenerlas, aceptó reconocer a la niña como hija
suya pero se negó a casarse.

Jeanne, con su pequeña en brazos, acompañó a Albert a
Saumur donde alquilaron una mísera buhardilla. A los tres meses del nacimiento de Julie, se encontraba de nuevo embarazada
mientras él estaba casi siempre ausente, bebiendo en las taber-
nas o viajando con sus mercancías. El 19 de agosto de 1883,
cuando dio a luz a Gabrielle, su compañero tampoco estaba
con ella. El bebé nació con poco peso y su madre pensó que
no sobreviviría. Jeanne, que no tenía previsto un nombre para
su hija, eligió uno al azar, tal como recordaría Coco: «La monja que se ocupaba de mí se llamaba Gabrielle Bonheur. Como
no tenía mucha imaginación, me bautizó con su nombre y su
apellido. De modo que me llamo Gabrielle Bonheur Chanel.
Yo no lo sabía. Lo ignoré durante mucho tiempo». La madre
inscribió a la niña con el apellido Chanel, aunque no estaba
casada con Albert. La diseñadora guardaría este secreto sobre
su nacimiento hasta el final de sus días.

Cuando Gabrielle cumplió un año, sus padres se casaron.
Aquella boda no cambiaría la relación fría y distante que tenían. Jeanne, una mujer sumisa y dulce, ya no soportaba aquella vida de sacrificios ni a su arrogante esposo. Al poco tiempo
se quedaría de nuevo embarazada y Albert, con su numerosa
prole, seguiría recorriendo los mercados y cortejando a jóvenes
campesinas. Finalmente se instalaron en Issoire, cerca de la línea férrea donde tenía lugar a diario un gran mercado central.

La familia Chanel se cambiaba a menudo de domicilio, pero como el dinero escaseaba siempre vivían en miserables habitaciones, húmedas y poco soleadas. Tras el nacimiento de Julie y de Gabrielle, le seguirían Alphonse, Antoinette —la hermana favorita de Coco— y por último Lucien. En 1887, la salud de Jeanne estaba muy deteriorada debido a los frecuentes embarazos y las duras condiciones de una vida errante. Trabajaba muchas horas en los puestos de los mercados, siempre a la intemperie, y estaba muy delgada y ojerosa. Fue entonces cuando decidió regresar con sus cinco hijos a su pueblo natal, Courpière, donde se instalaron en casa de unos parientes.

La pequeña Coco pasó los mejores años de su triste infancia en Courpière. En aquel tiempo, su madre no podía ocuparse mucho de ella y se sentía muy sola. Con apenas cinco años solía visitar el viejo cementerio de la iglesia donde jugaba con sus muñecas de trapo entre las tumbas abandonadas cubiertas de hierbas. Así recordaba a Paul Morand este episodio de su vida: «Yo era la reina de aquel jardín secreto. Me encantaban sus habitantes subterráneos. "Los muertos no están muertos mientras pensemos en ellos", me decía. Había cogido especial cariño a dos sepulturas anónimas; aquellas losas de granito y de basalto eran mi cuarto de jugar… Confiaba mis penas y alegrías a esos compañeros silenciosos cuyo último sueño no podía turbar una niña». Aunque sus padres intentaron alejarla de aquel lugar, siempre que podía se escapaba de casa y se refugiaba en el pequeño cementerio. Ya en su madurez, Coco le confesaría a una periodista de *France-Soir* que era cierto que de niña hablaba con los muertos quizá porque le faltó el cariño de unos padres, y reconocía que los primeros seres a los que abrió su corazón estaban enterrados bajo aquellas frías lápidas.

En 1889, Gabrielle recibió un duro golpe al perder a su

madre, víctima de la tuberculosis. La encontraron muerta una
mañana de invierno en su gélida habitación de Brive-la-Gaillarde. Tenía treinta y dos años y Albert, como de costumbre,
se encontraba de viaje. Al conocer la noticia regresó junto a
sus hijos y los dejó al cuidado de los abuelos, que entonces vivían en Vichy. Gabrielle nunca superaría la prematura muerte
de su madre y el abandono de su padre: «Quería suicidarme.
Durante mi infancia sólo ansié ser amada. Todos los días pensaba en cómo quitarme la vida, aunque, en el fondo, ya estaba
muerta. Sólo el orgullo me salvó». Un orgullo que, años más
tarde, la llevaría a una particular venganza: vestiría a las damas
de la alta sociedad transformando su uniforme negro del orfanato en símbolo de elegancia y buen gusto.

Cuando ya era un nombre importante en el mundo de la
moda, Coco Chanel se empeñó en fantasear sobre su infancia
e inventó una familia de provincias que sólo existió en su
imaginación. Solía contar a los periodistas que tras la traumática muerte de su madre unas tías suyas se hicieron cargo de
ella; jamás mencionó la palabra orfanato ni abandono. En realidad, las ficticias tías «que tenían una buena casa y abundante
servicio doméstico» en la región de Auvergne, no eran otras
que las monjas del orfanato religioso de Aubazine, cerca de
Brive-la-Gaillarde. A fuerza de repetir la historia de sus bon-
dadosas tías, ella misma acabó por creer que existieron: «Fui
ingrata con las odiosas tías. A ellas se lo debo todo. Una niña
rebelde se convierte en una persona fuerte y armada de cora-
za. Lo que aniquila a los niños son los besos, las caricias, los
maestros y las vitaminas; eso los transforma en niños tristes y
en adultos enclenques».

A la muerte de Jeanne, la abuela paterna, Virginie Fournier, tuvo que hacerse cargo de sus nietos. Esta mujer, prove-

niente de una buena familia de la región de Nimes y casada
con un comerciante ambulante, acabaría llevando junto a él
una vida bohemia y aventurera. La señora Fournier, célebre por
su belleza —dicen que Coco era su vivo retrato—, tuvo una
caterva de hijos y no podía ocuparse de los cinco hermanos
Chanel. Como había trabajado de lavandera para las monjas
de Moulins y mantenía buena relación con la madre superio-
ra, no le fue difícil que sus tres nietas fueran aceptadas en el
orfanato de Aubazine, regido por las hermanas de la Congre-
gación del Sagrado Corazón de María. Allí pasarían los siguientes seis años de su vida, los más tristes y duros de toda su
existencia. Los hermanos Alphonse y el pequeño Lucien fueron confiados a los dueños de una granja y trabajarían para
ellos a cambio de techo y comida. «No hubo infancia menos
tierna que la mía», se lamentaría Coco.

A Gabrielle la palabra huérfana le horrorizaba porque no
aceptaba que su padre la hubiera abandonado. A sus compañeras les diría que la había dejado allí temporalmente porque se
había ido a América a hacer fortuna y que regresaría pronto a
por ella. En realidad no volvería a verlo, aunque no le guardaría ningún rencor. A él, le debía un apellido que con el tiempo
se convertiría en una manera de vestir y en un signo del buen
gusto. Quizá por ello siempre se mostraba benevolente hacia su
padre, incluso contaba a los periodistas que el nombre de Coco
se lo puso él, algo que no era cierto: «Siendo niña, me llamaba
"Petit Coco". A medida que fui creciendo desapareció el adje-
tivo y quedó sólo el sustantivo, Coco. Al fin y al cabo, Coco resultaba más efectista que Gabrielle, ¿o no?».

Aubazine, situado en lo alto de una meseta, entre una antigua abadía y las ruinas de un claustro medieval, era un lugar
desolador. El edificio principal estaba rodeado de altos muros,

y el patio central, protegido por una tapia. Ésa sería la prisión de su infancia, el lugar donde viviría la humillación de ser tratada como una huérfana. En aquel tiempo, en el orfanato había dos clases de niñas: las que tenían parientes cercanos que pudieran pagar una parte de su manutención, y las niñas que no pagaban nada porque no tenían familia o nadie próximo a ellas podía sufragar sus gastos. Las niñas abandonadas como las hermanas Chanel eran las que vivían en peores condiciones: comían en mesas aparte, estaban mal alimentadas, su dormitorio no tenía calefacción y realizaban los trabajos más pesados.

Del tiempo que Gabrielle pasó en el orfanato quedaron grabados en su memoria dos colores: el blanco y el negro. Los muros y las paredes interiores del edificio estaban encalados en contraste con las puertas que daban acceso a los dormitorios, pintadas de color negro. Las huérfanas iban vestidas con el mismo uniforme: una falda negra e impolutas blusas blancas. En Aubazine la enseñanza era muy básica y las niñas aprendían a coser y a confeccionar ropa para bebés. Los diseños de Coco, sobrios y elegantes, estarían marcados por esta estética austera de los escenarios de su infancia: «Siempre que añoraba la austeridad, la esencia de la limpieza, la cara restregada con jabón amarillo o sentía crecer en ella la nostalgia de lo blanco, lo sencillo y lo limpio, la ropa blanca amontonada en grandes armarios, las paredes encaladas... había que interpretar que hablaba en un código secreto, y que todas y cada una de las palabras que pronunciaba se reducían a una sola: "Aubazine"», escribiría su biógrafa Edmonde Charles-Roux.

Gabrielle era una niña orgullosa, atractiva y muy inquieta que se sabía diferente a las demás. De naturaleza rebelde, se consideraba víctima de una terrible injusticia al haber sido abandonada en aquel triste lugar por su padre y su abuela. El orfanato de Aubazine, con sus rígidas normas y disciplina, no era el lugar más adecuado para una niña difícil y arrogante como ella. Odiaba arrodillarse en misa, inclinar la cabeza y acatar las órdenes. «Yo era la peste, era ladrona, escuchaba detrás de las puertas. Hoy, como entonces, la arrogancia está en todo lo que hago: en mis gestos, en la aspereza de mi voz, en el fulgor de mi mirada y en mi rostro nervioso y atormentado, en toda mi persona», reconocía con franqueza.

Su única evasión era la lectura de los folletines que se publicaban por entregas en los periódicos de provincias, y que escondía en el desván. En ellos se narraban historias de muchachas osadas pero elegantes que se convertían en heroínas. Estas novelas románticas y sensibleras, que leían las clases modestas, describían con todo lujo de detalles la indumentaria de sus protagonistas y los fastuosos decorados donde sucedían sus hazañas. En aquellas lecturas prohibidas de su infancia, Gabrielle encontraría un referente para forjar una imagen de sí misma de mujer audaz y triunfadora: «Ante todo, no quería pasar por una pequeña provinciana. Mentía para que me tomaran en serio. Me identificaba con las heroínas de mis novelas. Pierre Decourcelle escribía muchos folletines que me eran de enorme utilidad. Para no mostrarme tal cual era, me convertía en una de mis heroínas».

Las hermanas Chanel pasaban sus vacaciones escolares con los abuelos en Moulins, a orillas del río Allier, donde tenían un puesto en el mercado de abastos. A Gabrielle lo que más le gustaba de la temporada estival era encontrarse con Adrienne, la hija pequeña de la abuela Virginie, apenas dos años mayor que ella. Las dos parecían hermanas y eran inseparables; además de atractivas, eran muy estilosas y compartían gustos comunes. En ocasiones iban de visita a casa de su tía

Louise, hermana de su padre, que vivía junto a la estación de tren de Varennes-sur-Allier, no muy lejos de Moulins. Fue Louise quien enseñó a coser con imaginación a la joven Coco, y sería su fuente de inspiración. En la cocina de su casa, las tres pasaban largas horas cosiendo elegantes manteles y juegos de sábanas. La señorita Chanel aprendería a renovar las viejas camisas con cuellos hechos con retales y pliegues rectos, y a embellecer los sombreros que su tía compraba en la ciudad de Vichy.

Cuando Gabrielle cumplió los dieciocho años abandonó el orfanato de Aubazine, donde sólo se quedaban las muchachas que querían ingresar como novicias. La abuela Virginie, con ayuda de las monjas, consiguió que su nieta fuera acogida en régimen de beneficencia en un centro religioso de Moulins. En el internado de Notre Dame, una estricta escuela de señoritas donde se las preparaba para ser buenas amas de casa y esposas ejemplares, pasó dos años más de reclusión. Las monjas no solían permitir que sus pupilas salieran solas a pasear y cuando lo hacían estaban siempre vigiladas. A los veinte años, dejaron a la joven a cargo de una honrada familia propietaria de una conocida mercería en Moulins, la antigua Casa Grampayre. Las muchachas que como Gabrielle y Adrienne llegaban recomendadas de Notre Dame, además de atender al público como dependientas, trabajaban en el taller como costureras. Coco, que tenía gran habilidad con la aguja, aunque nunca se reconoció una buena costurera, se encargaba de hacer los arreglos de confección en la tienda.

Tras pasar un año y medio en Casa Grampayre, Gabrielle se instaló con Adrienne en una habitación de alquiler, en el barrio más pobre de Moulins. Cuando corrió la voz de que las hermanas Chanel —todos creían que lo eran por su gran parecido físico y ellas no se molestaron en negarlo— se habían instalado por su cuenta en la rue du Pont Guinguet, fueron muchas las distinguidas clientas de la Casa Grampayre que acudían directamente a ellas para realizar sus vestidos. En poco tiempo, Coco se había convertido en una apreciada y solicitada costurera. Los domingos por la mañana, y para sacarse un dinero extra, trabajaba en un taller de sastre arreglando los llamativos uniformes de los oficiales del regimiento de caballería.

En las primeras fotos que se conservan de Gabrielle se ve a una muchacha de belleza salvaje, profundos ojos castaños, cejas muy pobladas y nariz respingona. Lucía una larga y espesa melena que solía recoger en un moño a la altura de la nuca. Era delgada, de pequeña estatura pero bien proporcionada; tenía un porte elegante —algo altivo— y fuerte personalidad. Ya entonces Gabrielle y Adrienne se diseñaban sus propios vestidos y trajes sastre de dos piezas, cómodos y de corte sencillo. Sus camisas con pliegues centrales y originales cuellos alzados y sus sombreros de paja decorados con flores, llamaban la atención en un tiempo en que las mujeres de aquel fin de siglo vestían de manera poco favorecedora y nada femenina.

En aquel año de 1900, Moulins albergaba una importante guarnición militar y contaba con numerosas salas de baile donde los soldados acuartelados pasaban sus ratos de ocio. Entre todos los regimientos allí destacados, el Décimo de Caballería Ligera, integrado en su mayoría por jóvenes de familias aristocráticas, era el más admirado. Estos soldados, ataviados con sus pantalones de color escarlata y sus gorros puntiagudos ladeados sobre la oreja, frecuentaban los cafés concierto donde actuaban hermosas muchachas. Gabrielle, descarada y coqueta, pronto se convertiría en la preferida de los apuestos oficiales que visitaban su taller de costura para hacerse algunos arreglos en sus uniformes. Tras años de reclusión, se dejaba cortejar y aceptaba gustosa la invitación de los apuestos tenientes que la solían llevar —siempre acompañada de su inseparable Adrienne— a La Rotonde, un café concierto muy popular en Moulins.

Un buen día Gabrielle, animada quizá por sus amigos del Décimo Regimiento, aceptó subirse al escenario de La Rotonde para actuar como figurante detrás de las artistas invitadas y llenar los entreactos cantando canciones populares. No tenía una gran voz y su repertorio era muy reducido, pero al parecer le ponía mucha pasión y recibía buenas propinas. Una de las canciones que más ovaciones levantaba era una célebre canción de cabaret titulada «Qui qu'a vu à Coco?» y otra que Gabrielle representaba con especial gracia, «Ko ko ri ko». Como en ambas aparecía en el estribillo la palabra Coco, el público y sus amigos de la guarnición acabaron llamándola «la petite Coco».

De todos los jóvenes del Décimo Regimiento que rondaban a Gabrielle, hubo uno por el que se sentía especialmente atraída, Étienne Balsan. Este oficial de infantería, que acababa de regresar de Argelia donde había cumplido parte de su servicio militar, tenía veinticuatro años cuando conoció a Coco y al parecer la atracción fue mutua. Divertido, seductor y un hábil jinete, Étienne provenía de una acomodada familia burguesa que había hecho fortuna con la industria textil. Cuando finalizó su servicio en el Regimiento de Cazadores de Moulins, se dedicó al negocio de la cría de caballos e instaló un campo de entrenamiento en Croix-Saint-Ouen, cerca de Compiègne. No muy lejos de allí, se levantaba el castillo familiar de Royallieu, una antigua fortaleza de muros de piedra cubiertos de hiedra, a una hora en tren de París.

Al conocer a Étienne supo enseguida que de la mano de

aquel hombre despreocupado y liberal, podría escalar socialmente. Él la introduciría en el exclusivo mundo de la alta sociedad, aunque para ello tuviera que convertirse en su amante. Coco deseaba a toda costa abandonar Moulins; no quería
para ella la vida miserable que había llevado su pobre madre.
Aunque sabía que Balsan ya tenía una amante oficial —una
conocida belleza de la época llamada Émilienne d'Alençon—,
cuando él la invitó a ver cómo entrenaba a sus caballos de carreras, aceptó encantada. En la primavera de 1903 Gabrielle se
instalaría en la Croix-Saint-Ouen, donde Étienne tenía sus
cuadras y su amante jamás ponía el pie. Más adelante la llevaría a vivir al castillo de Royallieu y le presentaría a la seductora Émilienne, que no debió de sentirse amenazada ni celosa
por aquella muchacha delgaducha que vestía como una colegiala.

Pese a sus orígenes humildes, Gabrielle era una mujer ambiciosa, emprendedora y nada convencional. A diferencia de
su tía Adrienne, para quien la seguridad sólo se conseguía con
el matrimonio, ella soñaba con ser independiente y eso sólo se
lograba si se ganaba dinero: «Cuando me analizo un poco,
compruebo enseguida que mi necesidad de independencia se
desarrolló en mí cuando era todavía una niña. Oía con frecuencia hablar de dinero, sobre todo a las criadas de mis tías,
que decían: "Cuando tengamos dinero, nos iremos"». El señorito Balsan, que se había encaprichado de ella, le ofrecía la
posibilidad de ser alguien en la vida, y no estaba dispuesta a
dejar escapar una oportunidad como aquélla. Coco había encontrado un protector.

En la residencia de Royallieu, una mansión de tres plantas
rodeada de un extenso jardín de árboles centenarios, la vida
transcurría feliz y sin preocupaciones: fiestas hasta el amane-

cer, cacerías y excursiones a caballo por el bosque de Compiègne. Los amigos de Balsan eran en su mayoría aristócratas
deportistas, jugadores de polo, terratenientes de noble linaje y
amantes de la equitación. Hombres jóvenes, ricos y vividores
que traían a sus amigas —nunca a sus esposas— para pasarlo
bien en aquella magnífica finca campestre. En las fotos que se
conservan de su estancia en Royallieu, Gabrielle parece una
chiquilla rodeada siempre de adultos. Nunca sonreía, quizá
porque se sentía fuera de su ambiente rodeada de mujeres liberales y de un lujo que no conocía: «Me aburría mucho.
Siempre estaba llorando… Los únicos ratos buenos los pasaba
a caballo, en el bosque. Aprendí a montar, ya que hasta entonces no había tenido ni la más mínima idea de lo que era la
equitación».

Los primeros meses en Royallieu apenas salió de la casa;
pasaba los días durmiendo y leyendo en su habitación. Coco
era distinta de las demás mujeres que frecuentaban la mansión —cocottes y actrices desinhibidas— y los invitados se divertían con sus ocurrencias y opiniones. Para ellos era una
ruda campesina, de lengua afilada, que decía siempre lo que
pensaba sin importarle las consecuencias: «Se entretenían
conmigo y lo pasaban en grande. Habían encontrado a una
persona íntegra. Eran hombres ricos que no tenían la menor
idea de quién era aquella muchachita que había entrado en
sus vidas». Cuando un invitado venía acompañado de su mujer, Coco debía comer en la cocina para no ofender con su
presencia a la dama.

Como la vida de Étienne eran los caballos y sus días transcurrían de hipódromo en hipódromo, Gabrielle se empeñó en
tomar clases de equitación y aprendió a montar como una
amazona. Vestía con pantalones ajustados a las pantorrillas, bo-

tas altas, camisas con corbata y un sombrero hongo que dejaba al descubierto —algo insólito para la época— su larga cabellera trenzada como una cola de poni. Cuando acudía a las carreras su presencia no pasaba desapercibida. Todos sabían que era una de las «mantenidas» de Balsan y, para no parecer lo que era, se vestía de manera discreta y a la vez muy original. «Llevaba un canotié muy calado —recordaba Coco—, un trajecito sastre provinciano y seguía atentamente las pruebas con unos gemelos. Estaba convencida de que nadie se fijaba en mí; pero eso era conocer mal la vida provinciana. En realidad aquella pequeña salvaje absurda y mal vestida, con tres grandes trenzas y una cinta en el pelo, intrigaba a todo el mundo.»

Ya entonces daba muestras de una imaginación desbordante. Gabrielle iba siempre con zapatos planos, y cómodas prendas masculinas —abrigos, chaquetas sport y corbatas— del propio Balsan. Sin ella saberlo, estaba poniendo en práctica una nueva manera de entender la moda: liberar el cuerpo de la mujer utilizando ropa de hombre. No dudaba, ya entonces, en criticar la moda imperante en aquel tiempo: «Todas aquellas mujeres iban mal vestidas, embutidas en fajas Parabère, que hacían resaltar su figura, con la cintura tan apretada que parecía que fueran a partirse por la mitad. Cargadas de adornos. Las actrices y las *cocottes* eran quienes marcaban la moda, y las pobres damas del gran mundo la seguían, con pájaros en los cabellos, postizos por todas partes y con vestidos que arrastraban por el suelo para recoger el fango».

Pero lo que más llamaba la atención del vestuario de Gabrielle era el pequeño sombrero canotié de paja, que ella misma se confeccionaba. En aquel año de 1910 en que las damas usaban recargados sombreros de plumas y enormes flores, que a su parecer recordaban tartas, sus sombreros de paja ligeros y sencillos causaban sensación entre las amigas de Étienne. «Todas aquellas damas querían saber quién me vestía y, sobre todo, quién hacía mis sombreros. Pues bien, simplemente compraba una horma en las Galerías Lafayette y le ponía encima cualquier cosa», diría Coco. En poco tiempo, las cortesanas y actrices que frecuentaban la mansión de Royallieu se convertirían en sus primeras clientas y lucirían unos sombreros que llamaban la atención por su sobriedad y original diseño.

En agosto de 1908, Gabrielle cumplió veinticinco años y estaba harta de ser la mantenida de Balsan. Durante el tiempo que pasó con él había aprendido a desenvolverse en el mundo de la alta sociedad, a comer con refinamiento —incluso ostras, algo que detestaba—, a viajar en lujosos coches y a codearse con personas distinguidas que la miraban por encima del hombro. Todo lo tuvo que aprender por sí misma, nadie le enseñó y en silencio sufrió la humillación de no estar a la altura de aquellas gentes mundanas y frívolas que ahora frecuentaba. Étienne no estaba enamorado de ella —ni Coco de él— pero le había ayudado a descubrir un mundo nuevo. Ambos continuaron siendo amigos y hasta el último día de su vida Coco llevó colgado en el cuello con una cadena un anillo con un topacio regalo de Balsan. Ahora ya conocía las reglas del juego y estaba lista para partir. A pesar de su juventud tenía las ideas muy claras: «Ser una mujer mantenida no tiene porvenir alguno».

En un tiempo en que las mujeres de su condición sólo aspiraban a que los hombres les regalasen joyas y vestidos, Coco le pidió a su protector que le financiara una tienda de sombreros en París. A Balsan, a quien sólo le interesaban los caballos y la diversión, aquella propuesta le pareció un capricho pasajero. Pero, ante su insistencia, decidió contentarla y le cedió su apartamento de soltero en el boulevard Malesherbes de París. En aquellos días, Étienne tenía que viajar a la Argentina por asuntos de negocios, pero antes le pidió a Gabrielle que le acompañara a una cacería que organizaban unos amigos en Pau. Se alojarían en un espléndido castillo del siglo XIII, en el idílico paisaje de los Pirineos, y allí Coco conocería al gran amor de su vida.

«Era joven, embriagador y en absoluto vulgar. Un muchacho muy guapo, de pelo oscuro, atractivo. Era más que guapo, maravilloso. Yo admiraba su indolencia, sus ojos verdes. Montaba caballos soberbios, y muy bien. Me enamoré de él…» Aquel inglés, alto, moreno, bronceado y de cabello engominado que tenía un aire a Rodolfo Valentino había irrumpido en la vida de Gabrielle en el momento más oportuno. Se llamaba Arthur Capel —Boy para los amigos— y era un excelente jugador de polo además de gran conquistador de mujeres. Heredero de importantes minas de carbón en Newcastle, a diferencia de Balsan era un hombre ambicioso y muy trabajador como ella. Desde el primer momento se sintió interesado por aquella atractiva muchacha que acompañaba a su amigo Balsan. Cuando Gabrielle le confesó a Boy su deseo de abrir una tienda de sombreros en París no sólo le pareció una excelente idea, sino que se ofreció a ayudarla.

Al finalizar la cacería, Gabrielle se enteró de que Boy Capel regresaba a París y, sin dudarlo un instante, hizo la maleta y fue a la estación a su encuentro. Según Coco —que siempre contó diferentes versiones de cómo conoció al único hombre que amó en su vida—, él la estaba esperando con los brazos abiertos, y los dos subieron al tren. A Étienne le dejó escrita una nota antes de partir: «Me voy con Boy Capel. Perdóname, pero le amo». Apenas habían estado una semana juntos pero creían que estaban hechos el uno para el otro. En París, Boy vivía solo en un elegante apartamento en la avenue Gabriel, y la invitó a quedarse con él. Se sentía realmente atraído y cautivado por la espontaneidad, franqueza y vitalidad de aquella muchacha de la que apenas sabía nada. En su madurez, Coco recordaba con nostalgia aquellos comienzos: «Balsan y Capel tuvieron piedad de mí; me creían un pobre gorrión abandonado; en realidad, era una fiera. Iba aprendiendo poco a poco de la vida, quiero decir a defenderme de ella. Era muy inteligente, mucho más inteligente que ahora. No me parecía a nadie, ni físicamente ni en la forma de ser. Me gustaba la soledad; por naturaleza admiraba lo bello y detestaba lo bonito. Siempre decía la verdad. Tenía un juicio muy seguro para mi edad».

En 1910, Gabrielle comenzó a vender sombreros en el apartamento que le había dejado Étienne mientras Boy atendía sus negocios en Londres y París. El éxito fue inmediato; los sombreros de paja que compraba por docenas en las Galerias Lafayette y que decoraba a su gusto, los vendía a las atractivas amigas de Étienne —actrices y maniquíes convertidas en estrellas del espectáculo— que frecuentaban Royallieu. En 1912, la actriz Gabrielle Dorziat lució, en la obra *Bel Ami* de Maupassant, trajes de Jacques Doucet, el gran modisto de la rue de la Paix, y sombreros de la firma Chanel. La revista *Les Modes* —la publicación femenina más influyente de París— consagraría a Coco como la nueva modista revelación al publicar fotografías de la actriz Dorziat luciendo sus originales sombreros diseñados por ella. Gabrielle no tenía la formación de los grandes modistos que triunfaban en París como Worth, Doucet y Poiret, pero intuición no le faltaba. Sabía que a pesar de su inexperiencia tenía un hueco en el mundo de la moda.

Un buen día, el taller de Gabrielle en el boulevard Malesherbes se quedó pequeño para atender todos los pedidos que recibía. Animada por Boy, quien la ayudaría económicamente, abrió su primera tienda en el entresuelo del número 21 de la rue Cambon, en el corazón de la zona elegante de París, junto al Ritz. Corría el año 1910 y aquel local que Coco bautizó como «Modas Chanel» sería —y aún hoy lo es— una de sus tiendas más emblemáticas. Poco a poco, las revistas comenzaron a hablar de sus originales sombreros «tan secos, tan sobrios y a la vez elegantes», y muchas clientas se acercaban hasta su tienda arrastradas por la curiosidad: querían conocerla a ella.

Coco ya tenía una tienda pero no sabía cómo llevar un negocio ni tampoco cómo tratar a las exigentes clientas que frecuentaban las casas de moda más elegantes de Worth y Doucet. Necesitaba rodearse de dependientas competentes y de buenas costureras; al poco tiempo consiguió contratar a tres de las mejores empleadas de la famosa boutique Maison Lewis. Tan sólo tres años después de su apertura, la tienda de la rue Cambon ya daba beneficios y Coco le devolvió a Boy el dinero que le había prestado. Al fin era independiente: «El secreto de mi éxito es que he trabajado muchísimo. Nada sustituye al trabajo: ni los títulos, ni el aplomo, ni la suerte».

Gabrielle encontró en Boy al compañero ideal, un hombre que la ayudaba y creía en ella. Siempre se sintió muy afortunada por haberle conocido, porque, como ella misma decía, nunca la desmoralizaba, ni quiso cambiarla. A lo largo de su azarosa vida, en lo único que Coco Chanel no solía mentir a los periodistas era sobre lo importante que fue Boy Capel pa-

ra ella: «Yo sabía que podía contar con él en cualquier cir-
cunstancia; era un verdadero compañero, mi hermano, mi padre, toda mi familia. El único hombre al que realmente he
amado en toda mi vida».

Triunfo y dolor

Al abandonar Royallieu y ahora con su nuevo negocio, la vida
de Coco cambió por completo. Atrás quedaban los cafés teatro de Moulins, los hipódromos y la ociosa vida campestre
con los excéntricos amigos de Balsan. París fue para ella una
auténtica inspiración. De la mano de su nuevo amante se co-
dearía con la alta sociedad, y conocería a personajes del mundo artístico y literario que tendrían una gran influencia en sus
creaciones. En 1910, la capital francesa era el epicentro del
arte, el buen gusto y el saber vivir. Un punto de encuentro de
artistas e intelectuales, pero sobre todo una ciudad cosmopolita donde se generaban las vanguardias artísticas del nuevo siglo. Boy y Coco salían a menudo, iban a la Ópera de París
donde triunfaban las obras de Richard Wagner, Ravel y Stravinski. Cenaban en Maxim's o en el Café de París y asistían a
las representaciones de los Ballets Rusos de Diáguilev, con sus
electrizantes fantasías y vanguardistas decorados pintados por
Picasso que dejaban atónitos al público.

Hasta el estallido de la guerra, aquéllos fueron los años más
felices de Coco. Sólo la noticia inesperada de la muerte de su
hermana mayor Julie —de cuyo único hijo, André Palasse, se
haría cargo— ensombreció el éxito alcanzado. La pérdida de
Julie hizo que la diseñadora sintiera la necesidad de ayudar a su
hermana Antoinette. A sus veinticinco años, la pequeña de las

Chanel no tenía el talento de Coco pero era trabajadora y audaz como ella. En la primavera de 1913, su tía Adrienne y su novio, el barón Nexon, se trasladaron también a vivir a París. De nuevo las tres «hermanas Chanel», como las conocían, volvían a estar juntas, pero ya no eran las jovencitas provincianas e ingenuas de Moulins. Cuando Gabrielle abrió sus nuevas tiendas, Antoinette se quedaría en París al frente del negocio de la rue Cambon, y tía Adrienne la acompañaría a Deauville.

En aquel verano de 1913 la ciudad francesa de Deauville, junto al canal de la Mancha, era un balneario de moda frecuentado por aristócratas, millonarios ociosos y damas de la alta sociedad. En la rue Gontaut-Biron, la más distinguida de la ciudad, Coco abrió una tienda de moda con ayuda de Boy Capel, que estaba convencido de que aquel negocio sería un éxito. En esta ocasión utilizó por primera vez su nombre como marca; en el toldo, en letras negras sobre fondo blanco, se podía leer: Gabrielle Chanel. Aquellos meses estivales fueron clave en su carrera porque pasó del diseño de sombreros al de ropa. Durante sus vacaciones en Deauville, se dio cuenta de que las mujeres paseaban por la playa, a orillas del mar, con vestidos encorsetados y luciendo recargados sombreros de frutas y flores. Para ella y para sus amigas, inventó la ropa deportiva y de baño. Coco, con su silueta estilizada y elegante, fue su mejor maniquí: «Un día me puse un suéter de hombre, porque sí, porque tenía frío. Era en Deauville. Lo ceñí con un pañuelo a la cintura. Nadie reparó en cómo iba vestida pero sin duda me sentaba bien, estaba guapa con él»; así nació su estilo deportivo.

Al inventar la moda sport, Coco liberó el cuerpo de la mujer; era sólo el inicio de su particular revolución y el fin de la *belle époque*. La diseñadora presentía que llegaba el ocaso de una época en la que se iba a imponer la moda práctica y cómoda: «En 1914 no había ropas sport. Las mujeres asistían a los espectáculos deportivos como señoras de la Edad Media a los torneos. Iban ceñidas hasta muy abajo, sin movilidad en las caderas, en las piernas, en ninguna parte... Como comían demasiado estaban gordas, y como estaban gordas y no lo querían estar, se comprimían. El corsé hacía subir la grasa al pecho, la escondía bajo los vestidos. Al inventar el jersey, liberé el cuerpo, abandoné el cinturón (que no volví a utilizar hasta 1930), creé una silueta nueva; para ajustarse a ella, todas mis clientas adelgazaron, "delgada como Coco". Las mujeres venían a mi casa a comprar delgadez».

En 1914 estalló la guerra y Boy Capel aconsejó a Coco que se retirara a Deauville: «Muchas mujeres elegantes se habían instalado allí. Pronto no sólo hubo que peinarlas, sino que, al no tener costurera, también vestirlas. Sólo tenía conmigo modistas; las transformé en costureras. La tela escaseaba. Les hice jerséis con suéters bastos, prendas de punto deportivas como las que yo llevaba. Al final de aquel primer verano de la guerra había ganado doscientos mil francos oro...». La antigua mantenida de Balsan se había convertido en una de las primeras empresarias del siglo y muy pronto en una de las mujeres más ricas del país.

Con el comienzo de la guerra en aquel caluroso mes de agosto de 1914, París se quedó casi vacío; se sucedían los atentados y el miedo reinaba en las calles. El gobierno se atrincheró en Burdeos y la vida social se trasladó a las ciudades de veraneo de moda como Deauville y Biarritz. Boy Capel, que había sido movilizado, telegrafió a Coco desde París aconsejándola que no cerrara la tienda. Fue uno de sus mayores aciertos. Las clientas —en su mayoría damas de la buena sociedad parisina cuyos maridos estaban en el frente y huían del asedio alemán— hacían cola frente a su tienda, la única abierta en la ciudad. Todas querían comprar sus últimos modelos, prendas prácticas y ligeras, inspiradas en los uniformes de los mayordomos, los marinos y los mozos de cuadra. Sus chaquetas de punto holgadas por debajo de las caderas y faldas de hilo rectas, blusones de estilo marinero con el cuello desabrochado y sencillos sombreros sin adornos fueron un rotundo éxito. Los vestidos de Coco eran ideales para los nuevos tiempos que se avecinaban, en los que las mujeres ayudaban como voluntarias en los hospitales o en las fábricas de municiones. La guerra, contra todo pronóstico, la favoreció.

A sus treinta años, Coco había conseguido llegar más lejos de lo que nunca imaginó. En una fotografía que se hizo tomar en la playa de Deauville, posa orgullosa con una de sus prendas deportivas en género de punto. Boy Capel seguía animándola y apoyando todas sus iniciativas, pero presentía que por poco tiempo. Un hombre de sus ambiciones políticas y de su fortuna —Boy se había enriquecido aprovisionando a los aliados con sus minas de carbón y fue el consejero favorito del futuro primer ministro Clemenceau— nunca se casaría con una mujer como ella. Le preocupaban sus frecuentes ausencias y los rumores que le llegaban de sus nuevas conquistas femeninas. Pero ella ocultaba su amargura y se centraba en el trabajo.

Cuando a finales de 1914 la situación en el frente se estabilizó, Chanel dejó a una dependienta en su tienda de Deauville y regresó a París con su tía Adrienne y Antoinette. París era una ciudad cansada y triste a causa de la guerra, que trataba de volver a la normalidad. En el verano de 1915, la guerra dio un respiro a Boy y le propuso a Coco pasar unos días en

Biarritz. Este exclusivo lugar de veraneo de la costa atlántica, era el último reducto en Francia donde se podía olvidar el horror de la contienda. La gente iba al casino, bailaba hasta el amanecer en los hoteles de lujo o jugaba al golf; trataba de divertirse en una ciudad entregada al ocio y al placer. En aquellos días de descanso, Boy y Coco tuvieron la misma idea: abrir, como en Deauville, una tienda de moda en Biarritz. De nuevo su amante le adelantaría el capital inicial y Coco alquilaría una magnífica villa en la rue Gardères, situada enfrente mismo del casino. Nacía su primera Casa de Alta Costura.

Cuando Coco inauguró su boutique en Biarritz se convirtió en una verdadera diseñadora. Animó a su hermana Antoinette para que la ayudara y ésta llegó desde París con las mejores costureras que trabajaban en el taller de la rue Cambon para formar al nuevo equipo. Coco fue la primera en utilizar el género de punto —hasta entonces exclusivo de las prendas interiores masculinas— en la confección de vestidos y el resultado no se hizo esperar. Fueron días de frenético trabajo para la diseñadora que no paraba de viajar de París a Deauville y Biarritz. La mayor parte de la producción en punto que salía de los talleres de Biarritz iba a parar a España, donde la guerra no había llegado. Sus vestidos en tejido Rodier, cómodos y elegantes, tuvieron una gran acogida entre los miembros de la realeza española. Por aquel entonces, en la tienda se vendían vestidos a siete mil francos y entre sus clientas se encontraban aristócratas y buena parte de la monarquía europea.

En 1916, apenas unos años después de haber abierto su primer negocio en la rue Cambon, Modas Chanel tenía trescientos cincuenta empleados en sus tres tiendas de París, Deauville y Biarritz. Coco había ganado una fortuna durante la guerra y se había convertido en un personaje del que todos hablaban. «Con un jersey negro y diez hileras de perlas, revolucionó la moda», diría de ella Christian Dior. Comenzó a hacerse famosa, y la prestigiosa revista de moda estadounidense *Harper's Bazaar* fue la primera en publicar la foto de una de sus creaciones: el vestido camisero. El final de la guerra había dado paso a un nuevo modelo de mujer y Coco, con su especial intuición, supo captar las necesidades de aquella generación de jóvenes que querían olvidar las penurias y romper con el pasado. Mujeres dinámicas y emprendedoras que conducían coches, bailaban y hacían deporte: «Trabajaba para una sociedad nueva. Hasta el momento habíamos vestido a mujeres inútiles, ociosas; mujeres a quienes sus doncellas tenían que poner las medias; a partir de ahora mis clientas eran mujeres activas que necesitaban sentirse cómodas dentro de su vestido y poder recogerse las mangas».

En la cumbre de su carrera, y tras ocho años de relación, Boy Capel le confesó a Coco que se había comprometido con otra mujer y que pronto se casaría con ella. La elegida era una joven aristócrata, viuda de guerra, llamada Diana Lister Wyndham, hija del barón de Ribblesdale. Tenía veinticinco años, era bella, distinguida y pertenecía a una respetable familia de la alta burguesía inglesa. Las ambiciones políticas de Boy le exigían un matrimonio serio y no una relación libre como la que mantenía con Coco. Aunque comprendía que Boy eligiera a una aristócrata y no a una mujer de oscuro pasado como ella, se sintió traicionada. Fue un golpe muy duro pero encajó la noticia con su habitual elegancia. En su interior sabía que su amante seguía enamorado de ella y que no tardaría en regresar a sus brazos.

A pesar del dolor que le causó la ruptura con Boy, Coco nunca hablaría mal de él. Por encima de todo estaba el amor y la amistad que sentía hacia el hombre que más había querido. Abandonó discretamente el apartamento que compartían y se instaló en un elegante piso con vistas al Sena. En octubre de 1918, el capitán Arthur Capel se casó con su prometida, y la diseñadora se refugió aún más en el trabajo. La guerra había terminado y París era una ciudad traumatizada cuyos habitantes se enfrentaban al horror de sus muertos. Las heridas tardarían en cicatrizarse pero poco a poco fueron llegando, de todos los rincones del mundo, artistas, intelectuales, y un buen número de expatriados estadounidenses y rusos atraídos por sus aires de libertad. En aquellos «locos años veinte», Coco se convirtió en todo un referente para la mujer moderna.

En verano, Chanel alquiló una casa en las colinas de la zona periférica de Saint Cloud. Era un lugar tranquilo, con un hermoso y aromático jardín desde donde se tenían unas vistas espléndidas de París. Quería olvidar a Boy, pero éste reapareció en su vida. Se sentía desgraciado lejos de ella, y aunque ahora tenía poder y vivía rodeado de lujos, era un esclavo de los convencionalismos sociales. Llevaba una vida totalmente opuesta a la que tuvo con ella. En 1919, Boy y mademoiselle Chanel seguían siendo amantes y cuando él estaba en París solía quedarse a dormir en su casa de Saint Cloud. En aquellos días, Boy le comunicó que su esposa estaba embarazada y que estaba buscando una residencia de invierno en la Riviera para estar más cerca de ella.

En la víspera de Navidad de aquel año de 1919, *The New York Times* publicó una noticia que iba a golpear muy duro a la diseñadora: «Diplomático muerto en accidente. Niza 24 de diciembre. Arthur Capel, secretario político del Comité de Guerra Interaliado durante la guerra, resultó muerto anoche en un accidente de automóvil cuando se dirigía de París a Montecarlo. El reventón de un neumático provocó la caída del vehículo en la cuneta. El señor Capel era íntimo amigo del primer ministro Lloyd George». Había estado poco antes con ella y viajaba hacia Cannes cuando su coche dio tres vueltas de campana y se prendió fuego. A ella le comunicaron la noticia la misma noche del trágico suceso.

Al día siguiente, en la Navidad más triste que nunca recordara, Coco se trasladó a Montecarlo donde se alojó en casa de la hermana de Boy. No llegó a tiempo para asistir a los funerales, ni siquiera para verle por última vez, pero al día siguiente visitó el lugar de la tragedia. Sentada en un pilón de la carretera, junto al coche destrozado, se quedó un rato en silencio y rompió a llorar. Su muerte la sumió en una profunda tristeza y estuvo a punto de derrumbarse por completo: «Lo perdí todo cuando perdí a Boy Capel. Dejó un vacío dentro de mí que los años no consiguieron llenar. Tenía la impresión de que él seguía protegiéndome desde más allá de su tumba». Coco fue la verdadera viuda de Boy Capel. La esposa de éste, Diana Lister, daría a luz a una niña llamada June, y más tarde se convertiría en la condesa de Westmoreland al casarse de nuevo. Diana, que sentía una gran admiración hacia Chanel, sería una asidua clienta de su tienda de modas.

Tras la muerte de Boy, Coco abandonó su nido de amor en Saint Cloud y se compró una villa —llamada Bel Respiro— en el lujoso barrio de Garches. Mientras se ocupaba de la decoración y la mudanza de su nueva vivienda, recibió otra triste noticia: su hermana Antoniette, que se había casado con un aviador canadiense, murió en Buenos Aires víctima de la epidemia de gripe española. De las tres hermanas Chanel, sólo ella quedaba con vida: «En esta familia nadie ha llegado a los cuarenta —se lamentaba—; no sé cómo he podido escapar a tan fatal destino».

En aquellos difíciles momentos, Chanel conoció en la casa de la actriz Cécile Sorel a la única mujer que ejercería en ella una gran influencia, Misia Sert. «No me gusta el trato con mujeres. Excepto Misia, ninguna me divierte. Son frívolas. Yo soy superficial, pero frívola nunca. Cuanto mayor me hago más superficial soy. Una mujer perfecta fastidia a las mujeres y aburre a los hombres», le confesó a Paul Morand. Apodada «La Reina de París», la hermosa y cautivadora Misia —de origen ruso— se convertiría en su mejor amiga y confidente. Ella la introduciría en el mundo artístico del París de la posguerra. Mecenas, excelente pianista, modelo de Renoir y musa de la vanguardia artística, se casó en terceras nupcias con el pintor catalán Josep Maria Sert, autor de los magníficos murales del hotel Waldorf-Astoria y el Rockefeller Center de Nueva York. De la mano de Misia entablaría amistad con Pablo Picasso, Jean Cocteau, Braque, Satie, Diáguilev —el alma de los Ballets Rusos— y el compositor Igor Stravinski. La admiración que Coco sentía entonces por Misia no tenía límites: «No hay más que escucharla para sentirse inteligente».

Para levantar la moral a su amiga por la muerte de Boy, Misia la invitaba a asistir a fiestas y espectáculos. Mientras su negocio florecía, Coco Chanel, que despertaba gran curiosidad, seguía triunfando en la alta sociedad parisina. Sin ella proponérselo se había convertido en un personaje del que todos hablaban. Por entonces lucía el pelo corto, al estilo *garçonne* que se puso de moda en los años veinte. En las fotografías se la ve rejuvenecida y bronceada —a partir de 1923 las mujeres comenzaron a tomar el sol— luciendo sus originales creaciones, como el vestido de punto con adornos de piel que se vendía en su boutique y con el que ganó una fortuna. En París, por entonces, si alguien quería ser chic, tenía que ir vestida de Chanel. La diseñadora comenzó a vivir en el hotel Ritz, aunque conservaba su residencia a las afueras de París, en Garches, donde solía invitar a artistas e intelectuales.

Misia se casó en agosto de 1921 con Josep Maria Sert e invitaron a Coco a que los acompañara en su luna de miel a Italia, país que la diseñadora no conocía: «Los Sert me salvaron de la desesperación. Quizá habría valido más que me hubieran abandonado. No hacía más que llorar. Contra mi voluntad me arrastraron a Italia...». Misia ofreció en Venecia una fiesta donde presentó a su amiga a la nobleza europea. En aquella velada, mademoiselle Chanel conoció a Sergei Diáguilev, mecenas y empresario promotor de los Ballets Rusos, quien, al igual que todos sus compatriotas, había tenido que huir de Rusia y rehacer su vida en Europa. La diseñadora sentía una gran admiración hacia el genial director artístico: «Diáguilev era un amigo realmente maravilloso. Me gustaba con su prisa por vivir, con sus pasiones, con sus miserias, tan lejos de su leyenda fastuosa, pasando días sin comer, noches enteras ensayando, horas y horas sentado en una butaca, arruinándose para dar un buen espectáculo». Coco no dudaría en ayudar a su amigo financiando el montaje del ballet, *La consagración de la primavera*, que inauguraría la temporada de invierno en 1921 en el teatro de los Campos Elíseos de París. Ya en su madurez le diría a Morand: «Yo no salvé los ballets de Diáguilev del naufragio, como se ha dicho. Sergei me hablaba de este ballet como de un escándalo y como de un gran momento histórico... No me arrepiento de los trescientos mil francos que me costó aquello».

En los años veinte, Coco Chanel se codeaba con las figuras más brillantes e influyentes del París artístico de su época. Colaboró con Diáguilev y con Jean Cocteau en el espectáculo *Le Train Blue* diseñando el vestuario de los actores que lucían ropa deportiva en una ciudad de veraneo junto al mar. Cuando conoció al compositor ruso Igor Stravinski —autor de la partitura de *La consagración de la primavera*— aún era una mujer vulnerable y no había superado la muerte de Boy. «En el ambiente en el que me movía —diría Coco— sólo me atraía Picasso, pero no estaba libre. Stravinski estaba casado pero me hizo la corte…» Igor no era feliz en su matrimonio y aunque era famoso apenas podía vivir de su trabajo como compositor. Coco, al conocer su precaria situación económica, le prestó su villa de Garches. Entre 1920 y 1922, Stravinski viviría con su esposa y sus hijas en la villa de la diseñadora. Durante ese tiempo, y de manera discreta, Coco e Igor se hicieron amantes. Ella le financiaba algunos conciertos y a cambio disfrutaba de la compañía de un hombre cuyas composiciones para los Ballets Rusos lo habían catapultado a lo más alto de la gloria musical. Pero Igor no pudo ocultar por mucho tiempo que estaba enamorado de una hermosa actriz llamada Vera de Bosset que se convertiría en su segunda esposa. Cuando Coco se enteró puso fin a la relación pero en la distancia seguirían siendo amigos toda la vida.

En la primavera de 1922, Gabrielle conoció en Biarritz al gran duque Dimitri Pavlovitch, primo del zar Nicolás II, cuya participación en el asesinato de Rasputín en 1917 le confería un aire misterioso y romántico. Era un joven soltero, alto y apuesto, de melancólicos ojos verdes y ocho años menor que ella. Coco se sintió atraída por su elegancia, porte aristocrático y timidez. Como acababa de comprar un pequeño Rolls azul, la diseñadora le invitó a pasar una semana

MARIA
CALLAS
1923-1977

© Getty

La gran diva Maria Callas creció falta de cariño, marcada por el divorcio de sus padres y acomplejada por su excesivo peso.

En 1953 la soprano sufrió una transformación que ya forma parte de su leyenda. La gran diva comenzó a preocuparse seriamente por su físico y decidió adelgazar. En la foto con su marido y representante, Giovanni Battista Meneghini.

Sus profundos ojos negros bizantinos, sus cejas bien delineadas, sus labios carnosos y su nariz aguileña destacaban en su rostro anguloso y lleno de fuerza. La Callas era ya una auténtica diva.

La foto que confirmó lo que ya era un insistente rumor: Maria Callas y Aristóteles Onassis, uno de los hombres más ricos y poderosos del mundo, estaban enamorados. A la derecha su esposo Battista Meneghini, al que la diva no tardaría en abandonar.

La historia de la mayor diva de la ópera del siglo XX fue tan trágica y apasionada como la de las heroínas que encarnó en los mejores teatros líricos del mundo. En la fotografía, preparándose para interpretar *Norma* de Bellini.

Maria, al terminar su relación con Onassis, se recluyó en su casa, con la única compañía de Djedda y Pixie —dos caniches regalo de Aristos—, y apenas recibía visitas. Fue el triste ocaso de la gran diva.

COCO
CHANEL
1883-1971

© Album

Resulta extraordinario que la creadora del glamour fuera en realidad una muchacha de origen humilde, educada en un orfanato por unas monjas que la enseñaron
a coser. Y sin embargo, Coco no hubiera sido la misma si su infancia hubiese sido
otra.

Al inventar la moda sport, Coco liberó el cuerpo de la mujer: era sólo el inicio de su particular revolución y el fin de la *belle époque*.

En su apartamento del número 31 de la rue Cambon, situado en la place Vêndome, encima de la boutique Chanel, Coco se rodeó de sus objetos más queridos y de magníficas antigüedades. Entre ellas dos esculturas de moros venecianos a los que llamaba «mis únicos compañeros». Aquí recibía a sus amigos y clientas más exclusivas.

«Mi verdadera vida comenzó con el duque de Westminster. Por fin había encontrado un hombro sobre el cual descansar mi cabeza, un árbol en el cual podía apoyarme.»

A mediados de los años cincuenta, Coco decidió volver a trabajar, se entregó con pasión a ello y, con la única ayuda de sus inseparables tijeras y alfileres, comenzó a «pelearse» con cada uno de sus nuevos vestidos.

Hasta el último minuto de su vida, mademoiselle Chanel se mostró rebelde y orgullosa: «Detesto rebajarme, doblegarme, humillarme, disimular lo que pienso, someterme, no hacer lo que me da la gana. Hoy como entonces, el orgullo se manifiesta en mi voz, en el fuego de mi mirada, en mi rostro musculoso y atormentado, en toda mi persona».

con ella en Montecarlo. Así empezó un romance que duró apenas un año pero que influyó en los diseños de Coco. A Dimitri no sólo le daba dinero sino que le invitó a instalarse en su casa de Garches en compañía de su inseparable mayordomo Piotr. El duque, en agradecimiento a su hospitalidad y los detalles que tuvo con él, le regaló las valiosas perlas de los Romanov que había conseguido llevarse de Rusia al escapar de la Revolución. Chanel las copió y lanzó la moda de las largas sartas de perlas falsas y auténticas. Para estar a solas con su amante, y lejos de París donde todos la conocían, Coco compró una bonita finca en la región de Las Landas, junto a la costa. Allí nadaban, paseaban por la playa, tomaban el sol y cenaban junto al mar a la luz de las velas. Por primera vez se tomó dos meses de vacaciones y veía a muy poca gente, aunque estaba al día de todo lo que ocurría en sus tiendas.

La relación con Dimitri y otros miembros de la nobleza rusa residentes en París marcó notablemente los diseños de Coco. Las colecciones de la Casa Chanel de los años 1922, 1923 y 1924 tendrían una gran influencia eslava. Arruinados y sin patria, aquellos aristócratas —duques, condes y príncipes— que llegaron a París huyendo de los bolcheviques en 1917, se vieron obligados a trabajar. En la Casa de Modas Chanel, las vendedoras y las modelos eran en su mayoría bellas y elegantes damas de la nobleza rusa. Cuando el gran duque Dimitri asistía a alguno de los desfiles de Coco, las modelos rusas se paraban para besarle la mano a «Su Majestad». El conde Kutuzov, que había sido gobernador de Crimea y había llegado a París con su esposa y sus dos hijas sin un céntimo, fue portero de la Casa Chanel antes de entrar a trabajar como administrador en la empresa de Coco. «Los rusos me fascinaban. Dentro de cada auvernés hay un oriental escondido: los rusos me revelaron Oriente», diría Coco.

Cuando mademoiselle Chanel cumplió cuarenta años, se trasladó a vivir al número 29 de la rue du Faubourg St. Honoré, dejando su villa de Garches. Su nueva casa era la planta baja de un hermoso palacete, residencia del conde Pillet-Will —quien más adelante le alquilaría todo el edificio—, a un paso de la avenue Gabriel donde Coco había compartido su amor con Boy. La diseñadora pidió a Misia y a Sert que la ayudaran a decorar sus enormes salones y luminosas habitaciones que daban a un gran jardín. Coco viviría en esta mansión diez años y allí recibiría al *Tout Paris*. Aquélla sería una de las casas más distinguidas de la ciudad donde daría maravillosas fiestas que reunían a artistas, escritores, nobles rusos y miembros de la alta sociedad. Como la que ofreció en la Navidad de 1922, y que dio mucho que hablar a los cronistas sociales, no sólo por la calidad del caviar y el champán servidos en abundancia, sino porque entre los invitados se encontraban los personajes más relevantes de la intelectualidad francesa.

En 1934, Coco alquiló en el hotel Ritz una elegante suite de dos habitaciones y un amplio salón con magníficas vistas a la place Vêndome. La decoraría ella misma con sus propios muebles de estilo barroco y oriental, y sus obras de arte más queridas, siguiendo el estilo de su apartamento privado de la rue Cambon. Éste sería su refugio, aquí se escondía de las miradas del mundo. «El Ritz es como mi hogar. Es el primer hotel donde he vivido. Cuando daba una fiesta en mi apartamento de la rue du Faubourg, después me iba al Ritz a pasar tres días. No soporto el día que sigue a una fiesta. Los criados están de mal humor. Ellos no han sido quienes han dado la fiesta y están cansados. La casa está sucia. Hay que ponerlo todo en orden. De modo que prefería irme».

Si la casa de la rue du Faubourg era el escaparate del éxito social conseguido por Coco, su residencia privada —en el tercer piso del 31 de la rue Cambon— sólo estaba abierta a sus amigos íntimos y a las clientas que gozaban de su simpatía. Éste era su refugio secreto, su taller y su universo. Un apartamento elegante y recargado —situado justo encima de la boutique Chanel— que más parecía un museo lleno de tesoros: paredes ocultas tras biombos chinos Coromandel, muros de libros valiosísimos, muebles estilo Luis XVI, enormes espejos dorados sobre chimeneas de mármol, antigüedades orientales y lámparas de araña. Entre sus objetos más queridos, dos esculturas de moros venecianos —«mis únicos compañeros», afirmaba la diseñadora— y varios leones de mármol de distintos tamaños, en honor a su signo zodiacal Leo. El salón principal estaba presidido por un amplio diván de ante leonado que era su trono y su cama de campaña. Allí recibía a las visitas, trabajaba y descansaba, pero siempre dormía en su suite del Ritz.

Su nueva mudanza coincidió con su ruptura amistosa con Dimitri de quien dio a entender que era un hombre apuesto, pero falto de esencia. Más adelante, cuando los periodistas le preguntaban por la nobleza rusa que había conocido, incluidos los Romanov, diría con franqueza: «Aquellos grandes duques eran todos lo mismo. Tenían un aspecto deslumbrante pero detrás de la apariencia no había nada. Ojos verdes, manos y hombros bien hechos, pero mansos y timoratos. Bebían para sacudirse el miedo de encima... detrás no había nada, sólo vodka y vacío». Dimitri, que buscaba una mujer rica que le mantuviera, acabaría casándose con Autrey Emery, una atractiva heredera estadounidense.

Para celebrar su cuarenta aniversario, la diseñadora lanzó al mercado un perfume, el Chanel Nº 5, que se convertiría en un clásico y la haría millonaria. Con ayuda de Ernest Beaux, propietario de un laboratorio en Grasse, en la Costa Azul, Gabrielle diseñó un perfume que le daría fama internacional. Fue su amante, el duque Dimitri, quien le presentó a este antiguo perfumista de la corte del zar de Rusia, que había pasado su juventud en San Petersburgo. Chanel tenía un olfato excepcional para distinguir las esencias y ella misma le indicó las curiosas combinaciones que se le antojaban. Así nació L'Eau Chanel, un perfume que no se parecía a ningún otro porque combinaba esencias florales naturales —entre ellas el jazmín y la rosa de mayo— con aromas sintéticos. Diseñó un frasco de estilo Art Decó, sobrio y cuadrado, lo que, unido a su desconcertante y original nombre, daría al mundo una lección de modernidad. En 1954, cuando un periodista preguntó a la actriz Marilyn Monroe qué se ponía para dormir y ella respondió «Sólo unas gotas del Nº 5», el perfume de mademoiselle Chanel entró a formar parte de la leyenda.

AMORES IMPOSIBLES

Tras la repentina muerte de Boy Capel, Gabrielle no se había interesado en serio por ningún hombre. Estaba demasiado ocupada en la gestión de su empresa, que en aquella época contaba con cerca de tres mil empleados y ocupaba los números 27, 29 y 31 de la rue Cambon. Pero en las Navidades de 1923 un encuentro casual con alguien fuera de lo común, cambiaría las cosas. Coco pasaba sus vacaciones navideñas en Montecarlo cuando fue invitada por el duque de Westminster a cenar a bordo de su yate el *Flying Cloud*. La diseñadora acudió en compañía de su amante ruso Dimitri, quien estaba deseoso de conocer en persona al aristócrata inglés. En aquella cena bajo las estrellas, amenizada por la música de los violines, Bendor —como los amigos llamaban al duque— conversó animadamente con Mademoiselle. Ya de madrugada, desembarcaron para ir a bailar y jugar al casino. Al despedirse, el duque, que se sintió muy atraído por la famosa diseñadora, le dijo que le gustaría verla de nuevo.

Cuando volvió a París, Coco se encontró su casa de la rue du Faubourg St. Honoré llena de flores. Durante los días siguientes no paró de recibir ramos de orquídeas y cestas de frutas que el duque había recogido con sus propias manos en el invernadero de su castillo de Eaton Hall. Coco, aunque se hallaba muy ocupada preparando sus colecciones, acabaría sucumbiendo a los encantos de Bendor. Con el paso del tiempo reconocería a los periodistas: «Mi verdadera vida comenzó con el duque de Westminster. Por fin había encontrado un hombro sobre el cual descansar mi cabeza, un árbol en el cual podía apoyarme». Alto, corpulento, inmensamente rico y con fama de conquistador, Bendor era un hombre al que querían dar «caza» muchas damas de la buena sociedad. Tenía un carácter tan excéntrico como campechano y era un gran deportista que practicaba el tiro y la caza, jugaba al polo y le gustaba navegar en sus yates. Coco se comportaba en su presencia como una niña tímida y dócil, dispuesta a seguirle a todas partes.

El duque de Westminster —cuyo verdadero nombre era Hugh Richard Arthur Grosnevor— era primo del rey Eduardo VII y uno de los hombres más ricos e importantes de Inglaterra. Poseía grandes extensiones de tierra y centenares de inmuebles en Londres, además de incontables mansiones alrededor del mundo, y dos castillos en Inglaterra y Francia. Era propietario de dos barcos, el *Cutty Sark*, con una tripulación de ciento ochenta hombres, y el *Flying Cloud*, que contaba con cuarenta marineros. Se había casado en dos ocasiones, y de su primer matrimonio con Constante Cornwallis-West, tenía dos hijas y un hijo que moriría de apendicitis a los catorce años. Su actual esposa, Violet Mary Nelson —de la que tardaría tres años en divorciarse—, no le había dado descendencia, por lo que el duque llevaba una vida relajada y disoluta a sus espaldas.

De todas las propiedades que tenía el duque de Westminster, Eaton Hall, cercana a Chester, era una de las preferidas de Coco. En esta señorial residencia campestre de estilo gótico que se levantaba sobre un terreno de más de cuatro mil hectáreas, la diseñadora pasaría largas temporadas disfrutando de una vida sana, al aire libre, tal como ella misma recordaba: «Montaba mucho a caballo. En invierno íbamos tres veces por semana a la caza del jabalí y del zorro. Yo prefería cazar jabalíes; el zorro me divertía menos. Aquello era muy sano. Jugábamos al tenis. A mí no me ha gustado nunca hacer las cosas a medias. Aprendí también a pescar el salmón…».

En la residencia familiar de los Westminster, los miembros de la familia real británica tenían la costumbre de presentarse sin previo aviso. Mientras mantuvo su relación con Bendor, Coco tuvo ocasión de codearse con la aristocracia y las personalidades más influyentes de Gran Bretaña, entre ellas el príncipe de Gales, asiduo a Eaton Hall, y Winston Churchill, quien al conocerla comentó en una carta a su esposa: «Ha aparecido la famosa Coco, que me ha encantado —una mujer muy inteligente y agradable—, la mujer con más personalidad de todas las que Bendor ha tratado. Se pasó todo el día cazando, después de cenar se marchó a París y hoy está ocupada en la revisión de los nuevos modelos. En unas tres semanas ha presentado un total de doscientos modelos. Algunos los ha modificado diez veces. Lo hace directamente con las manos, unos alfileres por aquí, un corte y un frunce por allí...».

La diseñadora vivía rodeada de un gran lujo, aunque admiraba la educación y la sencillez del duque. Según Coco, ni él mismo conocía todas sus propiedades, que incluían un vagón privado unido al Orient Express en la estación Victoria de Londres: «Westminster tiene casas por todas partes. En cada viaje yo descubría una. Ni siquiera él las conoce todas: ya sea en Irlanda, en Dalmacia o en los Cárpatos, siempre hay una casa propiedad de Westminster, una casa completamente puesta, con la cena preparada y la cama hecha; con plata bruñida, coches (¡todavía puedo ver los diecisiete Rolls antiguos en el garaje de Eaton Hall!) a punto, lanchas listas en el puerto, criados con librea, mayordomos y, en la mesa de la entrada, en cualquier sitio, las revistas y periódicos de todo el mundo».

El prestigio de Coco Chanel como diseñadora y empresaria era cada vez mayor. Desde que abrió su tienda en Deauville, admiraba el estilo elegante y discreto de los aristócratas ingleses. Si con Étienne Balsan había montado en los bosques de Royallieu los mejores purasangres del país, si Dimitri le enseñó a apreciar las perlas finas y a profundizar en el alma eslava, de la mano de Bendor, Coco se impregnó del estilo y las costumbres de la campiña inglesa. Como siempre, sus relaciones personales influirían en sus creaciones. De 1926 a 1931, la moda Chanel sería inglesa. De Escocia se llevaría los estampados escoceses, los tejidos de tweed con los que confeccionaría elegantes y prácticos trajes de chaqueta; de Eaton Hall, los chalecos con mangas negras y parte delantera a rayas, idénti-

cos a los que utilizaban los criados del castillo. De los cruceros
por el cálido Mediterráneo en los barcos propiedad del duque, copiaría las boinas caladas hasta las cejas que llevaban los
marineros del *Cutty Sark* y el *Flying Cloud*.

Las revistas ya se habían hecho eco del romance entre la
diseñadora y el duque, e incluso algunas se atrevían a predecir
que Coco Chanel podría convertirse en la tercera duquesa de
Westminster. Pero aunque se los veía cada vez más en público
juntos, y se hablaba de una boda inminente, Bendor nunca se
pronunciaba al respecto. Los cronistas de sociedad hablaban sin
pudor de las valiosísimas joyas —perlas, esmeraldas, collares de
rubíes y diamantes— que le regalaba a su amante. Cuando a
Coco le preguntaban por los magníficos obsequios del duque,
respondía con ironía que, como no podía llevar sus perlas
auténticas sin que todo el mundo la mirase por la calle, puso de
moda las perlas falsas. Ella misma solía llevar largas ristras de
perlas falsas, entre las que ensartaba deslumbrantes rubíes y esmeraldas. «Me gustan las joyas falsas porque las encuentro pro-
vocativas y pienso que es una vergüenza ir de aquí para allá
con el cuerpo cargado de millones por la simple razón de que
una es rica. La finalidad de las joyas no es hacer rica a la mujer
que las lleva sino adornarla, lo que no tiene nada que ver.»

Pero los exquisitos regalos que le hacía Bendor no podían
acallar los rumores, cada vez más frecuentes, sobre sus infidelidades. Al igual que había ocurrido con Boy Capel, Coco
estaba al tanto de sus devaneos amorosos. En aquellos días,
cuando la relación con Bendor no pasaba por su mejor momento, comenzó un discreto romance con el poeta místico
Pierre Reverdy. Este hombre solitario de origen humilde como
ella, a quien no le interesaba ni la fama ni el dinero, se convertiría en un apoyo y un referente muy importante en su vida.

En 1927, una vez más se rumoreaba que el duque de Westminster pensaba casarse con la célebre Coco Chanel. Pero como alguien cercano a ella sentenció: «Hay muchas duquesas de Westminster, pero sólo una Coco Chanel». Aunque la diseñadora públicamente siempre dijo que rehusó ser su esposa porque no quería dejar su negocio, en realidad hubo otras razones. En 1925, Bendor había conseguido el divorcio de su segunda mujer, pero ahora su preocupación era su descendencia, necesitaba un hijo varón. Coco tenía entonces cuarenta y dos años y se sometió a un reconocimiento médico para saber si podía quedarse embarazada. Se impuso, incluso, una serie de ejercicios gimnásticos, que al parecer favorecían la maternidad. Para su biógrafo Marcel Haedrich, Coco parecía dispuesta a intentar darle un hijo al duque. No lo conseguiría; no pudo ser madre, algo que en su vejez lamentaría profundamente.

Fue en aquel año cuando Coco Chanel compró una hermosa propiedad —La Pausa— situada en lo alto de la ladera del monte Roquebrune, en el corazón de la Riviera francesa. La finca tenía unas vistas magníficas al mar, y estaba rodeada de un pequeño jardín de olivos centenarios y plantas aromáticas de lavanda. A Coco le pareció un lugar tranquilo y aislado para pasar allí los veranos con Bendor, lejos de todas las miradas. Era su primera casa de veraneo y la diseñadora se gastó un total de seis millones de francos en su rehabilitación, imprimiéndole un aire monacal no exento de confort. En esta villa de estilo mediterráneo, construida en torno a un patio interior, con los muros encalados y un tejado con tejas rojas de barro cocido, encontraría su auténtico refugio. La pareja disfrutaría de la compañía de amigos y celebridades que, como ellos, pasaban el verano en la Riviera, entre ellos Salvador

Dalí —y su esposa Gala, que le echaba las cartas a Coco—, el matrimonio Churchill, Hemingway, los Vanderbild y los Rothschild. Mademoiselle, que había comprado la finca para estar más tiempo con el duque de Westminster, ignoraba que La Pausa sería el escenario de su definitiva ruptura.

A principios de 1928, el estado de ánimo de Coco oscilaba en entre la ilusión y el desengaño. Aunque Bendor le regalara magníficas joyas que escondía entre sus ramos de flores, conocía muy bien el final de la historia. En la primavera de 1930, el duque anunciaba oficialmente su compromiso con una joven de veintiocho años llamada Loelia Mary Ponsonby, hija del primer lord Sisonby. Pocos días después, Bendor se trasladó a París para presentar a su prometida a Coco y ver si ésta la aprobaba. La diseñadora nunca confesaría las verdaderas razones de la ruptura, porque quizá le resultaban muy dolorosas: «Pasé diez años de mi vida con Westminster […] Hay que ser hábil para retenerme diez años. Durante aquel tiempo mantuvimos una relación muy tierna y cariñosa. Seguimos siendo buenos amigos. Le he querido, o pensaba que le quería, lo cual viene a ser lo mismo». Su etapa inglesa había llegado a su fin pero Coco rentabilizaría las amistades que hizo gracias al duque: abriría una boutique en el barrio de Mayfair en Londres, y contaría con una selecta clientela, como la duquesa de York, esposa del futuro rey Jorge VI, además de las damas más elegantes de la alta sociedad.

A pesar de las largas temporadas que Coco había pasado en Inglaterra, nunca dejó de trabajar ni de sorprender al público. En 1925, coincidiendo con la Exposición Internacional de las Artes Decorativas de París, entendió el cambio que se avecinaba y su colección de aquel año mostró una clara inspiración oriental. Las modelos lucían largos chales, los ojos pintados con kohl, pero no renunció a moldear el cuerpo femenino con sus vestidos de punto. Fue en aquellos días cuando lanzó al mercado su famoso traje de chaqueta Chanel, sin cuello, con la manga larga y ajustada, y una falda recta ligeramente por debajo de la rodilla. Sería el traje más copiado de la historia y su estilo revelaba su influencia de la clase alta inglesa. Se convirtió en un clásico y el preferido de las mujeres ejecutivas, ya que estaba pensado para moverse «con libertad sin perder un ápice de elegancia».

Fiel a su lema «siempre quitar, nunca añadir», en 1926 Coco volvió a apostar fuerte. Un buen día, cuando asistió al estreno de un baile en la Ópera de París, sentada en el palco del teatro, al ver a todas las damas vestidas de rojo, verde y azul eléctrico —colores preferidos del modisto Poiret—, decidió imponerles el color negro. «En aquella época los colores eran horrendos. Después de haber mirado hacia la sala, le dije riendo a Flamant: "No es posible; esos colores son demasiado desastrosos, afean a las mujeres, creo que habría que vestirlas a todas de negro".» Y así lo hizo. Gabrielle creó un vestido negro, en crepé de China, con mangas largas y muy ajustadas. No tenía cuello, botones, ni pasamanería y tampoco drapeados ni flecos. Era la simplicidad extrema, la pureza absoluta. Había nacido su *petit robe noire* («su vestidito negro») que pronto se convertiría en signo de distinción y en una filosofía de vida. «Durante cuatro o cinco años sólo trabajé con el negro. Mis vestidos se vendían como panecillos y sólo llevaban un detallito, un cuellecito blanco y puños. Todo el mundo se los ponía: actrices, mujeres de mundo, sirvientas…»

La caída de la Bolsa de Wall Street, el martes 29 de octubre de 1929, marcaría el destino de Chanel. La crisis económica iba a afectar muy especialmente al comercio de lujo y la alta costura francesa, y Coco era la más cara de París. La diseñadora se tuvo que adaptar a los difíciles tiempos que se avecinaban rebajando a la mitad los precios de sus creaciones, y despidiendo a una parte de sus empleados. Pero aun así no atraía a una clientela que ahora vestía con sencillez porque parecer rico se consideraba de mal gusto. Se acabaron los tejidos lujosos, las pieles y las joyas; la alta costura había entrado en una de sus peores crisis. Y fue entonces cuando mademoiselle Chanel se embarcó en una nueva y emocionante aventura. En 1931 hizo las maletas y puso rumbo a Estados Unidos para trabajar en la meca del cine.

A través de unos amigos, Coco entró en contacto con Samuel Goldwyn, el gran magnate de la industria cinematográfica. Este sagaz y egocéntrico empresario, dueño de la productora Metro Goldwyn Mayer y creador de los grandes musicales de Hollywood, llamó a Chanel para dar un toque de glamour a sus producciones. En plena Depresión, cuando el país contaba con trece millones de personas sin trabajo, Goldwyn quería que el público olvidara las penurias y se evadiera de sus problemas con los deslumbrantes musicales que tenía en marcha. En concreto, le pedía a Coco que diseñara el vestuario de sus películas para que las mujeres acudieran al cine para ver en la gran pantalla «el último grito de la moda».

Aunque a Coco, el señor Goldwyn le pareció un hombre vulgar y sin encanto, que le recordaba a los buhoneros de los mercados que recorría en su infancia, no pudo rechazar su oferta. Mademoiselle vestiría a las grandes estrellas de Hollywood —entre ellas a Gloria Swanson o Norma Talmadge—, no sólo en la pantalla sino fuera de ella a cambio de un millón de dólares al año. La diseñadora no tendría que abandonar sus negocios en París, pues su contrato la obligaba a viajar sólo dos veces al año a California para poner a punto el vestuario de sus actrices. A pesar de sus reticencias iniciales, Coco, acompañada de su inseparable Misia, desembarcó en Nueva York a bordo del vapor *Europa* a finales de 1931. A la puerta de su suite del hotel Pierre, la esperaban un buen número de periodistas y fotógrafos ansiosos por entrevistarla. Unos días más tarde, llegaba en tren a Los Ángeles donde el propio Samuel Goldwyn le dio la bienvenida.

Coco, de nuevo absorta en su trabajo, trataba de olvidar su infelicidad. Tras la ruptura con el duque de Westminster había pasado aquel verano en su refugio de La Pausa, donde todo le recordaba a él. Su viaje a Estados Unidos era una huida en toda regla, y a la vez un reto: el de convertirse en la primera diseñadora de moda contratada para confeccionar el vestuario de las grandes producciones de Hollywood. El matrimonio Goldwyn dio a Coco una gran recepción a la que asistieron, entre otras estrellas, Greta Garbo, Marlene Dietrich, Claudette Colbert, y los directores George Cukor y Erich von Stroheim. De todas las actrices que conoció sólo le interesó una joven huesuda y pecosa que Cukor acababa de descubrir: Katherine Hepburn. Tenía entonces veintidós años y su manera de vestir, desenfadada y masculina, y el desdén que manifestaba a casi todo el mundo, provocaron en Coco una simpatía inmediata. En 1969, la Hepburn interpretaría a la diseñadora en el musical *Coco*, inspirado en su vida.

En los meses siguientes, Mademoiselle tendría que lidiar con las caprichosas actrices que siempre querían imponer su voluntad y además diseñar un vestuario que no pasara de moda, ya que las películas tardaban al menos dos años desde su estreno en Estados Unidos hasta su exhibición en Europa. Coco vestiría a

Gloria Swanson —que entonces contaba treinta y dos años y era una actriz acabada— en el deslumbrante musical *Esta noche o nunca*; sería la primera colaboración de Chanel en una película. La relación de la diseñadora con la legendaria actriz no fue fácil. En el verano de 1931, la Swanson viajó a París para realizar las pruebas preliminares de vestuario. Coco se enfadó con ella al comprobar que la actriz había ganado peso. En realidad, estaba embarazada y tendría que diseñar unas recias fajas elásticas para disimular su estado durante el rodaje de la película.

Los diseños de Chanel tuvieron una tibia acogida en la industria del cine. Su estilo minimalista resultaba demasiado discreto para el gusto exagerado de Hollywood. La prensa del cine comentaría: «Chanel, la famosa modista de París, hace que una mujer parezca una mujer, pero lo que Hollywood quiere es que una mujer parezca dos mujeres». A esas alturas de la vida, mademoiselle Chanel no estaba dispuesta a supeditar su trabajo a los caprichos de las actrices que no se dejaban vestir por ella. Sin embargo, su estancia en Estados Unidos contó con la admiración de la prensa y fue una oportunidad única de conocer a los editores de las dos revistas de moda más prestigiosas del mundo, *Vogue* y *Harper's Bazaar*, que la proclamó «mejor diseñadora de todos los tiempos». La meca del cine dejó indiferente a Coco aunque criticó duramente el implacable sistema de los estudios de cine, que, según ella, convertía a las actrices en «criadas de los productores».

Coco había cumplido cincuenta años, aunque como siempre aparentaba menos edad. Una vez finalizado su contrato sólo deseaba regresar a su tienda de París. Hollywood la había tratado muy bien, pero le pareció un lugar bastante superficial y aburrido. El millón de dólares que tuvo de sueldo durante el año que trabajó para Goldwyn, le permitió —a diferencia de otros grandes modistos que se vieron obligados a cerrar sus puertas tras la crisis del 29 que azotó Estados Unidos, perdiendo a su clientela estadounidense— mantener a flote su negocio que contaba con dos mil empleados. Los años treinta fueron años de esplendor para Chanel. Sus colecciones eran muy aplaudidas y recibía las mejores críticas de las revistas de moda. Sin embargo, ahora tenía una nueva rival: la diseñadora italiana Elsa Schiaparelli. Las dos damas de la alta costura tenían gustos opuestos; si Chanel era clásica, Schiaparelli —doce años menor que Coco y procedente de una familia de la nobleza de Roma— era barroca. Pero ambas vestían al mismo tipo de mujer, fuerte y decidida, de mediados de los años treinta.

Coco, ya convertida en una celebridad, no había podido olvidar al duque de Westminster. Cuando regresó de Estados Unidos viajó a Inglaterra para pedirle a su antiguo amante que le prestara su residencia londinense para organizar una gala benéfica de moda. Bendor se había convertido en un hombre muy posesivo y celoso con su joven y hermosa esposa Loelia, y le pareció muy infeliz. Bebía mucho y según le diría Coco a su amigo Paul Morand, el duque se lamentó de haberla perdido porque no podía vivir sin ella. Coco, a diferencia de lo que ocurrió con Boy Capel, no iba a continuar su relación con Bendor: «Seguramente no obedece al azar que esté sola. Nací bajo el signo de Leo, los astrólogos saben qué significa. Tiene que ser muy duro para un hombre vivir conmigo, a menos que sea muy fuerte. Y si fuera más fuerte que yo, entonces sería yo la que no podría vivir con él...».

En su madurez, Coco seguía siendo una mujer muy atractiva y de fuerte personalidad. La diseñadora se había converti-

do en una figura de la sociedad parisina; a su alrededor revo-
loteaban artistas, músicos, poetas, cautivados por su ingenio y
buen gusto. Fue entonces cuando conoció a Pablo Iribarne-
garay —que firmaba como Paul Iribe—, un genial artista y
diseñador polifacético de origen vasco, con el que mantendría
un apasionado idilio. Decorador de interiores, escenógrafo y
estilista de talento, Iribe era además un extraordinario carica-
turista y dibujante de cómics, fundador en 1908 de su propia
revista *Le Témoin* («El testigo»), donde colaboraban como ilus-
tradores Juan Gris y Cocteau. «Paul Iribe era el hombre más
complicado que he conocido en mi vida», diría Coco de alguien que sería importante en su vida y del que acabaría enamorándose.

Paul Iribe tenía la misma edad que Coco y era un hombre con fama de conquistador y de carácter difícil; un seductor como casi todos los hombres importantes en la vida de la
diseñadora. Paul estaba casado en segundas nupcias con una
rica heredera neoyorquina llamada Maybelle Hogan, lo que
no impedía que tuviera aventuras con otras mujeres. Por entonces residía en Estados Unidos y trabajaba en Hollywood,
donde fue director artístico de la Paramount Pictures. Iribe
colaboró como escenógrafo para el gran Cecil B. De Mille en
películas míticas como *Los Diez Mandamientos* y *Rey de reyes*.
En 1926, Paul, que no era un colaborador fácil, acabó peleán-
dose con De Mille y regresó a Francia con su esposa. Con el
dinero de Maybelle abrió una tienda en la misma calle donde
Coco tenía su residencia privada, en la rue du Faubourg St.
Honoré. Allí se dedicaba al diseño de muebles y joyas para una
clientela rica y excéntrica.

Coco le diría a Paul Morand durante su exilio en Suiza en
el invierno de 1946: «Mis relaciones con Iribe fueron pasio-

nales. Cómo detesto la pasión. Qué espantosa enfermedad. El apasionado es un atleta, no conoce el hambre ni el frío, vive de milagro». Iribe no era atractivo ni caballeroso como Boy Capel, pero era elegante, tenía estilo y un aire intelectual. Mademoiselle se dejó seducir por aquel torbellino de hombre que irrumpió en su vida cuando menos lo imaginaba. Aunque Iribe no pensaba divorciarse de su esposa, pronto comenzaron a oírse rumores sobre el deseo de Coco de contraer matrimonio con él. En agosto de 1933, la esposa de Iribe estaba al tanto de la relación que Paul tenía con la célebre diseñadora, y decidió poner tierra de por medio. Maybelle dejó el apartamento donde vivían juntos y se marchó a Estados Unidos con los hijos que habían tenido en común.

Para estar más cerca de Coco, Paul se trasladó a vivir al número 16 de la place Vendôme. La diseñadora, que cumplía los veinte años de la apertura de su primera tienda en Deauville, se apoyaba cada vez más en su nuevo compañero al que incluso le dio poderes para actuar en su nombre en asuntos financieros de la empresa. Con Paul, Coco hizo bastante vida social, y se los veía con frecuencia juntos en estrenos teatrales o cenando en algún restaurante de moda parisino. A petición de Iribe, la diseñadora financiaría la reaparición —tras veintitrés años de silencio— de la revista *Le Témoin*. Paul seguía siendo un magnífico dibujante y Coco le serviría de modelo para ilustrar la situación que atravesaba Francia.

En aquel verano de 1933 la pareja pasó sus vacaciones en su finca La Pausa. Los amigos de Coco la veían feliz y parecía estar muy enamorada de Iribe. Corría el rumor de que pronto la pareja daría la noticia de que pensaban contraer matrimonio. A Colette, buena amiga de Coco, no le gustaba Iribe, le parecía falso y muy astuto. En aquellos días la diseñadora abandonó su palacete de la rue du Faubourg St. Honoré y se mudó a una suite de dos habitaciones en el hotel Ritz —a un paso de su tienda de la rue Cambon—, que sería su verdadero hogar hasta el día de su muerte.

Coco trasladó una parte de sus pertenencias a su finca de La Pausa en cuyo jardín había construido una pista de tenis y renovado el mobiliario del interior de la casa principal. En 1935 decidió pasar todo el verano allí aunque estaba al tanto de todo lo que ocurría en París. Sabía, por ejemplo, que su rival Schiaparelli estaba preparando una nueva colección de aires militares. Aunque toda la Riviera francesa estaba llena de mujeres que lucían los célebres pijamas de playa Chanel, la diseñadora comenzó a tomarse en serio a su nueva competidora. Entre los visitantes de aquellos días a La Pausa se encontraba el director de cine Luchino Visconti, entonces un joven prometedor, muy atractivo y de origen aristocrático, que sentía una gran atracción hacia Coco.

Mientras tanto Iribe, que aún estaba en París, acababa de obtener la separación de su esposa. En breve se reuniría con Coco para pasar con ella el verano. Iban a ser aquéllos unos meses maravillosos, con plácidos cruceros por el Mediterráneo en el yate de algún amigo, cenas a la luz de las velas en la terraza de La Pausa y todo el tiempo por delante para hacer planes. Todo se truncó el 21 de septiembre por la mañana, al día siguiente de la llegada de Iribe a la finca. Coco se animó a jugar un partido de tenis con él, y a los pocos minutos de comenzar, Paul se desplomó en medio de la pista. Había sufrido un infarto y moriría en una clínica de Menton sin recobrar la conciencia. Tenía cincuenta y dos años y mademoiselle Chanel estaba de nuevo sola.

ÉXITO Y SOLEDAD

Tras la muerte inesperada de Iribe, Coco no regresó a París
hasta el mes de octubre. Por primera vez en su vida dejó la
empresa en manos de sus empleados a los que daba órdenes
diarias por teléfono. La temporada 1936 prometía ser crucial para Chanel que se enfrentaría a nuevos rivales. Sin embargo la situación política del país era delicada. En Francia,
el Frente Popular había ganado las elecciones en abril de
1936 y los trabajadores exigían al nuevo gobierno socialista
que cumpliera sus promesas electorales para mejorar su precaria situación laboral. Un mes más tarde comenzaron en
todo el país una serie de huelgas que afectaron a la industria
textil y a las tiendas Chanel. Coco no podía creer que sus
empleadas se apuntaran a una huelga de brazos caídos porque consideraba que no tenían motivo para ello. Si bien la
diseñadora siempre había sido generosa con sus amigos, sus
trabajadoras tenían unos sueldos muy bajos. Finalmente, y
tras el despido de trescientos empleados, llegó a un acuerdo
con su personal pues peligraba su colección de otoño-in-
vierno.

Pero los malos tiempos estaban aún por llegar. En el verano de 1937, Coco se refugió en La Pausa donde mantuvo un
idilio pasajero con un rico estadounidense, diez años mayor
que ella. Cuando regresó a París, Francia estaba sin gobierno
y aunque la clase alta francesa seguía con su estilo de vida, la
amenaza de Hitler era una realidad. El 2 de septiembre de 1939,
instalada en su suite del hotel Ritz, la diseñadora se enteró de
que Gran Bretaña y Francia habían declarado la guerra a Alemania. Unas semanas más tarde, cansada y desanimada, cerraba la Casa Chanel dejando en la calle al personal. Tan sólo su

tienda de perfumes y accesorios en el 31 de la rue Cambon seguiría abierta durante la ocupación alemana.

«Los tiempos no estaban para la moda. Tenía la sensación de que terminaba una época y de que jamás volverían a hacerse vestidos. Pero me equivoqué», reconocería Coco. Al gobierno francés le hubiera gustado que Mademoiselle mantuviera abiertas sus puertas por razones de prestigio y patriotismo, pero la diseñadora no estaba dispuesta a hacer alta costura en tiempos de guerra. Aunque en la Gran Guerra había ganado una fortuna al no cerrar su negocio de Deauville, esta vez presentía que iba a ser diferente. Los que pudieron, como Coco, se refugiaron en las habitaciones del hotel Ritz que albergaban a políticos, artistas, aristócratas y a la rival de Coco, Elsa Schiaparelli y su hija. En el verano de 1940, la situación en París se volvió muy tensa, la ciudad se quedó prácticamente vacía a causa de los bombardeos y el 14 de julio los alemanes atravesaban la capital. Coco, en compañía de su chófer, puso rumbo hacia la frontera española donde pasó un tiempo en los alrededores de Pau. Desde allí visitó el pueblo de Lembeye donde se encontraba la casa que compró a su sobrino André Pallase —que había sido reclutado— y a su familia.

A finales de agosto de 1940, Coco, que no se sentía a gusto en el papel de refugiada, regresó a París. Durante la ocupación nazi, en el famoso hotel Ritz se alojaban los oficiales del Alto Mando alemán en París. Mademoiselle Chanel consiguió sin dificultad una pequeña habitación que daba a la parte trasera del edificio. Cuando unos días más tarde se personó en el 31 de la rue Cambon vio que una larga fila de soldados y oficiales alemanes hacían cola frente a su tienda de perfumes. Todos querían comprar el único artículo que estaba a la venta:

el perfume N° 5, el regalo más apreciado de la guerra y en el floreciente mercado negro.

Y fue en aquellos días de confusión cuando Coco conoció al barón Hans Gunther von Dincklage, un oficial alemán —quince años más joven que ella— alto, rubio y de buen porte que hablaba perfecto el francés. Vivía en París desde 1928 en calidad de diplomático, y con el tiempo consiguió el cargo de agregado de la embajada alemana, lo que le permitió introducirse en los mejores círculos de la capital. En 1935 regresó a Berlín donde se divorció de su esposa y un año más tarde regresó a París. Cuando Coco le conoció, él le dijo: «Llámeme Spatz; así me llaman mis amigos. En alemán significa "gorrión"». La diseñadora comenzó a simpatizar con él cuando le ayudó a encontrar y a repatriar a su sobrino André Palasse, al que creía muerto pues no aparecía en las listas de los prisioneros de guerra que habían sido liberados. Coco había cumplido los cincuenta y ocho años, y aunque sabía que Spatz era mucho más joven que ella, se hicieron amantes. En aquel crudo invierno de 1940-1941 en París, la gente apenas salía de sus casas y la prioridad era encontrar alimentos. Coco seguía viendo a sus amigos, y pasaba muchas veladas en la casa de los Sert, en la rue Rivoli. Cuando trataban de advertirla sobre lo peligroso de su amistad con Spatz, Coco protestaba: «¡No es alemán, su madre es inglesa!».

Seguramente a Coco la compañía de Spatz le facilitó el llevar una vida tranquila y cómoda en París durante la ocupación. Sin embargo, en septiembre de 1944, cuando los habitantes de la ciudad celebraban la liberación y el general De Gaulle hacía su entrada triunfal en los Campos Elíseos, era detenida en el hotel Ritz. Se la acusaba de colaboracionista, y durante tres horas fue sometida a un interrogatorio. Mademoiselle Chanel corrió mejor suerte que algunas de sus compatriotas acusadas de colaborar con los alemanes. Las mujeres que durante la ocupación habían mantenido relaciones con soldados u oficiales germanos, eran castigadas públicamente: se les cortaba el pelo o se las paseaba desnudas por las calles de París. Coco no tendría que sufrir esa humillación y tras el interrogatorio fue puesta en libertad. Todo apunta a que el duque de Westminster, su querido Bendor, había intercedido por ella ante el mismísimo Winston Churchill.

Poco tiempo después de su detención, Coco Chanel se enteró de que Spatz estaba vivo en Hamburgo. Había sido internado en un campo de prisioneros de guerra, pero después fue liberado. El oficial alemán no podía trasladarse a Francia y Coco decidió entonces exiliarse voluntariamente a Suiza para reunirse con él. La pareja se encontró en Lausana donde se alojaron en el lujoso hotel Beau Rivage, frente al lago Leman, y más adelante pasarían una larga temporada en Saint-Moritz y en los Alpes de habla alemana. Coco se trajo a su sobrino André Palasse —enfermo de tuberculosis— y a su hija pequeña, convencida de que el clima de Suiza le sería beneficioso para su delicada salud. Eran los únicos parientes con los que la diseñadora se relacionaba, desde que su tía Adrienne vivía casi enclaustrada en el castillo de Nexon, propiedad de su marido.

A Coco aquella vida ociosa, rodeada de toda clase de exiliados —entre ellos varios monarcas destronados— le resultaba monótona y aburrida. Fue en aquel largo invierno de 1946 cuando el escritor Paul Morand se encontró con ella en un hotel de Saint-Moritz. Pasaron muchas horas juntos; ella nerviosa, atrapada en los recuerdos y dudando en volver algún día a la rue Cambon. Él, tomando notas de los pensamientos más íntimos y profundos que la diseñadora iba desgranando mientras fumaba compulsivamente sus inseparables cigarrillos Gauloises. Paul Morand recopiló aquellas conversaciones en su libro *El aire de Chanel*, donde escribió acerca de Coco: «La encontré apática, ociosa por primera vez en su vida, pronta a perder los estribos. Sus ojos chispeantes dejaban asomar la melancolía bajo la curva de las cejas, que el lápiz graso acentuaba formando unos arcos oscuros y vidriosos: volcanes de la Auvernia que París creía, erróneamente, extinguidos».

En aquellos días de exilio dorado, Coco pudo leer en la prensa la noticia de que el duque de Westminster, a sus sesenta y ocho años, se había divorciado de su esposa Loelia —con la que no había tenido el anhelado hijo varón—, y se casaba con Anne Sullivan, hija de un general de brigada. La diseñadora estaba muy al tanto, por la prensa y los amigos que encontró en Suiza, de todo lo que ocurría en París y, particularmente, en el mundo de la moda. Tras las privaciones de la guerra, la alta costura francesa vivía un nuevo momento de esplendor. El diseñador Christian Dior, un recién llegado, irrumpió fuerte con su colección de 1947 y provocó una revolución con su nuevo *look*: faldas largas y vaporosas que necesitaban varias enaguas para mantenerse erguidas, chaquetas cortas, vestidos con cinturas de avispa y pecho realzado que requerían de nuevo el uso de corsés. Era lo opuesto a la libertad de movimientos que siempre había defendido Chanel. En una ocasión, Coco le diría a Dior: «Me encanta lo que usted hace, pero viste a las mujeres como si fueran butacas».

Hacia 1950, Coco y Spatz se separaron, y la diseñadora comenzó a viajar, pasando largas temporadas en Francia, en su casa La Pausa y en su residencia privada de la rue Cambon en

París. Por aquel entonces, un buen número de escritores y periodistas se acercaron a ella para escribir su biografía. Pero no dio resultado; Coco tenía muy buena memoria, pero le parecía que recordar era una pérdida de tiempo. Le gustaba jugar al despiste y confundir a quien intentaba profundizar en parcelas privadas de su vida. Solía decir: «Mi leyenda es tan variada, tan simple y complicada a la vez, que me pierdo en ella». A Coco le resultaba doloroso volver al pasado porque los amigos que la habían arropado, ya no estaban con ella. Los hombres que habían sido importantes en su vida habían fallecido, entre ellos el gran duque Dimitri, Étienne Balsan y Bendor —el duque de Westminster—, quien en 1953 murió de manera inesperada dejando viuda a su cuarta esposa, y sin ningún heredero varón. Colette, Misia y Vera Bates, sus mejores amigas, también habían muerto.

No fue hasta 1954, y tras pasar unos meses en Nueva York, cuando Coco decidió regresar a París. Tras quince años de inactividad, la noticia de que volvía para abrir su tienda de alta costura sorprendió a todos. Aparte de su famoso perfume, la Casa Chanel era ya historia. Casi nadie recordaba que antes de la Segunda Guerra Mundial, la diseñadora estaba en el apogeo de su fama y que sólo en la rue Cambon trabajaban cerca de cuatro mil empleados y vendía 28.000 modelos al año en todo el mundo.

Mademoiselle Chanel era una mujer rica y no necesitaba, a su edad, regresar a su tienda de la rue Cambon. Pero Coco odiaba el aburrimiento y toda su vida no había hecho otra cosa que trabajar. A los que la conocían bien no les debió de extrañar que estuviera dispuesta a recuperar su puesto en el mundo de la alta costura. Quería revolucionar de nuevo el mundo de la moda, y liberar a la mujer de los aparatosos vestidos que Dior había impuesto a las mujeres. Si antaño las casas de alta costura francesa estaban en manos de mujeres como Lanvin, Vionnet, Nina Ricci y Schiaparelli, ahora el diseño de la moda tenía nombres masculinos. Los más veteranos, como Jean Patou y Balenciaga, dejaban paso a Christian Dior, Hubert de Givenchy, Pierre Cardin o Pierre Balmain. Hombres que, según Coco, no entendían el cuerpo de la mujer y, mucho menos, sus necesidades prácticas.

Coco, a sus setenta años, le dijo a Paul Morand que la dureza del espejo le devolvía su propia dureza de carácter. En su vejez, se había convertido en una dama enjuta, de rostro demasiado maquillado y voz ronca, que fumaba sin cesar un cigarrillo tras otro mientras hablaba sin descanso… «Tengo unas cejas arqueadas de aspecto amenazante, unas narices abiertas como las de una yegua, un pelo más negro que el carbón, una boca que es como una grieta por donde se desahoga un alma colérica y generosa; coronándolo todo, un enorme lazo de colegiala sobre un rostro atormentado de mujer, ¡y que ya lo era en el colegio! Una piel negra de gitana sobre la que resalta el blanco de los dientes y las perlas; un cuerpo tan seco como una parra sin uvas; unas manos estropeadas como las de un boxeador.» Así se veía la mujer que se disponía a recuperar su trono en la moda francesa.

Chanel regresó a París y se instaló de nuevo en el hotel Ritz. En esta ocasión alquiló una pequeña buhardilla que daba a la rue Cambon y tenía un aire monacal en comparación con su lujosa suite de antaño. Había vendido su hermosa finca La Pausa, y su único deseo era reabrir su tienda de la place Vendôme. Durante su ausencia muchas cosas habían cambiado; los tejidos, antes naturales como la lana, la seda o el algodón, eran sustituidos por los modernos tejidos sintéticos, lavables y que se secaban rápidamente. Para ponerse al día, la diseñadora rehabilitó el número 31 de la rue Cambon y adaptó la tienda a los tiempos modernos. Remodeló la boutique de la planta baja, que nunca cerró y donde sólo se vendían perfumes, y contrató a alguna de sus antiguas colaboradoras. Buscó a muchachas hermosas y de buena familia para que fueran sus maniquíes. Cuando un periodista le preguntó por qué había vuelto, ella respondió: «Pues porque me aburría, y prefiero el desastre, al vacío o la nada».

Aunque Coco vivía en el Ritz, en los meses siguientes a su llegada a París, rehabilitó su apartamento privado del tercer piso de la rue Cambon, donde comía y recibía a sus amigos y clientas preferidas. De nuevo se rodeó de sus tesoros particulares: sus biombos chinos de Coromandel, sus cornucopias, sus esculturas africanas, su pareja de ciervos de bronce y sus objetos más queridos. Coco se entregó con pasión al trabajo y con la única ayuda de sus inseparables tijeras y alfileres comenzó a «pelearse» con cada uno de sus nuevos vestidos. En ocasiones, y como las sisas eran su manía, podía montar un vestido hasta veinte veces antes de darle el visto bueno. Las sufridas modelos tenían que estar seis o siete horas de pie mientras Mademoiselle, infatigable y muy perfeccionista, clavaba una y otra aguja hasta conseguir el resultado deseado.

La prensa de la posguerra pronosticó que el regreso de Chanel sería un auténtico fracaso, y en un principio lo fue. Eran muchos los que creían que estaba pasada de moda y que sus creaciones, tan sobrias y clásicas, ya no tenían sentido en un mundo donde se imponían los colores estridentes, la minifalda y las jóvenes enseñaban el ombligo. Es cierto que su primera colección, de sesenta modelos, presentada el 5 de febrero de 1954 en su casa de modas de la rue Cambon, tuvo una fría acogida y las críticas fueron demoledoras, pero no se rindió. Aunque encajó la derrota con su habitual elegancia, se sentía cansada y disgustada por lo ocurrido pero al día siguiente se puso a trabajar en su próxima colección. «Reanudé mi vida de dictador: éxito y soledad», confesó en aquellos días.

Poco a poco, gracias a su talento y a su intuición, el estilo Chanel se impuso nuevamente y tanto en Francia como en Estados Unidos —donde su regreso fue muy aclamado— las críticas a sus nuevas colecciones fueron muy halagadoras. Su traje de chaqueta de tweed con ribetes, sus zapatos beis de talón abierto y puntera negra y su bolso acolchado con cadena dorada se habían convertido en el uniforme de las mujeres elegantes y bien vestidas de todo el mundo. En 1957 recogió en Dallas el Neiman Marcus Award —el Oscar a la Moda— por ser «la diseñadora más influyente del siglo xx» y en 1958 la revista *Elle* la proclamó «la mujer más escuchada por las mujeres». A sus setenta y cinco años seguía siendo una mujer llena de curiosidad por todo y tremendamente actual. Entre sus clientas se encontraban Marlene Dietrich —amiga personal de Coco—, Greta Garbo, la princesa Grace de Mónaco, la duquesa de Windsor, Lauren Bacall y Jacqueline Kennedy, de la que por cierto solía decir que era «la primera dama peor vestida del mundo».

A medida que pasaban los años, Coco aprovechaba cualquier entrevista para criticar a las actrices, a los modistos, al general De Gaulle y a la minifalda que le parecía «chabacana e indecente, dos cosas que odio». Su lengua, cada vez más afilada, y su empeño por cortar cabezas hacían las delicias de los periodistas que la entrevistaban. En aquellos días, un joven llamado Jacques Chazot, antiguo bailarín de ballet convertido en presentador de televisión, la entrevistó para una serie sobre mujeres famosas. El programa, emitido en agosto de 1969, permitió al gran público conocer a una mujer legendaria que muchos creían ya muerta. Frente a las cámaras, la diseñadora cautivó a todos con su locuacidad, su mordaz ironía y los recuerdos —reales o no— de una vida de novela. Le divertía desempeñar el papel de *enfant terrible* y tras la emisión de aquel programa Coco recibió una avalancha de cartas de los televidentes.

En agosto de 1963, mademoiselle Chanel cumplía ochenta años y con este motivo apareció en la portada de la revista *Vogue* con uno de sus sombreros de paja y sus eternas tijeras colgadas del cuello. Ya en vida era un personaje mítico. El 27 de diciembre de 1969 se estrenó en un teatro de Broadway, en Nueva York, el musical *Coco*, protagonizado por la actriz Katherine Herpburn. La diseñadora tenía previsto lucir en el estreno un elegante traje de lentejuelas pero, una semana antes del viaje, sufrió una apoplejía que le dejó el brazo derecho paralizado. Estaba furiosa porque necesitaba sus manos para trabajar pero gracias a su gran fuerza de voluntad, y después de tres meses de tratamiento y ejercicios de rehabilitación, regresaría al trabajo llevando la mano derecha envuelta en un vendaje negro.

Para paliar su tremenda soledad trabajaba de manera compulsiva. Odiaba los domingos porque ese día no podía cruzar la rue Cambon y sumergirse en sus pruebas o en los preparativos de una nueva colección. Para dormir, y aplacar su angustia, tomaba tranquilizantes que la ayudaban a sobrellevar una existencia vacía. En aquella época veía muy poco a los amigos que aún le quedaban y pasaba sus días recluida en su suite del Ritz. Se había convertido en la clienta más veterana y exigente del legendario hotel. Su amigo y confidente de los últimos años Marcel Haedrich escribiría: «En el Ritz reservaban una mesa para mademoiselle Chanel, en el hall, a la entrada del comedor. Así veía quién llegaba. Y también la veían. Eso no la desagradaba. La curiosidad que despertaba su presencia enriquecía a la casa. Ella aceptaba, por Chanel, convertirse en un monumento que los más curiosos miraban de cerca».

De vez en cuando le pedía a su chófer que le diera un paseo en su Cadillac por los Campos Elíseos o la llevara al hipódromo de Saint Cloud, a respirar el olor de las cuadras y la hierba que la trasladaban a los tiempos de Royallieu. Pero alguna tarde de domingo, después de comer, se hacía conducir al cementerio de Père Lachaise. Igual que cuando era una niña solitaria y huérfana, le gustaba pasear entre las tumbas y hablar con los muertos. En aquel cementerio, como ocurriera en el de Courpière, no estaba enterrado ningún familiar ni aquellas personas importantes en su vida que ya habían fallecido: Balsan, Misia, Boy Capel, Bendor, Iribe, Reverdy...

«La soledad me da horror y vivo en una soledad total. Pagaría por no estar sola. Sería capaz de hacer subir al policía de la esquina para no cenar sola. Y sin embargo sólo espero del mundo ingratitud.» Coco había triunfado siendo ella misma, pero había pagado un alto precio por su independencia. François Mironnet, el nuevo criado que había contratado, llenaría sus noches de soledad y se convertiría en su confidente, su guardián y su amigo. Durante el día, François se encargaba de los asuntos domésticos, y le cocinaba deliciosas tortillas que le preparaba a su gusto. Cuando por la noche estaban solos, le pedía que se quitara su chaqueta y los guantes blancos y se sentara a su lado para charlar, ver la televisión o jugar a las cartas.

A sus ochenta y siete años, y sin haber perdido un ápice de lucidez, Chanel confesaba: «Sólo tengo ya una curiosidad: la muerte». Comenzó a pensar en su despedida y dio instrucciones a su mayordomo y a su secretaria de prensa, Lilou Grumbach, de cómo quería que se hicieran las cosas: «Si muero —les dijo un día— llevadme a Suiza. Colocadme entre ambos, en el fondo del coche. Si os preguntan en la frontera, responded: es mademoiselle Chanel, está muy chocha, no hagan caso de ella». Deseaba ser enterrada en una parcela que había comprado en el cementerio de Lausana. Pidió que cuando ella muriera la dejaran en paz, que nadie la viera muerta y que su desaparición no se rodeara de innecesaria publicidad. Su salud, a pesar de su avanzada edad, no era del todo mala, padecía reuma y artrosis pero su humor dejaba mucho que desear. Aquel primero de año de 1971, Coco lo pasaría sola en el hotel Ritz y disgustada porque hasta el lunes no podría volver a la tienda y acabar los detalles de su colección de otoño que iba a presentarse el 5 de febrero.

La fría noche del domingo 10 de enero, Coco se metió en la cama más pronto de lo habitual porque se sentía muy cansada. Como era el día libre de su mayordomo, fue su doncella personal Céline quien la ayudó a desvestirse. Cuando la diseñadora se disponía a acostarse, sintió que no podía respirar y pidió ayuda. Sus últimas palabras, entre lágrimas, fueron: «Mira, así se muere» y su doncella le cerró los ojos. Al día siguiente, el mundo entero conocía la noticia de su desaparición y los periódicos anunciaban su muerte en portada. Hasta el último minuto de vida, mademoiselle Chanel se mostró rebelde y orgullosa: «Detesto rebajarme, doblegarme, humillarme, disimular lo que pienso, someterme, no hacer lo que me da la gana. Hoy como entonces, el orgullo se manifiesta en mi voz, en el fuego de mi mirada, en mi rostro musculoso y atormentado, en toda mi persona. Soy el único volcán de Auvernia que todavía no se ha apagado».

Tras los funerales que se celebraron en la iglesia de la Madeleine, Coco Chanel fue enterrada como era su deseo en Lausana. Su cuerpo reposa en una tumba de mármol decorada con cinco cabezas de león, su número de la suerte y su signo del zodíaco. El 25 de enero tuvo lugar el desfile de su colección primavera-verano que se convirtió en un homenaje póstumo a la gran creadora. Madame Claude Pompidou, la primera dama de Francia, presidió el desfile donde las modelos lucían en su pelo recogido un discreto lazo negro en señal de luto. El prolongado aplauso final hubiera emocionado a Mademoiselle, que en esta ocasión no pudo presenciarlo, como era su costumbre, desde lo alto de la escalera de los espejos, con su inseparable cigarrillo en los labios. «Contrariamente a lo que decía Sert, seré una mala muerta, ya que una vez que esté bajo tierra, me agitaré, sólo pensaré en regresar a la tierra para volver a empezar.» No cumplió esta última voluntad, pero su espíritu libre e indómito sigue inspirando a su heredero, el modisto Karl Lagerfeld, quien ha conseguido que el estilo Chanel sobreviva a su genial creadora.

WALLIS SIMPSON

La reina sin corona

No tienen ni idea de lo difícil y agotador que
es representar toda una vida un gran amor.

WALLIS SIMPSON

Wallis Simpson se convirtió en leyenda cuando su amante, el rey Eduardo VIII, decidió renunciar por ella al trono de un Imperio cuyos dominios llegaban hasta la India. La prensa estadounidense y hasta el primer ministro Winston Churchill definieron su historia como «el idilio del siglo», aunque el tiempo pondría las cosas en su lugar. La romántica historia de un apuesto y encantador monarca que renunció al trono de Inglaterra por el amor de una plebeya y divorciada norteamericana, parecía un cuento de hadas. Durante años ocuparon las portadas de las revistas, y el público siguió su interminable y fastuoso exilio, deseando que algún día la familia real británica los perdonara y les permitiera regresar a palacio. No pudo ser, al menos en vida, pero gracias a la obstinación del príncipe Eduardo, descansan juntos en el cementerio real de Frogmore. Un privilegio para una de las mujeres más odiadas del siglo XX, al menos por los británicos, quienes la culpaban de todos los males sufridos por la monarquía.

Malvada, pérfida, advenediza, espía, promiscua, extravagante —hacía que le plancharan el dinero porque le gustaban los billetes crujientes, por citar un ejemplo—, ostentosa y frívola... son sólo algunos de los epítetos con los que ha sido calificada esta dama norteamericana, con dos divorcios a sus espaldas, que, paradojas de la vida, nunca pensó en casarse con Eduardo VIII. Cuentan que el día que desde su refugio en Cannes escuchó el discurso de abdicación del rey, además de romper algún que otro jarrón, rompió a llorar de rabia y exclamó: «¿Cómo has podido hacerme esto?». Wallis, que había conocido las penurias económicas —pertenecía a la rama pobre de una familia rica—, se sentía feliz siendo la amante de un hombre que la adoraba hasta lo indecible y la cubría de valiosas joyas. No pedía más: asistir a elegantes fiestas, viajar en lujosos cruceros de placer, bailar hasta altas horas de la madrugada en clubes nocturnos, lucir sus magníficos diamantes y rubíes, y decorar sin límite de dinero las mansiones y palacios donde residieron.

Pero desde que el príncipe de Gales conoció a la entonces señora Simpson, casarse con ella se convirtió en una enfermiza obsesión. Nadie como ella se atrevía a decirle lo que pensaba, a recriminarle en público como si fuera un chiquillo y a darle órdenes que cumplía con oculta satisfacción. Eduardo, un príncipe de película, de cabello rubio, ojos azules y porte elegante, se quedó cautivado de esta mujer chillona, mandona, que bordeaba la anorexia y era todo menos femenina. Una mujer, convertida en «enemigo público» de la monarquía, que fue investigada hasta la saciedad para tratar de convencer al rey de que no era la persona ideal para él. De nada sirvieron las acusaciones acerca de su turbio pasado ni de la vida inmoral que supuestamente había llevado en China cuando aún estaba casada con su primer marido, un aviador alcohólico que la maltrataba. Durante sus treinta y cinco años de matrimonio, el duque de Windsor nunca se arrepintió de haberlo perdido todo por amor. Poco antes de morir le confesó a un amigo: «La duquesa me dio todo lo que no pude obtener de mi familia. Me dio consuelo, amor y bondad».

Un oculto pasado

La mujer que hizo tambalear la monarquía británica había nacido el 18 de junio de 1895 en la tranquila estación de montaña de Blue Ridge Summit, en el estado de Pensilvania, cerca de la ciudad de Baltimore. Allí, en un modesto refugio de montaña conocido como Square Cottage, vino al mundo Bessie Wallis Warfield, hija de Teackle Wallis Warfield y de Alice Montague. La pequeña nacía en el seno de dos conocidas familias patricias de Baltimore; tanto los Warfield como los Montague contaban entre sus notables antepasados con importantes políticos, militares y jueces. El padre de Wallis, el pequeño de cuatro hermanos, había nacido con una constitución débil y poca salud. A los dieciocho años se descubrió que tenía tuberculosis, y en lugar de ingresarlo en un sanatorio, la familia le puso a trabajar como aprendiz en un banco.

Cuando a principios de 1890 la atractiva Alice conoció a Teackle, éste era un joven de veinticinco años, tímido y agradable al que su médico de cabecera le había aconsejado que no se casara debido a la enfermedad que padecía. Pero Teackle no hizo caso a las advertencias de su médico y se enamoró de Alice, una adorable y extrovertida muchacha rubia de veinticuatro años. En un tiempo en que a los enfermos de tuberculosis no se les permitía el contacto con mujeres, Alice demostró mucho coraje al aceptar salir con él. No tenía miedo al contagio ni a lo que los demás pensaran de su relación. Al poco tiempo, y para escándalo de ambas familias, la señorita Montague se quedó embarazada.

En los primeros meses de 1895, los amantes abandonaron Baltimore y se instalaron en las montañas de Blue Ridge Summit, donde el clima era benigno para los tísicos. Allí nacería, de incógnito y sin el apoyo de la familia, la pequeña Bessie Wallis, un hermoso bebé, sano y de tres kilos de peso. En aquella época un hijo nacido fuera del matrimonio era una auténtica ofensa social. Los Warfield, profundamente episcopalianos y una de las familias de más rancia estirpe del país —entre sus ancestros se encontraban algunos de los fundadores del estado de Maryland—, no podían aceptar semejante deshonra. Se decidió que Alice no podría dar a luz en Baltimore, y el día del alumbramiento se envió con discreción a un doctor para que la atendiera en el parto. Tampoco se aceptó que el nacimiento de la niña fuera registrado en la historia oficial de la familia que se estaba redactando por aquel entonces. La pequeña Bessie Wallis no fue bautizada, y para su Iglesia estaba condenada a la «maldición eterna». La futura duquesa de Windsor llegaba al mundo en el más completo anonimato y siendo considerada un fruto del pecado.

Alice y Teackle se casaron diecisiete meses después del nacimiento de su hija, en una ceremonia gris y carente de encanto. La novia lucía un discreto vestido de tarde y un pequeño ramo de violetas en la mano. Los recién casados no tuvieron derecho a una recepción ni a una romántica luna de miel. Al poco tiempo de haber contraído matrimonio regresaron a Baltimore porque la salud de Teackle se agravó. Para Alice fueron unos meses angustiosos. Temía que su esposo, quien sufría frecuentes accesos de tos, pudiera contagiarla a ella y a su pequeña. Vivían de manera muy precaria en una modesta pensión familiar de la ciudad, cerca de Park Avenue. Los Warfield, viendo que el fin de su hijo estaba próximo, decidieron darles cobijo en su casa del 34 de East Preston Street. Apenas seis meses después, Teackle fallecía sin que Wallis pudiera acercarse a abrazarle ni despedirse de él. Tenía veintisiete años y dejó a su viuda y a la pequeña en una difícil situación económica.

La abuela, Anna Emory Warfield, que siempre se había opuesto al matrimonio de su hijo menor, y no disimulaba su desprecio hacia su nuera, aceptó hacerse cargo de la joven viuda y de su nieta. Así fue como la pequeña Wallis de cinco meses y su madre se quedaron a vivir en la solariega mansión de tres plantas que la familia tenía en la calle Preston de Baltimore. La severa abuela Warfield —viuda desde hacía años— era la matrona del clan y llevaba con firmeza las riendas de la familia. Era un ama de casa exigente que controlaba al detalle a las seis doncellas que cada día pasaban en fila frente a ella para recibir sus órdenes. Vestida de riguroso luto y muy religiosa, obligaba a su nieta a levantarse a las cinco de la mañana para unirse al rezo familiar.

En la casa de los Warfield vivía también el único hijo soltero de la familia, Solomon. Este hombre —al que llamaban tío Sol—, influyente y de buena posición, presidía una compañía de ferrocarril y era director de varias empresas importantes; además era consejero y amigo personal del presidente de Estados Unidos, Grove Cleveland. Solomon no dejaba de recordarle a Alice que estaba con ellos gracias a su caridad al tiempo que no disimulaba la atracción que sentía hacia ella. A pesar de los reveses que le había dado la vida, Alice era una mujer optimista y de carácter alegre, que contrastaba en el ambiente lúgubre y victoriano de la casa de la abuela. Como en una ocasión diría la duquesa de Windsor: «Los Warfield eran extremadamente conservadores, sobrios y religiosos; los Montague, en cambio, irresponsables y frívolos».

Ante el creciente interés que demostraba Solomon por Alice, ésta decidió trasladarse con su hija a un hotel. Aunque su tío acogió mal la indiferencia de la viuda de su hermano, le asignó una pensión y se comprometió a pagar los estudios de Wallis. Como el dinero era insuficiente, Alice comenzó a trabajar como costurera en una organización de caridad para sacarse un pequeño sueldo. Un año más tarde, el destino acudió en su ayuda. Su hermana Bessie se había quedado también viuda y las acogió en su enorme casa de ladrillo rojo de West Chase Street. Por primera vez tenían un verdadero hogar y Alice mandó a su hija a una escuela donde pudo jugar con otros niños de su edad. Wallis había cumplido siete años y era una niña de carácter fuerte, obstinada y competitiva, dispuesta a ser siempre la primera.

En 1908, Alice y su hija se mudaron a un apartamento bastante espacioso donde la joven viuda se dedicó a alquilar habitaciones a los estudiantes, algo denigrante a los ojos de la buena sociedad de Baltimore. Nunca llegó a ganar demasiado dinero porque a la madre de Wallis, que era una excelente cocinera, le gustaba sorprender a sus clientes con platos exquisitos típicos de Maryland y no dudaba en comprar los mejores productos del mercado. Alice enseñaría a su hija a elaborar suculentas recetas que más adelante le darían merecida fama a la duquesa de Windsor cuando residía en Londres. Wallis siempre recordaría aquellos meses en los que pudo vivir a solas con su madre —una mujer siempre risueña y vital— como los más felices de su vida. «Me encantaba hablar con mi madre. Nunca me respondía con condescendencia. Hablábamos como si fuésemos hermanas.»

El 20 de junio de 1908, contrajo matrimonio con John Freeman Rasin. Este hombre, de escaso atractivo y poco trabajador, se mostraba sin embargo muy cariñoso con la niña. Wallis, que ya tenía fama de rebelde y obstinada, recurriría a todo tipo de artimañas —rabietas incluidas— para boicotear la boda de su madre. En aquella época asistía a una exclusiva escuela de señoritas, Arundell School, cercana a la casa de los abuelos maternos. Cuando sus compañeras de clase se burlaban de ella porque su madre tenía una casa de huéspedes, ella se defendía con fiereza usando un lenguaje tan vulgar que dejaba atónitos a sus profesores. Nunca se dejó amilanar y su carácter se curtió, en parte, gracias a la severa educación victoriana de su abuela Warfield.

A los dieciséis años Wallis era una muchacha que llamaba la atención por su extraña belleza. Tenía un porte altivo, un rostro anguloso, la barbilla prominente, la frente ancha y unos magníficos ojos azules que suavizaban su aspecto duro y severo. Resultaba inquietante y algo misteriosa: parecía un muchacho con el cabello corto, los hombros cuadrados, poco pecho y extremadamente delgada. A los chicos les parecía interesante, divertida y sobre todo muy osada. Ya siendo una adolescente se sabía diferente de las demás chicas y destacaba por su original y atrevida forma de vestir. No tenía apenas dinero pero lucía llamativos y extravagantes vestidos que su propia madre le confeccionaba a medida, y que resaltaban su esbeltez. Era la más chic de sus amigas y fue la primera en echarse un novio. Sus mejores armas de seducción, a lo largo de toda su vida, fueron —según ella misma reconocía— su vitalidad, su fuerte carácter y su habilidad para alimentar el frágil amor propio masculino.

En 1911, Wallis ingresó en un exclusivo internado de señoritas, Oldfields School. En esta escuela, la más cara de todo el estado de Maryland, las muchachas de la buena sociedad pasaban sus días leyendo pasajes de la Biblia, aprendiendo a coser, a cocinar y a dibujar. Muchas de ellas estaban platónicamente enamoradas del príncipe de Gales, cuya foto colgaban en las paredes de sus habitaciones; el rubio y apuesto heredero al trono británico tenía entonces diecisiete años. Hacia 1912, Wallis ya no podía soportar más el elitista ambiente de Oldfields y pasó el verano en casa de su tía Bessie. Su madre vivía ahora en Atlantic City con su esposo, pero la felicidad del matrimonio duraría poco. En abril de 1913, el padrastro de Wallis moría a causa del alcoholismo. Alice Warfield Rasin, viuda por segunda vez, regresaría a vivir a Baltimore, donde su hija estaba a punto de ser presentada en sociedad. Era el acontecimiento social del año, y la joven lució en el gran baile ofrecido en el Teatro Lírico un magnífico vestido de satén blanco, copiado de un modelo del modisto inglés Worth. Había cumplido dieciocho años y lo que ahora se esperaba de ella era que encontrara pronto un buen marido, a ser posible rico e influyente.

En noviembre de 1915, el destino de Wallis daría un giro inesperado. Una de sus primas, Corinne, felizmente casada con el capitán de corbeta Henry Mustin y madre de tres hijos, la invitó a que la visitara en el soleado estado de Florida donde residían. Su esposo había sido destinado a una nueva base aeronaval de formación y entrenamiento de pilotos en Pensacola. Esta ciudad, en el noroeste de Florida, de hermosos edificios coloniales de estilo español, estaba rodeada de playas vírgenes de arena blanca. Aunque acababa de morir la abuela Warfield, y según la tradición toda la familia debía guardar un luto riguroso, Wallis no lo pensó dos veces y aceptó la invitación. Para ella fueron unas vacaciones de ensueño. Por primera vez, lejos de las ataduras familiares, se sentía libre y dispuesta a disfrutar de aquel lugar paradisíaco. Aunque ayudaba a su prima en las tareas del hogar y en la cocina, también tenían tiempo para tomar el sol, bañarse en su mar cálido, ir al cine y asistir a bailes donde acudían los apuestos oficiales de la base militar.

«Acabo de conocer al aviador más fascinante del mundo»; así anunció Wallis en una carta a su madre el encuentro con el hombre que se convertiría en su marido, Earl Winfield Spencer. Se conocieron en la casa de Corinne, en una comida a la que el joven oficial de la Marina había sido invitado junto a otros compañeros de la base. Desde el primer momento, Wallis se sintió muy atraída por este corpulento y simpático piloto, de cabellos oscuros y mirada desafiante, ocho años mayor que ella. Winfield Spencer —al que todos llamaban Win— había nacido en Kansas en 1888 y era el mayor de seis hermanos. Procedía, al igual que Wallis, de una familia originaria de Estados Unidos cuyos antepasados arribaron a las costas de Norteamérica en el siglo XVII. Spencer, con fama de vividor y mujeriego, era la oveja negra de la familia, un detalle que su enamorada ignoraba.

La atracción fue mutua y la pasión que surgió entre ellos lo bastante intensa como para que decidieran casarse lo antes posible. Aunque la familia Warfield no veía con buenos ojos este matrimonio, Wallis no dio su brazo a torcer. Convenció a su tío Solomon para que la ayudara en los gastos y encargó su traje de boda en una lujosa tienda de Baltimore. El vestido era de terciopelo blanco, con una blusa bordada con perlas y mangas acampanadas. Llevaba una corona de flores de azahar y un velo de tul. El 8 de noviembre de 1916, la pareja contraía matrimonio en la Iglesia de Cristo de Baltimore decorada para la ocasión con azucenas, rosas y crisantemos blancos. Era la boda elegante y romántica que Wallis había soñado y que su madre no pudo tener.

Tras la breve luna de miel, los recién casados regresaron a Pensacola donde Wallis descubrió muy pronto que su intrépido aviador era alcohólico. La angustia de saber que su esposo podía pilotar borracho y no regresar a casa con vida, fue sólo el comienzo de un largo calvario. Porque Win no sólo bebía sino que era un hombre muy celoso y violento que descargaba en Wallis toda su rabia y frustración. El 6 de abril de 1917, Estados Unidos había entrado en guerra y, en contra de los deseos de Win —y porque sus superiores conocían sus problemas con el alcohol—, el Ministerio de Marina le envió a San Diego con el fin de organizar una escuela de entrenamiento de pilotos en la costa Oeste. Pero ni el cambio de ocupación, ni el dulce clima californiano lograron aplacar sus accesos de cólera y de celos. Cuando se ausentaba de casa ataba a Wallis a la cama y en una ocasión llegó incluso a encerrarla todo un día en el cuarto de baño. Quien en cambio sí era infiel era él; las aventuras extraconyugales de Win Spencer eran conocidas por todos.

El 7 de abril de 1920, el príncipe de Gales, el soltero más codiciado de Europa, se detuvo en San Diego. Acompañado de su primo Louis Mountbatten, de camino a Australia, el crucero *Renown* hizo una breve escala en la ciudad. Los Spencer no fueron invitados a los banquetes ofrecidos por las autoridades de San Diego al heredero británico. Pero sí, en cambio, pudieron asistir a un baile ofrecido por el alcalde de la ciudad en el hotel Coronado. Wallis sólo alcanzó a ver al príncipe de lejos vestido con su uniforme blanco de la Marina Real dando la mano a los invitados. Era la primera vez que coincidían en un acto público y tendrían que pasar más de diez años para que sus caminos se cruzaran de nuevo. Tras vivir una temporada en California, los Spencer se trasladaron a Washington donde residía la madre de Wallis y la querida tía Bessie. Sintiéndose amparada por la proximidad de su familia, Wallis —cuya convivencia con su esposo era insoportable— pensó seriamente en el divorcio. Pero la respuesta de la familia, tanto por parte de los Warfield como de los Montague, fue que nunca aceptarían el divorcio. La única salida posible para Wallis era la separación; así se vería libre de la vida deplorable que llevaba con su esposo. En el otoño de 1921, Wallis y Win rompieron su relación, al menos de momento. Winfield —que tenía prohibido volar debido a su afición a la bebida— fue destinado como comandante de un viejo cañonero español y enviado a una base en el mar de la China. Wallis se fue a vivir a la casa de su madre. Acababa de poner fin a cuatro años de angustias y malos tratos que marcarían a fuego su carácter.

En su autobiografía titulada *The Heart Has Its Reasons* (*El corazón tiene sus razones*), Wallis aporta muy poca información sobre los siete años que pasaron entre su separación de Spencer y su segundo matrimonio en 1928. También se muestra muy discreta a la hora de divulgar los nombres de los hombres —en su mayoría jóvenes diplomáticos y apuestos oficiales uniformados— con los que mantuvo algún romance. Lo que sí se sabe es que tras perder de vista a su esposo, comenzó a disfrutar plenamente de su soltería. Ahora vivía en Washington donde compartía un apartamento en Georgetown con una pintora, esposa de un oficial de la Marina. Wallis tenía poco dinero —apenas la exigua pensión que Win le había asignado— pero estaba al fin libre de humillaciones y de amenazas. A sus veinticinco años era una mujer elegante, coqueta y atrevida que sabía cómo seducir a los hombres. En los meses siguientes mantuvo relaciones con el embajador de Italia en Estados Unidos, un apuesto príncipe que le transmitió su admiración hacia Benito Mussolini. Posteriormente vivió un corto y apasionado romance con el primer secretario de la embajada argentina en Washington, Felipe Espil. Wallis se enamoró de este hombre elegante y seductor con aspecto de galán de cine, que era además de un excelente bailarín de tango.

La relación entre el apuesto latin lover y Wallis acabó de manera abrupta a finales de 1923 cuando aquél se enamoró de otra mujer. Al enterarse de este rumor, Wallis, herida en su orgullo, le montó a su amante una inolvidable escena. En el transcurso de una elegante recepción, Wallis se lanzó furiosa contra Espil y le arañó la cara delante de todo el mundo. Las posibilidades de convertirse en la esposa de un brillante diplomático se acabaron en aquel mismo instante. Tras su ruptura con Felipe, Wallis abandonó Washington y pasó cinco meses en París para olvidar su fracaso sentimental. Durante este tiempo pudo reflexionar sobre su futuro que no se presentaba demasiado prometedor. Su todavía esposo Win Spencer empezó a enviarle cartas donde le rogaba que olvidara el pasado y la animaba a reunirse con él en China. Wallis, de nuevo sola y sin dinero suficiente para divorciarse, decidió intentar una vez más salvar su matrimonio.

Hay varias versiones sobre los motivos por los que Wallis emprendió viaje a China en 1924. Según su biógrafo Charles

Higham, la futura duquesa de Windsor, antes de viajar a Hong Kong, habría sido debidamente entrenada por el servicio de información del Ministerio de Marina para llevar documentos secretos a ese país. Era una costumbre habitual utilizar a las esposas de los oficiales de Marina destinados en Asia para hacer de correos, ya que la información confidencial transmitida a la flota estadounidense en China —generalmente a través de telegramas o mensajes en clave— era interceptada con facilidad. De ser cierta esta versión, en ese instante daría comienzo la supuesta y legendaria carrera de espía de Wallis Simpson.

Wallis partió del muelle de Brooklyn el 17 de julio en el *Chaumont*, un barco de la Armada estadounidense que transportaba a sus tropas destinadas en Filipinas. En la travesía, se detuvo una semana en las paradisíacas islas Hawai. Wallis quedó impresionada por la exuberancia del paisaje y la belleza de los nativos. En Manila subió a otro barco, el *Empress of Canada*, que la llevaría a Hong Kong donde le esperaba su esposo. Cuando desembarcó en el bullicioso puerto de la ciudad, recibió un cúmulo de sensaciones que nunca antes había experimentado. El calor era sofocante, y los olores, muy penetrantes. Ya en tierra firme se recuperó del agotador viaje en un hotel y más tarde se trasladó con su esposo a vivir a un apartamento de la Marina, en el barrio de Kowloon. En la semana en la que Wallis llegó a Hong Kong, en la vecina China había estallado una sangrienta guerra civil. La situación en las calles era tensa y peligrosa para los extranjeros, que no se aventuraban más allá de las zonas residenciales.

En 1933, cuando Wallis Simpson se convirtió en la amante del príncipe Eduardo, circulaba en Londres la leyenda de que la divorciada norteamericana era una experta en «técnicas sexuales orientales» que había aprendido durante el tiempo que pasó en China con su primer marido. El escándalo estallaría cuando el primer ministro británico Stanley Baldwin dio a conocer un informe sobre las actividades de Wallis durante su periplo asiático. Según estos documentos conseguidos por los servicios secretos británicos, y destinados al rey Jorge V y a la reina Mary (cuando había que impedir por todos los medios que Wallis se convirtiera en reina de Inglaterra), fue Win Spencer quien inició a su esposa en las llamadas «casas de canto», como se conocía a los burdeles de lujo de la colonia inglesa. El informe llamado «expediente chino» dejaba la reputación de Wallis por los suelos. No sólo se la acusaba de frecuentar prostíbulos y casas de juego sino también de haberse relacionado con el tráfico de drogas.

«La reconciliación fue un fracaso», escribiría Wallis en sus memorias acerca de lo ocurrido en Hong Kong. En realidad, y según apuntan sus biógrafos, fue Win Spencer quien la abandonó para irse a vivir con una joven y atractiva pintora que gozaba de una gran popularidad en la colonia inglesa. Al quedarse sola, el 21 de noviembre Wallis partió en barco rumbo a Shanghái donde se alojó unos días en el elegante hotel Astor House. A pesar de que la ciudad estaba sumida en el horror de la guerra, pudo disfrutar del ambiente mundano en el que se movían los occidentales. Asistió a elegantes fiestas ofrecidas por los administradores coloniales en sus lujosas mansiones de ensueño, a las animadas carreras de caballos y frecuentó los clubes nocturnos de moda. A principios de diciembre llegaba a Pekín y se alojaba en el Grand Hotel, un auténtico oasis en medio de una ciudad sumida en el caos y los disturbios. Aquí permanecería hasta el mes de junio de 1925 cuando cumplió veintinueve años. Entonces, y de manera bastante

precipitada, se despidió de su buena amiga Katherine Rogers
y de su esposo, Hermann —quienes ejercieron de anfitriones
durante su estancia en la capital china—, y regresó a Estados
Unidos.

El 8 de septiembre, Wallis, tras un penoso viaje, llegaba al
puerto de Seattle y fue inmediatamente hospitalizada. En sus
memorias, la duquesa de Windsor recuerda que regresó de
China con «un oscuro mal interno» que hizo indispensable
una operación y una larga convalecencia. Fue una de las escasas ocasiones a lo largo de su longeva vida en que le falló la salud; en 1951 fue operada de un tumor de ovarios, pero hasta
muy entrada su vejez fue una mujer robusta y llena de vitalidad. Wallis no desvela las causas que motivaron su ingreso,
pero todo apunta a que su delicada salud era debida a las secuelas de un aborto que le practicaron durante su estancia en
China. Cuando en el mes de junio, Wallis abandonó Pekín
para regresar a casa, antes hizo una escala en la ciudad de
Shanghái donde quiso despedirse de algunos amigos. Fue allí
donde se dejó seducir por un conde italiano, Galeazzo Ciano,
con quien mantuvo un breve idilio. Este ardiente admirador
de Mussolini —que acabaría siendo yerno del dictador y ministro de Asuntos Exteriores en Italia— era entonces un apuesto estudiante fascinado por la historia milenaria de China. Según el escritor Charles Higham en su magnífica biografía de
la duquesa de Windsor, ésta se quedó embarazada de Ciano y
decidió abortar antes de regresar a Estados Unidos. Las com-
plicaciones ginecológicas que siguieron al aborto le dejaron
graves secuelas, entre ellas la imposibilidad de tener hijos.

Tras cuatro meses de convalecencia en el apartamento de
su madre en Washington, Wallis se trasladó a Warrenton, un
tranquilo pueblo en el estado de Virginia donde se enteró de

que podía obtener el divorcio de su esposo con bastante facilidad y a un bajo coste. Alojada en el único hotel decente
del pueblo, el Warren Green, se dedicó a jugar al golf en el
Club Campestre, a bailar y a jugar al póquer, una de sus grandes pasiones. «No tenía suficiente dinero para vestirse verdaderamente bien. Se veía pulcra, más bien que elegante… Lo
importante es que siempre estaba llena de vitalidad. ¡Brillaba
en todas las fiestas! Podía bailar interminablemente y competir con cualquiera en beber, pero lo que bebía nunca se le subía a la cabeza… Era una narradora innata, y tenía una colección inagotable de cuentos y acertijos atrevidos…», recordaba
un amigo de Wallis que la conoció entonces.

Por aquel tiempo, Wallis comenzó a verse con algunas
amigas de la adolescencia que vivían en Washington —apenas
a ochenta kilómetros—, entre ellas Mary Kirk, que había sido
una de sus damas de honor en su boda con Spencer. Mary estaba casada con Jacques Raffray y vivía en Nueva York en un
apartamento de Washington Square. En las Navidades de
1926, los Raffray la invitaron a pasar con ellos las fiestas. Y fue
en la tarde del 25 de diciembre —justo unos días después de
haber conseguido el divorcio de su primer marido— cuando
su amiga le presentó a Ernest Simpson, un apuesto y cultivado hombre de negocios. Hijo de padre inglés y de madre estadounidense, nacido y educado en Nueva York, Ernest —que
tenía veintinueve años— parecía un auténtico *gentleman*. Alto,
bien parecido, cortés y elegante, tenía un carácter calmado
pero compartía con Wallis gustos y aficiones. Desde el primer
instante se sintieron atraídos y comenzaron a salir juntos. Por
aquel entonces el señor Simpson estaba tramitando su divorcio de su esposa Dorotea Parsons Dechert, con la que tenía
una hija en común, Audrey.

En 1928, la compañía dirigida por el padre de Ernest —fundador de la Simpson, Spence & Young, dedicada a la compra y venta de barcos— iba de mal en peor y su hijo decidió instalarse en Londres, y coger las riendas del negocio. Antes de marcharse, y de manera inesperada, le propuso matrimonio a Wallis. Pero ésta, que a sus treinta y un años había conocido la parte más amarga del matrimonio, le dio un no por respuesta. Sus caminos entonces se separaron: ella se marchó de vacaciones a Cannes a casa de sus amigos los Rogers, y Ernest partió a Inglaterra. Sin embargo, a las pocas semanas de estar separados, Wallis reconsideró la propuesta y le escribió diciendo que aceptaba. A finales de junio contraía matrimonio con Ernest Simpson en una lúgubre oficina del Registro de Matrimonio en Chelsea. Por parte de Wallis, nadie de su familia, ni siquiera sus amigos más cercanos acudieron al enlace. Su madre, Alice, que residía en Washington, no aprobaba este matrimonio y se negó a asistir a la ceremonia. Ernest, a falta de una boda deslumbrante y familiar, compensó a su esposa con una lujosa luna de miel que transcurrió entre Francia y España. La pareja recorrió Europa en un potente coche Lagonda de color amarillo, que conducía un chófer uniformado, y se alojaron en los mejores hoteles.

Después de su gira europea, los Simpson se instalaron en Londres en un piso que Ernest tenía cerca de Hyde Park hasta que encontraron una casa a su gusto en el número 5 de Bryanston Court, en George Street. Era un elegante apartamento con un amplio salón comedor, luminosas habitaciones y varios cuartos para el servicio doméstico compuesto por cinco personas. Era la primera vez en su vida que Wallis disfrutaba de una buena situación económica y se podía permitir lujos hasta entonces impensables para ella. Como Ernest pasaba el día en su oficina y ella tenía todo el tiempo libre del mundo, se dedicó a decorar su piso y a comprar antigüedades en Chelsea y Kensington sin reparar en gastos. La casa estaba llena de detalles y valiosos objetos: flores frescas en los jarrones, biombos lacados, un elegante piano de cola, y numerosas piezas de marfil, jade y porcelana adquiridas durante su estancia en China.

Acostumbrada a vivir de manera informal en Estados Unidos, a Wallis no le resultó fácil adaptarse a la estricta etiqueta imperante en la alta sociedad inglesa. Sin embargo, con el paso de los meses, la señora Simpson se convertiría en una de las grandes anfitrionas londinenses y organizaría en su casa de Bryanston Court elegantes y divertidas veladas que se harían célebres en la ciudad. Allí se reunían diplomáticos extranjeros, políticos, hombres de negocios —en su mayoría noruegos y estadounidenses, clientes de Ernest—, actores y damas de la buena sociedad. Wallis preparaba y servía ella misma los cócteles —aunque ella bebía poco, y únicamente whisky escocés— y los agasajaba con suculentas y exóticas cenas a la luz de las velas, con una puesta en escena impecable. Las veladas en casa de la señora Simpson eran famosas por la deliciosa comida —combinaba la cocina típica del estado de Maryland con originales recetas recopiladas en Cantón y Pekín—, la abundante bebida y el carácter desenfadado de su anfitriona.

Wallis parecía feliz junto a un hombre con el que se había casado más por resignación que por amor, pero que satisfacía todos sus deseos. Poco a poco, la señora Simpson se fue integrando en la colonia estadounidense de Londres que se reunía al menos dos veces por semana. Entre sus distinguidos miembros se encontraba Consuelo Morgan Thaw, cuyo esposo, Benjamin Thaw —primer secretario de la embajada de Es-

tados Unidos en Londres—, era amigo de Wallis desde sus días
de San Diego. Consuelo era la hermana de Thelma Furness,
entonces amante del príncipe de Gales. Thelma, una mujer
bella y estilosa, estaba casada con un hombre que le doblaba la
edad: el vizconde viudo Marmaduke Furness, quien pasaba
sus días en la Riviera bebiendo coñac y flirteando con jóvenes bellezas. En el verano de 1929, cuando Thelma tenía sólo
veintitrés años, comenzó su relación con el heredero de la
Corona. Desde su primer encuentro, Wallis y lady Furness
—ambas norteamericanas liberales y divorciadas con anterio-
ridad— congeniaron y se hicieron buenas amigas.

UN IDILIO INESPERADO

En el invierno de 1930, los Simpson fueron invitados a casa
del matrimonio Furness en Melton Mowbray, condado de
Leicester, para participar en una cacería del zorro. También
había sido invitado el príncipe de Gales, quien acababa de regresar de Sudamérica, y su hermano menor, George. Como
cuenta el propio Eduardo en sus memorias —publicadas en
1951 con el título *A King's Story. The Memoirs of The Duke of
Windsor* (*Historia de un rey. Memorias del duque de Windsor*) y
dedicadas a Wallis—, la señora Simpson le impresionó gratamente desde el primer encuentro. Recordaba que era un día
húmedo y había mucha niebla, y que Wallis tenía un fuerte
resfriado. Fue entonces cuando Eduardo, quizá para romper el
hielo, le formuló una pregunta que ya forma parte de la leyenda de los Windsor: «Usted, americana y habituada al confort, ¿no padece frío en nuestros castillos ingleses, desprovistos
de calefacción central?». Wallis, en un tono burlón, le respon-

dió: «Lo siento, sir, me decepciona usted. A todas las americanas que vienen a su país se les hace siempre la misma pregunta. Yo esperaba algo más original del príncipe de Gales». Tras esta respuesta que dejó helados a todos los presentes, Eduardo no supo qué decir. Aquel día, según el príncipe, «comenzó una amistad cargada de complicidad».

A partir de ese momento, Wallis y Eduardo volverían a coincidir en los meses siguientes en compañía de amigos comunes en reuniones de sociedad en Londres o en algún fin de semana en el campo. No parece que lo suyo fuera un flechazo, porque ni Wallis ni el príncipe recordaban nada especial de aquel primer encuentro en el pabellón de caza de los Furness, salvo que ella tenía fiebre y no se encontraba bien. Sin embargo, aunque apenas recordaba la conversación con el príncipe, a Wallis sí le causó una buena impresión su aspecto y sus elegantes modales: «Recuerdo que pensé lo mucho que se parecía a sus retratos: el cabello ligeramente despeinado por el viento, la nariz respingona y esa mirada extraña, nostálgica, casi triste, cuando su expresión era de reposo… Me pareció que su personalidad era realmente una de las más atractivas que había encontrado». En realidad, Wallis había conocido a Eduardo diez años atrás, cuando estaba casada con Win Spencer, durante una recepción ofrecida al príncipe en Coronado, San Diego. Pero, ahora convertida en la distinguida señora de Ernest Simpson, no tenía ningún interés en remover su pasado y nunca le comentó ese detalle.

La segunda vez que Eduardo pudo fijarse más atentamente en Wallis fue en junio de 1931, en el palacio de Buckingham, cuando fue presentada en la corte ante el rey Jorge y la reina Mary. El príncipe, desde su posición, de pie detrás del trono donde estaban sentados sus padres, reparó en ella nada más verla: «Cuando llegó su turno de hacer la reverencia, primero a mi padre y luego a mi madre, me llamó la atención su porte y la dignidad natural de sus movimientos». Tras la presentación, Thelma invitó a unos amigos, entre ellos a los Simpson, a tomar una copa de champán en su casa. El príncipe apareció por sorpresa en el cóctel y felicitó a Wallis por el elegante vestido de gala con tocado de plumas de avestruz —a juego con el abanico que le había prestado Thelma— que lució en la corte. Cuando a las tres de la madrugada, Wallis y su esposo abandonaron la residencia de los Furness, el príncipe de Gales se ofreció a llevarlos en su coche. Para ellos era un gran honor, y al llegar a su casa en Bryanston Court, le invitaron a subir y tomar la última copa. Pero el príncipe declinó la invitación no sin antes exclamar: «Me agradaría conocer su piso algún día. Me dicen que es encantador. ¡Buenas noches!».

Unos meses más tarde, el príncipe de Gales cenó por primera vez en casa de los Simpson, y guardó un grato recuerdo de aquella velada: «Todo en su casa era de exquisito buen gusto, y la comida, a mi ver, sin rival en Londres. Habiéndose criado en Baltimore, donde una buena comida está considerada una de las cosas más importantes que pueden hacerse, Wallis tenía los conocimientos culinarios de una especialista. Pero además de eso poseía una personalidad que atraía amistades alegres, vivaces y bien informadas». A estas alturas, a Eduardo le resultaba difícil ocultar la admiración que sentía hacia la señora Simpson, y siempre que se encontraba en Londres, y su tiempo se lo permitía, se dejaba caer por Bryanston Court para tomar el té o saborear alguno de los deliciosos cócteles que preparaba su anfitriona.

Al príncipe, Wallis le resultaba una mujer fascinante, cultivada y muy bien informada sobre política y asuntos sociales. Sin duda su esposo, Ernest, le había contagiado su pasión por el arte, la poesía y el teatro. Pero, tal como reconocía el propio Eduardo, lo que más le gustaba de su anfitriona era su sinceridad, algo a lo que él no estaba acostumbrado: «Su conversación era hábil y divertida. Pero lo que yo admiraba más en ella era su sinceridad. Si no estaba de acuerdo con algún extremo puesto a discusión, siempre exponía sus opiniones con energía y vivacidad. Esa cualidad me encantaba. Un hombre en mi situación rara vez hallaba ese rasgo en otras personas».

Cuando Wallis Simpson conoció al príncipe de Gales, éste tenía treinta y ocho años y era el soltero más codiciado de Europa. Nacido el 23 de junio de 1894 en White Lodge, Londres, era el primogénito de los duques de York, más tarde el rey Jorge V de Inglaterra y de la reina Mary. El pequeño fue bautizado con el nombre de Edward Albert Christian George Andrew Patrick David. Aunque su nombre oficial era el de Eduardo, sus amigos y familiares —al igual que Wallis— siempre le llamaban David. Tal como escribió en sus memorias, pasó su infancia en manos de niñeras e institutrices sin poder jugar con otros niños de su edad, y recluido —al igual que sus cinco hermanos— en los grandes y fríos castillos en los que la familia real residía: Balmoral, Sandrigam, Windsor o Buckingham Palace. «La niñez no me dejó los recuerdos agradables que deja a casi todos», dijo el heredero en una ocasión. La relación con su padre, el rey Jorge V, siempre fue distante y problemática. Sin embargo, era el niño mimado de su madre, la reina Mary, quien le enseñó a bordar punto de cruz, una afición que mantendría a lo largo de su vida.

Cuando en 1910 su padre subió al trono, aquel joven tímido y nervioso que contaba dieciséis años pasó a ostentar los títulos de duque de Cornualles —de donde procedían sus cuantiosos ingresos personales, cerca de cien mil libras anuales— y duque de Rothesay. En julio de 1911 le fue otorgado el título de príncipe de Gales, como heredero de la Corona. La ceremonia de investidura tuvo lugar en el castillo de Caernarfon en Gales y el príncipe se sintió muy ridículo con su atuendo, que consistía en «calzones de raso blanco, medias blancas de seda, zapatillas negras con hebillas de oro y un manto púrpura de terciopelo con bordes de armiño». Eduardo acababa de ingresar como cadete en la Armada y la sola idea de que sus compañeros le vieran vestido así le producía auténtico terror. Al futuro rey nunca le gustó la etiqueta ni el estricto protocolo de la corte que consideraba anticuado. Tampoco estaba conforme con muchas de las tradiciones, obsoletas y demasiado estrictas, que imperaban en el seno de la familia real británica.

En 1914 estalló la Primera Guerra Mundial y el príncipe, que acababa de terminar su segundo año en Oxford, sirvió en el ejército británico pero se le mantuvo alejado del frente. Fue el primer miembro de la familia real británica que pilotó un avión y se ganó la simpatía de sus súbditos visitando a las tropas en el campo de batalla. Al terminar la guerra, Gran Bretaña se encontraba con las arcas vacías, y el comercio del que dependía, paralizado. Fue entonces cuando al primer ministro, Lloyd George, se le ocurrió que el joven príncipe, con su encanto y carisma, podía ser el mejor embajador en el mundo de los productos de su país. Y así durante más de una década el heredero recorrería los lugares más apartados del mundo impulsando, como ningún otro miembro de la familia real lo había hecho antes, el comercio británico. En los años veinte, el príncipe de Gales alcanzó una popularidad similar a la de una estrella de Hollywood. Ya fuera en la India, en Argentina, en África del Sur o en Japón, el heredero era recibido por entusiastas admiradoras que hacían lo imposible por poder estrecharle la mano o llevarse como «recuerdo» un botón de su chaqueta o el pañuelo de su bolsillo. Se convirtió en uno de los personajes más fotografiados y perseguidos por la prensa; la mayoría de las jóvenes de su tiempo estaban enamoradas de él.

Eduardo levantaba pasiones allá por donde iba. Era guapo, tenía unos modales exquisitos y era un modelo de elegancia; vestía de manera informal y atrevida llegando a crear un estilo propio que sería muy imitado. Enamorado de los sombreros —que se colocaba con elegancia un poco ladeados— inventó un nudo para sus corbatas, el Windsor; la raya en el pantalón, y puso de moda los «zapatos de corresponsal» (negros y blancos). Eduardo descubrió un tejido, con dibujo a cuadros, para confeccionar sus impecables trajes de chaqueta y que pasaría a la historia como «príncipe de Gales». Era un hombre sencillo, divertido y moderno, a quien las sobrias costumbres de la corte le parecían cada vez más irritantes por lo que trataba de pasar el mayor tiempo posible en su mansión de York House, en el palacio de St. James.

Pero el príncipe de Gales podía ser también un hombre inmaduro y caprichoso. Eran muchos los que lamentaban que el heredero tuviera un «carácter débil y algo infantil». Su «disoluta» vida de soltero le causó más de un enfrentamiento con su severo padre, quien dudaba que su primogénito pudiera algún día llevar con honor y responsabilidad la Corona. «Cuando yo esté muerto, el chico durará como mucho doce meses», dijo Jorge V antes de morir. El tiempo demostraría que las previsiones del monarca eran acertadas. Antes de conocer a

Wallis, el príncipe —del que se decía que era bisexual— sólo parecía interesado en mujeres casadas, de cuerpo esbelto y aspecto andrógino. La relación más larga y seria fue la que mantuvo con una hermosa y elegante dama llamada Freda Dudley Ward.

Cuando se conocieron en 1918, el príncipe tenía veinte años y ella estaba casada con un miembro del Parlamento y vicechambelán de la Casa Real. Los dos cargos del esposo le obligaban a llegar muy tarde a casa, y Freda, una mujer atractiva y con ganas de divertirse, comenzó a salir con el príncipe. Durante dieciséis años, Eduardo la amó con locura, aunque en todo este tiempo se permitiría algún que otro desliz. El cariño y la amistad que existía entre ellos sólo se rompió cuando el heredero comenzó un romance con otra mujer casada de la alta sociedad, la norteamericana Thelma Furness. Hasta que Wallis se cruzó en su camino, Freda fue la mujer más importante en su vida, e incluso sus dos hijas adoptaron al heredero como «tío honorario» y le llamaban «Principito». Lord Mountbatten, primo del príncipe y su acompañante en sus viajes alrededor del mundo, describía así el amor que sentía el heredero hacia la señora Dudley: «Había algo religioso, casi sagrado, en su amor por ella. Fue la única mujer a la que amó de esa manera. Ella lo merecía. Era muy dulce y muy buena y ejerció sobre él un influjo saludable. Ninguna de las demás lo ejercieron. El influjo de Wallis fue fatal».

El 20 de enero de 1932, el príncipe de Gales invitó a los Simpson y a un grupo de amigos a pasar el fin de semana en su residencia de Fort Belvedere. Esta mansión situada en un extremo del extenso parque que rodea el castillo de Windsor, era el refugio preferido del heredero. Por su proximidad a Londres —apenas cuarenta kilómetros— Eduardo solía pasar allí los fines de semana alejado de las obligaciones de la corte. A sus treinta y cinco años —edad en que su padre el rey Jorge V le cedió esta propiedad que él reformó a su gusto— por fin pudo disfrutar de la intimidad y libertad que tanto anhelaba. Allí descubrió su gusto por la jardinería y él mismo se encargaba de podar y de plantar sus árboles y flores favoritas. Uno de los requisitos indispensables para ser invitado al palacio era el de ayudar al anfitrión a quitar las malezas, podar el césped y plantar esquejes.

Cuando los Simpson llegaron a la residencia de Belvedere, el príncipe en persona los recibió en la puerta y les enseñó la casa. El recorrido, para su sorpresa, incluyó no sólo todas las habitaciones sino los armarios donde Eduardo guardaba sus elegantes trajes e incontables zapatos. La cena tuvo lugar en un acogedor salón comedor, con amplios cortinajes de satén dorado, una gran chimenea, y decorado con temas ecuestres. Eduardo se mostró en todo momento amable y muy distendido con sus invitados, hasta el punto de llegar a tocar la gaita para ellos vestido con el traje típico montañés: gorro, chaqueta exquisitamente cortada, falda corta y zapatos con hebilla de plata. Tras la animada cena, el príncipe invitó por primera vez a Wallis a bailar con él. Con los años, la duquesa de Windsor recordaría: «Bailaba bien, era ágil, ligero y tenía un buen ritmo». La relación entre el príncipe y la señora Simpson se fue forjando de manera lenta y discreta. Thelma Furness seguía siendo su favorita aunque en aquel verano se le veía en compañía de otras mujeres, entre ellas la célebre aviadora estadounidense Amelia Earhart.

En diciembre de 1933, la relación de Wallis y el príncipe iba a dar un giro inesperado. Durante un viaje a Kenia, Thelma rompió con su esposo y a finales de aquel año decidió via-

jar a Estados Unidos para apoyar a su hermana gemela, Gloria
Vanderbilt, que se enfrentaba a un juicio por la custodia de su
hija de diez años. Unos días antes de abandonar Inglaterra,
Thelma quedó con Wallis para despedirse de ella. En sus memorias, publicadas en 1958, la señora Furness recordaba así
aquel encuentro que cambiaría para siempre sus vidas: «Tres o
cuatro días antes de partir, almorcé con Wallis en el Ritz. Le
conté mis planes... Ella dijo: "¡Oh, Thelma! El Hombrecito
[como se referían al príncipe] se va a sentir muy solo". "Bueno, querida —respondí—, tú me lo cuidas mientras yo esté
ausente. Procura que no dé malos pasos"». El príncipe de Gales despidió a Thelma sobrevolando en su avioneta privada el
barco en el que partía su amante.

Tras la marcha de Thelma, los Simpson cenaron con el
príncipe y unos amigos en el hotel Dorchester, y según él mismo confesaba, fue entonces cuando se enamoró de la señora
Simpson. Aquella noche, Wallis, sentada a su izquierda, no sólo
lo abrumó a preguntas relacionadas con su «trabajo de príncipe», sino que le trataba sin asomo de servilismo y le replicaba
si no estaba de acuerdo con él. El duque de Windsor escribiría: «En esos momentos hice un importante descubrimiento:
que las relaciones con una mujer podían ser también una aso-
ciación intelectual. Ése fue el comienzo de que me enamorara de ella. Prometía llevar a mi vida algo de lo que carecía.
Quedé convencido de que con ella sería más creativo y una
persona más útil». Al acabar la velada, el príncipe le dijo con
gran seriedad: «Wallis, usted es la única mujer que se ha interesado en mi labor».

El príncipe de Gales parecía haber encontrado en Wallis a
su compañera ideal, y a partir de ese instante intentó pasar el
máximo de tiempo posible con ella. Se presentaba sin previo

aviso en su casa de Bryanston Court a tomar un cóctel o se quedaba a cenar con el matrimonio. Él mismo telefoneaba a Wallis para invitarla a bailar en el club Embassy —uno de los locales favoritos del príncipe— o a cenar en algún romántico restaurante de la ciudad. Ernest Simpson, el marido engañado, observaba impasible cómo el príncipe flirteaba con su esposa. Cuando tres meses después, Thelma regresó de su viaje, la frialdad del príncipe hacia ella era más que evidente. Eduardo, que la había mantenido bajo vigilancia, sabía que su amante había vivido un romance con el joven y apuesto príncipe Ali Khan —quien en 1949 se casaría con la actriz Rita Hayworth— durante su estancia en Nueva York. Quizá, al descubrir que lady Furness le había sido infiel, Eduardo decidiera formalizar su relación con Wallis por quien sentía una irresistible atracción. De no haber sucumbido a los encantos del príncipe Ali, Thelma Furness tal vez nunca hubiera perdido el favor del príncipe, y el futuro rey Eduardo VIII quizá nunca hubiese abdicado.

Ya por entonces, la complicidad que existía entre Wallis y el heredero era muy evidente, hasta tal punto que la dama americana no dudaba en reprender en público a su amante. Durante una cena en Fort Belvedere, Eduardo cogió con los dedos una hoja de lechuga y Wallis, sentada a su lado, le golpeó con la mano. «¡La próxima vez use el cuchillo y el tenedor!», le dijo como si fuera una estricta institutriz que corrigiera a un niño. Los aterrados comensales —entre ellos Thelma Furness y el sumiso señor Simpson— descubrieron aquel día la verdadera naturaleza de su relación. Thelma comprendió entonces que su amiga Wallis «había cuidado excesivamente bien al príncipe en su ausencia». Tras la cena, lady Furness se retiró temprano a sus aposentos y a la mañana siguiente abandonó discretamente la residencia sin despedirse y con todas sus pertenencias. Estaba claro que Wallis ocupaba ahora su lugar en el corazón del príncipe.

En aquel mes de abril de 1934, «el romance del siglo» —como la prensa estadounidense lo bautizaría— acababa de florecer y pronto haría tambalear los cimientos de la monarquía británica.

Para todos los que los veían juntos, estaba claro que Wallis era la amante oficial del príncipe y que para éste no se trataba de una conquista más. La familia real observaba con desesperación cómo Wallis se dedicaba a reorganizar la vida de Eduardo, que parecía haber perdido la cabeza por esta norteamericana liberal, casada y con un divorcio a sus espaldas. Ahora ya no se ocultaban y el príncipe de Gales comenzó a mostrarse en público con su nueva amante. No sólo asistían juntos al teatro o la ópera sino que Wallis le acompañaba a las recepciones de las embajadas y a las ceremonias de Estado. El príncipe deseaba que la alta sociedad londinense conociera a la «fascinante» mujer que ahora disfrutaba de sus favores. La influencia de Wallis en la vida del príncipe, quien era evidente que cada vez dependía más de ella, preocupaba seriamente al entorno del heredero.

Aquella «intrusa» estadounidense se había convertido de la noche a la mañana en la dueña y señora de las dos residencias habituales del príncipe, Fort Belvedere y la mansión de York House, en el palacio de St. James. Ella misma escogía los menús, redecoraba a su gusto las habitaciones y daba órdenes al servicio, sin tener en cuenta la jerarquía ni la antigüedad del personal que trabajaba para el monarca. Cuando llegaban a altas horas de la madrugada de bailar en el club Embassy o el Kit Kat, Wallis despertaba de malos modos a los criados para satisfacer alguno de sus caprichos. Los más leales y antiguos servidores del monarca detestaban a esta mujer que según ellos «había embrujado con sus malas artes al heredero de la Corona»; se sentían degradados al tener que obedecer a la señora Simpson, a sus ojos una vulgar divorciada americana.

En el verano de 1934, Eduardo invitó a Wallis a pasar juntos las vacaciones en España y en Francia. El príncipe alquiló en el mes de agosto una mansión no lejos de Biarritz, y animó a los Simpson a que lo visitaran. Por primera vez, Ernest declinó la invitación y en su lugar fue tía Bessie Merryman quien acompañó encantada a su sobrina predilecta. La pareja disfrutó de unos soleados días de playa en la costa vasca francesa, nadando, jugando al golf, al bridge y asistiendo por la noche al Casino. Después de un mes inolvidable, Wallis y Eduardo continuaron sus idílicas vacaciones a bordo del yate *Rosaura* —propiedad de un amigo del príncipe— y realizaron un crucero de dos semanas por el Mediterráneo que incluyó una romántica parada de tres días en Mallorca donde se alojaron en el hotel Formentor, al norte de la isla. A su llegada a Cannes, se instalaron en un lujoso hotel y, a la una de la madrugada, el príncipe ordenó que le abrieran la tienda Cartier para poder comprarle a su amada un brazalete de diamantes y esmeraldas. Sería ésta una de las primeras y muy valiosas joyas que el duque de Windsor le regalaría a su futura esposa a lo largo de sus treinta y cinco años de vida en común.

Mucho se ha escrito sobre la relación e influencia que Wallis ejercía sobre Eduardo, pero fuera cual fuera la verdad, es indudable que esa mujer poco femenina, mandona y de voz chillona cautivaba al príncipe. En Londres circulaban rumores de que la americana había aprendido sofisticadas técnicas sexuales durante su estancia en Shanghái, donde vivió con su primer marido. Para algunos biógrafos, el carácter dominante de la señora Simpson era uno de los alicientes en su extraña relación. Eduardo parecía encontrar un secreto placer en tener que suplicar a Wallis, por ejemplo, que le diera fuego o le pasara el pan durante un almuerzo. Freda Dudley, ex amante del príncipe, comprendía muy bien esta relación: «El amor lo hechizaba. Se convertía él mismo en esclavo de cualquier mujer que lo quisiera, y se volvía totalmente dependiente de ella. Era su naturaleza; era un masoquista. Le agradaba que lo humillasen, que lo degradasen. No habría freno en esa mujer norteamericana, impetuosa, de mandíbula cuadrada. Tan pronto como descubrió la vulnerabilidad de él, no vaciló en aprovecharla». Pero los lazos que unían al príncipe y a Wallis iban más allá de la mera relación física.

El príncipe Jorge, hermano pequeño de Eduardo, ya convertido en duque de Kent, se casó el 29 de noviembre de 1934 con la princesa Marina de Grecia. Dos días antes del enlace se celebró un baile de gala en la palacio de Buckingham en honor de los novios. Los reyes dieron la orden de tachar el nombre de Wallis Simpson de la lista de invitados. Comenzaba así una guerra entre la familia real británica —especialmente por parte de la reina Mary y la duquesa de York, esposa del futuro rey Jorge VI— y Wallis que duraría hasta la muerte del duque de Windsor. El rechazo que sus padres sentían por ella le afectaba especialmente y le impedía abrirles su corazón. Al rey no le molestaba que su hijo tuviera una nueva amante pero le indignaba que la exhibiera en público y la llevara con él en sus giras oficiales.

En otoño de 1935, el rey Jorge V cayó enfermo y por primera vez se temió por su vida. El monarca, durante sus últi-

mos dos años de vida, no dejó de sufrir pensando en su heredero. La idea de abandonar el trono en manos de su hijo primogénito, soltero a sus cuarenta y un años, y enamorado de
una mujer de mala reputación, le resultaba insoportable. Jorge V deseaba de corazón que el trono pasase a su segundo
hijo, el príncipe Alberto, y después a su nieta Isabel por la que
sentía auténtica devoción. Moriría la noche del 19 de enero
sin saber que sus deseos se harían realidad, y que un día no tan
lejano su querida nieta alcanzaría el trono convirtiéndose en
la actual reina Isabel II. En su lecho de muerte, el rey Jorge V
le pediría a su leal esposa que se negara a recibir a la «pecami-
nosa amante» de su hijo. La Reina Madre cumpliría su promesa hasta el final de sus días.

ESCÁNDALO EN PALACIO

Tras la muerte de su padre, el príncipe de Gales accedió al trono como Eduardo VIII, «Rey del Reino Unido de Gran Bretaña e Irlanda del Norte y de sus Dominios de Ultramar, Rey
de Irlanda y Emperador de la India». Era el hombre más poderoso del mundo y sus súbditos, que desconocían sus debilidades, le tenían un gran aprecio. Sin embargo, aquel 22 de
enero de 1936 el monarca no podía ocultar su preocupación.
«Lo que siempre tuve en la mente fue arreglar las cosas para
poder casarme con Wallis antes de la coronación [prevista para mayo de 1937]. Lo malo era que no sabía cómo podía hacerlo. A causa de mi incertidumbre, 1936 fue para mí una
prolongada agonía», confesaría el duque de Windsor.

Cuando el rey murió, Wallis se encontraba en su casa de
Londres y años después recordaría lo que ocurrió. El príncipe

la llamó por teléfono y le dijo: «¡Todo terminó, mi amor! Papá murió hace unos momentos. Bertie [el príncipe Alberto] y yo volaremos a Londres mañana temprano para asistir a la Junta de Accesión del Consejo del Rey. Debo verte. Me quedaré libre tan pronto como pueda». La aún señora Simpson reconocía que al escuchar la noticia del fallecimiento del monarca, se sintió intranquila. Creía que a partir de ahora su relación con David, como siempre le llamaba, cambiaría; temía que iba a perderle, al igual que le ocurrió con su primer marido, Spencer: «Estaba segura de que me esperaba un gran dolor. Me agradaba el mundo en que David me había introducido —ser llevada a magníficas casas, conocer a personas importantes y que rindieran ante mí...—. Pero algo me decía constantemente "Esto va a terminar pronto. Vas a saber lo que es un dolor abrumador"».

Si tenía dudas sobre el amor que Eduardo sentía hacia ella, al día siguiente se disiparon. El rey la invitó a presenciar el anuncio oficial de su nombramiento desde uno de los balcones del palacio de St. James. Para su desconcierto —y escándalo de los allí presentes—, tras la proclamación el flamante Eduardo VIII se acercó a su lado y le dijo: «Nunca nada podrá cambiar lo que siento por ti». Eduardo era ahora el jefe del Estado británico, pero sabía que no sería rey con plenos poderes hasta que se le coronase el 12 de mayo de 1937. Al invitar a Wallis a la ceremonia de su proclamación, el nuevo monarca se mostraba dispuesto a imponer su voluntad política, algo que le crearía un buen número de enemigos.

El primer ministro, Stanley Baldwin, sentía muy pocas simpatías hacia el joven rey que nunca ocultó su admiración por el fascismo y la Alemania nazi. En la corte se veía la influencia de Wallis —que había sido amante de importantes personajes de la Italia fascista, entre ellos el conde Galeazzo Ciano, yerno de Mussolini— tras las simpatías de Eduardo hacia los logros de Hitler, que había subido al poder en 1933. Cuando Baldwin ordenó investigar las actividades de la señora Simpson en China se descubrió la amistad que entonces tenía con importantes cargos nazis, entre ellos Joachim von Ribbentrop, futuro ministro de Asuntos Exteriores alemán. Según aparece en los informes del FBI de aquella época, Ribbentrop había sido amante de Wallis cuando era embajador en Londres y sus estrechos lazos nunca se rompieron. Al separarse, Von Ribbentrop —que en 1946 sería el primer nazi ejecutado en los Juicios de Núremberg acusado de crímenes de guerra y genocidio— le envió a Wallis diecisiete rosas rojas, al parecer el número de veces que se habían acostado juntos.

El rey Eduardo VIII, sobrino del káiser Guillermo II, nunca ocultó su admiración hacia el pueblo alemán. Por sus venas corría sangre alemana y el origen de la familia real inglesa era germano. Fue su padre Jorge V quien en julio de 1917, durante la Primera Guerra Mundial, decidió cambiar el nombre oficial de la Casa Real de Sajonia-Coburgo-Gotha por el de Windsor, para borrar del mapa el origen germánico de su dinastía. El monarca, con sus muestras de simpatía hacia la Alemania nazi, no hacía más que expresar el sentimiento de muchos ingleses de su época y de su clase social que ante todo veían en Hitler un bastión contra el avance del comunismo.

En julio de 1936, Ernest Simpson —al que Wallis arruinó con sus caros caprichos y el tren de vida que llevaban en Bryanston Court muy por encima de sus posibilidades— dejó su casa londinense y le dijo a su esposa que comenzara los trámites del divorcio cuando lo deseara. Ernest tenía una amante, Mary Rafflay, la amiga común que los presentó en su casa de

Nueva York en las Navidades de 1926. Wallis enseguida le comunicó la feliz noticia a Eduardo y él mismo se encargó de buscar un buen abogado para resolver lo antes posible los interminables trámites. El divorcio se firmaría en octubre de 1936 y la noticia aparecería de manera muy discreta en la sección de ecos de sociedad de los periódicos. Aquel día Eduardo le regaló a su amante un magnífico anillo de prometida, una esmeralda rectangular de casi 20 quilates con la inscripción: «Ahora somos dos 27/X/36», la fecha de su compromiso. La fabulosa piedra era una de las mitades de la legendaria esmeralda del Gran Mogol, considerada por los entendidos como la más grande y hermosa del mundo. Cartier la adquirió en Bagdad (Irak) y le fue vendida al monarca por una cuantiosa suma.

En Gran Bretaña la relación de Wallis con el rey se mantenía celosamente en secreto y sólo la conocían algunos miembros muy cercanos a la pareja. Sin embargo, en agosto de 1936, Wallis acompañó al rey y a unos invitados a un crucero por el Mediterráneo. Recorrieron las costas de Yugoslavia, Grecia y Turquía. Las fotografías de Eduardo VIII y la señora Simpson, los dos en traje de baño, nadando en el mar y remando en una barca, fueron publicadas en la prensa estadounidense y europea junto a extensos artículos que especulaban sobre su relación. El escándalo fue mayor porque durante la travesía el monarca y su acompañante fueron recibidos por el rey Jorge II de Grecia, el zar Boris III de Bulgaria y el príncipe Pablo, regente de Yugoslavia. Aunque no eran monarquías relevantes en Europa, el hecho de que Wallis fuera presentada como acompañante del rey era una afrenta para la Corona británica. Si el rey se permitía actuar de esta manera era porque confiaba que Wallis estaría divorciada antes de que llegara el día de la coronación, el 12 de mayo de 1937. Mientras, el pueblo británico ignoraba el sonado idilio que su monarca mantenía con la señora Simpson, una dama a la que apenas conocían.

Fue durante su breve estancia en la isla de Mallorca, cuando, según la propia Wallis Simpson, la pareja franqueó «esa frontera indefinible que separa la amistad del amor». El duque de Windsor confesaría más tarde que en el idílico marco de esta isla balear, decidió que se casaría con ella, aunque no se lo dijo. Pero ahora, después de su accesión al trono, sabía que no iba a ser fácil que pudiera compartir con él el trono de Inglaterra. «Nadie cree que David nunca me pidió que me casara con él. Simplemente daba por sentado que yo lo haría. Con frecuencia me daba la impresión de que él creía que una mujer servía para distraerse, pero no para tomarla en serio. Ernest, mi marido, me advirtió que yo era sólo la espuma del champán de David», diría Wallis. La señora Simpson nunca pensó en casarse con el príncipe, le bastaba con disfrutar de su compañía y del fastuoso tren de vida que llevaba junto a él. Pero al ser nombrado rey, Eduardo —obsesivamente enamorado de Wallis— se volvió más autoritario y caprichoso. Creía que tenía derecho a todo, y que podría conseguir lo que se le antojara.

La devoción que Eduardo sentía hacia Wallis comenzó a afectar seriamente a sus deberes reales. Su desorden y falta de puntualidad habituales empeoraron por sus deseos de contentar a su amante, incluso a costa de hacer esperar a todo el mundo. Wallis, tras haber conocido las penurias económicas, vivía junto a su amante un auténtico cuento de hadas: cruceros de lujo, bailes hasta el amanecer, cenas a la luz de las velas y magníficos regalos. A principios de octubre se mudó a una hermosa y amplia casa de estilo georgiano que el rey alquiló

—sólo por ocho meses, unos días antes de la fecha de la coronación— para ella en el número 16 de Cumberland Terrace, en el elegante Regent's Park. Era una confortable mansión, de mayor categoría que Bryanston Court, y aunque había sido alquilada con muebles, Wallis contrató los servicios de una de las decoradoras de moda en Londres para que remodelara alguna de sus dependencias.

El rey, que gozaba de gran popularidad entre el pueblo porque lo consideraban un monarca moderno y preparado, sensible a las injusticias sociales, cuando llegó al trono mostró un talante menos generoso. Uno de los primeros regalos que le ofreció a Wallis fue una copia exacta de un automóvil real, un Buick fabricado en Canadá, con sus insignias reales en el capó idénticas a las del primer modelo. Pero lo que escandalizó a sus súbditos fue cuando el monarca decidió modernizar la vida en palacio, y Wallis le propuso que despidiera a los criados más viejos y enfermos, y redujera en un diez por ciento los sueldos de toda la servidumbre. Aunque la fortuna del rey era incalculable, acudió a los gestores del ducado de Cornualles para exigir que no se perdonara ni un solo céntimo de la recaudación. Mientras, Wallis dilapidaba el dinero comprando muebles, antigüedades para decorar sus nuevas casas, y encargando su vestuario a los mejores modistos. Cuando Wallis visitó el palacio de Buckingham comentó al rey que el edificio principal le parecía demasiado anticuado, y que debería ser totalmente modernizado y redecorado. Por fortuna para muchos, la señora Simpson no llegó a vivir en el palacio de Buckingham que a buen seguro hubiera sufrido importantes —y muy costosos— cambios en su decoración y distribución.

Ante el cariz que tomaban los acontecimientos, fue el primer ministro quien se hizo con las riendas de la situación. El

20 de octubre mantuvo una entrevista con el rey en la que por primera vez éste le habló abiertamente de su relación con la señora Simpson. En esta reunión le pidió al rey que condujera su romance con más discreción al igual que había hecho con sus anteriores amantes. A Baldwin le preocupaba mucho la relación de Wallis con Ribbentrop, hombre de confianza de Hitler, porque pensaban que podía estar pasando secretos de Estado a los alemanes y a los italianos. Ante este hecho y la aparente incapacidad de Eduardo para guardar un discreto silencio sobre información confidencial, el gobierno británico acabó ocultando al monarca las deliberaciones del Consejo de Ministros para que no acabaran en manos enemigas.

La situación se fue volviendo insostenible, hasta que el 16 de noviembre el rey le dijo a Baldwin que deseaba casarse con la señora Simpson y que si no lo podía hacer y seguir siendo rey, estaba dispuesto a abdicar. Acto seguido le comunicó su decisión a su madre, la reina Mary, quien intentó sin éxito apelar al sentido del deber de su hijo. En una segunda entrevista con el primer ministro, el monarca le propuso como solución el matrimonio morganático que le permitiría casarse con Wallis aunque ella no podría ser reina, sólo consorte y tampoco formaría parte de la familia real y sus hijos no estarían en la línea de sucesión al trono. Esto le hubiera permitido al rey la compañía que ansiaba y a la vez mantener el trono. Pero Baldwin se apresuró a boicotear esta propuesta que finalmente no fue aprobada por ninguno de los gobiernos (ni el británico ni el de los Dominios). Era posible que el pueblo británico lo hubiera aprobado pero los acontecimientos se sucedieron muy deprisa.

Por fin el 3 de diciembre la prensa británica se hizo eco de la relación amorosa del rey, y el escándalo se adueñó de todos los medios. Los periodistas rodearon la casa de Wallis en Cumberland Terrace. El rey estaba decidido a abdicar si no conseguía lo que quería. Más tarde, Wallis, quien le suplicó que no lo hiciera, escribiría: «Dudaba mucho de que nadie, ni siquiera yo, pudiera hacerle cambiar de opinión; si me quedaba y mis súplicas fracasaban siempre me acusarían de que le habría convencido en secreto para renunciar al trono». Ante esta situación, y con una parte de la prensa en contra de ella, Wallis se vio obligada a huir a Francia. Para consolarse, se llevó consigo algunas de sus más amadas pertenencias, entre ellas su valiosa colección de joyas de rubíes, diamantes y esmeraldas. De repente, la señora Simpson pasó de ser una extravagante divorciada que frecuentaba la alta sociedad inglesa —y a la que nadie había dedicado una columna— a convertirse en uno de los personajes más famosos y perseguidos por la prensa en aquel año de 1936.

El informe sobre Wallis que tenía en su poder el gobierno británico incluía no sólo su colaboración con los alemanes sino asuntos íntimos de su vida privada que se ocultaron al rey. Mientras se aguardaba el desenlace de la crisis dinástica, la señora Simpson seguía bajo vigilancia y así se descubrió que mientras el rey pensaba seriamente en su abdicación, ella mantenía una relación paralela con otro hombre. Se trataba de Guy Marcus Trundle, un ex piloto de la Fuerza Aérea británica y vendedor de automóviles, de treinta y seis años, «educado, guapo, buen bailarín y un tipo que presumía de que todas las mujeres se rendían a sus encantos», según los servicios secretos británicos. En los archivos relacionados con la abdicación del rey Eduardo VIII —y que salieron a la luz pública en 2003— se decía que Wallis temía perder el afecto del futuro rey sobre todo por razones económicas y que tuvo mucho cuidado en mantener a su amante en un segundo plano.

Eduardo, que ignoraba que Wallis se veía a escondidas con otro hombre, intentó jugar su última carta. Fue a la residencia del primer ministro en Downing Street y anunció a Baldwin que ya que la posibilidad de un matrimonio morganático había sido descartada tanto por el gobierno como por la Iglesia anglicana, deseaba someter su situación a la decisión del pueblo británico. Baldwin le respondió impasible que invocar al pueblo pasando por encima del gobierno era anticonstitucional; se le acababa de cerrar la última puerta. El 11 de diciembre, el rey comió con Winston Churchill, quien había estado de su parte hasta el último momento, y le confesó que no le quedaba otra opción que claudicar. Aquella misma noche Eduardo VIII, tan sólo 326 días después de acceder al trono, en un discurso histórico anunciaba por la BBC los motivos de su abdicación que no fue bien acogida por la mayoría de los británicos: «Aquí el castillo de Windsor. Al habla Su Alteza Real el príncipe Eduardo». Y al fin, el monarca habló y en un discurso cargado de emoción trató de explicar su irrevocable decisión: «Debéis creerme cuando os digo que me resulta imposible soportar la pesada carga de desempeñar mis deberes de rey sin la ayuda y el apoyo de la mujer que amo. […] Y quiero que sepáis que la decisión que he tomado es sólo mía…».

Wallis escuchó las palabras de despedida del rey en Villa Lou Viei, una espléndida mansión que el matrimonio Rogers tenía en Cannes (Francia). Tras el discurso, tuvo tal arrebato de ira que estrelló varios jarrones contra las paredes. Se sentía enfurecida, porque aunque el gesto del rey demostraba lo mucho que la amaba, ella hubiera preferido seguir siendo su amante y disfrutando de la vida opípara que llevaban juntos en Inglaterra. Aunque el rey había eximido a Wallis de toda responsabilidad por su decisión, sería ella el centro de todos los ataques, «la mayor enemiga de la monarquía, la bruja americana que sacó la peor parte de Edward David», como algún medio diría. La decisión del monarca la condenaba de nuevo a la marginación social de la que toda su vida había intentado huir. De nada sirvió que se hubiera ofrecido a retirar la demanda de divorcio para parar la crisis, ni que le hubiera escrito una carta a Su Majestad donde le suplicaba que no abdicara y que ella desaparecería de su vida: «Deseo solucionar el problema retirándome de una situación que se ha convertido en insostenible y que nos ha hecho a ambos muy desgraciados».

En sus memorias, la señora Simpson dedicó un buen número de páginas a recordar aquellos días que cambiaron el rumbo de la historia de Inglaterra. Seguía convencida de que nada ni nadie —ni ella misma— hubiera podido hacer cambiar de opinión al rey, pero reconocía que no tenía que haber abandonado Inglaterra: «Posiblemente mi peor error fue salir de Inglaterra. Sin embargo, al salir, me sentía segura de que el pueblo inglés nunca permitiría que él se fuese; estaba segura de que lo convencerían y lo detendrían… Comprendí entonces, con fuerza devastadora, que no conocía muy bien Inglaterra, y que desconocía por completo a los ingleses». Recordando aquellos días escribió: «Nunca soñé con ser reina. Quiero recalcar tal cosa. Esa idea no encajaba con nada. Habría sido ridículo, el rey, defensor de la fe, y la reina, una mujer divorciada. Había diversas maneras de dar la vuelta al problema de la reina. El matrimonio morganático era una de ellas. Pero no parecía haber ninguna prisa en resolver el problema. El rey estaba muy seguro acerca de ello. Pero entonces se descargó el golpe. Para mí, el punto de cambio fue ver mi retrato en las portadas de todos los periódicos. Me sentí profundamente lastimada y desesperada. Le dije que me alejaría de Inglaterra tanto como pudiera, pero él me respondió que a donde quiera que yo fuera él me seguiría…».

Tal como había deseado el rey Jorge V en su lecho de muerte, su segundo hijo, el entonces duque de York, fue proclamado rey Jorge VI. Por segunda vez en el palacio de St. James el heraldo mayor anunció que el príncipe Alberto Federico Arturo Jorge de Windsor era ahora «nuestro único y legítimo señor». El flamante monarca, que se vio obligado a relevar a su hermano, estaba casado con la aristócrata escocesa Isabel Bowes-Lyon, con quien tuvo dos hijas: la princesa Isabel —la actual soberana— y la princesa Margarita. La ceremonia de coronación de Jorge VI tuvo lugar como estaba previsto el 12 de mayo de 1937 en la abadía de Westminster. Un mes después, Eduardo se casaría con Wallis en Francia iniciando un exilio que duraría más de lo que imaginaba. Antes de partir, el nuevo soberano le otorgó a su hermano el título de «Su Alteza Real, el príncipe Eduardo, duque de Windsor». El mismo día de su boda, descubriría que este pomposo título no estipulaba que Wallis pudiera tener, como él, trato de Alteza Real.

Cuando el 12 de diciembre de 1936, el duque de Windsor tomó el tren de Boulogne a Viena sólo pensaba en reunirse cuanto antes con Wallis. Sin embargo, las leyes sobre el divorcio exigían a la pareja que permaneciera separada hasta que el divorcio de ella fuera definitivo. Durante esos meses, Eduardo se alojó en el castillo de los Rothschild donde tuvo tiempo para recobrar las fuerzas, poner en orden sus asuntos económicos y meditar sobre su incierto futuro junto a Wallis. El duque telefoneaba a diario a su prometida —en ocasiones hablaba con ella dos horas seguidas— que aún no se había repuesto del estado de choque en el que se había quedado tras conocer la noticia de la abdicación. Acosada por la prensa que rodeaba noche y día su residencia en Cannes, Wallis recordaba así el largo intervalo entre la abdicación y su divorcio: «Realmente, yo era una cautiva en Cannes... Me asustaba mostrarme en público, siempre temía que alguien, probablemente un inglés, me insultara en la calle...».

El 27 de abril de 1937, el divorcio de Wallis Simpson se hizo oficial y Eduardo pudo reunirse al fin con ella. Cuando ella fue a recibirle a la estación de tren en Verneuil hizo una reverencia al duque al que encontró «muy delgado y tirante... había sufrido mucho y estaba totalmente anonadado por la conducta de su familia». Tras su larga separación, las primeras horas que pasaron juntos no fueron fáciles. Wallis diría: «Empezó por darme a entender que se había apartado de su familia, de su antiguo cargo, hasta de la mayoría de los amigos, por lo que era importante para nosotros dos proyectar nuestra vida de casados partiendo de la suposición de que estaríamos completamente solos». Eduardo lamentaba profundamente la forma en que el pueblo británico la había tratado, y sentía que la arrastraba con él al vacío. Por su parte Wallis, aún enfadada por la inesperada abdicación del rey, le dijo: «Nada me va a aplastar, ni el Imperio británico ni la prensa estadounidense. Tú y yo haremos nuestra vida juntos, una vida buena».

Eduardo deseaba casarse cuanto antes pero decidieron posponer la boda para principios de junio y así no perturbar la ceremonia de coronación de su hermano el príncipe Alberto. El lugar elegido para el enlace —uno de los muchos errores que los comprometerían políticamente— fue el castillo de Candé, cerca de Tours, en el valle del Loira. Su propietario,

Charles Bedaux, puso a disposición de Wallis su extensa propiedad para que ella y el duque pudieran contraer matrimonio en un lugar majestuoso y privado. Bedaux era un conocido ingeniero industrial y multimillonario francés, que acabó siendo un destacado espía nazi y amigo personal de Hitler. Sin duda la elección del castillo no fue la más afortunada teniendo en cuenta las sospechas que pesaban sobre los duques acerca de sus simpatías nazis.

El 3 de junio, los duques de Windsor se casaron en Candé en una ceremonia sencilla y con apenas dieciséis invitados. En el exterior, un pequeño ejército de periodistas fotografió la que para muchos era considerada «la boda del siglo». La prensa ignoraba que, el mismo día del enlace, Eduardo había recibido una carta de su hermano el rey Jorge VI en la que le informaba que aunque él podía llevar el título de Su Alteza Real, éste se le denegaba a Wallis y a sus descendientes. Fue un triste regalo de bodas y más para el duque, que esperaba que al menos sus hermanos asistieran al enlace. «¿Por qué me tienen que hacer esto precisamente hoy?», comentó apesadumbrado a uno de los invitados. El duque de Windsor nunca aceptó esta nueva humillación y ordenó que tras la ceremonia todos sus amigos y los de Wallis, así como el personal a su servicio, se dirigieran a ella como «Su Alteza Real», y las damas le hicieran una reverencia.

A pesar de la amargura del duque, y la tensión patente de Wallis, la pareja mantuvo la compostura durante la sesión de fotos previa al enlace. Wallis lucía un vestido largo de crepé y raso en tono azul, diseñado por el modisto estadounidense Mainbocher para que armonizara con el color verde pálido y acuoso del salón principal del castillo donde se celebró la ceremonia. Como tocado eligió para la ocasión un original sombrero adornado con plumas y tul. Los guantes fueron diseñados expresamente para que pudiera lucir el anillo de compromiso. Este traje de boda fue copiado en todo el mundo, y tan sólo una semana después del enlace, el mismo diseño se vendía en todos los grandes almacenes de Nueva York a un precio económico y en una gran variedad de tejidos y colores. El príncipe regaló a su esposa un ancho brazalete de 45 zafiros y diamantes de Van Cleef & Arpels a juego con el vestido.

Cecil Beaton, fotógrafo oficial de la corte que asistió al enlace, comentaría: «Ella lo quiere aunque me parece que no está enamorada de él». Otra de las invitadas, una vieja amiga de Wallis, confesaría a un periodista: «Su actitud hacia él es sólo correcta. Causa el efecto de una mujer a quien no conmueve el enamoramiento de un hombre más joven que ella». Quizá Cecil Beaton no se equivocaba en su apreciación. A Wallis, tal como le había confesado en alguna carta a su querida tía Bessie, le irritaba que Eduardo dependiera tanto de ella, que se presentara en su casa sin avisar, que la llamara por teléfono a todas horas o que le escribiera cartas de amor infantiles y un tanto patéticas. Ella, que era una mujer independiente y liberal, no soportaba el amor posesivo de un hombre que la asfixiaba con sus constantes atenciones. Pero aquel luminoso día en el castillo de Candé, la duquesa de Windsor decidió tratar de hacer feliz a su esposo, un hombre frágil, melancólico y derrotado que lo había perdido todo, incluso el afecto de su familia.

CONDENADOS AL EXILIO

A las tres y media de la tarde, los recién casados partieron en su Buick, conducido por un chófer, rumbo a Venecia donde iniciaron su luna de miel. A partir de ese instante los duques de Windsor viajarían siempre acompañados de un pequeño séquito compuesto por el criado del duque y la doncella de la duquesa, el ayudante de cámara que se encargaba de los asuntos protocolarios y un inspector que facilitaba al grupo los trámites de aduanas y fronteras. Además iban con ellos la nueva secretaria de la duquesa, y el jefe de personal que se encargaba del voluminoso equipaje que llevaban: 266 maletas. En la estación de Laroche-Migennes los recién casados subieron al Orient Express rumbo al Tirol austríaco donde alquilaron por dos meses un imponente castillo. En su camino a Austria, el tren se detuvo unas horas en Venecia y la pareja recorrió en góndola las aguas del Gran Canal, dio de comer a las palomas en la piazza de San Marco y visitó la Basílica ante la mirada de los curiosos que los saludaban efusivamente.

La verdadera luna de miel comenzó en el castillo de Wasserleonburg, una fortaleza amurallada del siglo XIII situada en lo alto de un elevado risco, cerca de la aldea de Villach. El castillo tenía cuarenta habitaciones, además de una pista de tenis, piscina climatizada, caballerizas y un campo de golf cercano. Un pequeño ejército de criados, debidamente uniformados y alineados, les dio la bienvenida en el patio empedrado. Tras los meses que habían pasado separados, ahora deseaban más que nunca reanudar su vida social y reencontrarse con viejos amigos. Por primera vez podían pasear por las colinas y lagos colindantes sin que los fotógrafos los molestaran. Sin embargo, la duquesa confesaba en su autobiografía que la luna de miel había sido un período difícil para ambos, en parte a causa de las discusiones en que se enfrascaban en torno al espinoso tema de la abdicación. Wallis solía reprochar al duque que hubiera renunciado al trono; creía que si hubiera consentido en que se le coronara a él sólo, y si hubiera tenido paciencia como sus amigos le aconsejaron —entre ellos Winston Churchill— las cosas se podrían haber solucionado de otra manera: «Yo no sería la mujer odiada e insultada en la que me había convertido a causa de la abdicación y todavía existiría la posibilidad de que nos hubiéramos casado siendo él rey».

La relación entre la pareja, obligada a un exilio forzoso, no sería fácil. Wallis no sólo lamentaba haber perdido sus privilegios anteriores, sino que añoraba la intensa vida social que llevaba en Inglaterra. Ahora tenía a su lado a un hombre ocioso, que vivía pendiente de ella en todo instante y se sentía amargado porque su familia le había dado la espalda. En realidad, el rey Jorge VI y su esposa temían que Wallis y Eduardo —a quien se le retiró también su asignación económica enturbiando aún más la relación con su hermano— crearan una corte real paralela. Eran dos personajes famosos y muy queridos en países como Italia o Estados Unidos. Fueran donde fueran los duques de Windsor estaban rodeados de una nube de periodistas y todas sus declaraciones o comentarios tenían una especial relevancia y eran reproducidos en toda la prensa.

Finalmente, los duques decidieron pasar página y tratar de olvidar lo ocurrido, tal como reconocía Wallis en sus memorias: «Decidimos hacer nuestra propia vida, como si su familia no existiera. La tarea que me impuse fue darle lo que él siempre había querido: una casa propia —no un palacio—, pero un lugar en el cual, como en Fort Belvedere, llevara la clase de vida que su temperamento necesitaba». Su primer hogar verdadero fue el castillo de La Croë, en Cap d'Antibes, que sus amigos los Rogers les habían recomendado como el lugar ideal para celebrar su boda. Cuando los duques lo visitaron

por primera vez se enamoraron de su magnífico emplazamiento. Esta imponente residencia, que contaba con cinco
hectáreas, era en realidad una villa de tres plantas y doce luminosas habitaciones, con hermosas vistas al mar y rodeada de
extensos jardines. Era el refugio que buscaban y la alquilaron
por diez años. El duque recuperó la ilusión y consiguió que le
mandaran desde Inglaterra algunos de sus muebles y objetos
más queridos que le ayudaron a recrear el ambiente de Fort
Belvedere. En La Croë, que Wallis remodeló gastándose una
auténtica fortuna, los duques crearon su particular universo.
Los criados tenían la obligación de dirigirse a ella como «ma-
dam» y cuando entre ellos o con desconocidos se referían a la
duquesa, la llamaban «Su Alteza Real». La reverencia no era
obligatoria pero a todo el servicio se les exigió que permane-
cieran en pie en su presencia.

«La cuestión era si debíamos conducirnos como fugitivos,
siempre huyendo, o si debíamos organizar un espectáculo
propio. David había nacido para rey; había sido rey. Al casarse
había perdido todos los palacios; también el personal adiestra-
do que le resolvía todo. Pero aún le quedaba su mente y su carácter, así como los intereses de un rey. Y mi deber, como yo
lo veía, era evocar en él lo que más se asemejara a una vida de
rey, que yo pudiera reproducir sin tener un reino», escribiría
Wallis en sus memorias. Durante su largo exilio, la duquesa intentó rodear a su esposo de todo el confort y esplendor posibles reproduciendo en sus sucesivas residencias el ambiente de
la corte de Inglaterra. Alquilaría magníficas mansiones y palacios que decoraría sin reparar en gastos, y organizaría fiestas
presididas por un lujo y un derroche difícil de igualar.

En 1937, los duques de Windsor realizaron una impru-
dente visita oficial a la Alemania nazi para ver «unas viviendas

sociales de bajo coste». Fue Charles Bedaux, el propietario del castillo de Candé donde celebraron su boda, quien entusiasmó al duque con una idea que hacía tiempo le interesaba: conocer in situ «la prosperidad alemana durante el nacionalsocialismo». Al duque —que esperaba ansioso que palacio le ofreciera un empleo que lo sacara de su ociosidad— le ilusionaba aquel viaje porque por primera vez su esposa sería recibida de manera oficial en un país extranjero. Durante diez días, los Windsor recorrieron nueve ciudades alemanas y conocieron a los máximos dirigentes del Tercer Reich. El punto culminante de su viaje fue su encuentro con Adolf Hitler, quien les recibió el 22 de octubre en su impresionante refugio de las montañas en Berchtesgaden. Su visita fue utilizada como propaganda por el Führer y no le haría ningún bien al duque cuando estallara la Segunda Guerra Mundial. La fotografía de Wallis y Eduardo saludando con gesto complacido al dictador daría la vuelta al mundo.

Aquel invierno, triste y sin demasiados alicientes, sólo la noticia de que Wallis Simpson figuraba en la lista de «Las diez mujeres mejor vestidas del mundo» —título que le fue concedido durante cuatro años seguidos— alegró a la duquesa, que era clienta asidua de las mejores casas de alta costura. A diferencia del duque, Wallis no creó un estilo propio pero sabía lucir con donaire y elegancia los trajes de sus modistos favoritos, entre ellos Dior, Balmain, Rochas, Givenchy y Mainbocher. «No soy guapa, no valgo gran cosa y si me miro creo que lo único que puedo hacer es esforzarme por ir vestida mejor que las demás», decía Wallis a sus treinta y seis años. Y sin duda lo consiguió, gastándose en su guardarropa no menos de cien mil dólares al año —tenía en su armario más de doscientos pares de zapatos y cincuenta trajes de noche—, sin contar los abrigos de pieles que eran otra de sus debilidades. Su estilo sencillo y clásico, su figura esbelta y su complexión hacían resaltar aún más las valiosas joyas que lucía.

También las revistas *Vogue* y *Harper's Bazaar* dedicaban amplios reportajes al sofisticado estilo de vida de los duques y especialmente a la decoración de las suntuosas mansiones que habitaban. En los dos primeros años de matrimonio la duquesa, que ya había mostrado sus buenas dotes de anfitriona en su residencia londinense de Bryanston Court, se había convertido en un modelo «de refinamiento y buen gusto». A comienzos del verano de 1938, mientras Europa se encaminaba a la guerra, Wallis finalizaba la faraónica remodelación de su villa La Croë. Ahora que ya disponía de una lujosa y confortable residencia de verano, se dedicó a buscar una casa en París para poder pasar allí los meses de invierno. Finalmente alquiló una mansión de estilo Luis XVI en el exclusivo boulevard Suchet, perfecta para recibir invitados. Wallis vivía absorta en la decoración de sus casas y en la elección del personal doméstico —doncellas, lacayos, mayordomos y chefs de cocina— que ella misma contrataba. Fiel a su lema «nunca se es lo bastante rico ni lo bastante delgado» —frase que dijo en una ocasión a un periodista y que resume su filosofía de vida— la duquesa de Windsor seguía dilapidando su fortuna comprando antigüedades y decorando sus mansiones de ensueño.

Cuando en septiembre de 1939 dio comienzo la Segunda Guerra Mundial, los duques de Windsor reposaban en su mansión de La Croë, lejos del intenso calor de París. Su vida, como la de tantos europeos, cambiaría radicalmente. Ante el rumbo que tomaban los acontecimientos, el gobierno británico decidió que era el momento de que el príncipe regresara a casa para servir a su país. Tras dos años de ausencia, Wallis y

Eduardo —en compañía de sus inseparables perros terriers— cruzaron el canal de la Mancha y fueron recibidos en el Muelle Real por Winston Churchill. La familia real al completo ignoró su presencia y se les prohibió alojarse en el palacio de Buckingham ni en ninguna otra de las residencias reales. Los duques se habían convertido para muchos en personas non gratas y sus viejos amigos, la mayoría miembros distinguidos de alta sociedad inglesa, les dieron la espalda.

Durante la guerra, al duque se le otorgó el rango de general de división y un puesto de enlace con la fuerza expedicionaria británica en Francia pero jamás se le permitió entrar en contacto con las tropas británicas. Wallis se alistó en el cuerpo francés de ambulancias mientras su esposo pasaba el tiempo en viajes de inspección. El 10 de mayo de 1940, cuando Hitler entró en París con sus tanques, los duques abandonaron sus puestos y se refugiaron en Biarritz. Un gesto egoísta y cobarde que mancharía aún más su ya deteriorada imagen. Tres meses más tarde por fin se le encontró al duque una ocupación para mantenerlo lejos de Inglaterra hasta que finalizara la contienda. Winston Churchill, entonces primer ministro, le ofreció el cargo de gobernador general de las Bahamas, un archipiélago de setecientas islas —sólo treinta de ellas habitadas— perteneciente al Imperio británico y habitado en su mayoría por población negra y mulata.

Cuando el 7 de agosto de 1940 llegaron a Nassau, la capital, el duque sabía que su cargo no era un puesto de relevancia —más bien un destierro—, pero decidió entregarse con entusiasmo a sus labores y deberes oficiales. La llegada de los duques fue todo un acontecimiento en la pequeña colonia, que recibió con grandes muestras de afecto al hombre que había sido rey de Inglaterra. Los Windsor tenían por delante cuatro años de exilio en esas remotas islas lejos de sus amigos y de su sofisticado estilo de vida. Wallis, acostumbrada a la suave temperatura de la Riviera francesa, no soportaba el calor sofocante y la humedad de las islas. Pero más grave fue descubrir que su nueva residencia, la Casa de Gobierno, era en realidad un edificio desvencijado y carente de confort, «tan lleno de termitas y polillas que era imposible habitarlo», según palabras del propio duque. Con la ayuda de un decorador neoyorquino y sin reparar en gastos, Wallis transformó en poco tiempo la antigua casa del gobernador en una espléndida residencia a la altura de sus inquilinos.

Mientras Wallis remodelaba su casa en Nassau, por primera vez se dedicó a las obras de beneficencia, como corresponde a la esposa de un gobernador. Se la vio, siempre impecablemente vestida, visitando escuelas, hospitales, inaugurando una clínica prenatal —que abrió con sus propios fondos— e interesándose por la formación de las mujeres isleñas. Pronto la vida en las Bahamas les resultaría a los duques un lugar tremendamente aburrido. A menudo, Wallis le pedía a su esposo que la llevara a Miami y allí en sus playas, rodeada de la jet, se encontraba de nuevo en su ambiente. Los Windsor, mundanos y exquisitos, detestaban el ambiente colonial, «provinciano y charlatán» de la isla. El sofocante calor tropical y la sensación de aislamiento habían minado la salud de Wallis; en uno de sus viajes a Estados Unidos, tuvo que ser operada de una úlcera de estómago. La duquesa pasó su convalecencia en el hospital Roosevelt de Nueva York, en una suite de diez habitaciones y atendida por seis enfermeras que no se separaban de su lado.

El 15 de marzo de 1945 —unos meses antes de que finalizara su mandato—, el duque de Windsor dimitió como gobernador de las Bahamas. Aunque seguiría escribiendo cartas a Londres reclamando para él un cargo oficial —como el de embajador británico en Washington que le fue denegado—, éste sería el último empleo que le ofrecería el gobierno de su país. Tras seis años de ausencia, los Windsor embarcaron con su personal de confianza y su voluminoso equipaje rumbo a Europa. A partir de ese instante su vida sería tan lujosa como vacía. Se convirtieron en la imagen del glamour y pusieron de moda los lugares donde residían, ya fuera en la Riviera francesa o en la Costa Azul. La cronista social Elsa Maxwell diría: «A cualquier parte que vayan el duque y la duquesa va el mundo, el mundo elegante, por supuesto, el mundo de la "gente guapa"».

En aquel tiempo, los duques de Windsor conocieron a Jimmy Donahue, nieto del multimillonario Frank W. Woolworth y primo de la excéntrica Barbara Hutton. Era un personaje asiduo de la jet set neoyorquina, famoso por su lengua afilada y su gusto por el exhibicionismo. Rubio, alto y bien parecido era un reconocido homosexual, frívolo y divertido que sabía cómo entretener a las damas con sus comentarios subidos de tono. Jimmy tenía treinta y cuatro años cuando se convirtió en el «indeseable amigo íntimo de los Windsor», a quienes acompañó a todas partes durante ocho años. Su encanto especial cautivó tanto a Wallis —con la que coqueteaba públicamente— como a Eduardo. La duquesa, harta de tener que entretener y organizar la vida ociosa de su esposo, encontró en Jimmy a su perfecto aliado. Con él podía salir de copas y bailar en los clubes nocturnos de moda. Ajenos a los comentarios de la gente —y cuando el champán hacía su efecto—, la pareja continuaba la fiesta hasta altas horas de la noche en la residencia de los duques. En 1954, la escandalosa relación de Wallis y su *playboy* —que dejó por los suelos la reputación de la duquesa— se rompió por la insolencia y las familiaridades que el joven millonario se tomaba con Wallis y que el duque no estaba dispuesto a tolerar.

En los años cincuenta, los duques de Windsor entraron a formar parte de la incipiente jet set internacional; eran inmensamente ricos, vivían lujosamente pero no parecían felices. Su vida, monótona y siempre ociosa, la repartían entre París, la campiña francesa, Londres y Nueva York. El carácter de Wallis fue cambiando y se volvió mordaz, caprichosa e inflexible. A medida que pasaban los años odiaba aquella vida sin rumbo en el exilio, junto a un hombre que ya no tenía secretos para ella. «No tienes ni idea de lo difícil que es representar toda una vida un gran amor», llegaría a confesar la duquesa en una ocasión. Su esposo trataba de combatir sus frecuentes depresiones obsequiándola con fabulosas y originales joyas. De esta época datan el magnífico pectoral de diamantes, amatistas y turquesas que el príncipe encargó a Cartier, y el primero de los broches legendarios en forma de pantera —creación de la diseñadora de alta joyería de Cartier Jeanne Toissant— que llegó a coleccionar la duquesa.

Durante los siguientes años, los Windsor alternaban su apartamento en las Torres Waldorf en Nueva York con su suite en el hotel Ritz de París. Pero también se los podía ver en los lugares de veraneo de la gente acomodada como Palm Beach, Newport o en su villa de La Croë en la Riviera francesa que aún conservaban. Su tren de vida era fastuoso, y se convirtieron en los sumos sacerdotes del buen gusto y el culto a la superficialidad. Fiestas, partidas de golf, juegos de cartas, baños en el mar, cenas de etiqueta, baile en clubes nocturnos ocupaban invariablemente su agenda. Sin embargo, a medida que envejecían, cada uno se refugió en su propio mundo. El duque dio rienda suelta a sus excentricidades y se volvió cada vez más avaro; cuando jugaba al golf no daba propinas a los caddies y pasaba largas horas cuidando de su jardín en un viejo molino que compraría no muy lejos de Neuilly. Mientras, Wallis vivía obsesionada con el cuidado del cuerpo y visitaba asiduamente los salones de belleza. A sus casi setenta años se sometió a dos operaciones de estética en la cara y el cuello de las que tardó en recuperarse. Su rostro, anguloso y excesivamente estirado, adquirió un aspecto inquietante.

El 6 de febrero de 1952, una triste noticia golpeó al duque: la muerte de su hermano, el rey Jorge VI. Había reinado quince años y le sucedería en el trono su hija Isabel, la actual soberana. El duque se enteró de la noticia en Nueva York y embarcó en el *Queen Mary* para estar presente en los funerales. Cuando el 2 de junio Isabel II fue coronada, Eduardo no asistió a la ceremonia aunque sentía mucho afecto hacia su sobrina. Sabía que la familia real —en especial la entonces Reina Madre, viuda de Jorge VI, que siempre despreció a su cuñada— no hubiera aceptado la presencia de Wallis y, firme en sus convicciones, declinó la invitación. Cuando el 24 de marzo de 1953 murió la reina Mary, Eduardo asistió muy afectado a los funerales de su madre y después regresó junto a su esposa.

En 1952, los Windsor encontraron una casa en la que se instalaron definitivamente. Situada en el Bois de Boulogne, cerca de Neuilly, era un pequeño palacio del siglo XVIII rodeado de un cuidado jardín donde había vivido el general De Gaulle. Una vez más, Wallis remodeló los interiores y creó un ambiente elegante y refinado a gusto del duque. En los años sesenta, los Windsor, cada vez más excéntricos y ostentosos, contaban con treinta sirvientes que tenían que soportar las exigencias y los caprichos de su señora. Wallis hacía planchar a diario las sábanas de lino de todas las camas, incluso después de una siesta; los criados y doncellas personales —a los que nunca pagaba horas extras— no podían retirarse hasta que los invitados abandonaban la residencia a altas horas de la noche. Sólo en la cocina trabajaban siete personas: un chef francés, un ayudante, lavaplatos y varias criadas. Los invitados que acudían a sus cenas privadas y estrambóticas fiestas eran recibidos en la entrada por siete lacayos vestidos de librea. Por entonces las extravagancias del matrimonio estaban en boca de todos: Wallis, por citar un ejemplo, mandaba imprimir todos los días en francés el menú de sus tres dogos falderos que preparaba su propio chef.

Pero el duque de Windsor, a quien la vida social y las frívolas fiestas de su esposa cada vez le interesaban menos, añoraba desde hacía tiempo una casa en el campo donde pudiera dedicarse a la jardinería y pasar los fines de semana. Fue entonces cuando compraron un pequeño molino del siglo xvii, a escasos veinticinco kilómetros de Neuilly, en la aldea de Gif-sur-Ivette. El duque contrató a unos arquitectos para que reprodujeran en la campiña francesa una casa de campo de estilo inglés donde pudiera revivir sus felices años en Fort Belvedere. Tardó tres años y medio —y se gastó una cuantiosa suma de dinero— en reconstruir Le Moulin de la Tuilerie; fueron unos años felices en los que se mantuvo ocupado supervisando las obras y rediseñando él mismo el jardín que transformó en un oasis de flores y plantas aromáticas.

La salud del duque de Windsor se fue deteriorando lentamente y en 1964, a sus setenta años, sufrió un desprendimiento de retina y tuvo que ser operado. En su habitación de la London Clinic recibió la visita de la reina Isabel II. Wallis y ella no se habían visto desde 1936, cuando Isabel era apenas una niña. El duque aprovechó la visita para pedirle a la reina permiso para recibir sepultura en el cementerio de la familia real en Frogmore. También le pidió que Wallis fuera enterrada a su lado y que en ambos casos el servicio religioso se celebrara en la capilla de San Jorge. La reina Isabel II, quizá emocionada por la última petición de su tío, le prometió que se cumplirían sus deseos.

En 1971, los médicos descubrieron que Eduardo padecía un tumor maligno e inoperable en la garganta. El 29 de mayo de 1972, a punto de cumplir setenta y ocho años, el duque de Windsor fallecía en el lecho de su residencia. Wallis trató de no mostrar en público sus sentimientos, pero tras abrazar el cuerpo inerte de su marido se quedó como ausente. Tal como había prometido la reina Isabel II, los restos del duque reposaron en la capilla de San Jorge donde miles de británicos se acercaron a despedir a «su rey sin corona». Wallis acudió a Londres para asistir a los funerales en un avión que la reina puso a su disposición y fue alojada en el palacio de Buckingham, donde no había puesto el pie desde 1935. De riguroso luto, con un sencillo vestido de seda negra de Givenchy, la duquesa pudo mantener la compostura en público porque estaba fuertemente sedada; en el último instante decidió ver la ceremonia por televisión ya que temía sufrir una crisis nerviosa.

Wallis Simpson sobrevivió catorce años a su esposo, prácticamente recluida en su residencia de Bois de Boulogne y alejada de los pocos amigos que le quedaban. Gracias a la fortuna que le dejó el príncipe —se calcula que cerca de ocho millones de dólares sin contar su valiosa colección de joyas— no tenía de qué preocuparse. Ya no se encontraba junto a ella el hombre que hasta el final de sus días había reclamado para ella el título de Alteza Real y se encerró en sus recuerdos. Tras la muerte del duque, Wallis decidió dejar intacta su habitación, repleta de fotografías de ella, e incluso conservó los impecables trajes chaqueta del príncipe que colgaban en sus armarios. «Él lo era todo para mí», le confesó a una amiga íntima tras la pérdida de David. Y quizá fuera cierto y la duquesa de Windsor acabara enamorándose del hombre que la había adorado servilmente hasta el día de su muerte.

Hasta entonces, Wallis había gozado de una envidiable salud pero a finales de 1972 sufrió un par de caídas —se rompió la cadera y algunas costillas— que la obligaron a estar un tiempo inactiva, algo que detestaba pues no tenía ninguna afición para entretenerse. Aunque algún amigo la aconsejó que se dedicara a obras de caridad o que visitara a enfermos indigentes para limpiar su dañada imagen, ella siempre se negó. Apenas salía de casa y raras veces iba al teatro o al cine. Tenía miedo de ser atacada por alguien o sufrir un secuestro en su propia residencia. Durante años, tras la abdicación del rey, había recibido a diario cartas insultantes, amenazas de bomba y llamadas anónimas. Al morir el duque de Windsor convirtió su casa de Neuilly en una fortaleza: instaló un sistema de alarma en todas las ventanas, las pesadas verjas de la entrada estaban siempre cerradas con un candado y contrató los servicios de un antiguo paracaidista francés, veterano de la guerra de Indochina, que patrullaba los jardines de la casa con un gran perro guardián. En las escasas ocasiones que abandonaba la casa de noche lo hacía vigilada de cerca por agentes especiales de seguridad.

La dama norteamericana por la que un rey renunció a su trono y a todo un Imperio, fue perdiendo poco a poco sus facultades. Murió senil y consumida el 24 de abril de 1986 en su mansión de París y con la única compañía de sus perros falderos. Tenía noventa años, y apenas pesaba treinta y nueve kilos. Sus restos mortales fueron repatriados a Inglaterra donde la reina Isabel II mandó oficiar una sencilla ceremonia privada a la que se negó a asistir la Reina Madre que nunca disimuló su rechazo hacia Wallis. La americana plebeya y divorciada que cambió el curso de la historia, fue enterrada junto a su esposo en el Panteón de la Familia Real en el cementerio de Frogmore. Al final, en su último viaje, la duquesa de Windsor —en su época la mujer más odiada de Inglaterra— descansa junto a la reina Mary, la misma que se negó a recibirla en palacio hasta el final de su vida.

EVA PERÓN

Entre el poder y la gloria

> Creo en Dios y lo adoro, y creo en Perón y
> lo adoro. Dios me dio la vida un día, Perón
> me la da todos los días.
>
> EVA PERÓN

«Hubo, al lado de Perón, una mujer que se dedicó a llevarle al presidente las esperanzas del pueblo, que luego Perón convertiría en realidades. [...] De aquella mujer sólo sabemos que el pueblo la llamaba, cariñosamente, Evita.» Cuando Eva Perón escribió estas grandilocuentes palabras en su autobiografía —titulada *La razón de mi vida*— le quedaban pocos meses de vida. Su única y gran ambición era que el nombre de Evita figurase en la historia de Argentina. Nunca imaginó, ni en sus sueños adolescentes, que este diminutivo con el que el pueblo la llamaba, la convertiría en un mito universal. De todos los papeles que representó, fue éste, el de Evita, la «abanderada de los pobres», la «dama de la esperanza», el que la catapultó a la inmortalidad. El resentimiento feroz que sentía hacia la «oligarquía» —la clase alta argentina— y su particular cruzada por la justicia social, cautivaron a un pueblo que a su muerte la elevaría a los altares.

La historia de la que sin duda fue la mujer argentina más

influyente e importante del siglo xx, es la de una auténtica Cenicienta que llegó a lo más alto del poder. La niña pobre y casi analfabeta nacida en un mísero rancho, la actriz mediocre que intentó triunfar en la gran pantalla, la despampanante locutora de lacrimógenos seriales de radio, acabó ejerciendo de todopoderosa primera dama junto a su esposo, el general Perón. Un cuento de hadas difícil de hilvanar por la cantidad de mentiras e invenciones que se han vertido sobre su protagonista. Los que la odian la representan como una mujer sin escrúpulos, demagoga, fanática, implacable y temida por sus enemigos; los que la adoran sólo ven en ella un cúmulo de virtudes: su extraordinaria capacidad de trabajo, su amor a los pobres, su misticismo y sus audaces reformas sociales. Idolatrada por sus seguidores de la clase trabajadora, despreciada por la clase acomodada argentina y el ejército —que la consideraba una intrusa—, nada ni nadie pudo evitar la popularidad que alcanzó en una época y en un país donde las mujeres no se dedicaban a la política.

Evita se inventó a sí misma desde que llegó a Buenos Aires dispuesta a triunfar en la gran ciudad como actriz. Lo que sigue es un destino tan fulgurante como inesperado. Ella, que conoció en carne propia el desprecio de ser hija ilegítima, el hambre y la explotación, acabaría sentándose en su propio trono y repartiendo billetes y sonrisas entre los desheredados de la tierra. El poder ilimitado que alcanzó durante los años de presidencia de Perón, la embriagó y le dio fuerzas para emprender una obra titánica de mejoras sociales en todo el país a través de su propia fundación de beneficencia. Para esta moderna reencarnación de Robin Hood, su filosofía era bien simple: dar a los pobres, quitar a los ricos. Mientras, ella nunca ocultó su gusto por los abrigos de visón, los vestidos caros y los diamantes. A su temprana muerte —con treinta y tres años— y tras una terrible agonía, el pueblo salió a la calle para llorar a la que muchos consideraban «su guía y madre espiritual».

Hija ilegítima

Oficialmente, Eva Duarte de Perón nació a las cinco de la mañana del 7 de mayo de 1919 en una ranchería en el campo de la hacienda La Unión —propiedad de su padre—, a veinte kilómetros del pueblo de Los Toldos, en Junín. Más adelante, y para poder casarse con Juan Domingo Perón, falsificaría su partida de nacimiento y de paso se quitaría un par de años. La pequeña vino al mundo asistida por una comadrona indígena, quien ya había ayudado a la madre en los anteriores partos caseros. Eva María Ibarguren —más conocida como Evita— era hija de Juana Ibarguren, una mujer de extracción humilde dedicada a las labores domésticas, y Juan Duarte Echegoyen, un terrateniente e influyente político conservador de Chivilcoy, ciudad cercana a Los Toldos. Ambos eran descendientes de vascos franceses y Evita heredaría su carácter fuerte y emprendedor. El señor Duarte, como era costumbre entre los hombres de la alta sociedad que habitaban en el campo, mantenía dos familias: una legítima en Chivilcoy con su esposa Estela Grisolía —con quien tenía tres hijas— y otra en Los Toldos, con su amante Juana.

A los quince años, Juana comenzó a trabajar como cocinera en la estancia La Unión donde preparaba la comida a los peones del campo. La diligente y hermosa muchacha pronto se convertiría en la amante del patrón Duarte, más conocido como «El Vasco». De esta relación extramatrimonial que duró doce años, nacieron cinco hijos: un varón y cuatro niñas. Eva era la pequeña de la familia y aunque todo el pueblo sabía quién era el verdadero padre de las cinco criaturas, Duarte no reconoció a ninguno de sus vástagos. Sin embargo, aceptó hacerse cargo de su manutención y los visitaba con frecuencia en el rancho cercano a la hacienda donde les permitía vivir. Juana, terca y arrogante, nunca se comportó como si fuera la querida del patrón; por el contrario, adoptó el apellido Duarte y cuando vivía en la aldea de Los Toldos se paseaba orgullosa con sus hijos bien vestida y perfumada.

Juan Duarte siempre trató con respeto a su amante y se preocupó de que a sus hijos no les faltara de nada. Pero todo cambió en los primeros meses de 1920; Eva tenía menos de un año cuando el estanciero decidió regresar con su familia legítima a Chivilcoy dejando a doña Juana en una difícil situación económica. Fue una época muy dura para esta mujer humilde y luchadora, que consiguió sacar adelante a su numerosa prole gracias a su inquebrantable fuerza de voluntad. Juana y los niños se trasladaron a una nueva vivienda a las afueras de Los Toldos, en la calle de Francia (hoy calle de Eva Perón), que tenía dos habitaciones y estaba cerca de la vía del tren. En la parte trasera disponían de un cobertizo mal aireado para cocinar y un pequeño patio. Para poder mantener a los suyos, doña Juana se dedicó a coser y arreglar prendas en su máquina Singer. Mientras, la gente del pueblo que conocía su pasado —y ahora que no tenía la protección de Juan Duarte—, la criticaba sin piedad; los vecinos no permitían a sus hijos que jugasen con los suyos porque los consideraban unos bastardos.

La experiencia más traumática en la infancia de Evita fue la repentina muerte de su padre. Aunque los cinco hermanos habían crecido privados del afecto paterno —y Eva apenas tuvo contacto con él—, sentían un gran respeto hacia la figura de Juan Duarte. Cuando en enero de 1926 doña Juana se enteró de que su amante había muerto en un accidente de coche, decidió acudir al entierro. Quería que sus hijos se despidieran de su padre aunque sabía que su presencia no iba a ser bien vista por la familia legal. Los vistió a todos de riguroso luto y se dirigió con ellos a la casa del fallecido en Chivilcoy. A Juana, las hijas del difunto le impidieron asistir al velatorio, pero a los chiquillos, tras llorar desconsolados frente a la puerta de la casa, se les permitió rezar unos minutos ante el féretro. También se los autorizó a seguir el cortejo fúnebre pero mezclados entre la multitud, no detrás del ataúd. Todas estas humillaciones quedarían grabadas en la memoria de Eva que sólo contaba seis años.

Evita nunca aceptó el ser hija ilegítima, una condición que le resultaba injusta y contra la que lucharía cuando llegó al poder. Ya casada con el presidente Juan Domingo Perón, impulsaría algunas leyes que eliminarían la discriminación de los hijos nacidos fuera del matrimonio. En sus memorias nunca mencionó dónde transcurrió su infancia y tampoco las penurias económicas que atravesó su familia. Eva aprendió de su madre a no amilanarse frente a la adversidad y a salir siempre adelante. Desde muy temprana edad comenzó a sentir la necesidad de luchar contra la injusticia social. «De cada edad guardo el recuerdo de alguna injusticia que me sublevó desgarrándome íntimamente», escribiría en sus memorias.

Cuando falleció su padre, Eva María era una niña delgada y callada, de cabello moreno y abundante que contrastaba con una piel translúcida. Ya por entonces le gustaba más actuar y declamar en público que asistir a la escuela primaria donde la había inscrito su madre. Durante los dos años que siguieron a la muerte del señor Duarte, la vida para Juana y los niños fue muy dura. Aunque nunca les faltó comida, Eva y sus hermanas tuvieron que ayudar a su madre trabajando en las cocinas de algunas de las ricas fincas colindantes. Fue entonces cuando Eva descubrió por primera vez las terribles desigualdades sociales que existían en Argentina. Rememorando su infancia, escribiría: «Recuerdo muy bien que estuve muchos días triste cuando me enteré que en el mundo había pobres y había ricos; y lo extraño es que no me doliese tanto la existencia de los pobres como el saber que al mismo tiempo había ricos... Así comenzó mi rebeldía».

Cuando Eva tenía once años, su madre decidió trasladarse a vivir a Junín, una pequeña ciudad de provincias situada a treinta kilómetros de Los Toldos. Elisa, la primogénita, había encontrado allí un empleo en Correos y doña Juana pensó que sus otros hijos también conseguirían trabajo. Se dice que los Duarte cargaron todas sus pertenencias en un camión y que salieron de noche porque debían dinero en el pueblo. Doña Juana no se equivocó y al poco tiempo de instalarse en la ciudad, sus hijos mayores ya se ganaban la vida. A principios de 1931, el único varón, Juan, locuaz y simpático, consiguió un empleo como viajante de «productos de tocador Guereño» y cobraba un buen sueldo. La familia fue prosperando y la madre de Evita pudo dejar de coser para dedicarse a un trabajo más rentable. La viuda de Duarte, como todos la conocían, abrió una modesta casa de huéspedes donde al mediodía, en el patio, ofrecía un suculento menú fijo. El negocio, a falta de competencia, funcionó mejor de lo que imaginaba y gracias a los ingresos de los que ahora disponían, en 1934 la familia pudo mudarse a una casa más amplia y vivir con un cierto desahogo.

A Eva, la tranquila y pulcra ciudad de Junín, con sus calles pavimentadas, tiendas bien iluminadas, edificios de varios pisos y una sala de cine, le pareció un sueño en comparación con el infierno de Los Toldos. Mientras completaba su educación primaria —siempre fue una alumna mediocre que faltaba mucho a clase—, ya tenía muy claro que no quería ser como su madre. Soñaba con ser actriz, y a escondidas recortaba las fotos de las estrellas de Hollywood de los años treinta que aparecían en las revistas *Sintonía* o *Radiolandia*. Eva era una adolescente poco atractiva, flacucha, de mirada triste, morena con el pelo cortado a lo paje y el rostro malhumorado. Nada hacía imaginar entonces que el «patito feo» de su clase se transformaría en una atractiva modelo, de larga melena rubia ondulada, que posaría para las mejores revistas de moda. Tampoco tenía un gran talento dramático, aunque según una de sus maestras, ponía una gran pasión cuando declamaba e incluso hacía llorar a los vecinos cuando recitaba poemas de Rubén Darío o de Bécquer.

A pesar de su juventud, Eva tenía ya muy claro que no quería ser la típica ama de casa como sus otras hermanas que habían encontrado marido entre los jóvenes solteros que desfilaban por la casa de huéspedes que regentaba su madre. A doña Juana le hubiera gustado que la menor de la familia se quedara con ella y la ayudara a llevar la pensión que tenían entonces en la calle San Martín. Pero su ambiciosa hija tenía otros planes de futuro. En la intimidad soñaba con ser como la actriz canadiense Norma Shearer, que había nacido pobre y acabó triunfando en la gran meca del cine: «Me había resignado a mi condición de víctima. Más aún: me había resignado a una existencia banal, monótona, que me parecía estéril pero inevitable. No tenía ninguna esperanza de poder escapar… Sin embargo, en el fondo de mí misma, no estaba realmente resignada. Y mi "gran día" llegó al fin».

Antes de que Eva hiciera realidad su sueño de emigrar a la gran capital, ocurrió un hecho que la marcaría profundamente. Según la historiadora argentina Lucía Gálvez, en 1934, Evita y una amiga fueron víctimas de una agresión sexual por parte de dos jóvenes que las invitaron a pasar un fin de semana con ellos en Mar del Plata. Al salir de Junín, el coche en el que viajaban se desvió de la ruta y los muchachos intentaron violarlas. Es probable que no lo consiguieran porque, como venganza, las dejaron completamente desnudas a las afueras de la ciudad. El conductor de un camión las encontró caminando desorientadas por la carretera y las llevó de regreso a Junín. Eva, al igual que otras humillaciones que sufriría en su adolescencia cuando intentaba triunfar como actriz en Buenos Aires, nunca mencionó este doloroso episodio de su vida.

El destino de Eva cambiaría a principios de enero de 1935 cuando un popular cantante de tangos cuarentón, Agustín Magaldi —conocido como «El Gardel interior»—, se alojó en la pensión Duarte. La leyenda cuenta que la joven aspirante a actriz al conocer a Magaldi le pidió que la llevara con él a Buenos Aires. La mayoría de los biógrafos señalan que tras convencer a su madre, Eva hizo las maletas y se marchó con él tras la segunda función. Fuera de esta manera, o acompañada por la propia doña Juana —como aseguran sus hermanas—, la realidad es que Eva María abandonó Junín en los primeros meses de aquel año dispuesta a conquistar la capital. No tenía dinero, su educación era más bien escasa —apenas sabía escribir correctamente— y su talento aún estaba por demostrar. El 2 de enero de 1935, Evita llegaba a la estación Retiro de Buenos Aires. Tenía quince años y llevaba por único equipaje una maleta de cartón y cien pesos en el bolsillo. No estaba del todo sola, su hermano Juan —o Juancito como ella le llamaba— se había instalado un año atrás en la ciudad para incorporarse al servicio militar.

Para una muchacha de provincias como Eva, la ciudad de Buenos Aires, en aquellos años treinta, era un auténtico espejismo. Situada a orillas del río de la Plata, era la capital artística y la meca cultural de todo el continente. La gran ciudad «que nunca dormía» tenía veinticinco teatros, casi una decena de emisoras de radio y tres productoras de películas. Para sus habitantes, llamados porteños, su capital era el París de América Latina; una ciudad de edificios elegantes, lujosas tiendas, amplias avenidas, cuidados jardines y coquetas cafeterías al aire libre. A su llegada, Eva alquiló una habitación en una pensión «Sólo para señoritas» en la calle Corrientes, donde se concentraba la mayoría de los teatros, cabarets y salas de fiesta de la ciudad. Pronto las luces de neón dieron paso a la cruda realidad: Eva no tenía experiencia artística, vestía mal y tenía un tosco acento propio de la gente del campo. Día tras día recorrió bares y confiterías donde los dueños de las compañías de teatro y productores entrevistaban a las aspirantes. Su físico no la ayudaba demasiado, era desgarbada, medía metro sesenta y cinco, estaba muy flaca y no tenía curvas (rellenaba su sujetador con medias viejas o papel de periódico).

Durante los siguientes meses, Eva tendría que sobrevivir malviviendo en pensiones baratas y alimentándose de bocadillos. Su hermano Juan, un joven vividor y con aires de galán al que estaba muy unida, trató de convencerla de que regresara a Junín. Pero Eva era muy terca y no dejaba de repetir que algún día llegaría a ser la actriz más importante de Argentina. Mientras ese día llegaba, tendría que conformarse con papeles de poca monta y más humillaciones que fortalecerían su carácter. El 28 de marzo de 1935 consiguió el papel de criada en la comedia *La señora de los Pérez*. Aunque sólo dijo cuatro palabras: «la mesa está servida», fue su debut profesional y a éste le siguieron pequeños papeles en obras que apenas duraban unas semanas en cartel. En el verano de 1936 salió por primera vez de gira por provincias con una pieza titulada *El beso mortal*. Los sueldos eran miserables —una actriz secundaria cobraba entre 60 y 100 pesos; un vestido sencillo costaba 50— y solían representarse dos funciones diarias y tres los domingos.

Nadie sabe con certeza de qué vivió Eva los primeros años que pasó en Buenos Aires. En una época en que las chicas decentes no trabajaban en el teatro y los empresarios abusaban de las jóvenes ingenuas aspirantes a actriz, es fácil imaginar que —tan joven e inexperta— sufriera en su propia piel más de una amarga experiencia. En una ocasión fue a visitar a un conocido productor teatral español, Pablo Suero, que le había dado un papel en la obra *La hora de las niñas* de Lillian Hellman. Al enterarse de que Suero preparaba una nueva producción se presentó en el teatro Astral para pedirle trabajo. El empresario, hombre hosco y agresivo, indignado ante su presencia, salió al vestíbulo donde la actriz le esperaba y delante de todo el mundo comenzó a insultarla. Cuando Eva le dijo que sólo deseaba saber si había algún papel para ella, Suero le respondió de malos modos: «Déjame en paz, el que me haya acostado contigo no significa nada».

Evita nunca hablaría de este amargo período de su vida, y en las entrevistas que le hicieron cuando ya era la esposa del presidente Perón, prohibía a los periodistas que le preguntaran sobre su pasado artístico. Sus detractores no dudaron en manchar su imagen pública asegurando que en sus inicios había trabajado como prostituta para no morirse de hambre. No existen pruebas de ello, pero a principios de 1937, Eva, a punto de cumplir los dieciocho años, había aprendido muy bien a manejar a los hombres en su provecho. A partir de ese momento se la relacionó con una larga lista de personajes influyentes —directores de revistas, escritores de seriales para la radio, empresarios y militares— que le abrieron las puertas del cerrado mundo artístico.

Su relación más conocida fue la que mantuvo con el director de la revista *Sintonía*, Emilio Karstulovic, de quien se enamoró como una colegiala. En aquel año de 1937, la revista que tantas veces había leído y recortado en Junín, organizaba un concurso de caras nuevas. Evita se presentó en la redacción bien vestida y maquillada, y al conocer a Emilio —un periodista treinta años mayor que ella, atractivo, rubio y de ojos azules— cayó rendida ante sus encantos. La relación duró poco tiempo porque Evita le perseguía a todas partes —incluso cuando él iba con sus amigas al delta del Tigre— y se presentaba a cualquier hora del día en su oficina sin avisar. Karstulovic se la quitó de encima al conseguirle un papelito en la que sería su primera película, *Segundos afuera*, donde debutó con el nombre artístico de Eva Durante.

Evita, que entonces contaba dieciocho años, guardaría siempre un buen recuerdo del director de *Sintonía* —según algunos biógrafos, Emilio Karstulovic fue, junto a Perón, uno de sus dos grandes amores—, aunque la pasión que ella sentía por él no fuera correspondida. Poco tiempo después de aquel desengaño amoroso, encontró a alguien que la protegería sin pedirle nada a cambio, Pierina Dealessi. En 1938, esta conocida actriz de cine y de teatro argentina, que tenía su propia compañía, sería como una hermana mayor para ella: «Una vez mi representante me dijo que había una chica que necesitaba trabajar. Me la hice traer. Eva era una cosita transparente. La contratamos por un salario de miseria. Trabajábamos los siete días de la semana y los domingos hacíamos cuatro representaciones seguidas [...]. Evita tomaba mate pero como era delicada de salud, yo le agregaba un poco de leche. Era tan flaca que no sabía si iba o venía. Por el hambre, la miseria y la negligencia siempre tenía las manos húmedas y frías. Era una triste [...] Comía muy poco. Creo que nunca comió en su vida», recordaría la señora Dealessi a un periodista.

A Eva la verdadera popularidad le llegó en junio de 1941 cuando firmó un contrato por el cual durante cinco años trabajaría en exclusividad en todos los folletines radiofónicos patrocinados por la firma Guereño, dueños del famoso «Jabón Radical». En los meses siguientes transmitiría melodramas radiofónicos en Radio Argentina y Radio El Mundo, con títulos tales como *El amor nació cuando te conocí* y *Promesas de amor*, que encandilaban a las amas de casa. A finales de 1943, Radio Belgrano la contrató para interpretar la serie radiofónica «Heroínas de la Historia» sobre mujeres célebres del pasado. Durante dos horas diarias, Eva Duarte —con un exceso de dramatización y una pésima dicción— daba vida a la emperatriz Josefina, a María Antonieta o a la reina Isabel I. La serie, escrita por el historiador Francisco Muñoz Azpiri —quien más adelante redactaría sus primeros discursos políticos—, se hizo muy popular en todo el país. Ahora se ganaba bien la vida y pudo alquilar un confortable apartamento en la calle Posadas 1567, frente a las oficinas de Radio Belgrano, en el exclusivo barrio de La Recoleta.

Hacia 1943, la modesta campesina de Los Toldos se había

convertido en una de las actrices radiofónicas mejor pagadas del momento. Aunque seguía pareciendo una muchacha tímida y sencilla —y todos coincidían en que era una mala actriz— tenía buenos y poderosos amigos en las altas esferas. El 4 de julio, un golpe de Estado militar en Argentina había colocado en el poder a un grupo de generales del ejército. Eva por entonces era amiga del coronel Aníbal Imbert, el nuevo ministro de Comunicaciones. Cuando el dueño de Radio Belgrano se enteró de este rumor, no dudó en aumentar considerablemente los honorarios a su locutora estrella. Las otras actrices, indignadas, sólo esperaban que Imbert se cansara pronto de ella y asistir a la estrepitosa caída de su compañera de ondas. Sin embargo, la popular y ambiciosa actriz de folletines estaba a punto de conocer al hombre que la encumbraría a lo más alto y le otorgaría un poder con el que jamás soñó.

Eva conoció a Perón —uno de los cerebros del golpe militar— en un acto benéfico a favor de las víctimas del terremoto de San Juan, celebrado en el estadio Luna Park de Buenos Aires. Aquella noche del 22 de enero de 1944, asistió al acto en compañía de Rita Molina, una cantante amiga suya. Lucía un elegante y discreto vestido negro a juego con sus guantes largos y un llamativo sombrero blanco con plumas. No se sabe muy bien cómo se las ingenió para colarse en el palco de la presidencia donde se encontraba Perón y ocupar un asiento vacío contiguo al de él. Eva, que conocía muy bien el poder que tenía aquel oficial campechano y de imponente figura, no perdió el tiempo. Al finalizar la gala, Perón la invitó a cenar y anuló otros compromisos que tenía con los organizadores de la misma. «Hablamos sin parar, de cualquier cosa... era como si nos conociéramos de toda la vida. Él [Perón] me dijo que le gustaban las mujeres decididas. De eso no me olvidaré nunca», recordaría más tarde Evita. La cena duró hasta el lunes por la mañana cuando Eva regresó a su apartamento de la calle Posadas en un coche oficial; habían pasado juntos el fin de semana en una casa de madera en el delta del Tigre.

En su libro autobiográfico *La razón de mi vida* (frase con la que se refería a Perón en todos sus discursos), Eva describe de esta manera su primer encuentro con el militar: «Me puse a su lado. Quizá ello le llamó la atención y cuando pudo escucharme, atiné a decirle con mi mejor palabra: "Si es, como usted dice, la causa del pueblo su propia causa, por muy lejos que haya que ir en el sacrificio no dejaré de estar a su lado, hasta desfallecer"». Aunque no le dirigiera estas grandilocuentes palabras, más propias de las novelas baratas que tanto le gustaba leer, lo cierto es que aquel día su vida cambió para siempre. En aquel año de 1944, Juan Domingo Perón estaba al frente de dos importantes carteras —la Secretaría de Guerra y la Secretaría de Trabajo y de la Seguridad Social— y era el hombre fuerte del gobierno militar. Eva se mostró encantadora con él y no le dejó escapar.

Para un buen número de damas argentinas, Juan Domingo Perón estaba considerado el «mejor partido del país». Era viudo, sin hijos, y siempre iba bien vestido y perfumado; tenía una sonrisa de galán de cine, una voz profunda y llevaba el cabello peinado hacia atrás con fijador. Perón era un hombre varonil, de aspecto atlético y buena planta —medía un metro ochenta de estatura—, que no pasaba desapercibido. Aunque desde el fallecimiento de su esposa no se le conocía ninguna relación estable, nunca disimuló su debilidad por las jovencitas de aspecto aniñado. Cuando Eva le conoció vivía con una adolescente, María Cecilia Yurbel —apodada «La Piraña»—, una aspirante a actriz como ella, a la que el militar presentaba como su hija, pero que en realidad era su amante. Tras la muerte de Evita en 1952, Perón convivió en la residencia de Olivos con una chiquilla llamada Nelly Rivas, de trece años.

Eva confesaba que el coronel la cautivó a través de sus discursos radiofónicos en defensa de los más desfavorecidos y en pro de la justicia social. «Sólo soy un humilde soldado al que le ha cabido el honor de proteger a la masa trabajadora argentina», repetía una y otra vez Perón. Y Evita, que se sentía identificada con aquella masa de gentes pobres y desamparadas a las que defendía el militar, no tardaría en convertirse en su más fiel defensora. Perón, por su parte, menos apasionado que ella, contaría en sus memorias que cayó rendido ante la bondad y la absoluta lealtad —una virtud muy rara en el entorno en el que él se movía— de aquella joven desconocida. Los biógrafos coinciden en que la suya fue una relación de mutuo interés marcada por la desmedida ambición de ambos. Sin embargo, Evita consiguió —quizá porque se entregó a él con devoción religiosa— que Perón se enamorara de ella como nunca antes lo había hecho.

LA ACTRIZ Y EL CORONEL

Juan Domingo Perón, en un libro que escribió en 1956 durante su exilio madrileño, recordaba cómo conoció y se enamoró de su compañera: «Eva entró en mi vida como el destino [...] entre las personas que en aquellos días pasaron por mi despacho, había una mujer de frágil presencia, pero de vigorosa voz, con una larga cabellera rubia que le caía suelta sobre la espalda, y de ojos ardientes. Dijo que se llamaba Eva Duarte, que trabajaba en la radio y que quería ayudar el pueblo de San Juan. La miré y sus palabras me impresionaron; la fuerza de su voz y su mirada me subyugaron totalmente. Eva tenía una tez blanca, pero cuando hablaba su rostro se inflamaba. Sus manos estaban enrojecidas por la tensión, sus dedos fuertemente entrelazados; toda ella era puro nervio». Evita, por su parte, llegó a adorarle de una manera enfermiza; más que amor lo suyo fue idolatría hacia el hombre que la había elegido para pasar a la historia. «Creo en Dios y lo adoro, y creo en Perón y lo adoro. Dios me dio la vida un día, Perón me la da todos los días», diría en una ocasión. A pesar de la diferencia de años —Perón tenía cuarenta y ocho, el doble que ella— ambos tenían mucho en común. Compartían un origen humilde y un agrio resentimiento hacia las clases altas dominantes.

Perón había nacido en 1895 en una pequeña granja de la ciudad de Lobos, al sur de la provincia de Buenos Aires. Su madre, doña Juana, era una «chinita» como se conocía a las humildes campesinas de sangre indígena. Su padre, Mario Tomás Perón —de origen italiano—, fue juez de paz de Lobos hasta que un buen día decidió irse a trabajar como granjero a la inhóspita Patagonia. Cuando el pequeño Juan tenía cinco años, la familia se trasladó primero a Santa Cruz y más tarde al norte de la provincia de Chubut donde Mario pudo comprar su propia finca. Perón pasó su infancia y parte de su adolescencia en esas tierras desoladas, frías y ventosas que curtirían su carácter. A los dieciséis años, el muchacho se marchó a Buenos Aires para estudiar en el colegio militar; fue el inicio de una vertiginosa carrera militar —salpicada de intentos de golpes de Estado y oscuras conspiraciones— que le llevaría a la presidencia de su país en tres ocasiones.

En 1930, Juan Domingo Perón se casó con una joven maestra llamada Aurelia Tizón, quien moriría ocho años después víctima de un cáncer de útero. Evita, que sabía el atractivo que ejercía el coronel viudo entre las mujeres, no estaba dispuesta a que «su hombre» cayera en los brazos de alguna de las actrices que pululaban a su alrededor. Tras el romántico fin de semana en el delta del Tigre, y viendo que Perón nunca la invitaba a su casa, a finales de enero decidió tomar cartas en el asunto. Sin consultárselo previamente a él, se presentó en el apartamento que compartía con su supuesta «hija». Evita ordenó a la muchacha que hiciera las maletas y volviera con sus padres a Mendoza. Cuando al día siguiente Perón regresó a su casa para echarse una siesta, descubrió divertido que Evita había echado a La Piraña. Poco después, la actriz convenció a Perón para que se trasladara a un apartamento contiguo al suyo en la calle Posadas. En los primeros días de febrero, el coronel se mudó a su nueva vivienda; la pareja ocupaba apartamentos distintos pero cada noche Evita cruzaba el pasillo y pasaba la noche con su amante. Ya nunca se separarían hasta la prematura muerte de ella.

Juan Domingo Perón —recién nombrado ministro de Guerra— no ocultaba su relación con Evita, quien en ocasiones ejercía de anfitriona en su apartamento. A los que le insinuaban que no estaba bien visto que se paseara públicamente con una «estrella de segunda categoría y mala reputación», Perón les contestaba con su habitual sentido del humor: «¿Me reprochan que ande con una actriz? Y qué quieren, ¿que ande con un actor?». En un principio, Evita se mostraba discreta, en un segundo plano, y sólo interrumpía las reuniones para servir un café o llevarse los ceniceros llenos de colillas. Su espontaneidad —llamaba a todos los presentes «muchachos»— y su forma descarada de hablar, divertían a Perón acostumbrado a que la gente se dirigiera a él con respeto.

Eva, ajena al revuelo que su relación provocaba, proseguía con su trabajo en la radio pero ahora se beneficiaba de ser la amante oficial del coronel. Gracias a la influencia de Perón, su carrera artística sufriría un inesperado impulso. En Radio Belgrano le ofrecieron, según sus propias palabras, «el más importante contrato hecho a una actriz en una emisora de radio», y en el cine actuaría en dos películas que pasaron sin pena ni gloria. En 1944 obtuvo su primer papel estelar en *La cabalgata del circo*, del director Mario Soffici, donde se tiñó el pelo de rubio. Acudía al rodaje en una limusina del Ministerio de Guerra conducida por un chófer de uniforme y tuvo más de una violenta discusión con su compañera de reparto, la atractiva actriz y cantante Libertad Lamarque. Esta famosa artista argentina, que se encontraba en la cúspide de su carrera, no toleraba los caprichos de la «protegida de Perón». Según ella, llegaba tarde a los estudios San Miguel, hablaba por teléfono cuanto quería e interrumpía el rodaje a su antojo, sin que el director se atreviera a abrir la boca.

La siguiente película fue *La pródiga*, una cinta que debía protagonizar la actriz Mecha Ortiz, pero que acabó representando Evita gracias, una vez más, a la intervención de su protector. Sus contratos habían subido considerablemente y ya no le pagaban en pesos sino en dólares. En *La pródiga*, firmó un contrato por cincuenta mil dólares —sólo la superaba en caché su rival Libertad Lamarque—, una importante suma de dinero para la época; fue su última película como actriz y nunca se estrenó. Cuando Eva se casó con Perón, prohibió que la cinta se exhibiera en los cines. Consideraba que no estaba bien que la esposa del presidente del país apareciera besando a otros hombres en la gran pantalla y además el director la había sacado «gorda y poco favorecida».

Desde que en 1935 Eva llegó a Buenos Aires había participado en veinticuatro obras teatrales, en cinco películas y en casi una treintena de seriales radiofónicos. A su confesor, el padre Hernán Benítez, le diría en una ocasión que sus interpretaciones habían sido «malas en el cine, mediocres en el teatro y pasables en la radio». Ahora Evita, la estrella de los culebrones radiofónicos, estaba a punto de representar el mejor papel de su vida junto al coronel Juan Domingo Perón.

Evita sabía que no despertaba ninguna simpatía entre los más estrechos colaboradores de Perón —quienes la consideraban una «intrusa»— y que las damas de la alta sociedad la despreciaban. Se envidiaba su juventud, su belleza, su determinación y el que hubiera conquistado el corazón del hombre más poderoso del país. Se temía su influencia, cada vez mayor, en el coronel, su injerencia en los asuntos de gobierno y su ambición. Sin embargo Evita —quizá porque se sabía en el «ojo del huracán»— hacía grandes esfuerzos por aprender e intentaba estar a la altura de las circunstancias. Su peluquero de toda la vida, Julio Alcaraz, le enseñó los buenos modales en la mesa —pues Perón solía presentarse en casa de manera imprevista con importantes personajes que se quedaban a comer o cenar— y a mejorar su vocabulario. Cada vez que alguien le corregía una palabra, la anotaba en una libreta para no volver a equivocarse. Estaba claro que la nueva relación amorosa de Perón no sólo no era bien vista entre los suyos sino que le iba a causar graves problemas.

A mediados de junio, Eva quiso mejorar su imagen. La quinceañera morena de cabello corto rizado, que vestía blusas frívolas llenas de volantes y abundante carmín en los labios, poco antes de mudarse a la residencia presidencial en 1946 era una mujer rubia que vestía como una estrella de cine. Le gustaban los escotes exagerados, los tejidos brillantes, las joyas grandes y los peinados complicados. Tras consultárselo a Perón, llamó a Paco Jamandreu, el modisto de las estrellas en Argentina, y le citó en su casa. En sus memorias, el diseñador recordaría aquel día inolvidable: «Ella [Evita] misma me abrió la puerta. [...] "¡Qué caché!", pensé. Su apartamento me hizo recordar a las casas burguesas de mi pueblo. [...] A los pocos minutos todo me pareció muy lindo. Hasta sus pantalones de satén que nada tenían que ver con sus sandalias de corcho». Desde un principio, y como actriz que era, Evita tenía muy claro que debía representar dos personajes: por un lado el de la deslumbrante estrella de la radio que seguía apareciendo en traje de baño en las portadas de las revistas, y por otro el de la compañera de un militar en ascenso, Juan Domingo Perón.

«A partir de ahora no pienses en mí como una de tus clientas; en mí habrá desde ahora una doble personalidad; por un lado la actriz de lamés, plumas y lentejuelas. Por otro lado, la figura política que Perón quiere ver en mí. Empecemos por aquí: para el primero de mayo tengo que ir con él a una gran concentración, la gente hablará hasta los codos, es la primera aparición de la pareja Duarte-Perón. ¿Qué me vas a hacer para esa ocasión?», le dijo Eva a Jamandreu. Para su primera aparición pública el modisto eligió un traje sastre príncipe de Gales con doble abotonadura y cuello de terciopelo. Aunque Evita era esbelta y tenía una figura bien proporcionada, Paco le recomendó endurecer el estómago porque tenía un poco de barriga. A los pocos días, Perón contrató un entrenador alemán de gimnasia para que le diera clases en casa. La muchacha antaño insulsa y vulgar comenzaba una extraordinaria transformación de su imagen pública.

A Perón no le debió de resultar fácil vivir con una mujer como Eva, propensa a las rabietas y que le exigía en público que se casara con ella. La joven no dudaba en demostrar su desprecio hacia los compañeros de Perón que no consideraba de fiar o que no eran lo suficientemente devotos hacia su persona. Pero a pesar de todo, Eva era la compañera ideal de Perón, le sacó de su apatía y le convirtió en el abanderado de los más desfavorecidos. El coronel no tardó mucho tiempo en darse cuenta del genio político de su nueva compañera y la reclutó para su campaña personal. «Me seguía como una sombra, me escuchaba con atención, asimilaba mis ideas y las ejercitaba en su mente extraordinariamente ágil y seguía mis directrices con gran precisión», diría Perón en sus memorias. Al convertirse en la amante del hombre más poderoso del gobierno argentino —y sentirse protegida por él—, Eva dejó de ser la tímida pueblerina y se convirtió en una mujer de carácter, ideas claras y una energía desbordante.

«Vi en Eva a una mujer excepcional, una auténtica "pasionaria" animada de una voluntad y de una fe que se podía parangonar con la de los primeros creyentes. Eva debía hacer algo más que ayudar a las víctimas del terremoto de San Juan; debía trabajar con los desheredados argentinos [...] Decidí, por tanto, que Eva se quedase en mi ministerio y abandonase sus actividades teatrales», escribió Perón. En realidad, durante el primer año y medio de relación, Eva sólo sería su amante y su colaboración se limitaría a apoyarle desde la radio. En mayo de 1944 fue elegida presidenta del sindicato de artistas de la industria radiofónica y añadió a su trabajo otro programa diario titulado «Hacia un futuro mejor», donde difundía las conquistas sociales y laborales de la Secretaría de Trabajo. Evita, apasionada también por la justicia social, se convirtió desde las ondas en la acérrima defensora de Perón. Antes de que se hubieran convocado oficialmente nuevas elecciones, la locutora no dudaba en hacer campaña a favor de su amante, a quien proclamaba «el Salvador de la Nación».

A finales de año, Eva trabajaba en tres programas diarios y, sola o en compañía de Perón, acudía a galas, concesiones de premios y reuniones sindicales. Su salud, que nunca fue muy buena, se resintió en el mes de septiembre y su médico la obligó a tomarse un descanso. Por entonces aparecía en las portadas de las revistas de cine y de radio posando con su rubia melena en traje de baño o disfrazada de marinero. A los periodistas les contaba, entre otras mentiras, que hablaba francés, que le gustaba navegar y que leía a «los clásicos y a los contemporáneos». A principios de 1945, Perón seguía siendo el hombre fuerte del gobierno militar pero su popularidad iba en descenso. Las luchas por el poder eran muy grandes y la hostilidad hacia su persona, dentro y fuera del ejército, era cada vez mayor. La culpa, en parte, la tenía la mujer que ahora compartía su vida y que cada día ostentaba un mayor protagonismo. Para Evita, ajena al escándalo que despertaba su relación con el militar, aquél había sido un año magnífico: había conquistado el corazón de Perón y era propietaria de una casa en la calle de Teodoro García. Algunos biógrafos afirman que esta residencia situada en el elegante barrio de Belgrano, fue un obsequio del multimillonario argentino de origen alemán Ludwig Freude, el hombre que financiaría la campaña política del coronel como candidato a la presidencia.

La primera semana de octubre de 1945 fue crucial para Perón y puso a prueba la fidelidad de su compañera Evita. En aquellos días los militares que junto a él habían derrocado al gobierno civil, ahora le echaban en cara su excesivo protagonismo, sus tendencias populistas y sobre todo la intromisión de su amante en los asuntos del gobierno. El 8 de octubre se produjo un golpe de Estado dirigido por el general Ávalos que exigió la inmediata renuncia de Perón. Uno de los jóvenes oficiales que apoyaron el golpe militar reconocería más tarde: «Estábamos convencidos de que era nuestro deber impedir que la nación cayera en manos de aquella mujer [Eva], como finalmente ocurrió». Perón, que aquel día cumplía cincuenta años, firmó la dimisión de sus tres cargos en el gobierno y pidió al presidente Farrell que cursara su retirada del ejército.

El mismo día en que Perón era derrocado, Evita recibía la noticia de que su contrato en Radio Belgrano había sido cancelado. «Tu novio ha sido despedido, y tú también», le diría de malas maneras el director de la emisora. Ante el cariz que tomaban los acontecimientos, y temiendo por su vida, la pareja abandonó el apartamento que compartían en la calle Posadas y se escondieron hasta que los ánimos se calmaran. La noche del 11 de octubre, un amigo del coronel —el hijo del empresario Ludwig Freude— los llevó a la casa de veraneo de la familia en una isla del delta del Tigre, a escasos treinta kilómetros de Buenos Aires. Evita y Perón se internaron por el río con una lancha hasta llegar a la propiedad donde se levantaba una hermosa casa de madera y tejas de barro, rodeada de césped y árboles centenarios. Allí la pareja esperó el desarrollo de los acontecimientos con la única compañía de un sirviente llamado Otto, que no hablaba apenas español.

Tres días más tarde detuvieron a Perón cuando paseaba por el muelle de la isla del brazo de Evita. Desde su celda en el fuerte de Martín García, una isla húmeda y azotada por el viento en medio del río de la Plata, Perón le escribió la siguiente carta a Evita: «Mi adorable tesoro: Sólo cuando estamos apartados de quienes amamos sabemos cuánto los queremos. Desde el día que te dejé ahí, con el dolor más grande que se pueda imaginar, no he podido sosegar mi desdichado corazón. Ahora sé cuánto te amo y que no puedo vivir sin ti. Esta inmensa soledad está llena de tu presencia. Escribí hoy a Farrell [el presidente] pidiéndole acelerara mi excedencia y, tan pronto salga de aquí, nos casaremos y nos iremos a vivir en paz a cualquier sitio…».

Se dice que fue Evita, tras la detención de Juan Domingo Perón, quien buscó apoyo entre los sindicalistas y puso en pie de guerra a los «descamisados» —manera despectiva como la oposición llamaba a los seguidores de Perón— para conseguir el regreso del coronel. La realidad fue menos romántica, pues entonces Evita no conocía a los líderes sindicales y no tenía ningún apoyo en el círculo íntimo de Perón. Convertida ahora en la amante de un político caído en desgracia, ya no gozaba de protección policial y se encontraba sola y asustada. Cuando se llevaron a Perón, Evita tuvo una crisis de nervios y se refugió en la casa de su amiga Pierina Dealessi: «Vino a mi casa a contarme. Temblaba. No sabía si lo habían matado o si estaba preso. Me dijo que a ella también la habían amenazado. Venía todos los días a dormir. Durante el día, desaparecía». Eva, que podía haber huido porque su vida corría también peligro, decidió seguir al lado de su amante.

Algunos años más tarde, Evita, recordando aquellos funestos días en los que Perón fue privado de libertad, escribiría: «Aquellos ocho días me duelen todavía; y más, mucho más, que si los hubiera podido pasar en su compañía, compartiendo su angustia… Me largué a la calle buscando a los amigos que podían hacer todavía alguna cosa por él… Nunca me

© Getty

Wallis era una muchacha que llamaba la atención por su extraña belleza. Resultaba inquietante y algo misteriosa. Sus mejores armas de seducción, a lo largo de toda su vida, fueron su vitalidad y su fuerte carácter.

La segunda vez que Eduardo pudo fijarse más atentamente en Wallis fue en junio de 1931, en su presentación en la Corte ante el Rey Jorge y la Reina Mary. El príncipe felicitó a Wallis por el elegante vestido de gala con tocado de plumas de avestruz.

Eduardo y Wallis se casaron en junio de 1937. El lugar elegido para el enlace fue el castillo de Candé, cerca de Tours, en el valle del Loire. Su propietario, Charles Bedaux, era un conocido ingeniero industrial y multimillonario francés, que acabó siendo un destacado espía nazi y amigo personal de Hitler.

Wallis figuró en la lista de «Las diez mujeres mejor vestidas del mundo» durante cuatro años seguidos. La duquesa no creó un estilo propio pero sabía lucir con elegancia los trajes de sus modistos favoritos: «No soy guapa, no valgo gran cosa y si me miro creo que lo único que puedo hacer es esforzarme por ir vestida mejor que las demás».

El 29 de mayo de 1972, el duque de Windsor falleció en el lecho de su residencia. Wallis acudió a Londres para asistir a los funerales en un avión que la reina Isabel II puso a su disposición y se alojó en el palacio de Buckingham, adonde no había regresado desde 1935.

Eva era una adolescente poco atractiva, flacucha, de mirada triste. Nada hacía imaginar que se transformaría en una atractiva modelo, de larga melena rubia ondulada, que posaría para las mejores revistas de moda.

El 24 de febrero de 1946, el general Juan Domingo Perón fue elegido presidente por un período de seis años. Evita tuvo muy claro que su papel no sería el de simple consorte y que trabajaría activamente junto a él.

Eva, en uno de sus actos multitudinarios, dirigiéndose a un grupo de mujeres trabajadoras. Dedicó sus esfuerzos a ayudar a los más desfavorecidos y a impulsar la ley que permitiría el voto femenino.

En un momento de su visita a Madrid, en 1947, Evita le pidió a Carmen Polo que le enseñara los hospitales públicos y los barrios obreros de la capital.

Evita, a diferencia de Jackie Kennedy, no creó un estilo propio y argentino, porque en su afán por competir con la clase alta compraba lo mejor y lo más caro. En esta foto, tomada en el teatro Colón en mayo de 1951, Evita aparece con un vestido de fiesta firmado por Christian Dior.

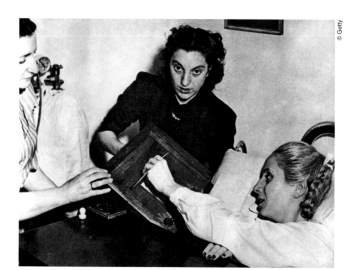

Evita fue operada en noviembre de 1951 pero ya era demasiado tarde. Debilitada por la enfermedad, tuvo que votar en una urna desde el lecho del hospital.

Evita falleció el 26 de julio de 1952, con sólo treinta y tres años. La radio comunicó la noticia: «La señora Eva Perón, jefa espiritual de la nación, pasó a la inmortalidad».

Barbara Hutton, la «pobre niña rica», fue una de las más adineradas y extravagantes herederas del siglo XX. Nació en una jaula de oro y su vida estuvo marcada por un trágico destino.

Presentación en sociedad de Barbara, al cumplir dieciocho años. Asistieron a la fiesta más de mil personas y fue el acontecimiento social de la temporada en Nueva York.

En la foto, uno de los pocos momentos felices en la vida de Barbara Hutton, el nacimiento de su primer y único hijo Lance, fruto de su matrimonio con el conde Court Reventlow.

La rica heredera —en su época icono de la moda y el buen gusto— llenó su soledad con una lista interminable de maridos, fabulosas joyas, mansiones de ensueño y viajes alrededor del mundo.

El 8 de julio de 1942, Cary Grant se convirtió en el tercer marido de Barbara Hutton. Los años que pasaron juntos fueron los más felices para Barbara; ninguno de sus anteriores maridos la trató con tanta delicadeza y cariño.

En mayo de 1972 Barbara viajó a España donde conoció al famoso matador de toros Ángel Teruel. A sus sesenta años, atraída por el joven y apuesto torero, le invitó a Marbella donde inició un corto romance con él.

sentí, lo digo de verdad, tan pequeña, tan poca cosa...». Evita no desempeñó el papel estelar que los peronistas le adjudicaron en la movilización de los trabajadores que ocuparon la plaza de Mayo, pero sí intentó, sin éxito, obtener de un abogado amigo de Perón un documento para liberarlo. Lo más probable es que durante aquella semana se limitara a esperar, tal como el mismo Perón le aconsejó en una carta. Quien sí se movió con rapidez fue otra mujer rubia y desconocida, Isabel Ernst, secretaria y amante del teniente coronel Domingo Mercante —hombre de confianza de Perón— que mantenía excelentes relaciones con los líderes sindicales.

El 15 de octubre, los sindicatos comenzaron a movilizarse; miles de obreros en huelga procedentes de las afueras de la ciudad fueron ocupando de forma pacífica la céntrica plaza de Mayo, pidiendo que liberaran a Perón. Esta multitudinaria manifestación, espontánea y sin incidentes, cambió el curso de la historia argentina. Tres días más tarde, los enemigos del coronel, temiendo que se produjera un alzamiento popular en contra del ejército, decidieron liberar al detenido. Perón, con aspecto cansado y enfermo, reapareció ya entrada la noche en el balcón de la Casa Rosada junto al presidente Farrell, el mismo que había dado la orden de que lo encarcelaran. Tras hablar a la multitud que lo aclamaba como a un héroe, prometió presentarse como candidato a las elecciones que tendrían lugar en febrero de 1946. Aquella noche histórica del 17 de octubre, Juan Domingo Perón acababa de demostrar el poder que tenía sobre el pueblo. Ahora sólo pensaba en la promesa que le había hecho a Evita: casarse cuanto antes con ella.

Cuatro días después de su comparecencia en el balcón de la Casa Rosada, Perón se casaba con su amante Evita en Junín.

«Pensábamos con el mismo cerebro, sentíamos con el mismo corazón. Era natural por tanto que en tanta comunión de ideas y de sentimientos naciese aquel afecto que nos llevó al matrimonio. Nos casamos en el otoño de 1945 en la iglesia de San Francisco en La Plata», recordaría el coronel. Los preparativos del enlace no habían sido fáciles. Eva era hija ilegítima —un detalle que Perón ignoraba— y se las tuvo que arreglar para destruir su partida de nacimiento original y falsificar una nueva. Consiguió cambiar su nombre verdadero —Eva Ibarguren— por el de María Eva Duarte y la fecha de su nacimiento tres años más tarde, en 1922. De esta manera Evita, que contaba en realidad veintiséis años, borraba de un plumazo su «oscuro pasado» y podía contraer matrimonio con el coronel Perón.

La versión oficial dice que se casaron por lo civil en Junín el 22 de octubre de 1945; tras la ceremonia «austera y solemne», la pareja en compañía de los testigos —su amigo Domingo Mercante y el hermano de ella, Juan Duarte— lo celebraron en la pensión de doña Juana Ibarguren. La ceremonia religiosa tuvo lugar el 10 de diciembre en la parroquia de San Francisco en la ciudad de La Plata, en la provincia de Buenos Aires. A la boda, íntima y sencilla, asistieron la madre de Evita y sus hermanos Blanca y Juan, junto a unos cuantos amigos de Perón. El jesuita Hernán Benítez, antiguo conocido del militar y futuro confesor de Evita, celebró el oficio religioso. Sólo se conserva una foto de aquel día: Perón viste uniforme militar a pesar de estar retirado del ejército, y la flamante señora María Eva Duarte de Perón luce un llamativo vestido estampado y una gran pamela adornada con flores.

No hubo tiempo para una romántica luna de miel. La pareja descansó en la finca de un amigo en San Nicolás, a doscientos cincuenta kilómetros de Buenos Aires, y en la quinta (finca) que Perón tenía en San Vicente. Eva recordaría con especial emoción aquellos días en los que pudieron disfrutar de una intimidad que tardarían mucho en volver a tener: «Estábamos solos, sin visitas. Nos levantábamos temprano, tomábamos el desayuno y salíamos a caminar por la quinta. Nunca me maquillé en esos días, andaba a pura cara lavada, el pelo suelto, una camisa de él y un par de pantalones. Era mi atuendo favorito y a él le gustaba que estuviéramos así. Algunas veces me metía en la cocina y preparaba una ensalada para acompañar un buen bife [bistec] que preferíamos los dos. Lo que sí hacía era cebar mate por las tardes mientras charlábamos, mejor dicho mientras él charlaba. Porque él pensaba en voz alta y yo escuchaba y aprendía».

La partida de nacimiento no fue lo único que Evita mandó destruir de su pasado. Cuando se hizo público su compromiso con Perón, mandó eliminar todo rastro de su anterior carrera de actriz. Reclamó a las emisoras de radio y a las revistas todas las fotografías publicitarias que obraban en su poder; también pidió los negativos a los fotógrafos que la habían retratado cuando era una rubia aspirante a actriz con ganas de triunfar en la capital. Su última película, *La pródiga*, fue exhibida en sesión privada para Perón y Evita; luego la cinta le fue entregada por su propietario como obsequio. Evita dejaba atrás sus aspiraciones artísticas para dedicarse de lleno a la causa de Perón. Acompañaría a su esposo en su agotadora gira electoral que los llevaría a las regiones del interior más pobres y olvidadas. La señora de Perón sólo mantendría su puesto en Radio Belgrano, donde fue recibida de manera muy efusiva por su director, Jaime Yankelevich, el mismo que la había puesto de patitas en la calle unos meses atrás. Éste le dobló el sueldo y le pagó una indemnización por los días en los que no había trabajado. Eva utilizaría la radio para promocionar la candidatura de su esposo a la presidencia y, poco después, compraría la emisora.

Tras la boda, el matrimonio Perón se mudó a la casa de Evita en Teodoro García. «Trabajábamos día y noche; con frecuencia, durante semanas no nos veíamos y cada encuentro, desde el punto de vista sentimental, era una novedad, una sorpresa. El 4 de junio de 1946 fui nombrado presidente. Los primeros seis meses fueron los únicos que pasamos tranquilos, en una casa verdaderamente nuestra. Habitábamos en la calle Teodoro García, en la casa de Evita, pequeña, aislada, hecha a propósito para pasar una luna de miel que nos habíamos visto obligados a aplazar», recordaba el coronel en sus memorias. La entonces esposa del candidato recibía a las visitas en bata o en ocasiones en camisón y participaba abiertamente en las actividades dando su opinión ante la mirada despreciativa de los colaboradores de su marido.

El 26 de diciembre de 1945, el coronel se subió a un tren al que llamó El Descamisado para recorrer el país en campaña. Se dirigió hacia el norte, a las regiones más pobres y atrasadas, y en la localidad de Santiago del Estero se le unió Evita. Todavía aparecía junto a él tímida y callada, pero repartía besos y abrazos a las gentes que se acercaban a conocer al nuevo «líder de los humildes». Era la primera vez en la historia argentina que la esposa de un candidato acompañaba a su marido en los actos públicos de una campaña electoral. Evita se haría famosa no sólo por esta razón, sino por su popularidad en las provincias del interior donde era una conocida actriz radiofónica.

AIRES DE GRANDEZA

El 24 de febrero de 1946, el general Juan Domingo Perón fue elegido presidente por un período de seis años. Evita, a sus veintiséis años, se convertía en la primera dama del país. Dispuesta a representar bien su papel y a estar a la altura de las circunstancias, se apresuró a elegir un vestido adecuado para la toma de posesión de su esposo. El 4 de junio, en el majestuoso Salón Blanco de la Casa Rosada, la señora María Eva Duarte de Perón lució un atrevido vestido gris de seda, con un hombro al descubierto, que ruborizó a su compañero de mesa, el cardenal Copello. Desde el primer momento, la clase alta argentina la acusaría de vestirse de manera vulgar como una estrella de cine y no con la discreción que se espera de la esposa de un presidente. Pero la gente sencilla del pueblo no opinaba lo mismo. Les gustaba el aspecto despampanante de Evita, las llamativas joyas que lucía y los lujosos vestidos que resaltaban su esbelta silueta. Solía llevar tacones altos, enormes pamelas y recargados peinados que sus entregadas seguidoras imitaban. Las jóvenes se teñían el cabello de rubio como ella y pedían a sus peluqueros «el moño en forma de rodete de Evita». Su foto aparecía en todos los rincones del país, desde la más humilde chabola hasta el balcón de la Casa Rosada. Su popularidad llego a ser tan grande que las niñas nacidas en las provincias del norte del país se llamaban con preferencia Eva o María Eva.

Evita iba a romper muchos moldes en un país donde se consideraba de mal gusto y «poco femenino» que una mujer se ocupara de asuntos políticos. Desde el principio tuvo muy claro que su papel no sería el de simple consorte y que trabajaría activamente junto a Perón: «Hubiera podido ser esposa del presidente como las otras. Era una labor fácil y agradable: sólo ocupada en organizar recepciones, recibir homenajes y someterme al protocolo… Los que me conocen desde que era una simple colegiala saben bien que yo nunca hubiera podido desempeñar ese ridículo papel. Además, mi marido no era sólo el más importante dignatario de Argentina, sino el jefe de su pueblo. Como él, yo también tenía un doble papel. Por una parte, era Eva Perón, la esposa del presidente, la que ofrecía brillantes recepciones y presidía las noches de gala. Por otra, yo era Evita, en la que el pueblo había puesto todas sus esperanzas…». En sus primeros discursos como primera dama alentó al público a que la llamara Evita, en un país donde los apodos sólo son utilizados por los amigos más íntimos.

Muchas cosas iban a cambiar en la vida de Eva Perón en aquel año de 1946. Su vivienda, antaño una cabaña de adobe y tejas en Los Toldos, era ahora la más lujosa residencia del país, el palacio Unzué. Esta fastuosa mansión del siglo XIX, situada en el exclusivo barrio de Palermo, contaba con 283 habitaciones y una magnífica escalinata de mármol con baranda de hierro forjado. Estaba rodeada de un cuidado parque, y era un oasis en el centro de la ruidosa y caótica ciudad. Perón y Eva pasarían allí más tiempo que en la residencia presidencial campestre de Olivos, a las afueras de la capital. El motivo principal era que ambos trabajaban de manera incansable y, a diferencia de otros presidentes, Perón madrugaba y era el primero en llegar a su despacho. Sin embargo, la finca del presidente en San Vicente seguía siendo el lugar preferido de Evita. En esa casa rústica, de estilo colonial, con techo de tejas rojas y fachada de piedra, era feliz montando a caballo, paseando con sus perros y preparando empanadas para los amigos que los visitaban.

La rutina de la Señora —como la llamaba el personal— comenzaba a las seis de la mañana cuando se despertaba. Media hora más tarde desayunaba con su esposo y luego atendía algunos asuntos urgentes mientras Julio, su peluquero, le recogía el cabello en un moño trenzado y Sara, la manicura, elegía los esmaltes de uñas —el rojo intenso de Helena Rubinstein o el blanco nacarado— según los compromisos que marcara su agenda. Después, salía a trabajar escoltada por policías motorizados. A los cuatro meses de la toma de posesión de su esposo, y por iniciativa de éste, Evita se puso a colaborar en el recién creado Ministerio de Trabajo. Allí, en un pequeño despacho que se le acondicionó en el cuarto piso, acudía tres días a la semana para recibir a todos aquellos que precisaran de su ayuda. Su secretaria Isabel Ernst, de pie detrás de ella, tomaba notas en una libreta y la aconsejaba sobre los problemas que le exponían los dirigentes sindicales. Hacia la una del mediodía, su chófer la conducía hasta la Casa Rosada donde recogía a Perón y almorzaban liviano en la residencia oficial. Cuando el general se retiraba a echarse la siesta, Eva regresaba a sus ocupaciones; no se volvían a ver hasta las ocho o nueve de la noche para cenar juntos.

Evita solía acostarse siempre tarde, nunca antes de las tres de la madrugada como en sus tiempos de actriz. En aquellos meses había un tema que le obsesionaba y del que no dejaba de hablar con Perón: la aprobación de un proyecto de ley a favor de los derechos de la mujer. Ya en su primer discurso oficial hizo referencia a este tema con estas palabras: «... la mujer del presidente de la República, que os habla, no es más que una argentina más, la compañera Evita, que está luchando por la reivindicación de millones de mujeres injustamente pospuestas en aquello de mayor valor en toda conciencia:

la voluntad de elegir, la voluntad de vigilar desde el sagrado recinto del hogar, la marcha maravillosa de su propio país». Estaba dispuesta a conseguir la emancipación de la mujer, aunque para ello tuviera que acudir a los pasillos del Congreso para convencer a los legisladores.

La primera dama dedicaba las tardes a visitar fábricas, escuelas y hospitales. En cada lugar donde se anunciaba su presencia se congregaban grandes multitudes que se peleaban por acercarse a ella y tocarla. Cuando recorría los barrios marginales llegaba en su Packard negro luciendo llamativos vestidos estampados de Dior o de Jacques Fath, y cubierta de joyas de gran valor. Maquillada siempre de manera impecable, con los labios de color rojo intenso a juego con sus uñas perfectas —su confesor le tenía prohibido el colorete en las mejillas—, las mujeres la contemplaban embelesadas como si fuera una aparición. A los más humildes, Evita, tan hermosa y deslumbrante, les recordaba a sus Vírgenes a las que encendían cirios y rezaban con devoción. A su muerte, estas mismas gentes erigirían en sus chabolas altares con su foto y se encomendarían a ella como a una santa, santa Evita.

Cuando se la criticaba porque vestía de manera demasiado ostentosa cuando visitaba a los obreros o a los más pobres, ella contestaba: «Mira, a mí me quieren ver hermosa. Los pobres no quieren que los proteja una persona vieja y desaliñada. Todos sueñan conmigo y no quiero defraudarlos». Aquellas gentes se emocionaban —y no era para menos— cuando escuchaban la oratoria populista de la primera dama: «Yo abrazaré la patria y me daré íntegramente, porque todavía existen en este país personas pobres y desdichadas, sin esperanza o enfermas. Mi alma lo sabe. Mi cuerpo lo ha sentido. Yo ofrezco todas mis energías para que mi cuerpo sea tendido como un puente para la felicidad y el bien común». Nunca antes un político, y mucho menos una mujer, les había hablado en aquellos términos.

Al principio la gente iba a visitar a Evita a su despacho para pedirle favores individuales o ayuda económica: una nueva vivienda, artículos de primera necesidad, una plaza en un hospital, una escuela en condiciones… Pero poco a poco —y al igual que hiciera Perón cuando estaba al frente de la Secretaría de Trabajo—, Eva hizo suya la causa de los trabajadores. No tenía ningún cargo oficial, ni nunca lo tuvo, pero encontró su verdadera vocación entre los humildes y los más desfavorecidos. La mujer «detrás del trono», como algunos medios pronto la apodarían, comenzó a desplegar una actividad febril —trabajaba una media de quince horas diarias— recibiendo a todo aquel que necesitara algo. Evita comenzaba a sembrar las bases de su propia popularidad, siempre al servicio de Perón. El embajador de España en Argentina, José María de Areilza, describía así el ambiente que rodeaba a la primera dama: «Había grupos de obreros, líderes sindicales, campesinas con sus niños, periodistas extranjeros, una familia gaucha con sus ponchos, había refugiados procedentes del telón de acero, intelectuales bálticos, sacerdotes y monjas, sudorosas mujeres de mediana edad, jóvenes funcionarios, futbolistas, actores y gente de circo, y en medio de este aparente caos Evita prestaba atención a todo lo que se le pedía, desde una simple demanda de aumento de salario hasta el emplazamiento de toda una industria y, de paso, la petición de una vivienda para una familia, mobiliario, permiso para hacer una película…».

Eva Perón apenas sabía de política, era casi analfabeta, pero la lucha de clases la llevaba en las entrañas y la sentía como propia. Pronto se convertiría en abanderada de los descamisados y emprendería una auténtica cruzada en pos de la justicia social. Todas las cartas que recibía al día eran contestadas y atendía personalmente a la gente que hacía largas colas para contarle sus problemas, en ocasiones al oído. Siempre tenía a mano billetes de cincuenta pesos, la cantidad que muchas de las personas que acudían a verla necesitaban para poder regresar a sus hogares en la periferia. Cuando se le acababan los billetes pequeños, regalaba alguno de sus broches de diamantes o hacía una colecta entre los ministros y secretarios que andaban por el edificio del ministerio. En 1947 impulsaría la que ella misma denominó «Cruzada de Ayuda Social Eva Duarte de Perón» para asistir de manera inmediata a los más necesitados. Un año más tarde haría realidad su gran sueño y crearía su propia fundación de beneficencia. En ella volcaría todas sus energías, incluso cuando los estigmas de la enfermedad que la estaba matando ya eran bien visibles en su rostro.

En junio de 1946, la revista *Newsweek*, en un amplio reportaje sobre la primera dama argentina, se refería a ella como «la presidenta», y afirmaba que se estaba convirtiendo en «la mujer más importante entre bastidores» de la política de América Latina. El semanario no se equivocaba del todo, pues en el primer año de presidencia de su esposo, el poder de Evita ya era notable. A sus veintiséis años y con escasos conocimientos en el mundo de la política, Eva Perón era propietaria de cuatro radios y de dos de los periódicos —*Democracia* y *El Mundo*— de mayor circulación de Buenos Aires. Su habilidad y su astucia para manipular los medios de comunicación eran extraordinarias. Eva sabía muy bien cómo utilizar la radio y los periódicos de una forma totalmente desconocida hasta entonces en cualquier país latinoamericano. Los años en los que se dedicó a dramatizar culebrones en la radio le sirvieron para adquirir tablas y dar a sus apasionados discursos políticos un tono nunca antes visto.

No había ni un solo día en que en el periódico *Democracia* no se publicaran por lo menos cinco fotografías de «la señora presidenta», como se referían a ella en titulares. Todas las imágenes oficiales las realizaba un fotógrafo personal, quien nunca se apartaba de su lado desde muy temprano por la mañana hasta que regresaba exhausta a su casa por la noche. Nadie como ella supo conseguir la máxima publicidad en cualquiera de sus actos, incluso en aquellas situaciones marcadas por la burocracia, deslucidas y faltas de color. Aunque sus detractores continuaban acusándola de manipuladora y demagoga sin escrúpulos, Evita seguía cuidando el mínimo detalle de su aspecto en todas sus apariciones públicas. Frente al pueblo trabajador se presentaba como una mujer joven y de radiante belleza, vestida a la última moda de París, envuelta en pieles o cargada de diamantes, que les prometía: «Ustedes también, un día, tendrán ropas como éstas».

Si durante los primeros meses de mandato de Perón, Evita aún se mostraba tímida y en un segundo plano, a medida que crecía su influencia entre los trabajadores, adquirió más confianza en sí misma. Desde el balcón de la Casa Rosada —y con el mismo dramatismo que imprimía a sus famosos personajes femeninos de la radio— arengaba a las multitudes que caían rendidas ante sus encantos y parecían estar dispuestas a morir por ella si fuera necesario: «Yo les hablo en nombre de los humildes, de los que no tienen hogar, para gritar contra los antiguos días malditos». Su transformación había sido extraordinaria, ahora su voz era potente y vigorosa, y su filosofía política era simple: amor a los pobres y odio para los ricos. Ya en su primer año como primera dama de Argentina había millo-

nes de argentinos que creían en sus palabras, que creían sinceramente que ella les iba a dar lo que nunca antes habían tenido: respeto, dignidad y un lugar donde poder vivir.

A medida que su poder aumentaba, sus opositores se cui-
daban mucho de opinar sobre ella en público. En un tiempo
en que la gente iba a la cárcel por criticar a Perón e incluso
los teléfonos estaban intervenidos, una simple broma sobre la
primera dama podía costar muy cara. En una ocasión unos
cadetes de Marina fueron expulsados de la escuela por haber
tosido al aparecer Evita en un noticiario cinematográfico.
Eran muchos los que la adoraban y muchos los que la temían. Con fama de mujer rencorosa y vengativa, no perdona-
ba a los que se atrevían a criticarla, y menos a los que no pro-
fesaban la misma adoración que ella por el general. Sus
detractores la acusaban de corrupta por instalar a miembros
de su familia en puestos clave del gobierno de Perón. El nombramiento más sorprendente fue el de su hermano, Juan
Duarte, como secretario particular del presidente. Este joven,
soltero y con fama de mujeriego, que durante los últimos diez
años había trabajado como vendedor de jabones, tenía ahora
un importante cargo. Todo aquel que quisiera entrevistarse
con el general Perón, tenía que pasar por él, con el beneplácito-
to de Evita.

Evita, que solía mostrarse afable y paciente con la gente
que reclamaba su ayuda, era intolerante y déspota con aquellos que no compartían sus ideas o consideraba sus enemigos.
Encajaba muy mal los desaires de la clase alta argentina —«los
oligarcas», como ella los llamaba— que nunca la respetó, ni
siquiera ahora que era la primera dama del país. Durante el
primer año, Eva Perón esperó con impaciencia que se le ofreciera la presidencia de la Sociedad de Beneficencia, la organi-

zación de caridad más exclusiva que manejaban las damas de
la buena sociedad argentina, con el patronato de la Iglesia católica. Los meses pasaban y el ofrecimiento nunca llegó.
Cuando Evita mandó averiguar el porqué se le negaba un cargo que habitualmente desempeñaba la primera dama del país,
le respondieron: «Qué pena, Evita era demasiado joven, y las
reglas de la caridad requerían una mujer más madura y entrada en años como presidenta de la sociedad». Con la misma di-
plomacia, Evita les respondió que si ella no podía acceder al
cargo, su madre, doña Juana, sí estaba capacitada para hacerlo.
La sola idea de que una vulgar campesina analfabeta, madre de
cinco hijos ilegítimos, pudiera estar al frente de la sociedad,
debió de producir escalofríos a las estiradas damas de la caridad. Eva, que no encajaba bien los desaires, esperó el momento para pagarles con la misma moneda. Dos años más tarde, el
gobierno peronista cortaría el subsidio anual a las octogenarias
damas de la Sociedad de Beneficencia y Evita fundaría su propia organización de Bienestar Social. Una vez más se saldría
con la suya.

Cuando se convirtió en la nueva inquilina del palacio
Unzué, Evita se rodeó de su propio equipo —Atilio, su secretario privado; Julio, su peluquero; Irma, su fiel ama de llaves, y
Sara, su manicura—, pero necesitaba a su lado alguien de confianza que puliera sus modales y la ayudara a mejorar su imagen. Cuando era la amante oficial de Perón, apenas le importaba su aspecto y se arreglaba como lo que era: una joven
estrella de la radio a la que le gustaba figurar. Entonces lucía
una larga y salvaje melena rubia platino, al estilo de las estrellas de Hollywood de los años treinta. Le encantaban los bri-
llos, las joyas grandes, las pamelas adornadas con flores o plumas, y los aparatosos peinados estilo Pompadour. Ahora quería

cambiar su estilo y ser más elegante pero no estaba dispuesta a renunciar al lujo. Ajena a las críticas de sus enemigos, que tachaban su forma de vestir de «impactante y de un lujo casi inmoral» ante la pobreza del pueblo argentino, Evita no repararía en gastos a la hora de elegir su vestuario.

Así fue como entró en su vida Lilian de Guardo, la esposa de un cercano colaborador de Perón que se convertiría en su mejor amiga. En su libro de memorias, titulado *Y ahora hablo yo*, la señora de Guardo recordaba el día que acudió con su esposo a comer a la quinta de San Vicente invitados por Perón: «La primera vez que vi en persona a Eva estaba desconocida: iba sin maquillaje, con la cara limpia, tenía un cutis estupendo —su piel era de color marfil— y vestía con el pijama del general, arremangadas las piernas y los brazos y peinada con dos trencitas. En fin, completamente natural. Era una belleza».

A Eva, desde el primer instante, Lilian le pareció una mujer educada, culta y muy distinguida. Madre de cuatro hijos, llevaba la vida tradicional de la mujer casada argentina de la buena sociedad. De ahí su sorpresa cuando unos días más tarde Evita la mandó llamar con urgencia a su despacho. Aunque no de manera directa, le dio a entender que lo que quería de ella era que fuera su asesora personal y dama de compañía; que estuviera a su lado para aconsejarla en todo momento sobre temas variopintos como las reglas del protocolo, la elección de un vestuario adecuado para cada ocasión o las piedras preciosas más favorecedoras. Lilian no pudo negarse, aunque sabía que Evita le absorbería todo su tiempo: «A partir de entonces, ella misma me despertaba todos los días a las seis de la mañana y a las siete me mandaba un coche a recogerme». Junto a su confesor, el padre Hernán Benítez, Lilian fue la persona que mejor la conoció, y durante tres años no se separaría de ella.

Evita, a diferencia de Jackie Kennedy, no creó un estilo propio y argentino, porque en su afán por competir con la clase alta compraba lo mejor y lo más caro. A las dos semanas de la investidura de su esposo, en compañía de su inseparable Lilian, Eva «asaltó» las mejores casas de moda y joyerías de Buenos Aires. Sentía debilidad por los abrigos y estolas de piel, las joyas más valiosas, los sombreros —que le hacían a medida al igual que los zapatos— y los perfumes caros que mezclaba a su antojo hasta conseguir la fragancia deseada. A mediados de los años cuarenta, en Buenos Aires la alta costura tenía nombres como Henriette, Paula Naletoff, Emma de Saint Felix y el sastre Luis D'Agostino que le confeccionó sus clásicos trajes sastre. Aunque Lilian le abrió las puertas al mundo de la alta costura, Evita aún no era conocida por estas prestigiosas firmas y recibió más de un desdén: «Una mañana llegó a la casa de Paula Naletoff y fue recibida por la dueña con un pañuelo en la cabeza, un plumero en la mano y la negativa de atenderla. Cuando se marchaba, una de las acompañantes de Eva Perón le dijo: "¿Sabe a quién está despidiendo? A la mujer del presidente electo". Inmediatamente fue llamada con las disculpas del caso. Tampoco fue reconocida la primera vez que entró en Henriette, cuando se equivocó de piso y apareció en el taller». En poco tiempo, las más prestigiosas casas de moda que vestían a la primera dama le asignaron una empleada fija para que la acompañara en sus compras. A Evita lo que más le gustaban eran los trajes de noche con escotes pronunciados, halter o palabra de honor. Con ellos se sentía admirada y podía representar a la perfección el papel de gran dama, ella que en el teatro sólo había hecho de criada.

Gracias a Lilian, Eva Perón comenzó a vestir de manera más elegante y a tener caprichos más caros. Con el tiempo, encargaba su vestuario personal y exclusivo a los mejores diseñadores de la época como Christian Dior y Balenciaga; las joyas se las proveía la casa Van Cleef & Arpels y las pagaba el magnate Alberto Dodero, cuya esposa era una de las damas de compañía de Eva. Durante su visita a París, en su famosa y controvertida gira europea, Evita dejó sus medidas a Dior, a Rochas y a Jacques Fath para que hicieran un maniquí que serviría de ahí en adelante para confeccionar sus vestidos a medida. Desde ese momento, los espectaculares vestidos que Evita lucía en las recepciones del palacio Unzué o en las galas del Teatro Colón —y cuya foto aparecía al día siguiente en casi todos los periódicos del país— llegaban directamente de París en las bodegas de los barcos o en un compartimiento especial diseñado en el fondo de los aviones de Aerolíneas Argentinas, donde viajaban de pie, sin arrugarse.

En una ocasión, el avión que traía un espléndido vestido de noche de seda natural y plumas de avestruz de Jacques Fath que la primera dama debía lucir en una gala del Teatro Colón, se atrasó. Aquel inolvidable 25 de mayo de 1948, Evita, sin inmutarse, llegó dos horas tarde al teatro donde esperaban el público y los artistas. La primera dama gastaría una auténtica fortuna en ropa, y quizá uno de sus vestidos más suntuosos —valorado en más de medio millón de dólares— fue el que encargó a Dior y que tenía la falda adornada con decenas de brillantes de un quilate. No en vano el propio diseñador francés llegó a decir en una ocasión: «A la única reina a la que vestí es a Eva Perón». Cuando Evita murió tenía en sus armarios más de cien abrigos de pieles, cuatrocientos vestidos y ochocientos pares de zapatos, sin contar su fabulosa colección de joyas.

Santa Evita

En 1947, Juan Domingo Perón recibió una invitación del general Francisco Franco para visitar España. El presidente argentino se excusó al entonces embajador José María de Areilza, alegando que no podía abandonar el país, pero que en su lugar viajaría su esposa. En un primer momento, la primera dama se sintió feliz de poder hacer un viaje que, finalmente, se convirtió en una gira europea con escalas en Madrid, Roma, París y Suiza. Para una muchacha humilde como Evita que en sus tiempos de actriz no había podido viajar más allá de las playas de Punta del Este, aquel viaje era una oportunidad caída del cielo. Tras la euforia, vino el miedo; nunca antes se había separado de su esposo y nunca se había subido a un avión. A pesar de sus temores, Evita se preparó a conciencia para una gira, que inicialmente iba a ser de quince días y acabó prolongándose más de dos meses, donde pensaba llevar «un mensaje de paz» a una Europa que se recuperaba de las terribles secuelas de la guerra. Quería conocer de primera mano los sistemas de ayuda social allí instalados para a su regreso impulsar una gran reforma en este campo.

Eva Perón viajaría a lo grande y rodeada del máximo confort en un avión DC-4 de la compañía Iberia donde se le acondicionó un salón y un dormitorio. Se hizo acompañar de un séquito de once personas que incluía a sus doncellas, su peluquero personal Julio Alcaraz (responsable también de las joyas de Evita guardadas a buen recaudo en un cofre), su modista, un médico y varias secretarias. También irían con ella su inseparable Lilian de Guardo, su hermano Juancito, un periodista del diario *Democracia* (propiedad de Eva), una intérprete y su redactor de discursos Muñoz Azpiri. El multimillonario argentino Alberto Dodero se ofreció a sufragar los gastos del viaje y Evita le invitó a unirse a la comitiva. Su confesor, el padre jesuita Hernán Benítez, viajaría directamente a Roma para preparar su visita con el papa Pío XII en el Vaticano.

La noche anterior a su partida, Evita le escribió una carta a Perón —de las pocas que se conservan— donde le decía, entre otras cosas: «Te amo tanto que lo que siento por ti es una especie de idolatría. Te aseguro que he luchado muy duro en mi vida con la ambición de ser alguien y he sufrido mucho, pero entonces tú viniste y me hiciste tan feliz que pensé que era un sueño y como no tenía nada más para ofrecerte que mi corazón y mi alma te lo di a ti entero pero en estos tres años de felicidad, más grande cada día, nunca he dejado de adorarte ni una sola hora…». Cuando el 6 de junio, Evita fue despedida en el aeropuerto con todos los honores por el gobierno en pleno, nadie imaginaba lo que aquel viaje iba a transformar a la primera dama argentina. Ya nunca volvería a ser la misma.

El avión en el que viajaba Evita fue escoltado por cuarenta y un aviones de combate españoles hasta el mismo aeropuerto de Madrid. En la alfombra roja la esperaban el general Franco, su esposa Carmen Polo y el gobierno español al completo. Eran casi las nueve de la noche, y en los alrededores de Barajas, numeroso público esperaba poder ver, aunque fuera de manera fugaz, a una mujer cuya fama la había convertido en una leyenda. Evita, acompañada por Franco, hizo su entrada triunfal en Madrid por la calle Alcalá, donde la esperaban cientos de personas que coreaban su nombre. La comitiva pasó frente a la puerta de Alcalá, iluminada —al igual que todo el trayecto— para la ocasión a pesar de las restricciones eléctricas impuestas entonces en la capital. Evita, en su primera noche en España, se alojó en el palacio de El Pardo. Como no quería dormir sola porque temía que alguien pudiera entrar en su habitación, le pidió a Lilian que durmiera con ella.

Al día siguiente, Evita recibía en el Salón del Trono del Palacio Real, la Gran Cruz de Isabel la Católica. Tras la ceremonia, Franco y su esposa la acompañaron al balcón para saludar a la multitud que se había congregado en la plaza de Oriente. Evita se dirigió entonces al general y le susurró: «Siempre que desee atraer a una multitud, lo único que tiene que hacer es llamarme». A pesar del calor sofocante, la señora Perón cubría sus hombros con una magnífica capa de visón que no se quitó en ningún momento. Había viajado a Europa con un voluminoso equipaje que incluía sesenta y cuatro trajes diferentes, varios abrigos y estolas de pieles, una colección de sombreros, zapatos y sus mejores joyas. Aunque los termómetros marcaran más de cuarenta grados a la sombra, Evita no pensaba dejar de lucir sus mejores galas. El corresponsal de *The New York Times* que cubría el viaje informaba en una de sus crónicas: «El guardarropa de la señora Perón continúa siendo una fuente inagotable de conversaciones. En todas sus múltiples apariciones en público no ha lucido dos veces el mismo traje, y muy a menudo se ha cambiado dos y tres veces en el mismo día [...] Se viste con inteligencia, aunque con una cierta tendencia a las cosas un poco sobrecargadas, y las mujeres españolas están demostrando un gran interés en observar sus continuos cambios de vestuario».

Durante las dos semanas y cuatro días que pasó en España —con visitas relámpago a La Coruña, Zaragoza, Sevilla, Granada y Barcelona—, Evita cumplió con una apretada agenda. Visitó el Museo del Prado, asistió a una corrida de toros y recorrió el monasterio de El Escorial, ante el cual exclamó:

«¡Qué pena, cuántas habitaciones! Acá se podría hacer un buen hogar de huérfanos». Y es que Evita, aunque se sentía halagada por el trato que recibía, no olvidaba lo que la gente humilde esperaba de ella. En un momento de su visita a Madrid, algo cansada de tanto monumento, le pidió a Carmen Polo que le enseñara los hospitales públicos y los barrios obreros de la capital. La esposa de Franco, ante la insistencia de su invitada, no tuvo más remedio que contentarla. Evita repartió sonrisas y billetes de cien pesetas entre los obreros y la gente pobre que habitaban la periferia de Madrid a los que llevó el mensaje de sus queridos «descamisados» argentinos. Cuando un periodista le preguntó si le habían emocionado las obras de arte que había visto en España, ella le respondió tajante: «No, me maravillan pero no me emocionan. A mí lo único que me emociona es el pueblo».

El 26 de junio, Evita abandonaba España tras haber recorrido medio país, y ponía rumbo a Italia. Cuando Eva llegó a Roma se sentía cansada y harta del estricto protocolo de su viaje oficial. Por las noches apenas dormía y hablaba horas y horas por teléfono con Perón contándole con detalle —y un entusiasmo casi colegial— los obsequios recibidos y las «maravillas» que había visto. El punto culminante de su gira italiana fue su encuentro con el papa Pío XII, quien la recibió con toda la pompa que el Vaticano prescribe para las esposas de los jefes de Estado. Vestida con un traje de manga larga de seda negra que la cubría por completo desde la garganta a los pies, lucía una sola joya en el cuerpo: la estrella azul y plateada de Isabel la Católica con la que Franco la había obsequiado. Evita confiaba en recibir de manos del Santo Padre el título de marquesa pontificia —una auténtica bofetada a las damas de la Sociedad de Beneficencia que tanto la despreciaban— por su trabajo a favor de los pobres en Argentina. Pero Su Santidad se limitó a agradecerle su piadosa labor y al finalizar la audiencia le obsequió con un rosario, el mismo que cinco años más tarde le colocaría Perón entre sus manos al poco de morir.

Una de las etapas más deseadas por Evita era su visita a París, la capital de la elegancia y el buen gusto. Había reservado sus mejores y más suntuosos trajes para lucirlos en las cenas y recepciones que ofrecerían en su honor. El calor era insoportable cuando llegó al aeropuerto de Orly vestida con un impoluto traje blanco, zapatos y bolso a juego, y un sombrero de paja de ala ancha. Llevaba un gran alfiler de rubíes en una de las solapas, además de los tres anillos que siempre usaba en el cuarto dedo de su mano izquierda: un ancho anillo de boda, un enorme diamante solitario (considerado el mejor del mundo después del de la esposa del Aga Khan) y un anillo de zafiros, esmeraldas y rubíes. La primera dama tuvo que sortear una nube de fotógrafos y periodistas que la esperaban en la place Vendôme, a la puerta del hotel Ritz donde se alojaba.

En los días sucesivos, Eva se paseó por la ciudad en un coche que había pertenecido a De Gaulle y había utilizado el estadista Winston Churchill en sus visitas a la ciudad. A su llegada tuvo un almuerzo con el presidente francés Auriol en el castillo de Rambouillet, una cena de gala con el ministro de Asuntos Exteriores y una visita a Versalles. Se había hecho coincidir su visita con la firma de un importante tratado entre Argentina y Francia, a cuya ceremonia asistió radiante en el Quai d'Orsay. Evita podría añadir a la larga lista de importantes condecoraciones que recibió en su corta vida, la Legión de Honor que le impuso el ministro de Asuntos Exteriores francés.

Otra importante recepción tuvo lugar en el Círculo de América Latina, donde todo el cuerpo diplomático latinoamericano acreditado en la capital francesa, desfiló para saludarla. Para esta ocasión, Eva Perón lució uno de sus modelos más controvertidos. Apareció enfundada en un vestido de lamé dorado, largo hasta los pies y sin tirantes, que se ajustaba a su cuerpo como la piel de una sirena. Un velo de lamé dorado le caía desde el cabello, peinado al estilo Pompadour, hasta el final de la cola de su vestido. Sus sandalias, también doradas, tenían altos tacones adornados con gemas que causaron gran sensación entre los presentes. Además, lucía como complemento magníficas joyas: un collar de piedras preciosas, largos pendientes a juego con las gemas y tres brazaletes de oro.

Antes de abandonar París, Evita, que sentía debilidad por la alta costura francesa, quiso salir de compras por la ciudad. A la esposa del embajador no le pareció buena idea y le recomendó que organizara un desfile privado en el hotel donde los mejores modistos pudieran mostrarle sus correspondientes colecciones. Fue el padre Benítez quien le aconsejó que no lo hiciera porque parecería una «frivolidad inaceptable». Finalmente mandó suspender el desfile privado en su hotel, lo que provocó el disgusto de mucha gente. La primera dama no compraría directamente en las tiendas de la place Vendôme y la avenue Montaigne —donde se encuentra la Casa Dior—, pero antes de abandonar París dejó sus medidas a los más grandes modistos que le enviarían sus encargos a través de la embajada argentina o directamente a Buenos Aires en avión.

Durante su estancia en Francia, un hecho inesperado quitó esplendor a su visita. Una poderosa familia de origen argentino, con residencia en París, aprovechó su visita para vengarse de ella. Ofreció a la revista *France Dimanche* una imagen antigua de Eva Duarte donde anunciaba una marca de jabón. Envuelta en una toalla, la joven modelo mostraba toda su pierna al descubierto. La fotografía —un auténtico escándalo para la época— fue difundida por todo el país provocando airadas reacciones. Evita, indignada ante semejante ofensa —impensable en su país, donde la censura lo hubiera impedido—, decidió tomarse un descanso antes de proseguir con sus compromisos oficiales.

A estas alturas del viaje, Eva se sentía agotada y enferma en un país donde la temperatura no bajaba de los 35 grados. Aunque cada noche hablaba largo rato con Perón y le enviaba a diario un paquete con las imágenes que le había tomado su fotógrafo personal, así como los recortes de prensa, añoraba a su esposo. Estaba harta de hablar con «una foto» —todas las habitaciones donde dormía tenían retratos del general Perón colocados estratégicamente—, y de no poder participar en las conversaciones oficiales, pues no hablaba inglés ni francés. A menudo se sentía sola y desplazada. Fue entonces cuando su amigo Alberto Dodero, preocupado por su salud, la invitó a descansar unos días en la elegante Costa Azul.

Evita se hospedó con su séquito en el lujoso Hotel de París de Montecarlo, con magníficas vistas al mar. Durante su corta estancia conoció a Aristóteles Onassis y a su esposa, Tina, que se encontraban de vacaciones a bordo del yate *Christina*. Al parecer, el armador griego se quedó prendado de la primera dama argentina y le pidió a su amigo Dodero que le organizara un encuentro a solas. Según cuentan algunos biógrafos, Evita —tras la insistencia de Dodero— acabó aceptando verse a solas con Onassis en la residencia que el millonario argentino tenía en la Riviera italiana, en Santa Margherita Ligure. El armador llegó a la cita con un ramo de orquídeas en la mano y se fue con diez mil dólares menos. Antes de despedirse, Onassis, que era ciudadano argentino, le firmó un sustancioso cheque para sus obras de caridad. Años más tarde, el millonario naviero, muy dado a airear sus intimidades y a inventar romances, diría que tras mantener relaciones íntimas con Evita, ésta le cocinó una tortilla, «la más cara que había comido en su vida».

En aquellos días se había barajado la posibilidad de que la primera dama argentina hiciera una escala en Londres, incluso que fuera recibida por Su Majestad la reina de Inglaterra. Pero Evita no vería realizado su sueño de conocer en persona a la soberana, ni de alojarse en el palacio de Buckingham. El Foreign Office no consideraba su viaje como una visita de Estado y la familia real se encontraba en aquellos días de vacaciones en Escocia. Ante lo que Evita consideró un desaire, decidió no acudir a Londres alegando motivos de salud. Se tuvo que conformar con una escapada a Suiza donde tampoco fue muy bien recibida; en Berna le lanzaron tomates y en Lucerna una piedra rompió el parabrisas del coche oficial en el que viajaba junto al presidente del país. Evita acortó su estancia en Suiza, voló a Dakar (Senegal) y allí embarcó en un buque de carga argentino, rumbo a Río de Janeiro donde asistió, completamente agotada, a la Conferencia Interamericana para el mantenimiento de la paz y la seguridad del continente.

El 23 de agosto de 1947, Evita regresaba a su país como una heroína. Miles de seguidores, llegados desde los lugares más remotos, la esperaban ansiosos en el muelle del puerto de Buenos Aires. Con lágrimas en los ojos, la primera dama, enfundada en un elegante abrigo de visón de mangas anchas, besaba a su esposo, el general Perón. «Con profunda emoción regreso a mi país, donde dejé a mis tres grandes amores: mi tierra, mis descamisados y mi amadísimo general Perón», diría al pisar suelo argentino. Nunca una mujer en América había sido recibida en su país de manera tan multitudinaria y bulliciosa. Las iglesias de la capital no dejaron de tocar sus campanas y desde el aire una flota de aviones dejaba caer ramas de olivo atadas con cintas de colores de todas las naciones.

Durante los dos meses y medio que había durado su gira europea, los medios de comunicación —controlados por el régimen— habían realizado una amplia cobertura del «exitoso y memorable» viaje de la primera dama, obviando las críticas y los desaires que también sufrió. En el extranjero, Eva Perón era ahora una figura muy conocida, tanto que hasta la revista *Time* le dedicó su portada del 14 de julio de 1947. No podía menos que sentirse orgullosa; había sido recibida en todos los países con honores de jefe de Estado, estrechado la mano de los más importantes dignatarios, besado el anillo del papa Pío XII y recibido las más importantes condecoraciones. Al verse aclamada por su pueblo, Evita se mostraba más eufórica y más segura de sí misma que nunca. Ahora sólo pensaba en llevar a cabo una tarea titánica que la obsesionaría hasta el día de su muerte: una fundación que llevara su nombre y concentrara toda la ayuda social del país.

A su regreso de Europa, como si tuviera el presentimiento de que le quedaba poco tiempo de vida, Evita se transformó. Se entregó de manera obsesiva a su trabajo en la Secretaría de Trabajo y Previsión dedicando cada vez más horas a su labor social. En sus discursos multitudinarios se mostraba crispada y su delirante lealtad y devoción a Perón caía en el fanatismo. A menudo, ella misma reconocía: «He dedicado mi ser entero fanáticamente a Perón y a sus ideales. Sin fanatismo uno no puede llegar a cumplir nada». En sus apariciones públicas cambió su manera de vestir y se mostraba más sobria y discreta. Seguía presentándose en los barrios pobres envuelta en pieles y valiosas joyas, pero en menor cantidad. A los más desfavorecidos les seguía repitiendo con vehemencia que algún día todas sus joyas serían para ellos. Atrás quedaban los complicados y extravagantes peinados a lo Pompadour que cambió por un discreto moño trenzado, a la altura de la nuca. En Argentina, donde es poco común que a una mujer se le conozca sólo por el apellido de su esposo, María Eva Duarte de Perón, se hacía llamar entonces Eva Perón. Estaba a punto de convertirse en una de las mujeres más poderosas de Argentina y del mundo entero.

El 25 de agosto, y una vez recuperada del viaje, Evita reanudó sus actividades en la Secretaría de Trabajo y Previsión. Sentada de nuevo en su despacho, recibía más de diez mil cartas diarias pidiendo su ayuda. Comenzó el ritmo frenético de audiencias, visitas a barriadas obreras, fábricas, hospitales y colegios públicos. A su alrededor una corte de secretarias, libreta en mano, anotaba las peticiones de la gente. Eva, bien vestida, con un discreto traje sastre —su uniforme de funcionaria—, sentada detrás de un escritorio lleno de papeles y carpetas escuchaba, llamaba por teléfono, anotaba o repartía dinero que sacaba de un maletín. Frente a las personas que acudían a solicitar su ayuda, se mostraba no como un burócrata, sino como una «mujer del pueblo», cercana a ellos. Perón se emocionaba cuando le contaban que su esposa besaba a los leprosos, a los enfermos de tuberculosis o de sífilis, algo que presenció en más de una ocasión su confesor, el padre Benítez. Tampoco dudaba en abrazar a gente cubierta con harapos y llena de piojos que se acercaba a ella. A veces, ya entrada la noche, atendía descalza a la gente: «Discúlpenme, muchachos, es que estoy muy cansada… Tengo que descalzarme a veces… Es que llevo más de veinte horas de pie».

El 19 de junio de 1948, con un capital de diez mil pesos, la primera dama inauguró oficialmente la Fundación Eva Perón. Hasta ese momento la caridad había estado en manos de las familias aristocráticas y el clero, a través de la Sociedad de Beneficencia. Ahora los tiempos habían cambiado, las necesidades eran otras y la caridad —palabra que a Evita le resultaba humillante— se llamaba justicia social. La fundación nació para atender especialmente a las mujeres, los niños y los ancianos. Llegaría a contar con más de once mil empleados y los resultados, al poco tiempo de su creación, sorprendieron —por su rapidez y eficacia— incluso a sus detractores. A través de su fundación, Evita creó mil escuelas en las regiones más pobres del país —y tres ciudades universitarias para gente sin recursos—, más de mil orfanatos, sesenta hospitales, numerosas casas de retiro para ancianos y cerca de 350.000 nuevas viviendas. Concedió becas, creó hogares para madres adolescentes y para muchachas que —como ella en su día— llegaban del interior del país a la gran ciudad y no tenían ningún sitio donde alojarse. La fundación se financiaba gracias a las donaciones —no siempre voluntarias— de las empresas, y de los trabajadores que ofrecían gustosos un día de su sueldo para las obras sociales.

Pero Evita no se limitaría a ayudar a los que más lo necesitaban, también dedicaría sus esfuerzos a impulsar la ley que permitía el voto femenino. Poco tiempo después de regresar de su gira europea, se la veía con frecuencia en los pasillos del Congreso, presionando a los diputados para que aprobaran el proyecto de ley. En un país de tradición machista donde las mujeres no tenían derechos políticos y donde era mal visto que una mujer se ocupara de asuntos que no fueran los estrictamente domésticos, era una iniciativa histórica. Evita no olvidaría aquel 23 de septiembre de 1947, fecha en que finalmente se aprobó por unanimidad la ley que establecía «la igualdad de derechos políticos entre hombres y mujeres y el sufragio universal en Argentina». Dos años más tarde, en 1949, fundaba el Partido Peronista Femenino —y era nombrada presidenta del mismo— y nacieron filiales de esta institución a lo largo y ancho de todo el país. Cuando Perón llegó a la presidencia, le había dejado a su joven esposa un pequeño despacho para realizar algunas tareas en la Secretaría de Trabajo y Previsión; en menos de dos años, Eva Perón virtualmente manejaba el país, y cinco millones de trabajadores, «sus queridos descamisados», estaban dispuestos a dar su vida por ella.

«Había perdido a mi esposa en todos los sentidos. Sólo nos veíamos ocasionalmente y aun entonces, muy brevemente, como si viviéramos en ciudades diferentes. Evita se pasaba muchas noches trabajando sin parar y regresaba de madrugada. Yo acostumbraba a salir de la residencia a las seis de la mañana para ir a la Casa Rosada y me la encontraba en la puerta de entrada, agotada pero satisfecha de su trabajo», se lamentaba Perón en sus memorias. Hacia 1950, Evita sólo vivía para su gran obra de ayuda social, y a ella se entregaba en cuerpo y alma. Ahora parecía otra persona, vestía casi siempre viriles trajes sastre —ella que había sido tan femenina—, de color oscuro, y se peinaba de forma austera con el cabello tirante y recogido en la nuca. Apenas se maquillaba y su rostro —debido a la incipiente enfermedad— era más anguloso, sus manos delgadas y el talle de avispa.

Si antes desayunaban juntos y al mediodía se escapaba a comer con su esposo a la residencia oficial, ahora sus compañeros tenían casi que obligarla a que abandonara unos minutos su oficina y tomara un tentempié. Eva solía llegar de madrugada a la residencia oficial y se quitaba los zapatos para no hacer ruido y despertar a Perón. No se veían en todo el día, porque dejó también de cenar con él. Empezaron a comunicarse a través de notitas que Perón acompañaba siempre con un ramito de flores. Sólo los jueves se rompía la rutina; aquel día se proyectaba cine en la residencia oficial y Evita dejaba su trabajo para ver una película junto a su esposo. Fue en aquel año de 1949 cuando comenzó a encontrarse mal y tuvo sus primeras hemorragias y mareos. Pero estaba tan absorbida por su trabajo que no le dio importancia y siguió con su frenético ritmo de vida.

La señal de alarma saltó a principios de 1950 cuando Eva Perón se desmayó en público durante la inauguración de una nueva sede del sindicato de taxistas. Su médico personal y a la vez ministro de Educación, Oscar Ivanissevich, decidió operarla de una apendicitis aguda, pero las pruebas médicas que le realizaron antes de la intervención revelaron que padecía un cáncer de útero en estado incipiente. Cuando el doctor le sugirió a Perón que su esposa debía someterse a una histerectomía, ésta se negó en rotundo a entrar en el quirófano. Evita, que nunca supo la verdadera naturaleza de la enfermedad que padecía, estaba convencida de que querían apartarla de la política y de que todo era un complot de sus enemigos contra ella. Para Perón, cuya primera esposa había fallecido a causa de un cáncer de útero, la noticia le causó un fuerte impacto.

Una semana después de su operación de apendicitis, Evita pareció recuperarse y volvió a su despacho donde trabajó hasta el mes de marzo, a pesar de las altas temperaturas estivales. Y entonces ocurrió lo que Perón tanto temía: volvieron las hemorragias, los ataques de fiebre alta y los terribles dolores abdominales. Evita había adelgazado mucho, estaba más pálida de lo habitual, tenía los tobillos muy hinchados y profundas ojeras. El doctor Ivanissevich rogó a su paciente que se dejara operar pero la señora Perón se negó en rotundo. Aquella misma tarde, y sabiendo que sin una nueva intervención la enfermedad que padecía la esposa del presidente sería fatal, Ivanissevich renunció a su cargo.

El 22 de agosto, más de un millón de trabajadores convocados por la CGT (Confederación General del Trabajo) —la gran central sindical peronista— pidieron a gritos en la gran avenida 9 de Julio, que Evita fuera la candidata a la vicepresidencia de la nación. Juan Domingo Perón no esperaba aquellas muestras de cariño tan entusiastas del pueblo hacia su esposa, que aquel día se había visto obligada a quedarse en cama a causa de los fuertes dolores que padecía. Finalmente, y como la multitud allí reunida amenazaba con una huelga general si no aparecía en público, Eva hizo un enorme esfuerzo y se presentó en el estrado. Emocionada como nunca antes se la había visto —y bajo dos enormes retratos de ella y Perón— se limitó a decir en voz baja que haría lo que el pueblo le pidiera. Tardó cuatro días en anunciar públicamente por la radio su renuncia «irrevocable y definitiva». Fue un momento muy difícil para ella; en la cumbre de su poder se veía obligada a renunciar a su carrera política. En realidad fue Perón quien la vetó porque sabía que las Fuerzas Armadas no querían a Evita en ese cargo.

Mientras la prensa seguía informando que la enfermedad de Eva Perón era una «anemia de regular intensidad que estaba siendo tratada con transfusiones de sangre y reposo absoluto», su nuevo médico comenzaba las sesiones de radioterapia para intentar reducir la extensión del tumor. A pesar de la fatiga, y de la dificultad que tenía para caminar, el 17 de octubre Evita se empeñó en estar junto a Perón en el balcón de la Casa Rosada. Su marido la condecoró con la Gran Medalla Peronista y por primera vez dedicó su discurso —que sonó a despedida— a elogiar la absoluta entrega y abnegación de su compañera. Evita apareció vestida con un traje sastre de terciopelo oscuro y sin maquillar. Gracias a la morfina, pudo mantenerse en pie y dar, una vez más, las gracias a Perón por su vida: «Jamás podría pagarle, aún entregándole mi vida, para agradecerle lo bueno que siempre fue y sigue siendo conmigo. Nada de lo que tengo, nada de lo que soy, nada de lo que pienso es mío; todo pertenece a Perón». Tras estas palabras, y sollozando, se fundió en un abrazo con su esposo. La foto, que daría la vuelta al mundo, mostraba a una mujer aclamada por el pueblo pero derrotada por el ejército —que siempre la había cuestionado— y una cruel enfermedad.

Durante dos años, Evita intentó esquivar a los médicos pero los diez últimos meses fueron para ella un verdadero infierno. El 6 de noviembre fue intervenida quirúrgicamente por un prestigioso oncólogo estadounidense, el doctor George T. Pack, quien tras practicarle una histerectomía creyó que podría haber detenido el avance de la enfermedad. Pero ya era demasiado tarde, y aunque la paciente continuó con nuevas sesiones de radioterapia que le causaban dolorosas quemaduras en la piel, el cáncer ya estaba muy extendido. Seis días después de la operación, Eva votaba en una urna desde el lecho del hospital donde seguía ingresada. La foto que recoge este instante muestra a una mujer demacrada y de cuerpo esquelético, consumida por el dolor. Fuera, en la calle, cientos de mujeres arrodilladas rezaban por ella. Cuando la urna fue sacada del hospital, algunas de las presentes extendieron sus brazos

para tocarla y besarla como si fuera una reliquia. El general
Perón volvió a ganar las elecciones —en parte gracias al voto
femenino por el que tanto había luchado Evita—, pero esta
vez su compañera no podría compartir su éxito.

«El 1 de mayo de 1952 habló por última vez en público
desde el balcón de la Casa Rosada. Le costó gran fatiga, tanto
que al terminar el discurso se desvaneció entre mis brazos», recordaba Perón. Aquel día, Evita apenas tenía fuerzas para mantenerse en pie y Perón, mientras su esposa se dirigía al público,
tuvo que sujetarla por la cintura para que no se viniera abajo.
En las semanas siguientes el estado de Evita empeoró. En la habitación que ocupaba en la residencia oficial de Olivos, acompañada por varias enfermeras que se turnaban para atenderla, le
retiraron los espejos y se bloqueó la báscula en la que cada mañana se pesaba. Diez meses después de que se iniciara la enfermedad, se había quedado en los huesos. Su confesor el padre
Benítez, que la acompañó hasta el final, recordaba: «Nadie le
dijo nunca cuál era la causa de sus sufrimientos, pero ella sabía
que las cosas no iban bien, que incluso empeoraban. Sufría los
mismos agudos dolores, la misma inapetencia y tenía las mismas terribles pesadillas y ataques de desesperación». Eva yacía
en su cama, en pijama, y con su caniche Canela a sus pies.
Cada día llegaban a la residencia ramos de flores, estampitas de
santos, amuletos y piedras con poderes curativos que la gente
sencilla le enviaba esperando un milagro.

A pesar de que apenas podía sostenerse en pie, Eva Perón
quiso estar presente en la ceremonia de toma de posesión de
su esposo. Aquel 4 de julio de 1952 necesitó una gran dosis
de sedantes para poder afrontar un largo y emotivo día que no
estaba dispuesta a perderse por nada del mundo. Evita acompañó al general Perón en un coche descubierto por las frías

calles de Buenos Aires y se despidió emocionada de la gente que la aclamaba a su paso. Su amplio abrigo de visón ocultaba un arnés especial que se fabricó para que pudiera apoyarse dentro del coche y permanecer de pie durante todo el trayecto hasta la Casa Rosada. Nadie se dio cuenta de que la primera dama, casi moribunda, estaba representando por última vez su papel más comprometido.

El 25 de julio, Eva, sintiendo que llegaba el fin, mandó llamar a su esposo: «Quiso permanecer a solas conmigo, recuerdo que su voz era apenas un susurro y que me dijo: "No abandones a la gente pobre, es la única que sabe ser fiel"», escribiría Perón recordando aquel triste episodio. Al día siguiente, por la noche, Evita fallecía en la residencia presidencial de Olivos, en aquella cama ortopédica donde había pasado los últimos meses de su espantosa agonía. Acababa de cumplir treinta y tres años y pesaba tan sólo treinta y cinco kilos. La radio comunicó la noticia con estas solemnes palabras: «La señora Eva Perón, jefa espiritual de la nación, pasó a la inmortalidad». En la residencia comenzó entonces un largo y minucioso ritual. Primero, el doctor Pedro Ara, un reconocido patólogo español, preparó el cuerpo para que pudiera ser exhibido al día siguiente en la capilla ardiente del Ministerio de Trabajo. Al amanecer, su fiel modista Asunta se encargó de convertir en mortaja uno de los vestidos más espléndidos de Evita, un Christian Dior blanco encargado por la primera dama para la gala del 9 de julio y que no llegó a estrenar. Después Sara, la manicura, cumpliendo órdenes de la Señora, le retiró el esmalte rojo de sus uñas y lo reemplazó por un tono transparente. Julio, el peluquero, como todos los días, la peinó y le arregló el cabello por última vez. En la calle, comenzaba un duelo popular nunca antes visto en Argentina.

Tras la muerte de Eva Perón, su cuerpo fue velado en una gran sala del Ministerio de Trabajo y Previsión donde miles de personas pudieron darle su último adiós. Las flores cubrían las aceras y las calles adyacentes, formando una tupida alfombra. El 9 de agosto, el féretro fue llevado al edificio del Congreso de la Nación donde recibió honores militares. En menos de quince días, más de dos millones de personas, llegadas desde los puntos más remotos del país, desfilaron bajo la lluvia ante su ataúd, cuya parte superior tenía una tapa de cristal y estaba adornado con incrustaciones de plata. Los funerales por su muerte estuvieron a la altura de los de un jefe de Estado y el dolor —y la histeria— por su pérdida se adueñó de sus más fieles seguidores, aquellos que tras su prematura muerte la elevaron a los altares y pedirían su canonización. Los restos mortales de Evita tardarían más de dos décadas en regresar a su país.

Durante tres años, el cadáver embalsamado de la primera dama esperó en una sala del edificio de la CGT en Buenos Aires a que se construyera un mausoleo faraónico —del tamaño de la pirámide de Keops— que Perón quería levantar en su memoria. Pero en 1955 un golpe militar derrocó al general y los nuevos dirigentes hicieron desaparecer el cuerpo incorrupto de su esposa durante catorce años. En este tiempo, el culto a Evita siguió creciendo y sus más fieles acólitos reclamaban su regreso a casa. En su macabro peregrinaje, el cadáver permaneció enterrado en un cementerio de Milán con una falsa identidad. En 1972, fue desenterrado y devuelto a Perón —entonces casado con María Estela Martínez, más conocida como Isabelita—, que vivía exiliado en su chalet de Puerta de Hierro, en Madrid. Cuatro años más tarde, durante el gobierno militar del general Videla, la familia Duarte recuperó al fin su cuerpo. Doña Juana, su madre, ya había fallecido y no pudo asistir al entierro de su hija pródiga. Hoy sus restos descansan en una cámara acorazada para evitar su profanación —al cadáver le fue amputado un dedo—, en el panteón de la familia Duarte en el exclusivo cementerio de La Recoleta. Evita, ironías del destino, comparte su inmortalidad con aquellos «oligarcas» y políticos que tanto despreciaba. Cada día hay ramos de flores frescas delante de una placa que recuerda a una mujer que, aún hoy, a nadie deja indiferente.

BARBARA HUTTON

La heredera de la triste mirada

Nadie me amará nunca. Por mi dinero sí
pero no por mí misma. Estoy condenada a la
soledad.

Barbara Hutton

Cuando Barbara Hutton tenía catorce años, su fortuna ascendía a veintiséis millones de dólares. Era la niña más rica del mundo, pero también la más triste y solitaria. Su fama de multimillonaria provocaba el rechazo y la antipatía de sus amigas. A medida que cumplía años descubriría que el dinero que heredó de su abuelo, el magnate de los almacenes Woolworth, era una maldición. Nunca conseguiría ser feliz ni ser realmente amada; los que se acercaban a ella lo hacían atraídos por su riqueza y su extremada generosidad. Barbara lo sabía, y llenó su soledad con una larga lista de maridos, fabulosas joyas, mansiones de ensueño y viajes alrededor del mundo. También con grandes dosis de alcohol y medicamentos que la ayudaron a sobrellevar la pesada carga de su apellido.

La extraordinaria historia de esta mujer considerada una de las más ricas y extravagantes herederas del siglo XX, es la de una niña nacida en una jaula de oro y marcada por un trágico destino. Desde los cuatro años, cuando descubrió el cuerpo sin vida de su madre en la suite de su hotel, Barbara se convirtió en un personaje de leyenda. Había nacido «la pobre niña rica» —título profético de una canción de Noël Coward inspirada en ella— y los periodistas la seguirían por todo el mundo, dando fe de sus excesos y sus sonados matrimonios, que acabaron en costosos divorcios.

Barbara, que sentía debilidad por los hombres con título nobiliario y buen físico, se casó siete veces: con dos príncipes rusos, un conde danés, un *playboy* de fama internacional —el célebre Porfirio Rubirosa—, un barón campeón de tenis y una estrella de cine. Cary Grant fue su tercer marido y el que mejor la trató sin importarle su cuenta corriente. Tras su ruptura, el actor se lamentaba de que los periodistas se ensañaran con una mujer tan frágil, sensible y generosa, que no había podido elegir su destino.

La prensa, que siempre fue ingrata con ella, sólo mostraba al mundo su ostentosa y disoluta vida. Hablaban de la mujer que regalaba diamantes a sus sirvientas, que hizo ensanchar las calles de la medina de Tánger para que pudieran pasar sus Rolls-Royce y que recibía a sus visitas en su palacio de Sidi Hosni sentada en un trono dorado de terciopelo rojo. Pero la millonaria anoréxica era en realidad una mujer vulnerable de un corazón generoso. Toda su vida colaboró, siempre de manera anónima, con fundaciones benéficas y organismos humanitarios. Sus buenas obras no interesaban a la prensa sensacionalista que la persiguió sin piedad hasta su lecho de muerte, cuando era apenas una sombra de sí misma y su fortuna se había reducido a tres mil dólares.

La conocida como «la chica del millón de dólares» —cantidad que cobraban sus maridos tras divorciarse de ella—, en su día la mujer más envidiada de Estados Unidos, murió enferma, sola y arruinada. Incapaz de conseguir la felicidad, y tras perder a su único hijo en un accidente de aviación, comenzó su terrible declive. Bebía mucho, se atiborraba de somníferos, despilfarraba el dinero y acabó pagando por tener compañía masculina. «Soy como esos puentes de Venecia que parecen no alcanzar nunca la otra orilla», se lamentaría en su vejez. Al final sólo quedó la sombra enjuta de una mujer esquelética, de rostro apergaminado, que ocultaba sus tristes ojos azules tras grandes gafas de sol y que no pudo cumplir su último deseo: ser enterrada en su amada Tánger.

UNA NIÑA RICA

Los primeros recuerdos de Barbara fueron los de la gran mansión que su abuelo, Frank Winfield Woolworth, mandó construir en 1916 en Glen Cove, Long Island. La pequeña, al perder a su madre, quedó al cuidado de sus abuelos Frank y Jennie que vivían en esa palaciega residencia conocida como Winfield Hall. El fundador de la célebre cadena de almacenes Woolworth era descendiente de una familia de granjeros originarios de Inglaterra que llegaron a las costas de Estados Unidos a principios de 1800 en busca de fortuna. La suya fue una historia de lucha y superación como la de tantos inmigrantes.

A los dieciocho años, Frank abandonaría su trabajo en la granja lechera que la familia poseía en Rodman y aceptó un empleo en los almacenes Augsbury & More, en una pequeña ciudad vecina. Apenas había comenzado su nuevo trabajo cuando cayó enfermo y tuvo que guardar cama durante varios meses. Sus padres, al no poder hacerse cargo de él, contrataron los servicios de una joven enfermera, Jennie Creighton, que acabaría siendo su esposa. Frank, que tenía un gran talento para el comercio, una vez recuperado regresaría a su anterior empleo encargándose de la decoración de los escaparates del local.

Pronto el abuelo de Barbara se instaló por su cuenta y en junio de 1879 abriría una tienda Woolworth en Lancaster, Pensilvania, que sería todo un éxito. Su negocio creció de manera fulgurante: en cinco años inauguró veinticinco nuevas tiendas en cinco estados del país. En 1905, los beneficios superaban los diez millones de dólares por año. Doce años más tarde, aquel humilde granjero abría su tienda número mil en Nueva York, en la esquina de la Quinta Avenida con la calle Cuarenta, con el nombre de Woolworth's 5 and 10 Cent Store (más conocidas como Five and Dime).

Pero el éxito de sus almacenes y su fortuna personal no garantizaban al ambicioso abuelo de Barbara una entrada digna en la alta sociedad neoyorquina, donde se le seguía considerando un simple comerciante. Para intentar escalar socialmente, el rico magnate —que tenía tres hijas: Helena, Edna (la futura madre de Barbara) y Jessie— encargó construir una casa de treinta y siete habitaciones y cuatro plantas, en el 900 de la Quinta Avenida, en el llamado «rincón de los millonarios». Woolworth también compraría cuatro edificios más en la Quinta Avenida con la calle Ochenta, que mandó derruir y en cuyos solares levantó tres nuevas viviendas que daría a cada una de sus hijas como regalo de bodas.

No contento con todas estas adquisiciones, en 1913 Frank encargó la construcción de un rascacielos de sesenta pisos en el cruce de Park Place y Broadway. Le costó trece millones y medio de dólares y el llamado Woolworth Building sería durante varios años el edificio más alto del mundo. El señor Woolworth era ahora un empresario conocido e inmensamente rico, cuyo único sueño era que sus hijas hicieran buenos matrimonios y le garantizaran, al fin, un puesto destacado entre los miembros más distinguidos de la sociedad. Sin embargo, de sus tres hijas sólo Helena eligió a un «buen partido» y se casó con el hijo de una familia poderosa y acaudalada, Charles McCann, fiscal general adjunto del estado de Nueva York.

Edna, menos ambiciosa que Helena y menos extravagante que su hermana Jessie —una rubia explosiva que sentía pasión por las joyas y los abrigos de piel—, se casaría en 1907 con un avispado agente de bolsa de veinticuatro años, llamado Franklyn Laws Hutton. El joven trabajaba en la exitosa agencia de su hermano —la Hutton & Company— de la que era presidente y uno de sus mayores accionistas. Los recién casados pasaron su luna de miel en París y a su regreso se instalaron en una de las elegantes mansiones que su padre había construido para ella, en la calle Ochenta. Barbara, la única hija del matrimonio, nacería el 14 de noviembre de 1912. La pequeña heredaría la tez pálida, los ojos azules y el cabello rubio de su madre, la más atractiva y elegante de las tres hermanas Woolworth. La prensa no se hizo eco de su nacimiento y Barbara comentaría al respecto: «Fue la única vez en mi vida en que la prensa eligió ignorarme».

En 1915, los Hutton se trasladaron a vivir a una suite en el quinto piso del hotel Plaza. La Hutton & Company acababa de abrir una oficina muy cerca de allí y Franklyn podía hacer sus negocios en el mismo bar del hotel. Este cambio de domicilio le ofrecía una libertad de movimientos que no había tenido desde sus días de estudiante. En realidad, los padres de Barbara no podían ser más distintos: Franklyn era un hombre divertido, seductor, lleno de energía, a quien le gustaban las mujeres y la bebida. Edna era tímida y delicada, y no tenía ningún interés en participar en la vida mundana de su esposo.

En el verano de 1916, Franklyn comenzó a salir con una actriz sueca de veinticinco años, hija de un diplomático. El patriarca Woolworth, que estaba al tanto de los problemas de la pareja, animó a su hija a que pidiera el divorcio, pero ella se negó. En marzo de 1917, mientras el padre de Barbara se encontraba en viaje de negocios en California, los fotógrafos lo sorprendieron bailando con su amante en un local. Cuando la foto salió publicada en un periódico neoyorquino, su esposa Edna tomaría una drástica decisión. Sola, en su habitación del hotel Plaza, se vistió con su mejor traje de noche y se suicidó ingiriendo un frasco de pastillas de estricnina. Tenía treinta y tres años y fue su hija quien descubrió su cuerpo sin vida. Nunca se habló de suicidio —ni se le practicó la autopsia—, y la causa oficial de su muerte fue una trombosis cerebral por asfixia.

Tras la trágica muerte de su madre, la niña se trasladó a vivir a la espléndida mansión de Winfield Hall, junto a las costas de Long Island. La residencia, cuya fachada imitaba el estilo renacentista italiano, tenía unas hermosas vistas a la bahía de Long Island y estaba rodeada de un inmenso jardín. En su interior destacaba una imponente escalera de mármol rosa —cuya construcción costó dos millones de dólares—, y dos grandes salones, uno de baile y otro para banquetes, lujosamente decorados con espejos, arañas de cristal y muebles antiguos de estilo francés. La residencia de los Woolworth era pura ostentación. Para una niña de cinco años no fue fácil vivir en una casa tan grande —tenía cincuenta y seis habitaciones—, rodeada de un ejército de sirvientes y en la única compañía de dos personas ancianas. La abuela Jennie, que padecía demencia senil prematura, apenas abandonaba su habitación. Por su parte, Frank Woolworth, a sus sesenta y cuatro años, ya no era el emprendedor hombre de negocios de antaño. La muerte de su hija Edna le había vuelto un anciano paranoico sumido en una profunda tristeza.

Así recordaba Barbara las tediosas comidas en la mansión de sus abuelos cuando apenas era una niña: «Las comidas eran servidas con estilo y puntualidad. La plata era muy bonita, los manteles estaban inmaculados, y las flores del jardín se cortaban a diario según un rito inmutable. Seis personas se encontraban reunidas en el imponente comedor de estilo inglés: el abuelo con su enfermera, la abuela con su médico, y yo con una gobernanta. Durante la comida no se decía una palabra. Wooly [el abuelo] comía legumbres en papilla o plátanos maduros, y Jennie mantenía en sus labios una eterna sonrisa. No había ni un pequeño signo en sus ojos que significara que reconociera a alguien de nosotros. Era desconsolador».

Barbara Hutton viviría tres años en Winfield Hall, hasta la muerte de sus abuelos, que serían enterrados en un mausoleo de mármol en el Woodlawn Memorial Cemetery de Nueva York, una de las últimas construcciones que mandó levantar el fundador de los Five and Dime. A su muerte, cada una de las hijas de Frank Woolworth recibió en herencia la suma de veintiséis millones de dólares (en el caso de Edna la única heredera era su hija Barbara); la fortuna de aquella niña rubia y poco agraciada por su exceso de peso, que aparecía a menudo en los ecos de sociedad, rondaba en 1924 los veintiocho millones de dólares.

Con la muerte de su abuelo comenzaba para Barbara una época difícil de soledad y de gran inestabilidad emocional. Viviría en distintas casas, y a cargo de personas que la rodeaban de lujos y caprichos. Apenas veía a su padre, un hombre de mal carácter, agresivo y bebedor, que mostraba poco interés por ella. Al cumplir siete años, la niña iría a vivir a Los Ángeles con la hermana mayor de su padre, Grace Hutton Word. Tía Grace, de cuarenta y un años, se había casado con un importante hombre de negocios y su vida transcurría entre recepciones y eventos sociales dejando a su sobrina al cuidado de una institutriz. De nuevo se sentiría abandonada y sola en un entorno extraño.

A tan corta edad, Barbara ya era tan rica que le resultaba muy difícil hacer amigos. Aunque los niños del vecindario y sus familias sentían una gran curiosidad por su inmensa riqueza, nadie se atrevía a acercarse a ella. Como en una ocasión confesó la rica heredera a un periodista, sus mejores amigos fueron a lo largo de toda su vida los miembros del servicio doméstico. La Hutton siempre mantendría una estrecha y familiar relación con sus doncellas y gobernantas, a las que colmaría de valiosos regalos. Éste fue el caso de su querida y fiel sirvienta, la señorita Tickie Tocquet —apodada «Ticki»—, que acabaría siendo el único miembro estable de su familia.

Por aquel tiempo, Barbara acudía al colegio de señoritas de miss Shinn, donde la mayoría de las alumnas se mostraban hostiles hacia ella: «Las niñas me decían que no me querían nunca porque tenía demasiado dinero. Pero yo ni siquiera sabía lo que quería decir la palabra dinero. Un día, cuando la tía Jessie vino a verme le pregunté por qué no dábamos todo nuestro dinero. Ella intentó explicarme que eso no era posible. Pero yo no lo entendí y cogí unas tijeras y me puse a cortar todos mis vestidos». Cuando Barbara tenía once años, otro cambio se impuso en su vida. Tía Grace se casó de nuevo y se

marchó a vivir con su esposo a New Jersey. Su padre la mandó entonces a un internado de señoritas de mucho renombre
en Santa Bárbara. Los dos semestres que allí pasó fueron muy
tristes para ella, separada de los escasos amigos que había hecho en Los Ángeles y de nuevo sola entre extraños. En 1968,
la directora del internado le contaría a Dean Jennings, biógrafo de Barbara Hutton: «Era una niña adorable pero parecía
que no iba a tener ni la más mínima oportunidad de ser feliz
algún día. Tenía mucho dinero pero a nadie que la guiara ni la
escuchara. Estaba sola y era muy tímida, pasaba la mayor parte del tiempo escribiendo poemas que no enseñaba a nadie.
Nadie la venía a ver, ni siquiera en Navidad».

En 1926, Barbara regresaba a Nueva York para vivir con
su excéntrica tía Jessie. Tenía catorce años y aunque era una
muchacha atractiva, se sentía acomplejada por su exceso de
peso. La llegada a la gran ciudad fue para ella un alivio y la
ayudaría a superar su timidez. A diferencia de Los Ángeles,
donde según Barbara solo había «naranjas, pomelos, pereza e
hipocresía por todos los lados», Nueva York le ofrecía muchas
oportunidades. Al poco tiempo de instalarse en la ciudad, su
padre se volvió a casar y la joven se fue a vivir con él. Su nuevo
hogar era un suntuoso tríplex en el número 1107 de la Quinta Avenida, junto a la calle Noventa. Tenía en total setenta habitaciones y, entre otros lujos, una piscina interior, gimnasio y
solárium, salón de baile y dos ascensores privados.

Su nueva madrastra, Irene Curley, era una divorciada de
Detroit que había dirigido un salón de belleza. Al principio
Barbara la encontraba un poco vulgar pero su excelente humor y su efusividad acabaron por conquistarla. Hacía mucho
tiempo que nadie se ocupaba de ella e Irene lo hizo demos-
trándole su afecto abiertamente. Pero la vida en familia dura-

ría poco; el padre de Barbara decidió que era el momento de que su hija se independizase y se fuese a vivir sola. Para ello desbloqueó la suma de cuatrocientos mil dólares de la fortuna de su hija y le compró un apartamento. Sería la primera de un sinfín de propiedades que Barbara Hutton llegó a poseer en su vida. Se trataba de un espléndido dúplex de veintisiete habitaciones en el 1020 de la Quinta Avenida a donde se trasladó con su inseparable sirvienta y amiga Tickie.

La señorita Hutton era inteligente, sensible, tenía un gusto exquisito y poseía un suntuoso apartamento que decoró con muebles de estilo Luis XIV y objetos orientales. Pero esta independencia no conseguía hacerla del todo feliz, y seguía lamentando no tener amigos. Sus reflexiones de adolescente reflejan una profunda sensación de soledad y desamparo que nunca la abandonarían. «Me muero de ganas de tener un amigo de verdad —escribiría en su diario—, alguien que me comprenda de verdad, con quien pueda compartir mis pensamientos más secretos y mis angustias escondidas.» Su ingreso, en 1928, en la elitista escuela de miss Porter en Connecticut —que según rezaba su publicidad «preparaba a las mujeres para participar activamente en la sociedad»— no ayudaría a resolver sus problemas de integración. Esta escuela —a la que veinte años más tarde también acudiría Jacqueline Kennedy— de reconocido renombre y estrictas normas no era el lugar más adecuado para una joven soñadora y creativa como Barbara. Intentaba hacer amigas entre sus compañeras pero lo único que conseguía era, una vez más, ser rechazada. La rica heredera era muy distinta de aquellas chicas de familia bien que a lo único que aspiraban era a encontrar «un buen partido». Ella amaba la poesía y el arte chino, soñaba con viajar y recorrer el mundo atraída por otras culturas. Por entonces el dinero no era su preocupación y el matrimonio tampoco estaba entre sus planes más inmediatos.

En el verano de 1929, Barbara le comunicó a su padre que no deseaba ir de vacaciones a Europa y que prefería quedarse en Nueva York. El señor Hutton, decidido a convencerla, la llevó a la tienda Cartier para que eligiera la joya que más le gustase a cambio de acompañarle en su tour europeo. La joven se inclinó por uno de los anillos que llevaba el rubí más caro y su padre pagó sin rechistar los cincuenta mil dólares que costaba el regalo. Ya entonces Barbara demostraba tener un gusto muy refinado a la hora de elegir una joya. Con el tiempo, la rica heredera estadounidense se convertiría en una gran entendida y coleccionista de joyas. Algunos de los originales diseños que Barbara Hutton encargó a Cartier o Tiffany forman parte de la historia de la alta joyería del siglo xx.

Tras su gira europea, Barbara se animó a pasar unas semanas en Biarritz en la casa de unos amigos de la familia. Fue allí donde conoció a Elsa Maxwell, la columnista estadounidense especializada en chismes y famosa por organizar las fiestas de sociedad más brillantes y originales. En sus memorias, la Maxwell recordaba su primer encuentro con ella: «Cuando llegué a casa de los Fiske, la única persona que había en la terraza era una jovencita que llevaba un vestido muy ajustado. Hacía demasiado calor como para entablar una conversación con esa chiquilla de quince o dieciséis años. Me contenté con saludarla y atendí a mis invitados. Entonces, con una gran seguridad, la joven se acercó a mí para presentarse y contarme que estaba pasando unos días en casa de los Fiske. Y sólo cuando hizo referencia a su tía Jessie Donahue, la situé. Me impresionaron sus ojos, grandes y hermosos, que curiosamente se quedaron sin expresión en cuanto se puso a charlar haciendo un

considerable esfuerzo por parecer una muchacha adulta y sofisticada».

Días más tarde, Elsa Maxwell invitó a Barbara a un cóctel
en la residencia del célebre modisto Jean Patou donde conocería a su primer gran amor. Se trataba del príncipe Alexis
Mdivani, cuya familia originaria de Georgia había llegado a
Francia tras la caída del zar Nicolás II y huyendo de la revolución bolchevique. Alexis, un hombre rubio, de ojos verdes y
muy apuesto, era un conocido jugador de polo que despertaba pasiones entre las damas de la alta sociedad. Pese a su porte
aristocrático, por las venas del encantador Mdivani no corría
ni una gota de sangre azul. Su familia adoptó ese título nobiliario cuando llegó a París tras la Primera Guerra Mundial, lo
que permitió que se les abrieran muchas puertas. Alexis conocía a la señorita Hutton porque era amiga de Louise Astor
Van Alen, entonces su prometida. Barbara no pudo ocultar su
atracción hacia el príncipe con quien charló animadamente
toda la tarde. Cuando Alexis abandonó la fiesta, sabía que se
había enamorado del novio de su amiga.

Al cumplir los dieciocho años, Barbara Hutton fue presentada oficialmente en sociedad. Su padre, Franklyn, decidió or-
ganizarle una fastuosa fiesta que permitiera a su hija entrar por
la puerta grande en la alta sociedad estadounidense. La presentación de la señorita Hutton estaría a la altura de las puestas de
largo más célebres y ostentosas de su tiempo, entre ellas las de
las ricas herederas Louise Van Alen y Doris Duke. Amiga de la
infancia de Barbara, Doris, nacida en Nueva York en 1912, era
la hija del fundador de la American Tobacco Company. A los
quince años, y tras perder a su padre, la joven heredó una fortuna valorada en más de setenta millones de dólares, además de
propiedades y acciones en diversas sociedades. Doris heredó el

olfato para los negocios de su padre y a diferencia de Barbara se convirtió en una agresiva ejecutiva que controlaba personalmente sus negocios. Por el contrario, la Hutton nunca se hizo cargo de sus bienes, y delegó la administración de su fortuna en consejeros no siempre fiables. La prensa las bautizó como «las gemelas de oro» y «las pobres niñas ricas».

En su reveladora biografía sobre Barbara Hutton, el escritor David Heymann recoge todos los detalles de las celebraciones que tuvieron lugar en su honor, y que se dividieron en tres etapas. Primero se celebró un té para quinientos invitados en el lujoso apartamento de tres plantas, propiedad de sus tíos, en la Quinta Avenida. Luego tuvo lugar una espléndida cena con baile en el casino de Central Park, también para quinientos comensales. Finalmente, los festejos culminaron con un gran baile de gala en los salones del hotel Ritz-Carlton. Asistieron a la fiesta mil personas entre las que se encontraban algunos de los apellidos más ilustres del país. Fue, y tal como lo catalogó la prensa, el acontecimiento social de la temporada en Nueva York.

El baile del Ritz aquella noche del 21 de diciembre de 1930 tardaría en ser olvidado por su esplendor y derroche. Se contrataron cuatro orquestas y doscientos camareros para servir una cena de siete platos regada por dos mil botellas de champán. Se tardaron más de cuarenta y ocho horas en decorar el salón que, dada la cercanía a la Navidad, se inundó de nieve artificial, y el techo se camufló con gasa azul oscuro y miles de bombillas diminutas para conseguir el efecto de un cielo salpicado de estrellas brillantes. El salón de baile y las escaleras se decoraron con plantas, flores de Pascua y veinte mil violetas blancas.

El día de la fiesta, los invitados que llegaban a las puertas del Ritz eran recibidos por el actor y músico Maurice Chevalier, disfrazado para la ocasión de Santa Claus. Un grupo de duendes entregaba a los asistentes que iban llegando un pequeño joyero de oro dentro del cual había una piedra preciosa de regalo. La cena fue amenizada con la música de violines rusos y tras los postres actuó la Argentinita, célebre bailarina de flamenco afincada en París. El baile se prolongó hasta altas horas de la madrugada y fue un auténtico éxito. El coste de la fiesta ascendió a sesenta mil dólares.

Si el padre de Barbara había pretendido dar a conocer a su hija casadera entre los miembros de la buena sociedad estadounidense, había conseguido el efecto contrario: su cuantiosa fortuna espantaba a los posibles candidatos que no se sentían capaces de estar a la altura de su elevado nivel de vida. Por el contrario, los cazafortunas sin escrúpulos ya conocían a la rica heredera que parecía una presa fácil. El despilfarro de la fiesta de presentación de la joven heredera sentó muy mal a los ciudadanos estadounidenses, que sufrían el primer año de la Gran Depresión. Que la nieta del fundador de los almacenes Woolworth (tristemente célebres por los exiguos sueldos que cobraban sus empleados) derrochara su fortuna en bailes y fiestas como la del Ritz, no gustó a la opinión pública, que la criticó con dureza.

Por aquel tiempo, Barbara se mostraba menos tímida y disfrutaba de la vida social en compañía de su primo Jimmy Donahue, su único amigo íntimo y confidente. Este joven *playboy*, rico, atractivo y con un gran sentido del humor, era un reconocido homosexual, famoso por su falta de discreción y sus conquistas masculinas. En 1945, Jimmy se ganó el afecto de los duques de Windsor y durante ocho años los acompañó en su exilio dorado pagando de su bolsillo los caros caprichos de la pareja. Quizá influida por el ostentoso estilo de vida de su primo, Barbara comenzó su legendaria escalada de extravagancias. Cuando finalizó sus estudios le exigió a su padre tener su propio vagón de tren privado. La joven se salió con la suya y consiguió un lujoso vagón que tenía tres cuartos de baño, una gran habitación y un amplio salón donde podían cenar varios comensales.

En mayo de 1931, Barbara Hutton fue presentada a la corte británica ante la reina Mary y el rey Jorge V. Al día siguiente asistió a una fiesta en honor al príncipe de Gales, ofrecida en los jardines del palacio de Buckingham. En esa recepción conoció al príncipe Eduardo de Inglaterra e incluso bailó un fox-trot con él. Aunque la prensa inglesa especuló entonces sobre un posible romance entre el heredero al trono y la millonaria, el príncipe sólo tenía ojos para una mujer de la que estaba totalmente enamorado: la divorciada estadounidense Wallis Simpson.

Matrimonios fallidos

Barbara Hutton no había podido olvidar al príncipe ruso Mdivani que se había casado con su amiga Louise Van Alen. Cuando en septiembre regresó a París y se instaló en el Ritz, supo que el matrimonio Mdivani también se encontraba en la ciudad. La pareja pasaba sus días gastando el dinero en caprichos, paseando en su Rolls-Royce y acudiendo a las tiendas de los grandes modistos o a las fiestas más lujosas. Barbara y Alexis se vieron a menudo en algunas de las extravagantes fiestas que el príncipe organizaba para sus amigos. A nadie —ni a la propia Louise— le pasó por alto la atracción que existía entre ellos. El padre de Barbara intentaría por todos los medios apartar a su hija de aquel conocido vividor, pero sería en vano. Alexis se divorciaría de su esposa a finales de noviembre de 1932 y ya estaba listo para casarse de nuevo con otra ingenua heredera.

Mientras los rumores del romance entre la multimillonaria y el príncipe ruso estaban en boca de todos, Barbara decidió alejarse un tiempo del escándalo. Presionada por su padre, que se negaba a que siguiera viendo a Alexis, e incapaz de hacer frente a los problemas que se avecinaban, se embarcó en un viaje alrededor del mundo en compañía de unos amigos. Alexis, que no estaba dispuesto a soltar a su «presa», la siguió hasta Java y de allí a Bangkok. Como era de imaginar, la enamoradiza señorita Hutton no pudo negarse a su petición de matrimonio, y aceptó encantada ser su esposa.

El 21 de abril de 1933 se anunció el compromiso oficial de la boda de la dama estadounidense y el príncipe Mdivani. A su regreso a París, Barbara comenzó los preparativos de un enlace que se convertiría en todo un acontecimiento social. En su suite del Ritz recibió a los modistos más importantes para elegir su traje de boda. Finalmente se inclinó por Jean Patou, quien diseñó para ella un elegante y romántico traje en seda de color marfil con mangas abombadas. La joven lucía una original tiara de estilo balinés —que le encargó a Cartier— hecha en carey y decorada con tréboles de diamantes, que le sujetaba el largo velo de encaje.

En la ceremonia civil, Barbara llevaría un vestido de seda color gris perla de Chanel, con una capa corta a juego y un original sombrero en organdí gris. Entre las joyas que eligió para la ocasión destacaban un collar de diamantes, un brazalete de oro y un anillo de compromiso con una llamativa perla negra, regalo de Alexis. La prensa se hizo eco de todos los detalles del enlace, dedicando un buen número de páginas a las críticas de aquellos que la acusaban de casarse con un extranjero y además de dilapidar el dinero de miles de pobres: los clientes de los almacenes Woolworth. Sólo en el año 1933, Barbara se gastaría 42 millones de dólares; en la lista de gastos figuraba la compra de tres Rolls-Royce.

La ceremonia religiosa se celebró el 22 de junio en la catedral rusa de Saint-Alexandre Nevsky de París, con todo el lujo y esplendor que se esperaba. Su interior se decoró en blanco y amarillo con crisantemos y azucenas; miles de velas blancas instaladas en enormes candelabros de bronce iluminaban el altar. Un coro de treinta jóvenes cantó el himno nupcial en una ceremonia que se celebró según el rito ortodoxo.

Los recién casados tendrían que alquilar otra suite para poner en ella los valiosos regalos de boda que les hicieron, entre ellos un péndulo de Cartier incrustado de diamantes y un neceser decorado con rubíes, además de porcelanas de Limoges, vasos de cristal de Baccarat y accesorios de aseo de oro. Franklyn Hutton estaría a la altura de estos presentes y le regalaría a su hija un magnífico collar de cincuenta y tres perlas de Cartier que había pertenecido a la reina María Antonieta. A su yerno le obsequiaría con un barco de diecinueve metros que los esperaba anclado en Venecia, donde se iniciaría su luna de miel.

Barbara tenía veinte años y, como más tarde reconocería, no se casaba enamorada sino para escapar de su dominante padre. Pronto descubriría que para Alexis sólo existía el dinero y el polo, su gran pasión. «Si hubiera sabido que el polo era tan importante para mi esposo, habría hecho mejor en nacer yegua», comentaría con su habitual sentido del humor. Influida por su esposo, la joven, que no se sentía a gusto con su físico, comenzó una dieta de adelgazamiento para estar más seductora a sus ojos. Aunque era atractiva y lucía unas piernas estilizadas, Barbara era un poco gruesa para su altura. Medía un metro sesenta y ocho y pesaba cerca de setenta y cuatro kilos. A base de un régimen draconiano que consistía en beber tres tazas de café al día, consiguió perder en apenas unas semanas cerca de veinte kilos. Las fotografías de aquella época dan fe de su transformación. En poco tiempo lucía una estilizada figura y un rostro seductor —con el cabello rubio corto ondulado y las cejas pintadas a la moda— que recordaba al de una estrella de cine. Elsa Maxwell, que coincidió con ella en París, dijo: «Barbara se ha convertido en una belleza increíble, exótica y fascinante. Por el contrario, su marido sigue siendo el personaje extraño, ambicioso y temerario que fue con Louise Van Alen».

Al cumplir los veintiún años, Barbara era una de las mujeres más ricas del mundo. En noviembre de 1933 pasó a disponer de la herencia de su madre, que ascendía a cuarenta y dos millones de dólares. Siempre generosa con los suyos, le entregaría como regalo a su padre cinco millones de dólares en agradecimiento por su habilidad en las finanzas: Franklyn había convertido los veintiséis millones de la herencia de su hija en treinta y nueve, y además había liquidado todas las operaciones poco antes del hundimiento de la Bolsa en 1929. A su esposo, Alexis, le regalaría otro millón de dólares. En un editorial de *The New York Times* se podía leer: «Debe de estar muy contenta con su esposo, ya que por lo visto no tiene ninguna intención de que se convierta en un hombre de negocios».

Barbara y Alexis continuarían con su interminable luna de miel, y a principios de 1934 pusieron rumbo a Extremo

Oriente. Tokio, Shanghái y Pekín fueron algunas de las ciudades donde recalaron en las siguientes semanas, alojándose en palacios de ensueño y hoteles de lujo. Barbara se sumergió de lleno en la vida cultural de China, un país que le fascinaba. Durante su estancia contrató a la princesa Der Ling, esposa del antiguo embajador estadounidense en China —y ex dama de compañía de la última emperatriz regente—, como profesora de chino. Pero su esposo detestaba Pekín porque no había vida nocturna, ni casinos donde jugar, ni fiestas donde beber hasta al amanecer. Mientras Alexis se desesperaba y añoraba el ambiente más cosmopolita de Shanghái, su esposa se dedicaba a comprar magníficas porcelanas chinas de los siglos XVII y XVIII. Después de pasar dos meses en Pekín, llegaron a Bombay donde Alexis pareció revivir. Allí coincidieron con el maharajá de Kapurthala, a la sazón casado con la bailarina española Anita Delgado, y fueron invitados a visitar los suntuosos palacios de la región del Rajastán.

Antes de regresar a Estados Unidos, el matrimonio Mdivani hizo una larga escala en Londres para recuperarse de su agotador periplo asiático. Para Barbara había sido una experiencia fascinante y enriquecedora; para Alexis, semanas de aburrimiento. El distanciamiento entre ellos era evidente y cuando se alojaron en el Claridge de Londres pidieron dos habitaciones separadas. Barbara quería espacio y estar sola. La pasión que pudo sentir al principio cuando conoció a Alexis se había esfumado durante aquel viaje. Estaba cansada de su príncipe ruso con quien apenas compartía intereses ni gustos: «Me aburro con Alexis. De toda la fascinación por él, y de todo el placer que me ha proporcionado su manera extravagante de hacerme la corte, ya no queda nada. No siento ni siquiera ternura por él. Y aunque las mujeres se vuelvan locas

con sus encantos, eso no cambia nada mi nuevo sentimiento».
Alex, herido en su orgullo y ante el desplante de su esposa, se
dedicó a beber y a frecuentar los clubes nocturnos londinenses. Barbara abandonaría Londres sin su marido a mediados de
junio, y Alexis se quedaría en Inglaterra para la temporada
de polo.

En aquellos difíciles días, Barbara, triste y desencantada, se
refugió en la poesía, su único medio de expresión. Sus poemas
reflejan su estado de ánimo y aunque no tienen una gran calidad literaria llegan directos al corazón. El 14 de noviembre
de 1934 cumplía veintidós años y a pesar de que su matrimonio no atravesaba su mejor momento, Alexis le organizó una
fiesta por todo lo alto en los salones del hotel Ritz de París. El
príncipe en persona se ocupó de todos los detalles: contrató a
la orquesta para amenizar el baile, eligió el menú de la cena
—para ciento cincuenta invitados— y seleccionó los mejores
vinos. Un decorador francés transformó el salón de baile en
un auténtico zoco recreando una calle marroquí. Coco Chanel, Jean Patou, el duque de Westminster, el príncipe Ali Khan,
entre otros nombres ilustres, asistieron a la fiesta. Pero hubo un
invitado que no pasó desapercibido para Barbara: el conde
Court Haugwitz-Reventlow. Este atractivo y deportista aristócrata danés de origen prusiano, tenía treinta y nueve años y
hablaba cinco idiomas a la perfección. Alexis se lo había presentado en Londres y luego había coincidido con él en otras
ocasiones. Barbara no se contentó con sentarlo a su lado, en la
mesa de honor, sino que bailó toda la noche con él. Aunque
la homenajeada agradeció a su esposo una velada tan inolvidable —que costó cuarenta mil dólares y pagó ella de su bolsillo—, su matrimonio estaba roto.

A principios de 1935, el padre de Barbara contrató los

servicios de un detective privado londinense para conocer los antecedentes del nuevo pretendiente de su voluble hija. El señor Hutton respiró más tranquilo al saber que el conde Court Haugwitz-Reventlow no era un cazafortunas como el príncipe Mdivani y que su vida no estaba salpicada de escándalos. Los Reventlow eran terratenientes que vivían en Dinamarca donde poseían varias propiedades y granjas lecheras. Sus vastos dominios en la isla danesa de Lolland comprendían ocho mil hectáreas de tierras y el inmenso castillo de Hardenberg.

A finales de marzo de 1935, Barbara se alojaba con su esposo en una suite del Claridge y su amante el conde danés en otra suite del Berkeley Hotel. La situación resultaba humillante para el príncipe Alexis, que sabía que la pareja se veía a diario. Finalmente, y tras dos años de vida en común, ella le pidió el divorcio. El príncipe ruso apenas pudo reaccionar, aunque esperaba la noticia desde hacía unos meses. Como la mayoría de sus ex maridos, Alexis Mdivani, además de una buena suma de dinero, recibiría valiosos obsequios de su generosa esposa: un palacio en Venecia, joyas, caballos de polo y uno de sus famosos Rolls-Royce.

Tras el anuncio de su divorcio, Barbara embarcó hacia Nueva York dispuesta a comenzar una nueva relación. A su llegada a la ciudad de los rascacielos, el acoso de la prensa era insufrible. Barbara se subió a una limusina que la esperaba para llevarla al apartamento de unos amigos. Al día siguiente, en un avión privado y en compañía de su abogado, ponía rumbo a la ciudad de Reno, la capital de los divorcios rápidos. Mientras tanto, su prometido Court Reventlow se encontraba en Copenhague para solicitar un permiso al rey Christian X que le autorizase a contraer matrimonio. Según la ley de ese país, todos los propietarios de tierras debían obtener la aprobación real antes de casarse.

Apenas veinticuatro horas después de haber conseguido su divorcio, Barbara Hutton contraía matrimonio con el conde Reventlow. La boda tuvo lugar en la iglesia presbiteriana de Reno y apenas duró diez minutos. Fue una ceremonia íntima, sencilla y polémica. La rapidez con la que la señora Hutton se había divorciado y vuelto a casar no contribuía a mejorar su ya deteriorada imagen pública. El titular de un artículo sobre el enlace, aparecido en un periódico de San Francisco, era de lo más explícito: «¡El príncipe ha muerto! ¡Larga vida al conde!». Como un mal presagio, este titular se adelantaba a los acontecimientos: el príncipe Alexis, con veintiséis años, moriría el 1 de agosto de aquel mismo año en un accidente de automóvil.

Tras pasar unos días en un hotel de San Francisco perseguidos por una nube de fotógrafos, Barbara y Court llegaron a Nueva York donde los esperaba una desagradable sorpresa. En la estación de tren, un grupo de empleados de la compañía de los grandes almacenes Five and Dime, los siguieron hasta la casa de Barbara en el 1020 de la Quinta Avenida, reclamando unos salarios más justos. Su nuevo esposo tuvo que aceptar que por el hecho de contraer matrimonio con Barbara ya no tendría vida privada. Si el conde detestaba la publicidad, a su esposa —que desde el suicidio de su madre era un personaje asiduo de la prensa del corazón— no parecía disgustarle que hablaran de ella.

Sin embargo, la tristeza de su mirada y su cada vez más alarmante delgadez dejaban claro que su esposa sufría un desequilibrio nervioso. Court pronto descubriría las causas de la anorexia que a todas luces padecía su esposa. Barbara, propensa a engordar, vivía obsesionada por perder peso. Sin consultar a ningún médico dietista se aplicaba a sí misma severas dietas que alteraban su organismo y le provocaban constantes cambios de humor. Cuando Court quiso intervenir, alarmado por lo poco que comía su esposa —apenas un plato de verdura cada tres días y grandes dosis de café diarias—, ella le dejó muy claro que era asunto suyo.

Poco tiempo después de su boda, Barbara viajó con el conde Reventlow al castillo de Hardenberg en Dinamarca para ser presentada a su familia. Su llegada coincidió con la noticia de la muerte de Alexis, que la sumió en una profunda tristeza. La rica heredera sólo volvió a sonreír cuando, tras una elegante cena organizada en su honor, su cuñado Heinrich le regaló un magnífico brazalete de esmeraldas que había pertenecido a su bisabuela. Barbara, conmovida por el obsequio, diría: «Es la primera vez que recibo un regalo que no he tenido que pagar yo».

A principios de septiembre, Barbara y Court pasaron una temporada en París alojándose como era su costumbre en el hotel Ritz. Los principales periódicos tenían asignado un periodista y un fotógrafo exclusivamente para seguir todos los pasos de la Hutton. El público leía con interés todo lo que concernía a la adinerada dama americana, como si su vida fuera una serie por entregas. En aquellos días, Barbara se sentía feliz porque estaba embarazada. Una de las primeras visitas fue a la casa de modas Chanel, donde fue recibida por la propia Coco en su apartamento privado de la rue Cambon. La modista le tomó las medidas para realizar su guardarropa de futura mamá.

Por recomendación de una amiga, Barbara decidió dar a luz en la ciudad de Londres. Alquiló una hermosa y solariega mansión junto a los jardines de Hyde Park y allí, en una habitación equipada con los más modernos aparatos, daría a luz por cesárea a un hermoso niño rubio de ojos azules al que llamarían Lance. Pero la felicidad de la madre duraría poco. Tras el nacimiento de su hijo, Barbara tuvo un fuerte acceso de fiebre que hizo que los médicos temieran por su vida. Finalmente se decidió extirparle un ovario y lentamente comenzó a mejorar. A los diez días se encontraba totalmente recuperada y Lance pudo ser bautizado cuando contaba tres meses y medio.

El matrimonio había decidido fijar su residencia en Inglaterra por miedo a que en Estados Unidos el hijo de la multimillonaria Hutton pudiera ser raptado. Adquirieron una propiedad rodeada de seis hectáreas de fresnos, tilos y nogales junto a Regent's Park. Era el mayor jardín privado de Londres después del palacio de Buckingham. Sobre las ruinas de una casa llamada St. Dunstan's, del siglo xix, la Hutton decidió construir una fastuosa mansión de estilo regencia. Este sería su hogar en los siguientes años. Barbara se gastó siete millones de dólares en su remodelación y decoró sus dependencias con valiosas antigüedades. La bautizó como Winfield House en recuerdo de su abuelo. La casa disponía de sala de música y de baile, biblioteca, sala de billar, gimnasio, piscina interior climatizada y exterior y diez baños modernos —el de ella tenía toda la grifería de oro macizo—, además de campo de tenis, caballerizas y tres invernaderos. Hoy es la embajada de Estados Unidos en Reino Unido.

La opinión pública no daba crédito al tren de vida que llevaba la multimillonaria en su mansión londinense. Aquélla fue una época en la que Barbara gastó mucho dinero comprando una colección de joyas de un valor incalculable. Siendo la condesa de Haugwitz-Reventlow, hizo una de sus más famosas adquisiciones en Cartier: las esmeraldas de los Romanov que habían pertenecido a la gran duquesa Vladimir. En 1936 pagaría alrededor de un millón de dólares por estas magníficas gemas. Barbara encargó entonces a Cartier que le diseñara un anillo, dos pendientes y una gargantilla a juego con la mayor esmeralda engastada en el centro. En 1947, mientras estaba casada con el príncipe Troubetzkoy, le pidió de nuevo a Cartier que con las mismas esmeraldas le diseñara una original tiara de estilo oriental convertible en gargantilla. La tiara de esmeraldas fue una de las joyas más famosas de la señora Hutton, junto al diamante Pasha de cuarenta quilates que había pertenecido al virrey de Egipto, Ismail Pasha. Barbara lo compró a Bulgari y como no le gustaba la forma octogonal que tenía le pidió que se lo montara en un anillo espectacular. La excéntrica heredera también llegaría a poseer un buen número de valiosas joyas de jade —una de sus piedras preciosas preferidas—, en especial un espléndido collar de veintisiete cuentas con un broche de rubíes y diamantes que fue subastado en Ginebra en 1988.

Mientras derrochaba el dinero comprando joyas a su antojo, en Estados Unidos los trabajadores de los almacenes Woolworth se pusieron en huelga reclamando un salario digno. La dirección se negó a aumentarles el sueldo a veinte dólares a la semana y decidieron salir a la calle. Barbara, que por entonces se encontraba de viaje en Egipto con su esposo y no se había enterado de la huelga, seguiría disfrutando de la buena vida en el hotel Mena House, frente a las pirámides de Giza. La prensa en aquella ocasión se ensañó con ella y a su regreso de vacaciones decidió conceder una entrevista a un periódico estadounidense. En un intento por lavar su deteriorada imagen, Barbara aseguró: «Alguien dijo en una ocasión que los ricos eran diferentes. Y puede que sea cierto. Pero en lo que a mí respecta, sólo soy la representante de la primera generación de mujeres en mi familia que no tienen necesidad de fregar los platos o de coser sus propios vestidos. Y tengo la intuición de que si alguna vez tuviera que hacerlo, lo haría muy bien. Además, yo adoro a mis amigos, pero mi posición social me da igual».

En el verano de 1937 la relación entre Barbara y Court comenzó a ser más tensa. Discutían a menudo, y el conde se mostraba violento con su esposa a la que llegó a pegar en un ataque de cólera. Solía tratar mal a los sirvientes o los despedía sin la autorización de ella. Durante unos meses, y de cara a la galería, viajaron juntos y se los pudo ver en Venecia asistiendo a fiestas y bailes. Pero cuando Court le pidió que renunciase a su nacionalidad estadounidense y mantuviera la danesa, Barbara se quedó perpleja. Su hábil y maquiavélico marido la acabaría convenciendo de las ventajas fiscales de renunciar a su nacionalidad. Al conde Reventlow, por supuesto, le movían otros intereses, pero la ingenua millonaria cedió a sus presiones.

La noticia de la renuncia de Barbara Hutton a su nacionalidad estadounidense creó un gran malestar en Estados Unidos. Barbara era la hija de un magnate del comercio que había conseguido hacerse rico gracias al trabajo y al esfuerzo de sus trabajadores. La acusaron de traidora y hubo manifestaciones de los empleados de las tiendas en cuyas pancartas se podía leer: «Barbara renuncia a su ciudadanía pero no a sus beneficios».

Con su temperamento autoritario y el poco sentido que Barbara tenía para los negocios, Court había conseguido sus propósitos, pero el matrimonio había tocado fondo. En enero de 1938, harta de sentirse manipulada, y dolida porque su marido la obligara a renunciar a su ciudadanía en contra de su voluntad, comenzó a hacer su vida sin contar con él. El 28 de julio la pareja firmó un acuerdo de divorcio en Londres. El conde Court Reventlow recibiría dos millones de dólares tras la separación. Su suegro —que desconocía los malos tratos físicos y psicológicos que Court infligió a su esposa— le regaló un Hispano-Suiza en reconocimiento a su buen comportamiento durante los trámites legales. Tras el divorcio, el hermano pequeño de Court le escribió una carta a Barbara reclamando el brazalete que la familia le había obsequiado como regalo de boda: «Las esmeraldas son piedras de la familia y ya que no formas parte de ella, deberías devolverlas», le decía de manera muy poco elegante.

A mediados de 1938, Barbara recibió una llamada del entonces embajador de Estados Unidos en Londres, Joseph Kennedy, comunicándole que la situación en Europa era muy delicada y la guerra podía estallar en cualquier momento. Ante esta alarmante noticia, la señora Hutton cerró las puertas de su mansión de Winfield House y mandó embalar todas sus pertenencias. A su regreso a Nueva York fue recibida por los empleados de las tiendas Woolworth, de nuevo en huelga, quienes además de insultarla, le lanzaron huevos y tomates.

Tras una corta estancia en Nueva York, Barbara decidió viajar en coche a California para presentar a su hijo a unos viejos amigos que vivían en la costa Oeste del país. Su precipitado viaje tenía otro oculto propósito: reunirse con el que era su amante desde hacía unos meses: el famoso actor Cary Grant. La primera aparición pública de la pareja no pasó desapercibida para la prensa: la elegante heredera americana y el actor inglés cenaron muy acaramelados en un conocido res-

taurante de la ciudad de Los Ángeles. Aunque los cronistas de
sociedad de Hollywood se apresuraron a predecir el fracaso
de la pareja, pues al parecer tenían muy poco en común, lo
cierto es que por primera vez Barbara había encontrado a un
hombre que era más famoso que ella y al que no le interesaba
su fortuna.

Barbara y Cary se conocieron en 1938 durante una travesía por el Atlántico en el barco *Normandie* cuando la multimillonaria regresaba con su hijo a Inglaterra. A Barbara, el actor
le causó una muy buena impresión, era «encantador, sencillo y
tenía un fino sentido del humor». Cuando llegaron a tierra
firme se intercambiaron los teléfonos y prometieron verse de
nuevo. Tras aquel primer encuentro coincidieron en varias
ocasiones en Nueva York, París y en una fiesta en Londres.
A partir de entonces solían verse a menudo, siempre de manera discreta, y cuando estaban separados pasaban largas horas
hablando por teléfono. Una reciente biografía sobre Cary
Grant, de Marc Eliot, desvela algunos detalles menos románticos de su relación. El libro destapa la amistad que el actor tenía entonces con Edgar J. Hoover, director del FBI. Según el
autor, Grant se casó con la rica heredera —con marcadas simpatías hacia los nazis— no sólo por amor sino para pasarle información sobre sus actividades al FBI. Hoover creía que Barbara Hutton entregaba importantes cantidades de dinero a los
nazis, a través de su segundo marido, a cambio de la seguridad
de éste.

Barbara se había enamorado de uno de los actores mejor
pagados de Hollywood, algo nuevo para ella pues sus anteriores maridos fueron hombres ociosos y sin grandes recursos. Si
los dos tenían algo en común era una infancia difícil y solitaria, marcada por la ausencia de una madre y los problemas

conyugales. Archibald Leach —más conocido como Cary Grant— había nacido en Bristol, Inglaterra, el 18 de enero de 1904 en el seno de una humilde familia. Tenía nueve años cuando su padre —un adúltero recalcitrante— recluyó a su madre en un centro psiquiátrico para poder vivir sin trabas con su amante. Hasta que supo la verdad, veinte años más tarde, Grant odió a su madre por haberle abandonado. Un sentimiento que tiñó de desconfianza todas sus relaciones con las mujeres. A los trece años, el joven huyó de casa porque no podía soportar más a un padre alcohólico que no mostraba el más mínimo afecto por él. En 1920 se embarcó con una conocida troupe de cómicos rumbo a Estados Unidos para realizar una larga gira en distintos teatros del país. Con dieciséis años y casi un metro noventa de estatura, su atractivo, seductora sonrisa y elegancia pronto cautivarían al público estadounidense.

Antes de regresar a Europa, Cary y sus compañeros prefirieron quedarse en Estados Unidos y probar fortuna en Hollywood adonde llegó en 1931. Apenas diez años más tarde, Grant era el galán de moda, una gran estrella que vivía en Santa Mónica en una magnífica mansión frente al mar. Barbara alquiló la antigua casa del actor Buster Keaton para estar más cerca de su nuevo amor. La residencia era una villa italiana con treinta habitaciones y una piscina exterior en forma de termas romanas. Entre otras extravagancias tenía un río lleno de truchas que se iluminaba por la noche.

El 8 de julio de 1942, Cary Grant se convertía en el tercer marido de Barbara Hutton. La boda, a diferencia de las anteriores, no contó con la presencia de ningún periodista y se celebró en la más estricta intimidad junto al lago Arrowhead, al sur de California. Grant firmaría un documento legal en el que se estipulaba que en caso de divorcio renunciaba a su compensación de un millón de dólares. Al parecer fue Hoover quien, para proteger al actor de cualquier complicación, no quiso que sus finanzas estuvieran relacionadas con las de la rica heredera. Sin duda los años que pasaron juntos fueron los más felices para Barbara; ninguno de sus anteriores maridos la trató con tanta delicadeza y cariño. Pero los que los conocían bien sabían que sus diferencias eran insalvables y su forma de vida totalmente opuesta.

Pese a ser un actor muy famoso, a Grant no le gustaba dejarse ver en sitios públicos y hacía muy poca vida social. Prefería pasar el tiempo en casa, rodeado de sus buenos amigos. Tenía por costumbre organizar divertidas cenas los sábados por la noche: «Hemos elegido el sábado porque es el día libre de las personas de servicio de Barbara, así los invitados cocinaban y fregaban sus propios platos». El problema es que Barbara no acababa de encajar en el grupo de amigos —entre ellos David Niven o James Stewart— de su marido. Acostumbrada a tratar con aristócratas y millonarios, y no con actores de Hollywood, se sentía desplazada.

Cary Grant fue una especie de ángel de la guarda para su esposa, que se mostraba muy esperanzada con esta nueva relación. El actor apreciaba su sensibilidad y opinaba que Barbara estaba muy dotada para la poesía y el baile. Desde el principio intentó proteger su vida privada y para ello le pidió a su esposa que prescindiera de su agente de prensa. Pasado un tiempo, la pareja se planteó tener un hijo, pero Barbara no podía quedarse embarazada. Aunque intentaron la inseminación artificial, y consultaron a un buen número de especialistas, no dio resultado.

Poco a poco las diferencias entre ellos se irían agrandando. Grant detestaba que la prensa sólo se hiciera eco de la escandalosa forma de vivir de Barbara y temía que el comportamiento de su esposa influyera negativamente en su carrera artística. Por otra parte, el actor —con fama de tacaño— no soportaba los gestos generosos de Barbara, quien acostumbraba regalar a sus doncellas joyas y lujosos vestidos que no había llevado más que en una ocasión. Tras su boda, los Grant habían alquilado una inmensa y lujosa propiedad en Pacific Palisades, a pocos minutos del centro de Los Ángeles, y tenían veintinueve personas a su servicio, algo que al actor le resultaba un auténtico despilfarro.

En 1943, el matrimonio de Barbara se tambaleaba y el actor se refugió en el trabajo rodando cinco películas. Acostumbrada a que sus maridos estuvieran con ella y a que no trabajaran, el que Grant cada día se marchara temprano de casa a los estudios le producía una gran desazón. Se sentía de nuevo abandonada y sola como en su niñez, y comenzó a beber y a tomar tranquilizantes para dormir. Barbara se aburría mientras Cary rodaba en los estudios. Cuando regresaba a casa de noche, en busca de tranquilidad, se la encontraba llena de gente que no conocía, bebiendo y hablando a gritos. Su esposa organizaba fiestas para divertirse y llenar su insoportable soledad. El productor de cine Frederick Brisson, que frecuentaba a la pareja, diría: «Durante todo el tiempo que Cary pasaba en los estudios, Barbara no tenía nada que hacer. Comenzó a decir que su matrimonio no duraría mucho. De hecho, ella necesitaba a alguien permanentemente a su lado. Era una pena porque Cary la amaba de verdad. Tenía una influencia muy beneficiosa sobre ella. Adquirió más confianza en sí misma y asumió mejor el hecho de ser rica. Él le hizo vivir sus mejores momentos. Era muy tierno y delicado con ella. En el mundo real las parejas corrientes tenían sus altibajos... la gente salía de casa para ir al trabajo. Pero Barbara siempre ha rechazado ese mundo. Prefería el universo que ella se había creado, poblado de unicornios y caballos alados».

A principios de agosto de 1944, el matrimonio Hutton-Grant había tocado fondo. Una noche, el actor preparó sigilosamente su equipaje y mientras su esposa dormía abandonó la casa. Se instaló en un apartamento de Beverly Hills que había alquilado en secreto la semana anterior. Al día siguiente, Barbara, indignada, anunció a la prensa que había dejado a Cary Grant y que ella tenía la culpa del fracaso de su matrimonio. Aunque siete semanas después de su separación, los Grant se dieron una nueva oportunidad, no funcionó. Y así fue como en febrero de 1945 acabó la historia de amor de la pareja más famosa de Hollywood. En sus primeras declaraciones tras la ruptura, Grant confesó: «Realmente no sé por qué ha fracasado este matrimonio. Todo hubiera podido ir bien entre nosotros, pero lo cierto es que no ha sido así. Todavía tengo un sentimiento muy profundo hacia Barbara. Seguimos siendo grandes amigos y le deseo todo lo mejor. Me gustaría verla muy feliz. Y estaré muy contento el día que la vea sonriente del brazo de un hombre».

A sus treinta y tres años, la señora Hutton se quedaba de nuevo sin compañía. Para olvidar a Grant, Barbara le propuso matrimonio a Oleg Cassini, en aquel tiempo diseñador de vestuario en Hollywood. Cassini, hijo de aristócratas rusos, estaba entonces casado con la célebre y hermosa actriz Gene Tierney con quien tuvo dos hijos. Aún tendrían que pasar diez años para que se convirtiera en el famoso diseñador de moda responsable del vestuario de la mujer que sucedería a la Hutton como la más elegante del mundo: Jackie Kennedy.

En sus memorias, Cassini no dejaba en muy buen lugar a la rica heredera: «Los hombres eran para ella el mejor de los estimulantes. Solía enamorarse de varios hombres a la vez, pero el verdadero amor era algo difícil de conseguir en su vida. Algo que se parecía más a una amistad platónica y romántica que a una pasión carnal. Dividía a los hombres en dos grupos: los que amaba y con los que se acostaba. Sus matrimonios estaban exentos de sexo y sus historias sexuales exentas de amor. Esta incapacidad que tenía de combinar estos dos aspectos del amor en un solo hombre explica el hecho de que cambiara tan a menudo de marido. Siempre esperaba encontrar al hombre de sus sueños. Un bello caballero de brillante armadura, pero que por alguna fatalidad siempre resultaba inaccesible».

Tras la ruptura con Cary Grant, y la negativa de Cassini a convertirse en su cuarto marido, Barbara disfrutó un tiempo de su soltería. Con Grant mantendría una buena relación, incluso su hijo Lance pasaría las vacaciones con el actor. Ahora estaba de nuevo sola pero, por primera vez, no corrió a buscar un nuevo compañero: «Es la primera vez en mi vida que tengo la impresión de ser una mujer libre. Desde que nací, siempre ha habido alguien detrás de mí para decirme lo que debía o no debía hacer. Primero fue mi padre. Luego mis maridos. Y si siempre me he plegado a sus deseos, ha sido porque no soporto los enfrentamientos. En el momento en que me gritan, capitulo con tal de obtener la paz. Ahora me puedo pasear a mi antojo…».

No obstante, y a pesar de sus buenos propósitos, la Hutton mantuvo un discreto romance con el actor Errol Flynn, cuyo verdadero nombre era Errol Leslie Thomson Flynn. En aquel tiempo, el actor ya era un héroe de película de aventuras, pero tenía fama de mujeriego y vividor. Aunque en un principio Barbara no quiso sucumbir a sus encantos, su reputación de buen amante acabó tentándola. Un día dejó un mensaje en la casa de Errol en Hollywood donde le decía: «Si desea acostarse conmigo, llámeme, firmado Barbara Grant». El apasionado idilio duró seis meses. Errol, un icono de la época dorada de Hollywood, moriría a los cincuenta años de edad víctima de su adicción al opio, el tabaco y el alcohol.

DÍAS DE VINO Y ROSAS

Al acabar la Segunda Guerra Mundial, Barbara donó su fabulosa mansión londinense de Winfield House al gobierno de Estados Unidos. La propiedad, que había quedado muy dañada a causa de los bombardeos, sería con el tiempo la residencia del embajador estadounidense en la capital inglesa. Fue en aquellos días cuando la multimillonaria oyó hablar de un palacio que estaba en venta en Tánger, Marruecos, y decidió ir a verlo en compañía de su amigo el conde Alain d'Éudeville. A finales de los cuarenta, la ciudad blanca se había convertido en «zona internacional» libre de impuestos. Su privilegiado estatus atrajo como un imán a expatriados europeos y estadounidenses —entre ellos refugiados que huían de la Gestapo e intentaban comprar a cualquier precio un visado—, intelectuales, aventureros y miembros de la jet set. A Barbara, el exotismo de Tánger y su relajada moralidad le resultaron desde el primer instante muy atractivos.

El palacio era un enorme edificio de altos muros y almenas encaladas situado en pleno corazón de la medina. Se llamaba Sidi Hosni en honor a un santo del mismo nombre que lo habitó en el siglo XIX. Se trataba de un conjunto de siete casas en forma de cubo, comunicadas entre sí mediante laberínticos pasillos y terrazas situadas a diferentes niveles como una casbah en miniatura. En 1933, el palacio fue la residencia del representante de Estados Unidos en Tánger. Cuando éste decidió regresar a su país en 1946, puso la propiedad en venta. El general Franco, deseoso de tener un edificio en esa estratégica ciudad, ofreció a su propietario la cantidad nada desdeñable de cincuenta mil dólares. Barbara Hutton, tras visitar el inmueble, ofreció el doble por el palacio y se cerró el trato.

En los meses siguientes, la Hutton comenzó a gastar sumas considerables de dinero comprando tapices, alfombras, muebles y antigüedades para redecorar el palacio a su gusto. Mandó traer sedas de Tailandia, relojes de oro de Van Cliff & Arpels, además de su colección privada de obras de arte. Las paredes de Sidi Hosni se llenaron de cuadros de Braque, Manet, Kandinski, Dalí, El Greco y Paul Klee. Barbara era la primera extranjera rica que se instalaba en la medina, y no en las opulentas mansiones de la exclusiva zona del Monte Viejo. Allí vivían los residentes extranjeros, en su mayoría excéntricos millonarios como ella. Las autoridades mandaron ensanchar algunas de las estrechas y laberínticas callejuelas de la ciudad vieja para que la rica heredera de los almacenes Woolworth pudiera circular con su Rolls-Royce traído de Inglaterra.

Pero Barbara, aunque viviría en Sidi Hosni como una reina rodeada de su corte de sirvientes uniformados, no fue insensible a la pobreza que la rodeaba. Sin que la prensa se enterara, entregó cheques anónimos a un buen número de organizaciones de caridad que trabajaban en la ciudad. Asimismo creó una organización para alimentar y vestir a todos los habitantes de las montañas del Rif que habían llegado a la medina huyendo del hambre. En los años sesenta, Barbara firmaría un acuerdo con la Escuela Americana en Tánger para becar cada año a una docena de niños pobres. Toda esta generosidad anónima quedaba empañada por las costosas y deslumbrantes fiestas que la dama organizaba en su palacio.

Las fiestas de Barbara Hutton en su fabuloso palacio de la medina atraían a un buen número de aristócratas y célebres personajes de la jet set del momento. Greta Garbo, Aristóteles Onassis y Maria Callas, los escritores Paul Bowles y Truman Capote, y el fotógrafo Cecil Beaton, entre otros muchos, disfrutaron de aquel escenario de *Las mil y una noches*. Fue David Herbert —el segundo hijo del conde de Pembroke que vivía en Tánger desde 1947—, y árbitro social de la vida tangerina, quien ayudó a la Hutton a confeccionar su lista de invitados que incluía a las personalidades de mayor relevancia del país. «Sidi Hosni, La Casbah, Tánger. Mrs. Barbara Woolworth Hutton solicita el placer de su compañía durante un baile en la azotea de su casa (si el tiempo no lo impide), a las 10.30 de la noche del 29 de agosto. Corbata negra. S.R.C. En caso de viento, su anfitriona les ruega que condesciendan a venir otra noche.» Así rezaba la invitación que el escritor Paul Bowles recibió para asistir a uno de los bailes en Sidi Hosni. Tal era la expectación que despertaban las fiestas de la rica heredera, que existía un auténtico mercado negro donde se vendían las invitaciones a precio de oro.

Y es que la Hutton no reparaba en gastos a la hora de impactar a sus invitados. Las fiestas y los bailes de disfraces tenían lugar de noche y generalmente en la espléndida azotea del palacio. La decoración era fastuosa y Barbara era única a la hora de recrear ambientes íntimos y mágicos en las distintas dependencias de Sidi Hosni. En sus fiestas, que reunían a más de doscientos invitados, podían actuar a la vez varias orquestas, bailarinas de la danza del vientre, contorsionistas o gitanos traídos directamente de Granada para bailar fandangos. Solía instalar grandes tiendas marroquíes al aire libre donde sus huéspedes se sentaban sobre mullidos almohadones bordados con perlas y zafiros auténticos, mientras bebían una copa de champán o fumaban una pipa de kif. En una ocasión mandó traer treinta jinetes con sus tiendas y camellos desde el Sáhara tan sólo para que hicieran de guardia de honor a sus invitados.

La extravagante americana se convertiría en poco tiempo en toda una personalidad en Tánger y a la vez en una atracción turística. Los guías que enseñaban la ciudad a los visitantes cuando pasaban frente a su palacio decían: «Vean, aquí está Sidi Hosni, el palacio de Su Alteza Serenísima Barbara Hutton, la reina de la medina». En ocasiones, Barbara recibía a sus invitados sentada en un trono dorado, y luciendo la famosa tiara de diamantes y esmeraldas que había pertenecido a Catalina la Grande. Pero aparte de las opulentas fiestas, la señora Hutton adoraba la simplicidad de la vida en Marruecos, donde podía pasear con tranquilidad por sus calles o sentarse a tomar un té a la menta en uno de sus pequeños cafés sin que nadie la molestara. Por la noche le gustaba bajar sola a la playa y bañarse a la luz de la luna.

El cuarto marido de Barbara Hutton iba a ser un auténtico príncipe ruso llamado Igor Troubetzkoy. Este aristócrata de treinta y cinco años —la misma edad que ella—, de impresionantes ojos verdes, boca sensual y cuerpo atlético, había sido ciclista profesional. Cuando la dama le conoció, se dedicaba a otros negocios más lucrativos, entre ellos, el tráfico de divisas. Barbara sólo había visto una vez a Igor antes de viajar a Tánger pero le había gustado mucho físicamente y además tenía un título nobiliario. Su padre, el príncipe Nicolás Troubetzkoy de origen lituano, y su madre, la condesa Catherine Moussine Pouchkine, habían huido de Rusia en 1905, poco antes de la caída del último zar, Nicolás II. Se instalaron primero en Estados Unidos aunque con el tiempo acabaron fijando su residencia en Niza, en la elegante Costa Azul, donde Igor se había educado.

A su regreso a París averiguó más sobre él y le pidió a un amigo común su número de teléfono. Al día siguiente, Barbara, que siempre daba el primer paso, invitó a cenar al príncipe a su suite del Ritz. Después de la deliciosa cena le invitó sin preámbulos a pasar a su dormitorio. Hasta el propio príncipe se sorprendió de la reacción de Barbara. «Me llamó por teléfono —recordaría—, cenamos y, ¡Dios mío!, todo fue tan rápido e inesperado…» Tras aquella sorprendente velada, Igor se quedó fascinado no sólo por la fortuna de la dama americana y los espléndidos regalos que le hizo sin apenas conocerle, sino por su extraordinario carisma: «Era no sólo una persona muy inteligente, sensible, generosa y apasionada, con un gran sentido del humor, sino que tenía una gran personalidad. Cuando alguien tiene esta cualidad, nunca pasa desapercibido ante los demás… y esto no tiene nada que ver con la belleza. Maria Callas y Marilyn Monroe eran de ese tipo. Jackie Kennedy y Greta Garbo también. Y aunque Barbara no hiciera uso deliberadamente de este don, poseía un gran magnetismo».

En la primavera de 1948, la Hutton contrajo matrimonio

con su príncipe ruso en Coire, un pintoresco pueblo suizo, y la pareja pasó su luna de miel en Zurich y Berna. Habían conseguido despistar a los periodistas pero a su regreso a París una nube de fotógrafos los esperaba a la puerta del hotel. En la rueda de prensa que dieron nada más llegar, la recién casada, exultante, declaraba: «Nunca he sido más feliz. Presiento que nuestra luna de miel durará cuarenta años más». En realidad, Barbara decía públicamente no lo que ella sentía sino lo que los demás deseaban oír. Como en anteriores ocasiones tras la pasión inicial, muy pronto llegaría el desencanto, y un nuevo y sonado divorcio.

Cuando Barbara y su flamante esposo se instalaron en el Ritz, ella pidió dos suites separadas, algo que sorprendió a Igor, que había compartido lecho con ella desde el día mismo en que la conoció. Al príncipe también le extrañó, como a sus anteriores maridos, su actitud con la comida. Barbara seguía obsesionada en perder peso —entonces pesaba cincuenta y ocho kilos y quería quedarse en cincuenta— y durante la opípara cena que ofreció en el Ritz en honor de su esposo, no probó bocado. La Hutton vivía a base de café e ingería grandes cantidades de tranquilizantes y otros medicamentos. Padecía insomnio y por las noches, encerrada en su habitación, se dedicaba a escribir románticos poemas. Su desequilibrio era cada vez más notorio. Pasaba de la euforia a la depresión en cuestión de segundos y su marido se mostraba realmente preocupado por su salud: «Tomaba anfetaminas por la mañana, y calmantes por la noche. Todo ello le alteraba el sueño, modificaba su apetito y disminuía su libido». El príncipe Igor era joven y lleno de energía, y no estaba dispuesto a pasar el resto de sus días cuidando de una enferma.

En el verano de 1949, la salud de Barbara se resintió al sufrir una inflamación en los riñones que la obligó a estar hospitalizada en distintas clínicas suizas. A finales de año se encontraba aún convaleciente en Gstaad y su estado de salud mejoraba poco a poco, incluso se animó a esquiar. Pero una mañana volvió a recaer y fue ingresada de nuevo en un hospital de Berna. El diagnóstico en esta ocasión era alarmante: Barbara sufría una oclusión intestinal y un tumor en el ovario derecho. Tuvo que ser operada dos veces, y le extirparon el segundo ovario. Aunque las intervenciones fueron un éxito, y a todos sorprendió la rapidez con la que Barbara se recuperó, para ella fue un golpe muy doloroso porque se había quedado estéril.

Cuando regresó a París unos meses más tarde, Barbara siguió con sus malos hábitos. Comenzó a salir de noche, a beber y a abusar de medicamentos. Por entonces el interés por su esposo ya se había esfumado. Igor, en su ausencia, había comprado y rehabilitado un viejo caserón en el municipio francés de Gif-sur-Yvette con la idea de que fuera su definitivo hogar. Barbara nunca puso el pie en él ni demostró el más mínimo interés por vivir allí.

Los únicos momentos felices se los daba su hijo Lance —que ya había cumplido los catorce años— cuando se quedaba algunas temporadas con ella. Barbara y su ex marido, el conde Reventlow, habían firmado un convenio por el cual su hijo pasaría la mitad del año con uno y la mitad con el otro. A Barbara la ausencia de su hijo se le hacía cada vez más difícil, y le pidió al conde que cambiara el acuerdo, pero Court se negó en rotundo. Durante aquellas vacaciones que pasaron juntos en Venecia, Barbara le pidió a su ex marido que el niño se quedara unas semanas más con ella. Reventlow, indignado porque su esposa no cumplía lo acordado, llevó el caso a los tribunales, que acabaron dándole a él la razón. Lance tuvo que regresar junto a su padre, que ahora vivía con su nueva esposa y su segundo hijo en una gran casa en Newport. Esta decisión afectó mucho a Barbara, ya que su hijo padecía fuertes crisis de asma y el ambiente húmedo y frío de Newport no era el más apropiado para su enfermedad.

A su regreso a Nueva York, Barbara Hutton acudió a un psiquiatra quien le diagnosticó anorexia nerviosa. Durante varios días se encerró en su suite del hotel Pierre y se negó a ver a nadie, incluido a Igor. A principios de 1950 ya pensaba en su próximo divorcio, pero antes necesitaba iniciar una nueva relación. Comenzó a salir con otro aristócrata, el príncipe francés Henri de La Tour d'Auvergne, un joven de treinta años, galante y cultivado. Cuando la noticia llegó a los oídos de Igor, éste hizo las maletas y se marchó de la casa que aún compartían. Contrató a uno de los mejores abogados de Nueva York dispuesto a sacar el máximo provecho de su separación, pero sólo consiguió novecientos mil dólares —de los que un veinte por ciento eran para pagar la minuta de su abogado—, cantidad que rechazó. Finalmente, Barbara y el príncipe llegaron a un acuerdo por el cual Igor obtendría una casa en Francia, un coche nuevo y la cantidad de mil dólares mensuales en concepto de pensión durante toda su vida.

A principios de 1951, Barbara, dispuesta a pasar más tiempo junto a su hijo, se trasladó a vivir a un hotel en Tucson, una pequeña ciudad del sur de Arizona, cerca del colegio de Lance. Su amante Henri de La Tour d'Auvergne la visitaba los fines de semana pero se sentía muy sola cuando éste la abandonaba. La vida en el árido desierto, lejos de sus amigos y rodeada «del triste espectáculo de cactus y conejos famélicos» no era el lugar más apropiado para una mujer mundana como ella. A finales de año dejó Arizona y regresó a París donde se instaló de nuevo en su suite del Ritz.

En aquella época, Barbara no dejaba de viajar. Su vida parecía una continua peregrinación. En menos de un año residió en Tucson, México, Acapulco, Cuernavaca y San Francisco, donde se instaló de nuevo en Hillsborough, el barrio donde transcurrió parte de su infancia. Sólo aguantó dos meses seguidos y luego se marchó a Honolulú acompañada de su pequeño séquito compuesto por su hijo Lance, su inseparable Ticki y dos personas de servicio. Un mes más tarde se encontraba de nuevo en Los Ángeles. Su amiga de infancia, Cobina Wright, famosa cronista de sociedad, organizó una gran fiesta para celebrar su regreso a Hollywood, pero la Hutton no asistió porque atravesaba una de sus frecuentes crisis autodestructivas.

El estado mental de Barbara era cada vez más inestable. Seguía tomando medicamentos a su antojo y, una noche que no podía dormir, ingirió una dosis elevada de tranquilizantes. Un lavado de estómago realizado a tiempo en un hospital la salvó de una muerte segura. Pero aunque la tendencia autodestructiva de Barbara era evidente, ella siempre lo negaba diciendo que «sólo quería dormir». De nuevo sus amigos más cercanos le aconsejaron que viera a un psicoanalista, pero a quien visitó fue a un maestro de la meditación recién llegado de la India. Fue su amiga de infancia, la también rica heredera Doris Duke, quien le recomendó que se pusiera en sus manos. Al parecer, el yogui le dio cincuenta clases magistrales —a mil dólares la sesión— y regresó a la India con los bolsillos llenos y sin haberla curado.

A sus problemas psicológicos y su dependencia a los fármacos, Barbara tenía que añadir su preocupación por Lance. Su hijo se comportaba como un niño mimado y, aunque era buen estudiante, llevaba un tren de vida desenfrenado. Aunque había intentado ser una buena madre para él, sus continuas ausencias no ayudaban a que los dos pudieran entenderse. Lance era un muchacho atractivo, tenía el cabello castaño claro y un cuerpo atlético como su padre, el conde Reventlow, y el rostro de un chiquillo, con unos rasgos delicados como su madre. Bebía bastante, conducía coches caros y deportivos —una de sus grandes pasiones— y salía mucho por las noches. La relación con su madre en aquel tiempo era fría y tensa. Lance no comprendía sus excentricidades ni su forma de derrochar el dinero. «Lance se mostraba protector con su madre —recordaba una amiga de Barbara— pero nunca se había sentido demasiado próximo a ella. Si bien es cierto que Lance gastaba fortunas en coches no tenía esa obsesión de su madre por gastar dinero continuamente. Y por otro lado no entendía la manía de Barbara de tener que viajar de un lugar a otro continuamente y de cambiar de maridos y de amantes con tanta facilidad.»

Un corazón roto

En mayo de 1953, Barbara acompañó a su hijo Lance a Deauville, donde tenía lugar uno de los campeonatos de polo más importantes del mundo. Esta pequeña ciudad francesa junto al canal de la Mancha, era un balneario de lujo frecuentado por estrellas de cine, aristócratas y millonarios desocupados. Sería allí donde la Hutton conocería al célebre Porfirio Rubirosa, capitán de uno de los equipos de polo que participaba en el campeonato. Este bronceado *playboy* dominicano, que se paseaba del brazo de la despampanante actriz Zsa Zsa Gabor, tenía tras de sí toda una leyenda de conquistador. Antes de llegar a lo más alto de la jet set internacional había sido boxeador, corredor de Fórmula 1, piloto de aviones, buscador de tesoros y embajador en varios países, siempre a la sombra del presidente dominicano Trujillo. Pero su carrera más conocida era la de seductor; entre su larga lista de conquistas figuraban Veronica Lake, Dolores del Río, Joan Crawford, Jayne Mansfield, Susan Hayward, Tina Onassis y Evita Perón.

Porfirio había nacido en una familia de la clase media en la República Dominicana y cuando su padre fue designado consejero de la embajada en París, en 1920, se llevó con él a su hijo. Tras cursar sus estudios en la capital francesa, Rubi —como se le conocía— regresó a su país y se alistó en el ejército; a los veinte años ya era capitán. El presidente Rafael Leónidas Trujillo lo conoció durante un campeonato de polo en 1932 y le contrató para formar parte de su guardia presidencial.

La leyenda de Porfirio comenzó el día que el dictador Trujillo le mandó al aeropuerto a recoger a su hija Flor de Oro, que llegaba de cursar sus estudios en Francia. La joven, de diecisiete años, se enamoró perdidamente del capitán Rubirosa y comenzó a salir con él. Tras un noviazgo de dos años, la pareja se casó con el consentimiento de Trujillo, quien declaró la fecha del enlace fiesta nacional del país. Unos días más tarde, los recién casados viajaron a Berlín, donde Porfirio fue designado embajador. «Es un excelente diplomático —diría de él Trujillo— porque las mujeres lo adoran y es un gran mentiroso.»

La relación con la joven e inexperta hija del presidente

dominicano acabó en el mismo instante en que ésta descubrió que Porfirio era un tarambana y coqueteaba abiertamente con otras mujeres. Tras cinco años de matrimonio y una vez instalados en París, llegó la ruptura. Trujillo no le perdonó la forma en que había tratado a su querida hija, y tras su divorcio Porfirio permaneció un tiempo en París donde para ganarse la vida se dedicó al tráfico de joyas, entre otros oscuros negocios. Sin embargo, el presidente dominicano acabó perdonando a su ex yerno y le ofreció el cargo de agregado comercial en la embajada de Francia.

Porfirio se casaría en segundas nupcias con una joven —y rica— actriz francesa de veintitrés años: Danielle Darrieux. Cuando la pasión acabó entre ellos, se separaron amigablemente. En 1947, Rubi contraía matrimonio de nuevo, esta vez con Doris Duke, la famosa heredera de la American Tobacco Company. Se casaron en la embajada dominicana en París y Trujillo, encantado con la nueva esposa de su ex yerno, le ofreció a Rubi el cargo de embajador en Buenos Aires. En los trece meses que duró su matrimonio, Porfirio recibió de su agradecida esposa magníficos regalos: una escudería de caballos para jugar al polo, varios coches de carreras, una avioneta y una mansión en París. La siguiente conquista era presa fácil: una frágil y enferma multimillonaria que necesitaba más que nunca el cariño de un hombre.

A pesar de que Cary Grant y sus mejores amigos intentaron convencer a Barbara de que era un error que se casara con un vividor como Porfirio, ella siguió adelante con sus planes de boda. El matrimonio tuvo lugar en la embajada dominicana de Nueva York, en una ceremonia celebrada en español y a la que asistieron solamente su hijo Lance, su madrastra Irene y un par de íntimas amigas de la novia. Las fotos del enlace muestran a una mujer ausente, muy delgada y de aire cansado. De hecho, cuando la pareja llegó al hotel donde se había organizado una gran recepción para ellos, Barbara apenas pudo mantenerse en pie media hora y se retiró agotada a su suite. El matrimonio con Rubi comenzaba con malos presagios: al día siguiente, Barbara resbaló en la bañera y se rompió el tobillo. Ante estos contratiempos, la luna de miel tendría que posponerse una semana. La Hutton y su quinto marido partieron poco después a Palm Beach donde la millonaria había alquilado por tres meses una lujosa residencia propiedad del maharajá de Baroda.

Aunque desde el principio Rubi no ocultó su rechazo hacia ella y se instaló en una habitación situada en el ala opuesta de la mansión, Barbara fue muy comprensiva con su nuevo acompañante. El regalo de bodas fue un avión B-52 y cuando Rubi cumplió los cuarenta y cinco años le extendió un cheque para que pudiera adquirir una plantación en Santo Domingo que al *playboy* le parecía una buena inversión. A pesar de los magníficos regalos que Barbara le hacía a Rubi, éste no demostró la menor delicadeza hacia su esposa. Desde que llegaron a Palm Beach, Porfirio salía todas las noches y recorría las mejores salas de fiesta en busca de compañía femenina. Vivía del dinero de Barbara, que gastaba sin ningún miramiento en los clubes de polo o en las mejores tiendas de ropa.

Porfirio pronto regresó a los brazos de su amada Zsa Zsa Gabor, a la que visitó en Fénix, Arizona, donde rodaba una comedia con Dean Martin y Jerry Lewis. La prensa se hizo eco del reencuentro entre la actriz y el *playboy*, pero Barbara no se dio por aludida. A su regreso a casa lo recibió como si nada hubiera ocurrido. Unos días más tarde la millonaria invitó a un grupo de amigos a un conocido restaurante de la ciudad. El célebre cantante Chago Rodrigo, para amenizar la velada, eligió la canción titulada «Just a Gigolo». Porfirio no sólo se tomó con humor la insinuación de su amigo Chano sino que le pidió que repitiera el tema. Sentada a su lado, Barbara no hizo ningún comentario, pero cuando llegaron los postres, y delante de todos los invitados, le propinó un fuerte bofetón a su esposo y abandonó el restaurante.

Así puso fin a su quinto matrimonio, que había durado cincuenta y tres días. Porfirio, en tan sólo mes y medio, había amasado tres millones y medio de dólares entre regalos y cheques de su generosa esposa. Tras el divorcio, Rubi salió al encuentro de su amada Zsa Zsa Gabor que lo esperaba en París. Durante seis meses, la pareja se dedicó a gastar el dinero de Barbara y se dejó ver sin ningún pudor en las mejores fiestas nocturnas de la ciudad. En 1956, la actriz y Rubi se separaron definitivamente; ella regresó a Hollywood donde aún le esperaba una brillante carrera.

Barbara pasó parte del verano de 1954 en su casa de Tánger y después se reunió en Los Ángeles con su hijo, que había dejado la universidad y lo único que le interesaban eran las carreras de coches. Por aquel entonces cuidaba de él Dudley Malker, antiguo mayordomo de Cary Grant. En ausencia de su madre, y como le ocurriera a ella en su infancia, para Lance las personas del servicio doméstico eran su única y estable familia.

En primavera, la Hutton abandonó su casa de Los Ángeles y la compañía de su hijo, y se puso a viajar. Pasó unas semanas en París y luego en Madrid, antes de regresar a mediados del mes de julio a su residencia de Tánger. Instalada en su palacio de la medina, Barbara, que seguía sintiéndose muy sola, le envió una carta a un viejo amigo —y ex amante— suyo, el barón Gottfried von Cramm, en la que le pedía que se reuniera con ella. A los pocos días se presentaba en su casa este famoso campeón de tenis, del que Barbara hacía tiempo que estaba enamorada. Para agasajarlo, contrató a tres bailarinas de la danza del vientre, y al finalizar el espectáculo —en señal de agradecimiento— les lanzó piedras preciosas al escenario.

Tras pasar el verano juntos en Tánger, a mediados de octubre de 1955 Barbara regresó a París y anunció a sus amigos que se casaba con Gottfried, convencida de que esta vez era la última. Se conocían desde hacía dieciocho años y ahora Barbara se encontraba feliz en su compañía y dispuesta a contraer su sexto matrimonio. Se casaron el 25 de noviembre, en Versalles, y en la más estricta intimidad, pero una vez más la felicidad daría la espalda a la rica heredera. Los primeros meses los pasaron en Cuernavaca, México, y allí fue donde Barbara se dio cuenta de que su marido nunca podría consumar su matrimonio. El barón apuesto y musculoso del que se había enamorado, aunque hacía muchos esfuerzos por agradar a su esposa, no podía ocultar su interés por los hombres. Para ella fue un duro golpe y en la primavera de 1956 comenzaron a vivir cada uno por separado, aunque no tenían prisa en divorciarse.

En 1957, Barbara seguía ahogando sus penas en alcohol y abusando de los somníferos. Los médicos le recomendaron que fuera a una clínica de desintoxicación, pero su esposo, que la conocía muy bien, sabía que se negaría. Fue entonces cuando sus amigos, preocupados seriamente por su estado, la animaron a hacer una selección de sus poemas para publicarlos. Finalmente, contenta con la idea, Barbara reunió cuarenta y dos poemas, sobre el amor y los viajes, en un libro que tituló *La Viajera* y dedicó a su hijo Lance.

En verano, la señora Hutton dejó a su esposo en París y viajó a Venecia donde aún tenía buenos amigos. La ciudad de los canales era un lugar frecuentado por ricos estadounidenses y célebres personalidades, que organizaban suntuosas fiestas en sus palacios de ensueño junto a los canales. Barbara se alojó en el palacio de su amiga la condesa Volpi y aquel mes de agosto asistió a la mayoría de las fiestas y lujosas recepciones que se celebraban en la ciudad. Fue allí donde conoció a Jimmy Douglas, hijo de un alto funcionario del ejército americano que pasaba el verano en Venecia. Tenía veintisiete años y, a pesar de la diferencia de edad, enseguida congeniaron. Jimmy se convertiría en su acompañante durante los tres años siguientes. Ambos compartían la pasión por los viajes y juntos recorrieron un buen número de países.

De la mano de su nueva conquista, Barbara viajó durante varios meses Extremo Oriente. «No se detenía jamás; hicimos juntos miles de kilómetros. Barbara ha sido, quizá, una de las últimas grandes viajeras de la historia», diría Jimmy de ella. Entre febrero y junio de 1958 acompañó a la extravagante millonaria a Manila, Hong Kong y Bangkok. De allí partieron a la India donde fueron recibidos por un buen número de personalidades, entre ellas la maharaní de Jaipur. Tras un mes en Cachemira, regresaron a Europa haciendo una escala en Estambul. A principios de junio llegaban a Viena donde asistieron a incontables espectáculos artísticos y en el mes de septiembre regresaron de nuevo a Venecia. Tras este periplo, Barbara, que había cumplido cuarenta y seis años, parecía encontrarse mejor de ánimos. El viaje le había sentado bien y ahora, enamorada de Jimmy, quiso mejorar su aspecto físico para agradarle.

En octubre, Barbara ingresó en una clínica de estética donde le practicaron un lifting y una reducción de senos. Satisfecha con su aspecto, al mes siguiente en noviembre, regresó a Tánger en compañía de Jimmy. El problema es que al igual que su anterior esposo, el baron Gottfried von Cramm, su nuevo acompañante no parecía sentirse atraído físicamente por ella. Con ironía, Barbara reconocía que tenía una «rara propensión a atraer a hombres un tanto extraños». Esta situación, aunque intentara disimular, le producía un gran nerviosismo y angustia, porque ella sí estaba muy enamorada de Jimmy.

A pesar de que su relación no era lo que ella esperaba, Jimmy la acompañó de nuevo a Cuernavaca, México, a finales de enero de 1959. La Hutton había incorporado una nueva mansión a su larga lista de propiedades inmobiliarias. En esta ocasión había mandado construir una auténtica casa japonesa en el valle del volcán Popocatépetl. Tanto los materiales de construcción, así como los árboles y las flores que se plantaron en el jardín, fueron traídos directamente de Japón. La casa demostraba el amor y la fascinación que la rica heredera sentía por la cultura del país nipón. Sumiya —como bautizó este lugar mágico— le costó tres millones y medio de dólares.

De regreso a París, Barbara Hutton se divorció oficialmente —y de manera amigable— de su último marido Von Cramm, quien recibió como compensación seiscientos mil dólares. Tras firmar los documentos, Barbara pasó unos días en Nueva York y después, en compañía de Jimmy, puso rumbo a San Francisco, donde se casaba su hijo Lance. El 24 de marzo, la Hutton asistía a regañadientes —y gracias a la insistencia de Jimmy— al enlace de su hijo con su novia Jill St. John. No le gustaba su futura nuera, y apenas intercambió unas palabras con ella. No volverían a verse hasta dos meses después, en París, cuando la tensión entre Barbara y Jill era bien patente. En lo único que parecían coincidir era en la necesidad de que Lance abandonara el mundo de las carreras.

En el verano de 1960, Barbara y Jimmy Douglas rompieron definitivamente su relación. «Sentía demasiada admiración por ella como para engrosar la lista de detractores. Pero sabía que todos, antes que yo, habían terminado por golpearse contra un muro. Con Barbara cualquier compromiso era imposible. Era imposible estar con ella y a la vez tener una vida propia. Era tan rica que no se había visto obligada a hacer ningún compromiso en la vida», declararía Jimmy tras la ruptura. Unos meses más tarde, la Hutton se retiró a Tánger donde celebró, en el mes de noviembre, su cuarenta y nueve cumpleaños. El famoso fotógrafo Cecil Beaton la retrató aquel día en su palacio de Sidi Hosni para la revista *Life*. En la foto, una de las más conocidas de la rica heredera Woolworth, posaba con su valiosa tiara de esmeraldas y lucía un espléndido sari de seda. Barbara no había perdido su porte distinguido pero su mirada era profundamente melancólica.

La multimillonaria había caído en uno de sus períodos sombríos y, en esta ocasión, la causa no era otra que su mala relación con su hijo. Lance no aprobaba la forma de vida de su madre, siempre a la búsqueda de compañía masculina, y se mostraba cruel con ella. En realidad, Lance —que al cumplir los veintiún años había heredado ocho millones de dólares— también atravesaba un mal momento personal pues acababa de separarse de su esposa Jill, quien dispuesta a triunfar en su carrera cinematográfica estaba saliendo con Frank Sinatra.

En el mes de agosto de 1961, Barbara, en compañía de su buen amigo David Herbert, hizo un recorrido por Marruecos en coche. Cuando llegaron a Marrakech fueron invitados a tomar el té en casa de Raymond Doan, un químico vietnamita que trabajaba en una compañía petrolera y en sus ratos libres se dedicaba a su auténtica vocación: la pintura. Casado con una francesa y padre de dos hijos, el artista consiguió vender a Barbara uno de su cuadros. Pocos días después de regresar a Tánger, la Hutton recibió un poema anónimo muy romántico; era de Raymond, que le declaraba su amor y rendida admiración. Cuando en enero de 1963 el artista expuso sus cuadros en Tánger, Barbara los compró todos y acto seguido le invitó a vivir con ella en su palacio. Raymond Doan hizo pronto las maletas y se trasladó a Sidi Hosni abandonando a su esposa Jacqueline y a sus hijos pequeños.

En noviembre de 1963, Barbara le compró un título nobiliario a su nuevo compañero sentimental. Se había enterado de que un príncipe de Indochina lo vendía —al módico precio de cincuenta mil dólares—, y Doan se convirtió en el príncipe Vinh Na Champassak. Ajena, como siempre, a los consejos de sus amigos y de su hijo, se casó con Raymond en Cuernavaca. Tras la boda, la feliz esposa declaró a los periodistas que «Raymond era un compendio de todos sus maridos, de los que tenía las mejores cualidades pero ninguno de sus defectos». De nuevo, a sus cincuenta y un años, trataba de convencer a la prensa —y quizá a sí misma— de que aquel matrimonio iba a ser el definitivo. Tras la ceremonia civil, a la que asistió su hijo Lance, se casaron por el rito budista en la magnífica casa japonesa de Barbara.

Los recién casados partieron de luna de miel a las islas Hawai y a Tahití. Los problemas entre la pareja comenzaron pronto, pues Raymond había decidido viajar sin servicio doméstico y con poco equipaje. Pero su esposo no tuvo en cuenta que esa medida iba a representar para ella un gran esfuerzo. Barbara a estas alturas de su vida no podía vivir sin la ayuda de su doncella, mayordomo y dama de compañía. La discusión estaba servida y como ella no estaba dispuesta a renunciar a sus caprichos, dejó a Raymond en Tahití y regresó sola a Tánger. Unos días más tarde, su esposo regresó junto a ella y Barbara, para recompensar su paciencia, le regaló una hermosa casa de dos plantas en Tánger y le encargó un nuevo guardarropa.

A medida que pasaban los años, el comportamiento de Barbara era cada vez más extravagante. El escritor Paul Bowles, afincado en Tánger, escribió a propósito de una visita que hizo en aquellos años a Sidi Hosni: «Estaba sentada en un trono, que en realidad era una pila de varios cojines superpuestos, bebiendo Coca-Cola con Colacao. Llevaba una tiara sobre la cabeza y maquillaje en el rostro. Sus brazos eran delgados como cerillas. Había perdido tanto la vista, que necesitaba a su alrededor un batallón de empleados domésticos para que le leyeran. Y uno de ellos me comentó que a veces pedía que le cantaran en vez de leer». En ocasiones, contaban que la Hutton invitaba a gente a cenar a su palacio, y cuando llegaban no los recibía.

Siete meses después de que Barbara contrajera matrimonio con su príncipe vietnamita, su hijo, Lance, se casaba de nuevo con una conocida actriz de Hollywood, la simpática rubia Cheryl Holdridge. La ceremonia, a la que asistieron seiscientos invitados —entre los que se encontraba Cary Grant—, se celebró en una iglesia metodista de Hollywood. Barbara, en el último momento, no pudo asistir porque se encontraba hospitalizada a causa de una dolencia estomacal. El médico que la trató le aconsejó que abandonara las bebidas alcohólicas y por primera vez le hizo caso. A partir de entonces se convertiría en una adicta a la Coca-Cola, llegando a beber al día hasta veinte botellas.

La relación con su séptimo marido hacía tiempo que se había roto y llevaban vidas separadas. A finales de abril de 1971, Barbara ya pensaba seriamente en divorciarse de Raymond, y viajó con él a Roma dispuesta a regalarle un palacio como obsequio de despedida. Fue en ese momento cuando se rompió el cuello del fémur y tuvo que ser hospitalizada durante dos meses. Doan tendría que olvidarse de su palacio romano; a cambio, su espléndida esposa le regaló una de sus joyas más preciadas: la magnífica tiara de diamantes y esmeraldas.

En mayo de 1972, tras pasar unos meses en Palm Beach donde se dedicó a nadar, a ver a sus amigos e ir de compras, Barbara viajó a España. En Plasencia conocería al célebre matador de toros Ángel Teruel. Este joven apuesto y valiente, con fama de conquistador, no pasaría desapercibido para la rica millonaria que había cumplido los sesenta años. Atraída por el encanto del torero le acompañó a la Feria de Sevilla y después le invitó a pasar unos días con ella en Marbella. La prensa los seguía a todas partes y muchos la acusaban de «corromper» a una joven promesa del toreo con su dinero. A finales de junio la pareja se separó; Teruel regresó a Madrid y Barbara volvió triste y deprimida a su casa de Tánger.

Pero la auténtica tragedia en la vida de Barbara Hutton estaba aún por llegar. En el mes de julio de 1972, su hijo viajaba en una avioneta privada con unos amigos cuando el aparato se estrelló tras el despegue en las cercanías de Aspen, Colorado. Al conocer la noticia de su muerte, Barbara se hundió en la desesperación. En un primer momento se negó a que enterraran a su hijo y llegó a pedir que trasladaran su cuerpo a Tánger. Finalmente dejó a su esposa Cheryl que se ocupara de la inhumación. Se sentía tan enferma y deprimida que no asistió al entierro. Lance tenía treinta y seis años.

Barbara nunca se recuperaría de la muerte de su hijo, de la que se sentía culpable. Según contaba su secretaria privada: «Siempre hablaba de Lance en presente y en futuro, nunca en pasado como si esperara verlo entrar en la habitación de un momento a otro». Para ella la vida ya no tenía ningún interés y podía permanecer varias semanas sin salir de su dormitorio. Había dejado de ser aquella dama curiosa y elegante, siempre vestida a la última por los mejores modistos y que en las fiestas lucía deslumbrantes joyas. Ahora, en las escasas ocasiones que pisaba la calle, lo hacía en los brazos de su guardaespaldas australiano —sufría una atrofia de los músculos de las piernas y una inflamación crónica de los tendones que le impedía caminar— y con el rostro oculto tras unas grandes gafas negras, vestida con trajes de los años veinte y los brazos llenos de joyas.

Barbara era una sombra de sí misma y para tratar de animarla, su amiga la condesa Marina Volpi la invitó a pasar una temporada en Venecia. Pero los buenos tiempos habían quedado atrás y la Hutton se había convertido en un personaje decadente del que todos huían. El periodista y crítico musical Lanfranco Rasponi recordaba así a la heredera caída en desgracia: «La Hutton había sido un objeto de culto entre los ricos, y ahora no era más que un cadáver ambulante. Todavía la puedo ver, delgadísima en su traje Chanel, paseando sola por la playa del Lido o intentando convencer a sus viejos amigos para que tomaran un té con ella. Pero Barbara era una antigüedad, había pasado de moda, pertenecía al pasado y ofrecía a los ojos del público al igual que para sus antiguos amigos, tan poco interés como un monarca desposeído de su trono».

Barbara regresó a California el día de su sesenta y dos cumpleaños que celebró sola en su suite del hotel Beverly Wilshire. Apenas comía ni dormía. Por las tardes se cubría de joyas y se vestía de manera extravagante para tomar una copa en un club cercano al hotel frecuentado por gigolós. La que fuera una de las mujeres más ricas del mundo se encontraba en su vejez llena de deudas, en parte, por culpa de su administrador, Graham Mattison. Este hombre ambicioso y sin escrúpulos que vendió algunas de sus propiedades sin su permiso, y que se hizo rico a su costa, se convirtió en su peor enemigo. Mattison, aprovechando que Barbara cada vez tenía las facultades más mermadas y que su fin no estaba lejos, fue adquiriendo más control sobre ella. No permitía que nadie se le acercara y menos aún algunos de los habituales cazafortunas que antaño tanto la atraían.

A finales de 1978, su amigo el diseñador Hubert de Givenchy la visitó en su hotel y trató de convencerla para que regresara a Tánger. Aunque al principio se negó, poco tiempo después comenzó a ilusionarse con volver a su tranquilo palacio de la medina. Incluso llamó a su amigo Jimmy Douglas para que la acompañara a la única casa que todavía le pertenecía. Pero Barbara no podría cumplir su sueño. El 11 de mayo de 1979 fallecía en la cama del hospital, víctima de un ataque al corazón. Tenía sesenta y seis años, y pesaba cuarenta kilos. Fue enterrada quince días más tarde junto a su madre Edna y su hijo Lance en el panteón familiar construido por su abuelo en el cementerio de Woodlawn, en el Bronx, Nueva York. Siguiendo sus deseos no se dio ningún comunicado oficial a la prensa ni hubo oficio religioso. Sólo diez personas asistieron a su entierro. A su muerte, la mujer que llegó a poseer la más valiosa colección de esmeraldas del mundo, tenía en su cuenta corriente apenas tres mil dólares. En la cripta donde reposan sus restos se puede leer, en letras elegantes, Barbara Woolworth Hutton: 1912-1979. Ni una placa, ni un epitafio recuerda a la rica heredera que dilapidó su fortuna para llenar su insoportable soledad.

AUDREY HEPBURN

Fiel a sí misma

Llegué a esta profesión por casualidad. Era una desconocida, insegura, inexperta y flacucha. Trabajé muy duro, eso lo reconozco, pero sigo sin entender cómo pasó todo.

AUDREY HEPBURN

Audrey Hepburn, la actriz más idealizada de la época dorada de Hollywood, fue una joven insegura y acomplejada con su físico que nunca se sintió un icono de la moda. Resulta sorprendente que aquella niña larguirucha y escuálida, de cejas pobladas y enormes ojos, marcada por el hambre y las privaciones de la guerra, acabara convertida en un mito del celuloide. Ella, que nunca se consideró una buena actriz —más bien una bailarina frustrada—, conseguiría a sus veinticuatro años lo que otras veteranas actrices no obtendrían tras años de duro trabajo. «Me pidieron que actuara —diría la actriz— cuando en realidad no podía; me pidieron que cantara, cuando no podía cantar, y que bailara con Fred Astaire cuando no podía bailar; y que hiciera toda clase de cosas para las que no estaba preparada. Todo lo conseguí trabajando arduo y enfrentándome a mis miedos.»

Su inseparable maquillador, Alberto de Rossi, resaltó en

todas sus películas sus grandes y expresivos ojos, pero no pudo ocultar la melancolía de su mirada. Porque la rutilante y aclamada estrella guardaba en su interior dolorosas heridas que nunca llegarían a cicatrizar: el abandono de un padre cuando era apenas una niña, la frialdad de una madre exigente que nunca le demostró su cariño, el horror de la guerra que vivió en una Holanda ocupada por los nazis, el fracaso de sus dos matrimonios que acabaron en divorcio y los dolorosos abortos que la hundieron en profundas depresiones. Al final consiguió su anhelado sueño de ser madre, y sus dos hijos varones, Sean y Lucas, pasaron a ser lo más importante en su vida; por ellos abandonó su exitosa carrera de actriz y representó el papel que más le gustaba: el de una madre corriente. Poco después de su muerte, su hijo mayor y el más cercano a ella, Sean Hepburn Ferrer, diría: «Primero supe que tenía una madre, y que era una madre estupenda. Y luego supe que era actriz y que trabajaba en el cine. Sólo después de mucho tiempo supe cuánto la apreciaban en todo el mundo…».

Audrey fue una gran actriz y se equivocó en muy pocos papeles. Trabajó con los mejores directores de Hollywood y enamoró —también en la vida real— a los más apuestos galanes del momento. Se casó en dos ocasiones: la primera con el actor y director Mel Ferrer, y la segunda con un psiquiatra italiano llamado Andrea Dotti. Ninguno de ellos supo estar a su altura porque, a diferencia de ambos, Audrey sabía que la fama y el éxito eran efímeros. Idolatrada en el mundo entero, elevada a los altares como reina de la elegancia y lo más chic, imitada hasta la saciedad —la gran diva Maria Callas y Jackie Kennedy lucieron por el mundo los trajes, de corte impecable, que Givenchy creó para su musa—, la actriz nunca se creyó un ser especial. Hasta el final de sus días, luchó para que se respetase su intimidad y tan pronto como pudo se alejó de las candilejas de Hollywood para marchar a Suiza, donde podía disfrutar de una vida sencilla y ser tratada como todos los demás. Nunca escribió su biografía aunque le ofrecieron auténticas fortunas —hasta tres millones de dólares— por dos poderosas razones: sentía un gran respeto hacia la buena literatura, y consideraba que su vida había sido demasiado simple como para interesar a alguien.

En sus últimos años de vida, Audrey se entregó en cuerpo y alma a ayudar a los más necesitados. Era su forma de saldar una vieja deuda con las organizaciones caritativas que la socorrieron tras la guerra y a quienes seguramente debía la vida. Las misiones que llevó a cabo con UNICEF —en calidad de embajadora de buena voluntad— la enfrentaron a una devastadora realidad para la que confesó no estar preparada. Su compromiso e implicación fueron tan grandes que Audrey envejeció diez años y su delicado estado de salud empeoró de manera irreversible. La imagen de la actriz en Somalia, extremadamente delgada, con el rostro desencajado y la mirada perdida, sosteniendo en sus brazos a un niño moribundo, reflejan el dolor y la impotencia que la acompañarían hasta su muerte, apenas unos meses después.

Un corazón solitario

La infancia de Audrey estuvo marcada por el abandono de su padre cuando ella tenía seis años. Con un padre ausente, la influencia de su madre, la baronesa Ella Van Heemstra, forjaría su verdadero carácter, mucho menos dulce de lo que parecía en la gran pantalla. La señorita Hepburn heredaría la exquisita educación y elegancia que le transmitió la baronesa —como gustaba que la llamara— aunque su relación con ella no sería fácil. «Mi madre no era una persona cariñosa. Era una madre fabulosa, pero había recibido una educación victoriana basada en una gran disciplina y una gran ética. Era muy estricta, muy exigente con sus hijos. Guardaba mucho amor en su interior, pero no siempre era capaz de exteriorizarlo», confesaría la actriz.

Ella Van Heemstra era una aristócrata holandesa hija del barón Aernoud Van Heemstra, en su época gobernador de la Guayana holandesa (Surinam). La familia, de rancio abolengo, poseía una considerable fortuna así como un notable prestigio social por su estrecha relación con la familia real holandesa. Audrey dijo en una ocasión que su madre creció «queriendo más que nada ser inglesa, delgada y actriz». A la baronesa, una mujer hermosa, inteligente y dotada de una voz privilegiada, le hubiera gustado ser cantante de ópera o actriz pero su linaje —y la oposición de su padre— se lo impidió. A los diecinueve años se casó con el honorable Hendrik Van Ufford, un aristócrata y hombre de negocios que trabajaba como ejecutivo en una compañía petrolera de las Indias Orientales holandesas (Indonesia). La pareja se trasladó a vivir a Batavia (Yakarta) donde nacerían sus dos hijos varones, Ian y Alexander.

En 1925, tras cinco años de matrimonio, Ella se divorció de su esposo y regresó a Holanda. En ese momento, a sus veinticuatro años, era una madre soltera con dos hijos a su cargo. Sin embargo, su situación no era del todo mala ya que poseía un título nobiliario, tenía un hogar confortable y una niñera cuidaba de sus pequeños. A pesar de disfrutar de una vida rodeada de privilegios, la baronesa decidió poco tiempo después regresar a Batavia para reencontrarse con un caballero inglés al que había conocido mientras su matrimonio hacía aguas. Se trataba de Joseph Hepburn-Ruston, un hombre apuesto y cultivado, once años mayor que ella, que por entonces estaba casado con una dama holandesa llamada Cornelia Wilhelmina Bisschop. Nacido en Onzic, Bohemia, Joseph no era ni banquero ni irlandés como apuntan algunos biógrafos; más bien un aventurero que nunca tuvo un trabajo estable.

El 7 de septiembre de 1926, Joseph —tras conseguir el divorcio de su anterior esposa— contrajo matrimonio con Ella en una iglesia de Batavia. La luna de miel duró apenas unos meses y pronto la baronesa descubrió que su flamante esposo era en realidad un aventurero que se había casado con ella atraído por su fortuna y su título nobiliario. Un año después de la boda, comenzaron las peleas entre la pareja a causa del dinero, la pereza de Joseph y sobre todo de la indiferencia que éste sentía hacia los hijos de Ella. Ante esta situación, a finales de 1928 la baronesa decidió regresar a Inglaterra donde esperaba que su familia consiguiera un trabajo a su marido. Fue su padre, el barón Van Heemstra, quien encontró un empleo a su yerno en una compañía de seguros inglesa con sede en Bélgica. De nuevo Ella hizo las maletas y se trasladaron a Bruselas donde se instalaron en una confortable casa de dos pisos de la rue Keyenveld.

El 4 de mayo de 1929, Ella dio a luz a una niña a la que bautizó como Audrey Kathleen Ruston. La pequeña fue inscrita en el viceconsulado británico de Bruselas y a lo largo de toda su vida mantendría la nacionalidad británica. «Si tuviera que escribir mi propia biografía —diría en una ocasión la actriz— empezaría así: "Nací en Bruselas, Bélgica, el 4 de mayo de 1929… y morí seis semanas más tarde".» La recién nacida estuvo al borde de la muerte al contraer una grave tos ferina. Su madre, seguidora en aquella época de la Ciencia Cristiana —movimiento que se opone al uso tradicional de medicamentos—, no la llevó al médico. En su lugar, rezó junto a ella día y noche. Por desgracia la afección empeoró y, finalmente, tras un violento ataque de tos, la niña dejó de respirar. La baronesa al ver que su hija se iba amoratando la reanimó dándole la vuelta y propinándole repetidas palmadas en las nalgas. Ese día Audrey volvió a nacer. Aparte de este incidente, la actriz consideraba que su vida había sido más bien corriente.

La infancia de Audrey, tal como ella misma recordaba, estuvo marcada por los cambios de residencia y las continuas peleas de sus padres que la convirtieron en una niña introvertida y muy sensible. La familia vivió durante dos años en la elegante casa de la rue Keyenveld, y después se trasladaron a una residencia más modesta en la cercana población de Linkebeek donde Audrey pasó sus mejores años. Cuando la actriz vino al mundo, sus hermanastros, Ian y Alex, contaban ocho y cuatro años respectivamente. Durante su solitaria infancia, ellos serían sus únicos compañeros de juego.

La pequeña Audrey adoraba a su padre aunque éste no le prestara demasiada atención. Joseph, cada vez más refugiado en su trabajo, tenía que viajar a menudo a Londres y su esposa se quedaba sola al frente de la familia. La educación de Audrey recayó exclusivamente en la baronesa; fue ella quien le enseñó a leer y a dibujar, a disfrutar de la buena música, al tiempo que le inculcaba una férrea disciplina, fruto de su ética calvinista. «De pequeña —recordaba Audrey— me enseñaron que era de mala educación llamar la atención y que jamás de los jamases debía ponerme en evidencia. Todavía me parece oír la voz de mi madre diciéndome: "Sé puntual", "Acuérdate de pensar primero en los demás", "No hables demasiado de ti misma. Tú no eres interesante; son los demás los que cuentan".»

Con el paso del tiempo, las desavenencias entre el matrimonio se hicieron insoportables. Joseph se fue distanciando cada vez más de su mujer y de su hija. Se había vuelto un hombre vago, taciturno y deprimido a quien no le importaba depender económicamente de su esposa. Apenas se ocupaba de su hija por la que no mostraba el más mínimo afecto, algo que marcaría profundamente a la actriz. Ante esta situación, los padres de Audrey decidieron inscribir a su hija en un internado en Inglaterra, como era costumbre entre las familias acomodadas. En 1935, con cinco años, la niña fue matriculada en una escuela privada femenina en Elham, en el condado de Kent. Era la primera vez que se separaba de su familia, y no le resultó fácil adaptarse a la disciplina de la escuela y a vivir entre extraños. Se encontraba interna en el colegio cuando a finales de mayo de aquel año, poco después de su cumpleaños, su padre hizo las maletas y se marchó de casa sin despedirse de nadie. Fue uno de los momentos más duros en la vida de la actriz, y un golpe del que jamás se recuperaría: «Yo adoraba a mi padre [...] Verme separada de él me resultó terrible. Al abandonarnos, mi padre nos volvió inseguras, puede que de por vida». Audrey tampoco olvidaría la tristeza de su madre, que hasta ese momento había sido el auténtico pilar de la familia: «Miras el rostro de tu madre y está cubierto de lágrimas, y te sientes aterrada [...] Observar a mi corta edad su angustia fue una de las peores experiencias de mi vida. Lloró durante días, hasta tal punto que pensé que jamás pararía».

Aunque se desconocen las verdaderas causas de la separa

ción, según algunas fuentes Joseph había despilfarrado casi
todo el fideicomiso de Ella y una buena parte del dinero que
su suegro le había confiado como dote matrimonial. Otros
aseguran que se había convertido en un alcohólico. Dado que
los protagonistas principales de la historia evitaron cualquier
comentario, resulta imposible saber con certeza qué circunstancias provocaron su distanciamiento. Sean Ferrer, en un hermoso libro —titulado *Audrey Hepburn, un espíritu elegante*—
que recopila recuerdos y documentos privados de la actriz,
describe así a su abuelo: «[...] nunca fue banquero y la triste
realidad es que nunca conservó ningún empleo. Era un auténtico diletante y muy brillante en ello; jinete consumado y piloto de aeroplanos, hablaba trece idiomas, poseía un conocimiento humanista de muchos temas y tenía pasión por la
originalidad».

La realidad es que Audrey no volvería a ver a su padre hasta 1939, durante unas vacaciones en Inglaterra y cuando estaba a punto de estallar la Segunda Guerra Mundial. Más adelante la actriz reconocería que aquel suceso marcaría sus
futuras relaciones con los hombres: «... siempre me sentí muy
insegura con respecto al cariño y muy agradecida por el amor
recibido. Pero el abandono de mi padre en 1935 permaneció
conmigo a lo largo de todas mis relaciones. Cuando me enamoré y me casé, siempre viví con el miedo de que me aban-
donaran». La baronesa pensaba que encontrándose Audrey interna en Londres, su padre —que tras el divorcio se había
instalado en Inglaterra— la visitaría con cierta frecuencia. Sin
embargo, a lo largo de los tres años que pasó en el internado,
su padre nunca acudió a verla. «Si le hubiera podido ver regu-
larmente —recordaría más tarde la actriz—, habría sentido que
me amaba y me habría parecido que tenía un padre.»

Aunque Audrey nunca habló mal de su padre, lo cierto es que toda su vida se avergonzó por las simpatías que sus progenitores sentían por el fascismo emergente en Europa. En la primavera de 1935, sus padres recaudaron fondos e hicieron proselitismo a favor de la Unión Británica de Fascistas, que dirigía el ex ministro laborista sir Oswald Mosley. Unos días más tarde, Ella y Joseph almorzaron en Munich con Hitler, acompañados de varios de los seguidores más incondicionales de Mosley. Al parecer, el precipitado regreso de Joseph a Inglaterra fue debido no sólo a sus desavenencias conyugales, sino a la creciente simpatía que sentía por la ideología nazi y la posibilidad de colaborar con Mosley en su nuevo partido. Hay que decir que, en 1937, la madre de Audrey rompió todo contacto con la Unión Británica de Fascistas a medida que este movimiento mostraba su cara más violenta y malvada. Con el paso de los años, Ella llegó a lamentar su apoyo a Mosley, incluso el encuentro que ella y su ex marido tuvieron con Hitler en Munich.

Fue aquélla una etapa especialmente dura para Audrey, que se encontraba lejos de casa, y se sentía abandonada por su padre. Su carácter introvertido tampoco encajaba con el de sus compañeras de internado, más extrovertidas y competitivas. La pequeña se refugió en aquello que más le gustaba: la lectura, la música, la vida al aire libre y sobre todo la danza. A los seis años, Audrey descubriría su amor por la danza, y en la disciplina del baile clásico encontraría, según sus propias palabras, una «poción mágica», su verdadera razón de existir. La directora de la escuela le confirmó a la baronesa que su hija tenía un gran talento para la danza y que merecía la pena que siguiera tomando clases. A pesar de la difícil situación personal por la que atravesaba, Ella decidió ayudar a su hija a convertirse en una bailarina profesional como era su sueño.

En el verano de 1939, cuando Audrey comenzaba a sentirse más feliz en el internado, su destino de nuevo dio un giro inesperado. El 3 de septiembre, Francia y Gran Bretaña declararon la guerra a Alemania, dando comienzo la Segunda Guerra Mundial. La baronesa, preocupada por la seguridad de su familia, creyó que en Holanda, un país neutral, estarían a salvo de las tropas nazis. Le pidió al padre de Audrey que ayudara a su hija a abandonar cuanto antes Inglaterra. Sean Ferrer recordaba aquel episodio tal como su madre se lo contó: «La última vez que mi madre había visto a su padre fue al inicio de la guerra, cuando ella pasaba el verano en una granja de Inglaterra. El día que se declaró la guerra, él fue a buscarla al internado y la llevó a toda prisa a un pequeño aeropuerto en Sussex, donde subió a uno de los últimos aviones que salían del país. Audrey recordaba que el avión era naranja, el color nacional de los Países Bajos, que era el destino del avión. La visión distante de su padre al despegar el avión quedaría para siempre grabada en su memoria».

Audrey se reunió con su madre y sus hermanos en un pequeño apartamento en el pueblo de Arnhem. Los Van Heemstra celebraron aquella Navidad ignorando los peligros que les acechaban. En contra de lo previsto por la baronesa, el 10 de mayo de 1940 el ejército de Hitler invadió el país sin previo aviso. Audrey acababa de cumplir once años y la noche anterior había asistido al teatro con su madre para ver actuar a su ídolo, la gran bailarina Margot Fonteyn. Comenzaba para ella y los suyos una terrible pesadilla: «Si hubiéramos sabido que la ocupación duraría cinco años, tal vez todos nos habríamos suicidado. Pensábamos que aquello terminaría en una semana, seis meses o un año… Así fue como conseguimos sobrevivir».

Holanda, provista de un ejército inexperto, se rindió al enemigo sin apenas presentar resistencia. Comenzaban cinco terribles años de ocupación durante los cuales morirían miles de holandeses, entre ellos, algunos parientes y amigos de Audrey. En los primeros meses, a la familia Van Heemstra se le autorizó a permanecer en su hogar, pero en 1942 los alemanes confiscarían la mayor parte de los bienes de la familia, incluidas propiedades, cuentas bancarias, objetos de valor y residencias. Por entonces, Audrey vivía con su madre, sus hermanos, su tía Miesje y su tío Otto en la finca de Zijpendaal propiedad del barón. A la señora Van Heemstra le preocupaba que su hija fuera ciudadana británica y que apenas hablara correctamente el holandés. Ella sabía que si las tropas alemanas descubrían su verdadera nacionalidad la podían arrestar o deportar. Fue entonces cuando se le ocurrió cambiar la identidad de su hija a la que matriculó en el colegio local con el nombre de Edda Van Heemstra: «Mi verdadero nombre nunca fue Edda Van Heemstra. Ése fue el que utilicé en el colegio porque mi madre lo creyó más adecuado mientras durara la ocupación alemana. El mío sonaba demasiado inglés». Audrey no tuvo más remedio que aprender a marchas forzadas el holandés y se cuidó mucho de hablar inglés en público.

Cuando ya era una reconocida actriz, Audrey comentaría acerca de su singular acento: «Durante ocho años de mi formación (desde 1939 hasta 1947) hablé holandés. Mi madre es holandesa, y mi padre, inglés, pero yo nací en Bélgica. Así pues, en casa oía hablar inglés y holandés, y en la calle, francés. No hay un idioma que me permita relajarme cuando estoy cansada, porque mi oído nunca se ha acostumbrado a una única entonación. Eso se debe a que no tengo una lengua materna, y es la razón de que los críticos cinematográficos me acusen de tener un curioso modo de hablar». Fueron aquellos años de la ocupación, cuando Audrey se convirtió en políglota, los responsables de su singular dicción. «La elegante entonación entrecortada, la ondulación casi musical de sus frases y la prolongación de las vocales internas marcarían el inglés de Audrey en su etapa adulta. Su forma de hablar era sui géneris y siempre escapó a cualquier comparación: ninguna voz podía confundirse con la suya», afirma su biógrafo, Donald Spoto.

Durante la guerra, la danza se convirtió en la principal actividad de Audrey. Su madre la matriculó en el conservatorio de música y danza de Arnhem donde la joven prosiguió con sus estudios y clases de ballet ante la atenta mirada de una experta profesora, la veterana bailarina Winja Marova. Muy pronto comenzaron a escasear los productos de primera necesidad. Apenas había combustible para la calefacción y se requisaron las bicicletas —medio de transporte habitual en el país— para fundirlas y hacer munición. En el crudo invierno, muchos ciudadanos se vieron obligados a talar árboles de los parques para utilizar como leña y a saquear las casas abandonadas en busca de cualquier objeto que pudieran vender en el mercado negro. El país, que hasta entonces había gozado de un alto nivel de vida, no tardó en quedar sumido en la pobreza y la enfermedad.

«Quedarnos sin comida, temer por la propia vida, los bombardeos… todo ello me ha hecho valorar la seguridad y la libertad […] La guerra me convirtió en una persona fuerte y

terriblemente agradecida por lo bueno que vino después...»,
escribiría Audrey años más tarde. La guerra dejaría graves secuelas en la actriz, no sólo psíquicas sino físicas. Su familia conoció, como los demás, las penurias y el hambre, viviendo largos períodos sin leche, mantequilla, huevos, azúcar o carne, lo
que provocó en la actriz una anemia aguda. En aquellos años
de escasez, Audrey acudía a sus clases diarias de ballet con el
estómago vacío lo que le produjo más de un desvanecimien-
to. Los médicos alertaron a la baronesa de que su hija sufría
malnutrición y le previnieron sobre la delicada salud que pa-
decería el resto de su vida.

A medida que se prolongaba la guerra, Audrey no sólo
conoció el hambre sino las deportaciones de los judíos holandeses hacia los campos de concentración nazis que dieron
comienzo en 1942. Aquellas imágenes impactaron fuertemente a la joven: «Familias con criaturas pequeñas, todos
eran arrojados en vagones de ganado, vagones de madera ce-
rrados con una sola abertura en el techo. Aquellos rostros
miraban con espanto», recordaba Audrey. La actriz siempre
se sintió muy identificada con su compatriota holandesa
Ana Frank, la niña judía que había nacido en el mismo año
que ella, con un mes de diferencia. Ana pasó cuatro años es-
condida junto a su familia hasta que finalmente fue descu-
bierta y deportada a un campo de concentración donde murió. La lectura de su famoso libro *El diario de Ana Frank*
—del que Audrey podía citar párrafos enteros— la afectó
profundamente y le hizo rememorar la crudeza de la guerra
durante la ocupación nazi. «Ana Frank y yo nacimos el mismo año, vivimos en el mismo país, sufrimos la misma guerra,
excepto que ella estaba encerrada y yo estaba fuera. Leer su
diario fue como leer mis propias experiencias desde su pun-

to de vista. Me dejó tan destrozada que jamás he vuelto a ser la misma.» Cuando años más tarde le ofrecieron interpretar el papel de Ana Frank, tras una cuidadosa consideración lo rechazó. No se sentía con fuerzas para regresar a los escenarios donde transcurrió la guerra y perdió a sus seres más queridos.

Toda la familia de Audrey, al igual que miles de holandeses, luchó con gran valor contra el invasor, y algunos pagaron con su vida. La actriz, con trece años, presenció el fusilamiento de su querido tío Otto, hermano de su madre y activista de la resistencia. Su hermano Alexander fue hecho prisionero y estuvo desaparecido hasta el final de la guerra. Ian, el menor, que entonces contaba dieciocho años, fue uno de los líderes de la resistencia local y también fue capturado y deportado a Alemania donde le obligaron a trabajar en una fábrica de munición. La madre de Audrey colaboraría activamente con la resistencia llegando a ocultar en su casa a miembros clandestinos. «En mi adolescencia —diría la actriz— presencié el indefenso terror humano, lo vi, lo oí y lo sentí. Es algo que no desaparece. No fue una pesadilla, yo estuve allí y todo eso ocurrió.»

Durante los casi seis años que duró la contienda, la danza clásica fue para Audrey su único refugio. Muy pronto destacó entre las demás alumnas del conservatorio de Arnhem, un centro desde donde se apoyaba al movimiento clandestino holandés. Como otros tantos niños de su edad, Audrey arriesgó su vida llevando mensajes ocultos en los calcetines, y sirviendo de enlace con los pilotos aliados derribados. También ofrecía junto a otras compañeras espectáculos en la clandestinidad para recaudar fondos. Todo se tenía que hacer con la mayor discreción. «En las casas se reunía a la gente —recordaba la actriz— y para no despertar sospechas no había aplausos. Actuábamos sin apenas luz y con las contraventanas cerradas para no levantar sospechas. Uno de mis amigos tocaba el piano y mi madre hacía el vestuario a partir de cortinas viejas. Yo, además de bailar, hacía las coreografías. Era de lo más normal que los niños holandeses se arriesgaran a morir para salvar la vida de miembros de la resistencia.»

En otoño de 1944, en Arnhem se libró una de las batallas más cruentas de toda la guerra. La ciudad quedó reducida a escombros y miles de soldados británicos y numerosos civiles murieron en la ofensiva. La revancha de los alemanes contra la población civil fue muy dura, obligando a sus habitantes a evacuar la ciudad en veinticuatro horas o se les dispararía en el acto. «Mi madre y yo nos dirigimos a la casa de campo que mi abuelo tenía en Velp. Pasábamos días enteros sin comer, tiritando de frío en una casa sin luz ni calefacción», recordaría Audrey. Fue el invierno más duro de todos cuantos vivieron durante la contienda; no había nada que llevarse a la boca y para sobrevivir llegaría a comer bulbos de tulipán y ortigas. Durante casi un mes, Audrey y su familia se ocultaron en el sótano de la casa por miedo a los frecuentes bombardeos.

Audrey nunca olvidaría la fecha del 4 de mayo de 1945. Aquel día cumplía dieciséis años y el mejor regalo que pudo recibir fue descubrir que la guerra había acabado. «Corrí a la ventana y vi el primer contingente de soldados británicos. Para mí la libertad tiene un olor especial: el de los cigarrillos y la gasolina ingleses. Cuando salí a saludarlos y darles la bienvenida, olí su combustible como si fuera un perfume muy especial y les pedí un cigarrillo, aunque me hizo toser.» Holanda había sido liberada, y la larga pesadilla tocaba a su fin. La familia Van Heemstra lo había perdido todo: su casa, sus tierras, su dinero, pero estaban todos vivos. Pocos días después de la liberación, Alexander —y más tarde Ian— regresó a Arnhem. Los recuerdos de la ocupación perdurarían toda la vida pero aquella experiencia la ayudó a madurar y fortaleció su carácter. Al finalizar la guerra, Audrey estaba desnutrida y muy débil, tal como ella misma recordaba: «Durante el último invierno de la guerra no tuvimos nada de comida. Acabé la guerra sumamente anémica, asmática y con todos los síntomas que acarrea la desnutrición. Padecí un edema grave… es una inflamación en las extremidades». Audrey pesaba cuarenta y cinco kilos y había tenido que limitar sus clases de baile debido a su frágil salud.

Poco a poco, Holanda fue recobrando la normalidad, pero el país estaba devastado. La señora Van Heemstra no había tenido noticias de su esposo y ni siquiera sabía si estaba vivo. Audrey ignoraba entonces que al comenzar la guerra, su padre había sido encarcelado en Gran Bretaña —sin juicio alguno—, acusado de simpatizar con el régimen nazi. Joseph Hepburn-Ruston pasaría tres años en prisión en Inglaterra y dos en un campo de detención en la isla de Man. En 1946, la baronesa se trasladó con su hija a Amsterdam donde alquiló un pequeño apartamento. Deseaba que Audrey continuara con sus clases de danza y, para poder hacer frente a los gastos, se puso a trabajar como cocinera. La maestra de la joven era la afamada e innovadora profesora de origen ruso Sonia Gaskell, que había estudiado y trabajado con el gran Diáguilev. La señora Gaskell pronto vio las enormes posibilidades que tenía Audrey pero al mismo tiempo le preocupaba su extremada delgadez y el que tuviera diecisiete años.

Tendría que luchar muy duro para conseguir ser una bailarina profesional.

En aquellos meses, los estragos de la guerra pasaron factura a Audrey, que sufrió la primera de las profundas depresiones que la afectarían a lo largo de toda su vida. Desde muy niña había padecido todo tipo de penalidades: las peleas de sus padres, la soledad de un internado, el abandono de su padre y la guerra de la que creyó que no saldría con vida. No le resultaba fácil relacionarse con la gente —y mucho menos con los chicos de su edad—, y se sentía acomplejada por su físico: «Había pasado los años de guerra privada de alimentos, dinero, libros, música y vestidos y empecé a compensarlo comiendo todo cuanto veía, en especial chocolate. Me puse gorda y fea como un globo». En el otoño de 1946, la actriz había alcanzado los sesenta y ocho kilos, un peso poco apropiado para una bailarina. Con una estricta disciplina y algo de dieta, consiguió quedarse en cincuenta y cinco kilos, un peso que mantendría hasta bien entrada su madurez.

Su profesora Sonia Gaskell, viendo las aptitudes excepcionales de la muchacha, le recomendó que acudiera a Londres para cursar estudios avanzados de danza en la prestigiosa escuela de ballet de Marie Rambert. La baronesa, siempre dispuesta a apoyar a su hija —y con apenas cincuenta libras en los bolsillos—, de nuevo hizo las maletas y se trasladaron a Inglaterra. Audrey pensó que al regresar a Londres tendría noticias de su padre pero no fue así. Años más tarde, ya siendo una consagrada actriz, se enteraría de que Joseph vivía en Irlanda con su segunda esposa, y se pondría en contacto con él. Por su parte, la indomable Ella Van Heemstra, que entonces contaba cuarenta y siete años, aceptaría todo tipo de empleos esporádicos para poder costear las clases de su hija. Finalmente, tras trabajar en una floristería, como cocinera, niñera y vendedora de cosméticos, consiguió un empleo fijo como portera en un bloque de pisos en el elegante barrio de Mayfair. A cambio, podría vivir con su hija en un pequeño apartamento del inmueble sin ascensor. A la aristocrática dama no le importaba recoger la basura y limpiar la escalera del edificio mientras Audrey asistía feliz a las clases de baile.

Un don especial

Aunque Audrey trabajó duro para estar a la altura de las demás alumnas de la escuela de madame Rambert, pronto se dio cuenta de que nunca llegaría a ser una primera bailarina. Durante meses alternó sus agotadoras clases con «todo tipo de trabajillos». Para ayudar económicamente a su madre, la actriz hizo de modelo publicitaria, anunciando jabones o champús. En el verano de 1948, el Ballet Rambert iniciaba una gira de varios meses por Australia y Nueva Zelanda. Cuando la profesora anunció los nombres de los bailarines que había elegido, Audrey sufrió una gran decepción al ver que ella no figuraba en la lista. La profesora le explicó lo que ella ya sabía: era demasiado alta —medía casi un metro setenta y era difícil encontrar para ella una pareja de baile— y había comenzado las clases cuando ya era mayor. Fue uno de los momentos más duros para Audrey. «Mi madre —escribe su hijo Sean en su biografía—, sencillamente, no podía competir con las bailarinas que habían recibido una preparación y alimentación adecuadas durante los años de la guerra. La guerra le había robado su sueño. Recordaba haber regresado a su habitación ese día y "deseado simplemente morir". El sueño que había mantenido con vida su esperanza todos aquellos años, se acababa de desvanecer.»

A finales de 1948, apremiada por la necesidad económica, la actriz cambió su aristocrático apellido por uno más discreto y a la vez más artístico: el de Hepburn. Con este nuevo nombre comenzó a buscarse la vida para trabajar en alguna representación teatral. No tardó mucho tiempo en encontrar un empleo aunque no era lo que buscaba. La actriz fue elegida entre tres mil aspirantes para trabajar como chica del coro en la adaptación londinense de la comedia musical *High Button Shoes*, que llevaba dos años en cartel en Broadway. Por primera vez, Audrey ganaba un sueldo, se relacionaba con chicas de su edad y sentía «una absoluta alegría de vivir» alejada de la férrea disciplina de las aulas. Cuando la obra se retiró de cartel, el empresario Cecil Landeau se había fijado en ella y la contrató para trabajar en una nueva revista musical, *Sauce Tartare*. Poco a poco, Audrey fue teniendo más protagonismo en el escenario llegando a bailar en algunos números musicales y a tener algunas frases como figurante.

Fue Cecil Landeau el primero que reconoció el talento de Audrey Hepburn como actriz y la apoyó en sus primeros pasos teatrales. La joven, decidida a convertirse en actriz, recibió lecciones de coreografía y locución, pero también aprendió arte dramático de la mano del renombrado actor británico Felix Aylmer. Aunque los musicales en los que actuó en aquellos años no le permitieron mostrar sus verdaderas aptitudes artísticas, su personalidad y carisma no pasaron inadvertidos para los críticos y espectadores. En las fotos que se conservan de aquellos años se ve a una muchacha de enormes y expresivos ojos, rostro angelical y una sonrisa cautivadora. Su físico, alta, delgada y estilosa, poco tenía que ver con el de las demás chicas que se subían a un escenario. Todos coincidían en que tenía «una frescura especial y una especie de belleza espiritual».

En el verano de 1950, Audrey, a sus veintiún años, conoció a un cazatalentos llamado Robert Lennard, quien le abriría las puertas al mundo del cine. Este brillante y astuto director de reparto de la Associated British Films, especialista en comedias, ofreció a la entonces desconocida actriz la oferta de rodar tres películas con su productora. Para Audrey, que por aquel entonces ganaba doce libras a la semana y que se encontraba en el paro, la oferta de Lennard le pareció un sueño. Su primer papel como actriz en la gran pantalla fue el de una vendedora de cigarrillos en *Risa en el Paraíso*. Tras esta película haría de recepcionista de hotel en una mediocre comedia titulada *One Wild Oat*, donde sólo aparecía en pantalla durante veinte segundos y decía una única frase: «Hotel Regency, buenas tardes». Los inicios de Audrey Hepburn no auguraban por el momento un gran futuro.

Entre 1950 y 1951, Audrey trabajó en seis películas donde apenas se la veía unos segundos. No podía elegir sus guiones y necesitaba trabajar para pagar las facturas ya que su madre se encontraba en el paro. «Si se suman en total mis intervenciones en aquel año no va más allá de una breve aparición», diría al respecto la actriz. Con la esperanza de que llegaran mejores papeles, la actriz renovó su contrato con la Associated British para hacer tres películas más. En la siguiente, *Young Wives' Tale*, la actriz consiguió al menos estar presente en siete escenas de la película, aunque la relación con el director fue un infierno. La gran oportunidad le llegaría unos meses más tarde con un melodrama sobre los refugiados europeos en los inicios de la Segunda Guerra Mundial, *The Secret People*. Fue hasta el momento su papel más importante y al menos sus conocimientos de danza le sirvieron de algo, ya que interpretaba a una joven estudiante de ballet que llegaba a ser una famosa bailarina.

En la primavera de 1951, cuando Audrey empezaba a despuntar como actriz, conoció a un apuesto caballero —siete años mayor que ella y un rico heredero— que se convertiría en su «eterno» prometido oficial. «Nos conocimos en un cóctel en Mayfair, en Les Ambassadeurs, y enseguida nos sentimos atraídos mutuamente. La invité a almorzar al día siguiente, no tardamos en enamorarnos y nos comprometimos a los pocos meses. Era mujer de un solo hombre, y tuvimos una relación de esa clase. Nos hicimos muy buenos amigos», confesaría James Hanson acerca de su idilio con Audrey Hepburn. Hanson era un aristócrata inglés que había servido durante la Segunda Guerra Mundial en el regimiento del duque de Wellington. Era alto, rubio, de gustos caros y tenía fama de vividor. Asiduo a las fiestas del mundo del cine, coleccionista de coches deportivos y jugador de golf, su última novia había sido la hermosa actriz británica Jean Simmons. La pareja inició así un inesperado romance y pronto hicieron planes de boda. La madre de Audrey desde el principio no vio con buenos ojos al adorable James debido a su mala fama de conquistador.

Cuando en mayo de 1951, Audrey llegaba a la Riviera francesa para participar en la película *Americanos en Montecarlo* —donde tenía un papel pequeño de apenas doce minutos— no imaginaba lo que aquel rodaje iba a significar para ella. Aunque la cinta fue un fracaso, quiso el destino que cuando la actriz se encontraba rodando unos exteriores en el lujoso vestíbulo del Hotel de Paris de Mónaco, pasara por allí la célebre novelista francesa Colette. Esta admirada y excéntrica escritora se encontraba de vacaciones en Montecarlo con su esposo, ambos invitados por el príncipe Rainiero. Colette tenía entonces setenta y ocho años y la artritis la obligaba a moverse en silla de ruedas o a guardar cama y a recibir continuos cuidados. Pero su mente seguía tan despierta como de costumbre. En Estados Unidos, los productores de la adaptación teatral para Broadway de su famosa novela corta *Gigi*, publicada en 1945, estaban buscando una actriz para el papel de protagonista. Cuando Colette entró en el vestíbulo y vio actuar a Audrey, exclamó: «Esta joven desconocida es mi Gigi francesa de la cabeza a los pies».

Colette y su marido invitaron a Audrey a la suite del hotel el mismo día que la conocieron. La actriz recordaba así aquel episodio que cambiaría su vida para siempre: «Me preguntaron si me gustaría interpretar la obra y yo les contesté: "¡No puedo, nunca he actuado en el teatro! Soy bailarina, nunca he hablado encima de un escenario".Y Colette me dijo que siendo yo bailarina, podría hacerlo». La escritora acabó convenciendo a la insegura Audrey para que aceptara interpretar a su Gigi, un papel que tantas actrices habían codiciado. Todo sucedió muy rápido y aunque Audrey era aún muy inexperta, en su interior pensó que no podía desaprovechar aquella oportunidad que le brindaba la vida. *Gigi* fue el comienzo de su fulminante carrera al estrellato.

Los planes de boda con el apuesto James Hanson tendrían por el momento que aplazarse. Tiempo después, la actriz se sorprendía de cómo en aquel año de 1951 le llegó el éxito de manera inesperada: «Llegué a esta profesión de casualidad. Era una desconocida, insegura, inexperta y flacucha. Trabajé muy duro, eso lo reconozco, pero sigo sin entender cómo pasó

AUDREY
HEPBURN
1929-1993

© ACI

La infancia de Audrey estuvo marcada por el abandono de su padre cuando ella tenía seis años. La influencia de su madre, la baronesa Ella Van Heemstra, forjaría su verdadero carácter, mucho menos dulce de lo que parecía en la gran pantalla.

Vacaciones en Roma supuso el despegue de su carrera y el inicio de una profunda amistad con Gregory Peck. Con esta película, Audrey consiguió el Oscar a la mejor actriz, compitiendo con intérpretes como Ava Gardner y Deborah Kerr.

«Lo conocí, me gustó, lo amé y me casé con él», dijo Audrey recordando a su primer marido, el actor y director Mel Ferrer.

Desayuno con diamantes la convirtió en una de las actrices mejor pagadas de la época y la transformó en un icono de la moda que perdura en nuestros días. Fue proclamada reina de la elegancia y el glamour.

«Tuve que elegir, en un momento de mi vida, entre dejar de hacer películas o dejar de ver a mis hijos. Fue una decisión muy fácil de tomar, porque los echaba mucho de menos. Me retiré para quedarme en casa con mis hijos. Fui muy feliz.» En la foto con Luca, el hijo que tuvo con su segundo marido.

En sus últimos años de vida, Audrey se entregó en cuerpo y alma a ayudar a los más necesitados. Las misiones que llevó a cabo con UNICEF la enfrentaron a una devastadora realidad para la que confesó no estar preparada.

© Getty

Jackie creció en un mundo de lujos y privilegios, pero sufriendo las continuas peleas de sus padres. En las fotografías que se conservan de sus primeros años de vida aparece posando como una feliz niña rica (en ésta con su pony Buddy).

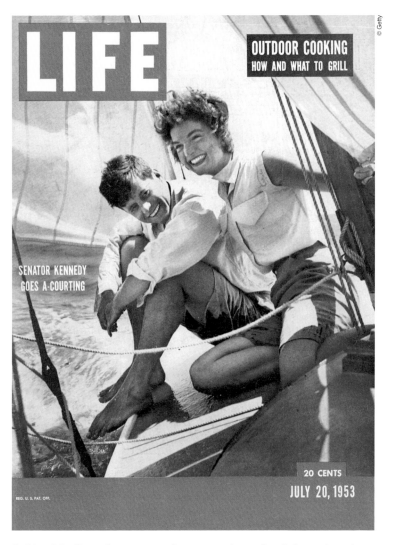

Jackie y John Kennedy encarnaron durante más de una década la pareja perfecta: jóvenes, fotogénicos, glamurosos y dinámicos, parecían estar hechos el uno para el otro. Portada del *Life* con motivo de su compromiso.

Tras su boda de cuento de hadas, Jackie sufrió varios abortos y la angustia de vivir junto a un hombre enfermo que no por ello renunciaba a sus conquistas femeninas.

El 27 de noviembre de 1957, el sueño de Jackie de ser madre se hizo al fin realidad. El día del nacimiento de Caroline fue el más feliz de su vida.

Los asesores del senador pronto descubrieron que cuando Jackie asistía a algún acto electoral, acudía más gente. *The New York Times* destacaba: «La esposa de Kennedy encanta a los electores».

Jackie Kennedy en el funeral de su esposo, vestida de riguroso luto y con un velo cubriéndole el rostro, encabezaba el cortejo de la mano de sus dos hijos. La imagen del pequeño John Jr. saludando militarmente ante el féretro de su padre, pasaría a la historia.

A sus treinta y nueve años, Jackie no estaba dispuesta a asumir el papel de «viuda de América» y se casó con el armador griego Aristóteles Onassis. Fue un matrimonio de mutua conveniencia.

todo».Antes de abandonar Londres para comenzar los ensayos de *Gigi* en Nueva York, la Paramount se fijó en ella y le hicieron unas pruebas para una película que iba a rodarse en Italia. Buscaban a una actriz europea que encarnase a una princesa que se enamora de un periodista estadounidense en Roma. Aunque durante un tiempo la primera opción para este papel había sido la británica Jean Simmons, las difíciles negociaciones con Howard Hughes, con quien tenía contrato, dieron al traste con el proyecto. Sin embargo, el veterano director William Wyler no tuvo ninguna duda de que era Audrey la candidata perfecta. Antes de partir a Estados Unidos, la inexperta y casi desconocida actriz había conseguido el papel de la princesa Anne en la película *Vacaciones en Roma* y un sueldo de 12.500 dólares.

A finales de octubre, Audrey embarcó sola rumbo a Nueva York a bordo del *Queen Mary*. En las siguientes semanas se sumergió por completo en los ensayos de *Gigi*, intentando ocultar sus nervios y angustia. Audrey no era una actriz de teatro y el tener que debutar en Broadway con un papel de protagonista la llenaba de inseguridad. Cuando finalmente el 24 de noviembre de 1951, la obra se estrenó en Broadway, su madre Ella y su prometido James Hanson se encontraban en primera fila para apoyarla. Tras la función, la baronesa acudió al camerino para abrazar a su hija aunque no le hizo el menor cumplido. «Cariño, lo has hecho muy bien, sobre todo teniendo en cuenta que careces de talento», fueron sus únicas y poco halagadoras palabras. La reacción de los críticos hacia la obra fue más bien tibia, sin embargo todos alabaron la interpretación «espontánea, lúcida y cautivadora» de Audrey. A sus veintidós años, había pasado de ser una perfecta desconocida a una famosa y prometedora actriz. En tan dulce momento,

James volvió a pedirle matrimonio y le regaló un anillo de compromiso. El 31 de mayo de 1952, tras seis meses de lleno absoluto, Audrey regresó a Europa para comenzar enseguida el rodaje de *Vacaciones en Roma*. Una vez más, la anunciada boda tendría que aplazarse.

A pesar del éxito que había cosechado en Nueva York, Audrey seguía siendo una actriz indecisa que tenía auténtico pánico escénico. «Era una estrella que no veía su propia luz», diría en una ocasión su hijo mayor Sean. Con esta incapacidad para ver sus mejores cualidades, y de nuevo inmersa en un mar de dudas, Audrey llegó a Roma para ensayar su papel. El director William Wyler consiguió convencer a Gregory Peck —entonces una consagrada estrella— para que aceptara el papel de periodista estadounidense en *Vacaciones en Roma*. Desde el primer momento, la química surgió entre los dos actores, tal como reflejan algunas escenas de la película. «En Audrey no había ni pizca de mezquindad ni de egoísmo. [...] No era chismosa, traidora, mezquina ni ambiciosa, características que tanto abundan en este negocio. La verdad es que es muy fácil querer a Audrey», diría el actor. En un gesto de generosidad, Gregory Peck insistió en que su nombre y el de Audrey aparecieran en los créditos en la misma línea; estaba convencido de que la joven conseguiría un Oscar con aquel papel.

Por exigencia del director, la película se rodó en las calles de Roma, lo que implicó considerables problemas. El calor en verano era insoportable y la gente se apiñaba para ver de cerca a las dos estrellas. Pero a pesar de los contratiempos, y del perfeccionismo del director que les hacía repetir las escenas hasta la extenuación, Gregory Peck recordaría con especial cariño aquel rodaje. La película tuvo un rotundo éxito de crítica y de público, y de la noche a la mañana, Audrey alcanzó la fama. Tal como vaticinó Gregory Peck, consiguió el Oscar a la mejor actriz compitiendo con actrices de la talla de Ava Gardner y Deborah Kerr.

Aunque *The New York Times*, el 26 de agosto de 1952, anunciaba a sus lectores que la señorita Audrey Hepburn se casaba el 30 de septiembre, la actriz pospuso por tercera vez su boda. Al finalizar el rodaje en Roma, Audrey se encontraba agotada y en octubre iniciaba una gira por Estados Unidos con la obra *Gigi*. Abrumada ante esta situación, la actriz rompió su compromiso matrimonial con su novio James Hanson. Ahora, lo más importante en su vida era su carrera de actriz y no podía dedicarle tiempo a una relación amorosa. Para Audrey, el matrimonio era algo muy serio; deseaba tener hijos y poder estar junto a ellos; no quería repetir los errores de su madre, que se había casado y divorciado en dos ocasiones. *Vacaciones en Roma* supuso el despegue de su carrera, y el inicio de una profunda amistad con Gregory Peck. Aunque se especuló entonces con un romance entre ambos actores, nada más lejos de la realidad. En un tributo ofrecido al actor en el Kennedy Center de Washington, Audrey, muy emocionada, dijo de él: «Gregory Peck es el actor más auténtico de nuestro tiempo [...]. A tu generosidad le debo mi carrera. Por tu coraje e integridad tienes mi más profundo respeto. Por tu amistad, bondad y humor, todo mi amor». Cuando Audrey estaba ya muy enferma, poco antes de morir, el actor le enviaba a diario un ramo de flores blancas y rosas, sus colores favoritos.

En el verano de 1953, Audrey viajó a Londres para el estreno en Gran Bretaña de *Vacaciones en Roma*. La baronesa Ella Van Heemstra organizó una cena en honor de su hija, e invitó a los actores y al personal de la Paramount. Entre los asistentes se encontraba el famoso fotógrafo y diseñador inglés Cecil Beaton, quien cayó rendido ante el encanto de Audrey. «Poseía un nuevo tipo de belleza —recordaría el diseñador—: boca grande, rasgos centroeuropeos, ojos muy pintados, pelo corto, uñas largas y pintadas, una figura maravillosamente ágil […]. Al instante descubrí su mágico encanto, y despierta una simpatía conmovedora, como si de una huérfana se tratara.» Beaton se convirtió en su más rendido admirador y diseñaría para ella el maravilloso vestuario —y la escenografía— de su célebre película *My Fair Lady*.

Gregory Peck asistió a la cena en casa de Audrey en compañía de un amigo, el actor y director Mel Ferrer. Cuando le presentaron a la actriz, Mel se quedó impresionado por su belleza —«sus ojos me cautivaron», reconocería— y la felicitó por su actuación en *Vacaciones en Roma*; por su parte, ella hizo lo mismo, y alabó su interpretación en la inolvidable comedia *Lilí* (1953) donde Mel daba vida a un entrañable titiritero.

La realidad es que los dos actores congeniaron de inmediato y se sintieron muy atraídos. Ambos tenían gustos comunes; Mel era actor, escritor, bailarín, cantante y director. La diferencia de edad —doce años mayor que ella— no fue un obstáculo entre ellos aunque Audrey era una veinteañera ingenua y enamoradiza, y él, un hombre curtido por la vida, padre de cuatro hijos y casado en tres ocasiones.

«Lo conocí, me gustó, lo amé y me casé con él», diría Audrey recordando a Mel Ferrer. Cuando la actriz lo conoció en la fiesta que dio su madre en su honor, Mel era un actor de segunda fila que había intentado sin demasiado éxito triunfar en la meca del cine. Melchor Gaston Ferrer, como era su verdadero nombre, tenía entonces treinta y seis años y era un hombre esbelto, educado y apuesto que gustaba a las mujeres. Hijo de un respetado cirujano español y de una dama irlandesa de la alta sociedad de New Jersey, había nacido en Elberon pero creció en Nueva York. Mel estudió durante dos años en la prestigiosa Universidad de Princeton donde enseguida se vinculó a los proyectos teatrales de la universidad. En 1937, tras abandonar sus estudios universitarios y conseguir cierto éxito como escritor para niños, se casó con una escultora y aspirante a actriz, Frances Pilchard, con la que tuvo dos hijos. Un año después, y obligado por su precaria situación económica, el actor se trasladó a Broadway donde debutó como bailarín. Durante los siguientes dos años, Mel interpretaría papeles sin importancia en tres obras que se estrenaron en Broadway. Sin duda, su inestable carrera artística y su espíritu inquieto no le iban a proporcionar el éxito fulgurante que alcanzaría la Hepburn.

Hacia 1940, Mel, viendo que su carrera como actor no tenía demasiado futuro, trabajó en la radio y más tarde como escritor, productor y director de películas —poco memorables— para la Columbia Pictures. Mientras trataba de salir adelante, Mel se divorció de Pilchard y se casó con Barbara Tripp, con quien tuvo otros dos hijos. Su azarosa vida sentimental le llevó, en 1942, a casarse nuevamente con Frances Pilchard, que seguía siendo su esposa cuando conoció a Audrey aquel mes de julio. En 1953, Mel Ferrer, tras veinte años de profesión, había conseguido su primer éxito en la gran pantalla con la película *Lilí*, junto a Leslie Caron. Sin embargo, su carrera se encontraba en un punto muerto y no tenía en perspectiva ningún trabajo importante.

Más allá de la atracción que Mel sintiera por Audrey, el actor intuyó que su carrera podría relanzarse de la mano de aquella encantadora joven que se había enamorado de él como una colegiala. Audrey, que no había llenado el vacío emocional provocado por el abandono de su padre, encontró en Mel a un hombre maduro, atento y solícito con el que acabaría formando un hogar. Pero hasta que ese momento llegara, sus caminos se separarían debido a sus respectivas obligaciones profesionales. Mel debía regresar a Londres para completar el doblaje de su película *Los caballeros del rey Arturo*, y Audrey se marcharía con su madre a San Juan de Luz, en la costa vascofrancesa, para tomarse un merecido descanso antes de comenzar el rodaje de su siguiente película, *Sabrina*. Al despedirse, Audrey le dijo a Mel que si alguna vez encontraba una obra de teatro que creyera que podían hacer juntos, que por favor pensara en ella. Muy pronto, volverían a reencontrarse y para entonces la carrera de Audrey quedaría en un segundo plano.

Ya en su primera película, *Vacaciones en Roma*, Audrey destacó por sus exquisitos modales, su elegancia natural y el buen gusto a la hora de elegir su vestuario. En realidad, la actriz, tal como reconocían sus estilistas, «sabía más de moda que cualquier actriz del momento» y tenía muy claro la imagen que deseaba proyectar en la gran pantalla. Tenía el cuerpo de una maniquí —metro setenta y cincuenta centímetros de cintura— y podía permitirse vestir de manera sofisticada. Pero Audrey, tras su aspecto dócil, ocultaba una gran rebeldía y se negaba a seguir la moda; nunca quiso usar hombreras, llevar tacones altos y tampoco realzar su busto. En un tiempo en que en Hollywood reinaban actrices voluptuosas como Marilyn Monroe, su aspecto andrógino —cabello corto y escasas formas— era toda una novedad. Desde el principio, la actriz se tomó muy en serio el vestuario de sus películas, hasta tal punto que, con su característica amabilidad, dejó muy claro a los diseñadores que nunca se pondría un modelo que no hubiera recibido su aprobación. «Estilo es una palabra que se utiliza para definir muchas cosas. En el caso de mi madre, era una extensión de su belleza interior, apoyada en una vida de disciplina, respeto por los demás y esperanza en la humanidad. Era de líneas puras y elegantes, porque creía en el poder de la simplicidad. Si entonces fue atemporal fue porque apostaba por la calidad y si hoy en día sigue siendo un icono de estilo es porque una vez que encontró su *look* le fue fiel el resto de su vida. No cayó en la moda, y se reinventaba a sí misma cada temporada. Adoraba la moda, pero la utilizaba como una herramienta para complementar su imagen», dijo de ella su hijo Sean.

Tras el éxito de *Vacaciones en Roma*, a Audrey le llovían las ofertas para trabajar en Hollywood. Su siguiente película con la Paramount sería *Sabrina*, dirigida de nuevo por Billy Wilder y compartiendo cartel con dos actores consagrados: Humphrey Bogart y William Holden. Antes de comenzar el rodaje, Audrey y su madre se fueron a París para visitar el estudio de un diseñador francés que los estudios Paramount les habían recomendado. Se trataba de Hubert de Givenchy —discípulo de Balenciaga— que entonces tenía veintiséis años y junto a Christian Dior e Yves St. Laurent, era una de las grandes promesas de la alta costura francesa. La anécdota del primer encuentro entre la actriz y el famoso modisto forma ya parte de la leyenda de Audrey Hepburn. Juntos compartirían cuarenta años de complicidad y de sincera amistad.

A finales de julio, Audrey visitó de manera inesperada el taller de Givenchy para elegir algunos modelos para su película *Sabrina*. El ayudante del modisto anunció que acababa de llegar la señorita Hepburn, y éste salió a recibirla creyendo que se trataba de la famosa actriz Katherine Hepburn. Así recordaba el modisto el día que conoció a la que sería su mejor amiga y su musa: «Me encontré frente a una joven vestida como un gondolero. Me quedé petrificado. Pero me resultó todavía más sorprendente que me pidiera que creara su vestuario para su siguiente película, *Sabrina*. Entonces estaba demasiado ocupado para hacerlo. Pero su encanto me ganó y le aconsejé que eligiera alguno de los vestidos de mi colección. Ella me confesó que se había enamorado de mis vestidos cuando rodó en Francia *Monte Carlo Baby*, pero que no podía comprarlos». Audrey se llevó consigo un traje de lana gris, un largo y ceñido vestido blanco de fiesta sin tirantes, bordado con flores, y con una larga cola que se podía desabrochar y un vestido negro de cóctel con cuello marinero que iba atado a los hombros con pequeños lazos. Desde aquel primer encuentro, Givenchy y Audrey crearían juntos un estilo legendario que convertiría a la actriz en un icono de la moda.

Fue a partir de su película *Una cara con ángel* (1956), cuando Audrey incluyó una cláusula en todos sus contratos por la cual se indicaba que Givenchy diseñaría su vestuario. El traje negro y el pequeño sombrero que la actriz luciría en su película más famosa, *Desayuno con diamantes*, lanzaría a Givenchy a la fama en Estados Unidos. A partir de ese momento, la imagen de la actriz cambió para siempre. El modisto —gracias a sus diseños geométricos y discretos— resaltó su sencillez, elegancia, estilizada figura y su aire andrógino. Los vestidos de Givenchy que Audrey lucía fuera de la gran pantalla, la situaron muy pronto entre las mujeres mejor vestidas del mundo. A la actriz llevar la ropa de Givenchy le aportaba seguridad: «Cuando llevo una blusa blanca o un vestido creado para mí, tengo la sensación de sentirme protegida, y esa protección es muy importante para mí. Sólo con su ropa me siento yo misma».

Cuando a Givenchy los periodistas le preguntaban si se sentía orgulloso de haber creado el «estilo Hepburn», él declinaba galantemente semejante mérito. No se cansaba de repetir que Audrey era su musa, pero que era ella quien había creado su propio estilo: «Audrey era una persona muy rigurosa y una gran profesional. Nunca llegaba tarde y nunca cogía rabietas. Al revés que muchas de sus ilustres colegas, no se comportaba como una estrella mimada. Sabía perfectamente cómo moldear su imagen fuerte e independiente. Siempre añadía algo a los modelos que diseñaba para ella, algún detalle personal que realzaba el conjunto. [...] Tenía todo: encanto, glamour y una elegancia sobria. Audrey resplandecía igual con un vestido de fiesta como con unas mallas de baile. Su personalidad era más fuerte que su propio vestido».

La verdadera Audrey

El rodaje de la película *Sabrina* fue menos placentero que el de *Vacaciones en Roma*, en buena parte por la tensión existente entre los dos actores principales: Humphrey Bogart y William Holden. Bogart tenía entonces cincuenta y cuatro años, un carácter hosco y su afición a la bebida era de todos conocida; por su parte Holden, a sus treinta y cinco años, era el galán del momento. Desde el primer instante la rivalidad entre ambos fue bien palpable creando en el estudio un ambiente muy enrarecido. Audrey resistió como pudo el drama que se vivía

más allá del plató. El rodaje comenzó en septiembre de 1953
y los exteriores se rodaron en una mansión en Glen Gove,
Long Island. En medio del rodaje, Audrey vivió un apasionado romance con William Holden, un actor alcohólico y atormentado casado con la actriz Brenda Marshall y padre de dos
hijos. Al parecer, la relación acabó el mismo día que finalizó el
rodaje, cuando Holden le confesó a Audrey que se había hecho la vasectomía y no podría ser padre. La Hepburn, para
quien formar una familia siempre fue prioritario, negó el idilio y aseguró que entre ellos sólo existía una gran amistad.
Para Holden, sin embargo, Audrey fue el gran amor de su
vida.

Tras el estreno de *Sabrina* —un moderno cuento de hadas
en el que la hija del chófer de una familia de potentados fan-
tasea desde niña con casarse con uno de los dos herederos—,
Audrey regresó a los escenarios de Broadway para interpretar
una obra junto a Mel Ferrer. El actor se había tomado muy en
serio lo que le dijo Audrey en la fiesta en la que se conocieron, y en noviembre reapareció en su vida dispuesto a trabajar con ella en el teatro. Mel, que se acababa de divorciar de su
esposa, le dio a leer a Audrey la adaptación teatral de *Ondine*,
un relato de Jean Giraudoux. Audrey, que quería olvidar su relación con Holden, aceptó la propuesta sin pensarlo dos veces.
La Paramount permitió a su estrella que representara la obra,
pero sólo durante un período de seis meses. Audrey, siempre
insegura y temerosa de no satisfacer al público, buscaría el
apoyo emocional de Mel. La pareja acabó enamorándose y
durante el tiempo que la obra permaneció en cartel, alquilaron juntos un apartamento en el barrio de Greenwich Village,
en Manhattan, e incluso hicieron planes de boda.

La obra *Ondine* se estrenó el 18 de febrero de 1954 y

Audrey recibió unas críticas inmejorables que destacaban, una vez más, su gracia y encanto en el escenario. Sin embargo, la actuación de Mel no convenció a los críticos. «Carece de intensidad, elegancia e imaginación», dijo de él *The New Yorker*. Por el contrario, destacaban de Audrey su interpretación «mágica, inteligente y admirable». Aquél sería un año inolvidable para la joven actriz que en la misma semana recibió su primer Oscar a la Mejor Actriz de 1953 por *Vacaciones en Roma* y unos días después el Tony por su papel protagonista en *Ondine*. A sus veinticuatro años, y en un tiempo récord, había conseguido triunfar en Hollywood y en Broadway. Mel estaba muy orgulloso por los premios que su prometida Audrey había recibido. Sin embargo, la baronesa Van Heemstra se mostraba fría y distante hacia su hija. En una ocasión dijo a un periodista: «No puedo presumir de mérito alguno por el talento que Audrey pueda tener. Si es talento de verdad, es de inspiración divina. Igualmente podría estar orgullosa de un cielo azul o de los cuadros flamencos expuestos en la Real Academia de Bellas Artes».

Cuando en el mes de julio la obra dejó de representarse, Audrey estaba agotada y al borde de una crisis nerviosa. Todo había sucedido demasiado rápido, y no le resultaba fácil digerir un éxito tan inesperado. «Yo no diría que he aprendido a actuar aún», comentaría con su habitual modestia. Audrey se mostraba cada vez más vulnerable y angustiada, a pesar de los premios y las ofertas de trabajo que se amontonaban sobre la mesa de su agente. Comenzó a fumar varios paquetes al día y su médico le recomendó que se tomara unas vacaciones de verdad. Por otra parte, Mel también la presionaba porque le había pedido matrimonio y esperaba una respuesta. Fue entonces cuando acompañada de su madre —quien siempre se opuso a este matrimonio por considerar al actor demasiado mundano— y de Mel, abandonó Nueva York y se instaló en un tranquilo refugio en Suiza.

El 24 de septiembre de 1954, Audrey Hepburn y Mel Ferrer se casaban en una capilla privada del siglo XIII en el pueblo suizo de Bürgenstock, junto al lago de Lucerna. Fue una ceremonia íntima y sencilla a la que acudieron apenas una veintena de invitados. Audrey lucía un vestido de organdí blanco de cuello redondo —diseñado por Givenchy— y un tocado de flores blancas en la cabeza. La luna de miel, debido a los compromisos de Mel Ferrer, se limitó a tres días tranquilos en un chalet suizo. A finales de septiembre, los recién casados viajaron a Roma donde el actor estaba rodando una película. Tras la boda, la pareja alquiló una casa cerca del pueblo de veraneo de Anzio, a unos cuarenta kilómetros de Roma. «La casa estaba situada en medio de unos viñedos y allí compartimos nuestra vida con algunas palomas, dos burros, tres perros y nueve gatos», recordaría Audrey. Cuando se casó, la actriz consideraba que el matrimonio era «un trabajo a tiempo completo», a todas luces incompatible con su profesión. Por esta razón, decidió recluirse en el campo y dedicarse a descansar, cuidar del jardín y aprender a cocinar platos italianos. Deseaba quedarse embarazada pues para ella ser madre era algo prioritario: «Nací con una enorme necesidad de afecto y con una tremenda urgencia de brindarlo. Cuando era pequeña solía avergonzar a mi madre intentando sacar a los recién nacidos de los cochecitos cuando iba por la calle. Soñaba con tener mis propios hijos. Todo en mi vida se reduce a una única cosa: no sólo recibir amor, sino la desesperada necesidad de darlo».

El 4 de febrero de 1955, Audrey acudió al estreno de *Sa-*

brina en París y su presencia en la capital francesa causó un gran revuelo. La película fue un éxito de crítica y de taquilla, y la Academia volvió a nominarla como candidata al Oscar a la Mejor Actriz por su papel de moderna Cenicienta. La actriz siempre se sentiría identificada con el personaje de Sabrina, una chica romántica, ingenua y soñadora como ella. En marzo, Audrey estaba embarazada y la posibilidad de ser madre la colmó de felicidad. Pero la alegría de la pareja duraría poco. La actriz sufrió un aborto espontáneo y tal como ella misma confesaría: «Aquél fue el momento en que estuve más cerca de volverme loca». Audrey, que cayó en una profunda depresión, intentó recuperarse en una tranquila casa de campo de tres plantas que alquilaron en Suiza, país donde la pareja fijó su residencia. Rodeada de la naturaleza y de sus perros, a los que adoraba, recuperó poco a poco el ánimo y la salud. Sin embargo, fue Mel —preocupado por su apatía— quien la convenció para que trabajaran juntos en una ambiciosa producción: la adaptación de la novela *Guerra y paz*, de Tolstói.

Mel Ferrer, con más veteranía que su esposa en el mundo del cine, parecía querer controlar la carrera artística de Audrey. Se convirtió, para malestar de muchos, en una especie de representante de la actriz, llegando a discutir los términos económicos de los contratos en paralelo con ella. Audrey y Mel, aunque compartían gustos y aficiones, eran en realidad muy distintos. Para la actriz —menos ambiciosa que su marido— la fama no tenía ninguna importancia y su carrera profesional estaba en un segundo plano. Le preocupaba más poder formar una familia, que el ser una aclamada estrella de cine. Mel nunca llegó a comprender que sus aspiraciones y las de su esposa eran del todo incompatibles. Cuando se anunció en julio de

1955 que juntos iban a protagonizar *Guerra y paz*, dirigida por King Vidor, comenzaron los rumores acerca de la influencia que Mel ejercía en su esposa para que ésta eligiera proyectos que beneficiaban su propia carrera.

Tras el complicado y agotador rodaje de *Guerra y paz* en la ciudad de Roma, a Audrey —que ya era una de las actrices mejor pagadas del mundo— le esperaba un proyecto que la volvería a conectar con su gran pasión: la danza. Se trataba de la película *Una cara con ángel*, dirigida por Stanley Donen. Aunque estaba cansada y deseaba recluirse de nuevo en su casa de Suiza, no pudo rechazar la oferta de cantar y bailar en un musical romántico junto a su ídolo, el gran Fred Astaire. «Puede ser la última y la única oportunidad que tenga para trabajar con la adorable y gran Audrey Hepburn. Y no voy a desaprovecharla. Punto», diría el legendario bailarín que acababa de enviudar y tenía cincuenta y siete años. Por su parte la actriz, para quien Fred Astaire era el mejor bailarín que había tenido Hollywood, estaba visiblemente nerviosa cuando lo conoció en el estudio. Los ensayos fueron realmente duros y Audrey tuvo que trabajar dieciséis horas diarias para estar a la altura de su compañero. Sin embargo, el veterano bailarín se lo puso muy fácil: «Cuando me encontré frente a esa leyenda y lo vi tan apuesto, elegante y distinguido, el corazón me dio un vuelco. Entonces, de repente, sentí una mano alrededor de mi cintura, y con su inimitable gracia y suavidad, Fred me levantó del suelo. Sentí la emoción con la que han soñado muchas mujeres en algún momento de su vida… bailar, aunque sólo fuera una vez, con Fred Astaire». *Una cara con ángel* fue un nuevo éxito de Audrey gracias no sólo a su interpretación sino a los elegantes y sofisticados trajes que le diseñó Givenchy, a la magnífica fotografía de Richard Avedon y a las simpáticas secuencias de baile donde la actriz pudo dar rienda suelta a sus emociones.

Audrey cumplió veintisiete años durante el rodaje de *Una cara con ángel*, y Fred Astaire celebró su cincuenta y siete cumpleaños. En la mayoría de las películas que la actriz rodó al comienzo de su carrera, los protagonistas masculinos le triplicaban la edad. Tras trabajar con Gregory Peck, Bogart, Henry Fonda y Fred Astaire, su siguiente pareja cinematográfica sería un envejecido Gary Cooper con quien coincidiría en su siguiente película, *Ariane*, de nuevo a las órdenes de Wilder. La diferencia de edad entre Audrey —que por su físico parecía una eterna adolescente— y sus parejas restaba credibilidad a las historias de amor que protagonizaba. Sin embargo, al público no parecía importarle demasiado este detalle porque cada nueva película era un rotundo éxito. Hasta que cumplió los treinta años a la encantadora Audrey no comenzaron a emparejarla con actores de su misma edad.

En 1957, Audrey decidió alejarse un tiempo de las cámaras de cine y televisión. Deseaba reflexionar sobre su futuro porque sentía que su carrera estaba estancada. Conocía el enorme éxito que había tenido *Una cara con ángel* en su estreno y las magníficas críticas que destacaban, como era habitual, su encanto y naturalidad. Pero Audrey estaba preocupada porque los papeles que había interpretado hasta la fecha eran muy repetitivos: o era una encantadora e ingenua adolescente que encandilaba a hombres mayores en comedias divertidas o una hermosa aristócrata en dramas de época como *Guerra y paz*. Así, cuando su agente le envió un telegrama proponiéndole un tipo de papel totalmente distinto de los que había hecho hasta entonces, y basado en una novela de gran éxito, Audrey aceptó leer el libro. Fue así como llegó a sus manos *Historia de una monja*, cuyas páginas devoró en apenas dos días.

Cuando finalmente Audrey aceptó interpretar a la hermana Lucas —papel pensado inicialmente para Ingrid Bergman—, se iba a enfrentar al personaje más profundo y complejo de toda su carrera. La novela y la película están basadas en la historia real de la religiosa belga Marie-Louise Habets, la auténtica «hermana Lucas» que durante nueve años trabajó en el Congo atendiendo a los más necesitados hasta que colgó los hábitos para trabajar como enfermera de guerra. Audrey tuvo la oportunidad de conocer en persona a Marie-Louise antes de rodar la película que cambiaría para siempre su vida. Desde el principio, se identificó con la protagonista de aquella historia: tanto la hermana Lucas como ella habían nacido en Bélgica, habían conocido el horror de la invasión nazi y sus conflictos internos se asemejaban bastante. Audrey era, a pesar de su carácter alegre, una mujer muy introvertida como la monja que encarnaba. «Tuve muy poca juventud, escasos amigos, poca diversión y ninguna seguridad. ¿Acaso sorprende que me convirtiera en una persona introvertida?», diría en una ocasión.

Sin los magníficos trajes que Givenchy diseñaba para ella, sin apenas maquillaje y vestida tan sólo con un hábito de monja, la actriz tuvo que recurrir a la expresión de su rostro —sobre todo a su mirada— para manifestar el torbellino de emociones que vivió la hermana Lucas. Audrey se preparó a fondo para un papel que pasaría a la historia del cine. No sólo vivió unos días en un convento francés para conocer en carne propia la austeridad y la vida de recogimiento de las hermanas, sino que visitó un hospital para enfermos mentales y una leprosería en el río Congo. El rodaje de dos meses de duración en el antiguo Congo belga fue muy duro por las altas temperaturas —que oscilaban entre los 37 y los 54 °C— y las incomodidades que tuvo que sufrir todo el equipo. «Jamás he visto a nadie más disciplinado, amable y entregado a su trabajo que Audrey. No había en ella un ego desmedido, nunca pedía favores y mostró la mayor consideración hacia sus compañeros de reparto. Se ha demostrado a sí misma que es una gran actriz en un papel difícil y exigente», diría el director de la película Fred Zinnemann.

Aunque Audrey aguantó el calor y la humedad agobiantes, así como los insectos y las serpientes que la acompañaron durante todo el rodaje en el Congo, al regreso del viaje su salud se resintió. En Roma, donde continuó el complicado rodaje, Audrey sufrió un repentino cólico nefrítico. No hubo que intervenirla de urgencias pero se aplazó la filmación durante unos días. A pesar de estos contratiempos, y como confesaría más tarde su hijo Sean, para Audrey ésta fue su mejor película y el papel del que se sentía más orgullosa. Cuando se estrenó en julio de 1959, las críticas fueron muy elogiosas y todos coincidían en que su interpretación era una de las mejores hasta la fecha. Para Audrey, el viajar al corazón de África, el conocer de primera mano las necesidades de la gente, la transformaría interiormente, al igual que le había sucedido a la protagonista de la historia. En una carta dirigida a la autora de la novela, Kate Hulme, y a la antigua religiosa Marie-Louise Habets —con quien Audrey estableció una estrecha relación más allá de los días del rodaje— les decía: «Todo lo que os puedo decir es que cualquier parecido entre la Hepburn actual y la anterior al mes de enero de 1958 es puramente accidental. He visto, he oído y aprendido tanto, me han enriquecido tantas experiencias que me siento una persona distinta. Al ahondar en la mente y en el corazón de la hermana Lucas también he tenido que profundizar en mí misma…».

En el otoño de 1958, Audrey estaba de nuevo embarazada. Sin embargo, debido a un compromiso para actuar en una película dirigida por John Huston, no pudo reposar en su refugio suizo como era su deseo. La actriz mantuvo en secreto su estado y comenzó el rodaje de un extraño western titulado *Los que no perdonan* junto a Burt Lancaster. La película se rodaba en el desierto, a las afueras de Durango, México, en condiciones muy duras y rigurosas. Además del calor sofocante, el viento y el polvo, Audrey —que interpretaba a una poco convincente india kiowa— tenía que montar a pelo un semental árabe llamado Diablo. Aunque era una buena amazona, la actriz sufrió un grave accidente en una de las secuencias en las que montaba a Diablo. El caballo se encabritó y Audrey salió despedida cayendo aparatosamente en el suelo. Se fracturó cuatro vértebras y se lastimó los tobillos, una muñeca y los músculos de la espalda. El médico que la atendió en el plató pensó que no volvería a caminar. Pero el incidente se saldó con unas semanas de reposo, atendida, curiosamente, por Marie-Louise Hebets, la religiosa a la que encarnó en *Historia de una monja*. Un mes más tarde reanudó el rodaje y volvió a montar el mismo caballo tal como le había prometido al director.

Tras la aparatosa caída, la actriz pensó que podía haber perdido a su hijo, pero no fue así. Sin embargo, en el mes de mayo, tras el estreno de la película, sufrió un nuevo aborto. Según su biógrafo Donald Spoto, la actriz se puso de parto pero el bebé nació muerto. Audrey se sumió en una depresión y se recluyó en su casa de Bürgenstock para descansar lo que quedaba del año. Únicamente hizo una excepción para acudir al estreno londinense de *Historia de una monja*. Aquella noche lució como siempre muy elegante, pero se la veía triste y débil; tenía treinta años y parecía que había envejecido. «Deseaba tanto tener un hijo que mis abortos me resultaron más dolorosos que cualquier otra cosa en la vida, incluidos el divorcio de mis padres y la desaparición de mi padre.» Se encontraba tan baja de moral y triste, que Audrey rechazó participar en una película a las órdenes de Alfred Hitchcock, con el que se había comprometido. La película tenía una escena muy dura de violación —que no estaba en el guión original— y no se vio con fuerzas para interpretarla. El director encajó muy mal su negativa, y en lugar de buscar otra actriz, renunció finalmente a hacer la película. Nunca la perdonó aunque, al parecer, pensó de nuevo en ella para protagonizar *Los pájaros*.

Fue en aquel momento delicado de su vida, cuando el matrimonio Ferrer viajó a Irlanda por motivos que nunca se hicieron públicos. Cuando Audrey regresó del Congo belga, su esposo Mel había conseguido localizar el paradero del padre de la actriz a través de la Cruz Roja Internacional. «Mi madre y él hablaban sobre ello a menudo, y Mel llegó a sentir que era un importante tema sin resolver en la vida de su esposa. Incluso, tras veinte años de ausencia, cuando Audrey se reencontró con su padre, éste fue incapaz de mostrar la profunda admiración y amor que sentía por ella», escribe Sean Ferrer en su biografía. Joseph Hepburn-Ruston vivía en Dublín con su segunda esposa, y aunque hacía veinticinco años que no veía a su hija, había seguido atentamente su ascendente carrera. No fue un encuentro fácil, y cuando estuvieron frente a frente, ninguno de los dos demostró la más mínima emoción. «El hombre que ella había añorado toda su infancia sufría un terrible bloqueo emocional que le incapacitaba para manifestar sus sentimientos. Y entonces mi madre lo hizo: se adelantó y lo abrazó, sabiendo perfectamente que eso iba a ser todo. Eligió perdonarlo, instintivamente, en un instante. No hubo lágrimas de alegría ante el reencuentro, sabiendo perfectamente que lo habrían hecho sentir incómodo, se las guardó para sí misma», recuerda Sean Ferrer en su libro. Audrey se despidió de él sabiendo que jamás podría reanudar una relación que había muerto mucho tiempo atrás, cuando ella sólo contaba seis años de edad. Hasta el final de sus días, la actriz le enviaría a su padre una pensión para ayudarle económicamente.

Durante un tiempo, Audrey Hepburn vivió alejada de las cámaras y del gran público que hacía largas colas para ver sus películas. Aquel merecido descanso dio al fin su fruto, y el 17 de julio de 1960 cumplió su sueño de ser madre. Tras dos abortos, nacía, en la maternidad de Lucerna, Sean Hepburn Ferrer, un niño sano, de cuatro kilos y medio. «No podía creer que realmente fuera mío y pudiera quedármelo», comentó la actriz. El pequeño fue bautizado por el padre Endiguer, el mismo que los había unido en matrimonio y que ya octogenario oficiaría el funeral de la actriz. Aunque a estas alturas la relación con Mel no atravesaba un buen momento, tras el nacimiento de Sean la actriz trataría de salvar su matrimonio: «Desde el momento en que tuve a Sean me aferré a mi matrimonio sólo por él, y cada vez me desagradaba más separarme de él para los rodajes. Aquélla era la verdadera Audrey. Las películas eran cuentos».

Luces y sombras

Aunque Audrey no tenía ninguna prisa en regresar al cine, cuando le ofrecieron protagonizar la película *Desayuno con diamantes*, basada en la novela de Truman Capote, no pudo negarse. El papel de la excéntrica y desenfadada Holly Golightly la convirtió en una de las actrices mejor pagadas de la época, le abrió las puertas a clásicos como *Charada* o *My Fair Lady*, y por si fuera poco la transformó en un icono de la moda que perdura en nuestros días. Gracias al elegante vestuario —y los llamativos accesorios— de su amigo Givenchy, la actriz fue proclamada reina de la elegancia y el glamour. Aunque en un principio Capote quiso que fuera su buena amiga Marilyn Monroe quien interpretara a su heroína, la actriz rubia platino rechazó el papel al considerar que acentuaría su imagen frívola. El escritor nunca estuvo contento con la adaptación de su relato: «El libro es mucho más amargo… La película es una postal de amor sosa de Nueva York, y Holly, como resultado, es guapa y delgada, cuando debería haber sido rica y fea…».

De la mano del director Blake Edwards, Audrey consiguió dotar al personaje de Holly —una chica de compañía adicta al lujo y alérgica al compromiso— de un encanto y una frescura que le granjeó el cariño del público. Su inseguridad se acentuó cuando el célebre compositor Henri Mancini le informó que había compuesto una canción especial para ella que debía cantar mientras tocaba la guitarra. Audrey trabajó durante meses con un profesor de canto y consiguió que su melancólica interpretación de «Moon River» —sentada en el quicio de la ventana— se convirtiera en una escena de leyenda. También forma parte de la historia del cine esa primera secuencia, cuando de madrugada Holly, de regreso de una fiesta, se detiene a contemplar el escaparate de la joyería Tiffany's con un café y un cruasán en la mano. Aunque más adelante la casa Tiffany's le ofreció un sustancioso contrato para ser la imagen de la prestigiosa tienda, la actriz rechazó la oferta alegando: «Mi imagen nunca será la de la "señorita diamantes"».

En aquel año de 1961, cuando *Desayuno con diamantes* se estrenó, el público se quedó cautivado por los sofisticados vestidos y peinados que lucía la actriz. El famoso «vestidito negro» de Givenchy —con escote palabra de honor— que Audrey llevaba en la primera escena de la película, sigue siendo en la actualidad sinónimo de elegancia y buen gusto. Cuando el diseñador francés eligió para su musa el vestuario y los accesorios, incluido el largo vestido negro, la gargantilla de perlas de varias vueltas, las grandes gafas negras, la boquilla de treinta centímetros, los originales sombreros y los guantes largos, ignoraba que estaba creando un estilo que cincuenta años después sigue siendo una referencia para los grandes diseñadores de moda. «No conozco a nadie que en algún momento de su vida no hubiera deseado parecerse a Audrey Hepburn», declaró en una ocasión Givenchy.

Cuando la película se estrenó en Nueva York, batió todos los récords de taquilla y Audrey se convirtió en una aclamada estrella de Hollywood. A medida que su fama y popularidad aumentaban en todo el mundo, su relación con Mel —un hombre difícil y con un tremendo ego— era cada vez más tensa y distante. El actor, cuyo proyecto de dirigir una nueva película en Hollywood no prosperaba, se sentía incómodo en el papel de esposo de la señora Hepburn cuya carrera iba en ascenso. «Desde luego, es un problema cuando, como sucede en mi caso, la esposa eclipsa al marido. Me doy cuenta de que los productores, cuando me llaman para hablar de una película, a quien quieren contratar es a Audrey; por esta razón intento labrarme una carrera como director», admitiría en una ocasión Mel.

«Sabía lo difícil que iba a resultar casarse con una celebridad de talla mundial, reconocida en todas partes, generalmente ocupar un segundo lugar en el cine y en la vida real. ¡Cuánto sufrió Mel! Pero me puedes creer si te digo que, para mí, la profesión fue lo segundo», dijo Audrey en una ocasión. Los celos de Mel no eran sólo profesionales, la mayoría de los galanes con los que emparejaban a Audrey acababan enamorados de ella —y no sólo de manera platónica como en el caso de William Holden o Albert Finney—; además Mel se sentía excluido de la estrecha amistad que unía a su esposa con su íntimo amigo y confidente el diseñador francés Givenchy. Declaraciones como ésta: «Dependo de Givenchy de la misma manera que las norteamericanas dependen de sus psiquiatras. Hay pocas personas a las que quiera tanto. Es el único hombre que conozco verdaderamente íntegro», dan una idea de la estrecha relación y la química que existía entre la musa y su creador favorito.

Al éxito de *Desayuno con diamantes* se sumaron nuevas películas donde Audrey trabajó a las órdenes de los mejores directores de Hollywood. Todas ellas cosecharon un gran éxito de crítica y de público. Tras *La calumnia*, donde de nuevo la actriz fue dirigida por William Wyler, le siguieron *Encuentro en París* —donde coincidió con un William Holden acabado a causa del alcohol—, la inolvidable *Charada*, donde Cary Grant fue su pareja y *My Fair Lady*, dirigida por George Cukor, su película más taquillera. La estrella de Audrey parecía no apa-

garse nunca y en 1963 cantaría el «Cumpleaños Feliz» al mismísimo presidente John F. Kennedy en la fiesta celebrada en
su honor en el hotel Waldorf-Astoria. Algunos biógrafos del
que fuera el presidente más carismático de Estados Unidos,
afirman que la actriz y el entonces brillante senador mantuvieron una estrecha relación cuando ambos vivían en Nueva
York. Kennedy —que al parecer estaba enamorado de la actriz—, antes de comprometerse oficialmente con la señorita
Jacqueline Lee Bouvier, estuvo saliendo con la protagonista
de *Vacaciones en Roma*.

Cuando el hijo de Audrey, Sean, cumplió cuatro años, la
familia se trasladó de Bürgenstock a un pueblecito situado a
menos de cincuenta kilómetros de Ginebra, Tolochenaz-sur-
Morges. Allí Audrey encontró el lugar donde deseaba pasar el
resto de sus días, una hermosa mansión de piedra de dos plantas, y doscientos años de antigüedad, llamada La Paisible (La
Tranquila). La casa, rodeada de viñedos y árboles frutales, tenía
un extenso jardín y unas vistas magníficas de los Alpes suizos.
Audrey era una de las grandes —y más cotizadas— actrices
europeas en Hollywood, a la altura de Greta Garbo, Marlene
Dietrich o Ingrid Bergman, pero se negaba a vivir en Los Ángeles. Desde niña odiaba vivir en las grandes ciudades y sólo
en el campo encontraba el verdadero equilibrio. Tras verse
obligada a separarse de su esposo y de su hijo por motivos laborales, ahora sólo pensaba en disfrutar de Sean y verle crecer
en esa hermosa casa. En aquellos días, mientras los Ferrer se
construían una casa de verano en Marbella, España, la actriz
descubrió que estaba de nuevo embarazada. Ante esta noticia
inesperada, regresaron a La Paisible pero en enero de 1966
Audrey sufrió otro aborto y perdió al niño.

Para superar el nuevo trauma, Audrey aceptó regresar al

cine con dos películas que la consagrarían como una de las mejores actrices del momento: la entrañable y a la vez amarga *Dos en la carretera* donde compartía protagonismo con Albert Finney, y *Sola en la oscuridad*, producida por Mel Ferrer y donde interpretaba a una mujer ciega acosada por una banda de asesinos sin escrúpulos. Tras una vida llena de luces, premios y reconocimientos, Audrey, a punto de cumplir los cuarenta, no volvería a hacer otra película en casi diez años. Ahora se enfrentaba a una situación personal que no era ficción, sino una cruda realidad. La relación con Mel había tocado fondo y aunque la actriz había luchado por salvar su matrimonio, no había reconciliación posible. Para una mujer como Audrey, convencida de que el matrimonio era algo para toda la vida, y que había vivido el traumático divorcio de sus padres, fue un duro golpe. «El divorcio es la peor experiencia que puede tener un ser humano. Yo he tratado desesperadamente de evitar este hecho, sobre todo por el interés de mis hijos, llegando al límite de lo soportable. Ahora bien, llega un momento en que la continuidad del matrimonio es todavía peor que la separación», diría la actriz.

El divorcio entre Audrey y Mel se hizo público el 1 de septiembre de 1967. Ambos actores mantuvieron los detalles en secreto y siempre hablaron con gran respeto el uno del otro. La actriz se aseguró de que Sean pudiera seguir viendo a su padre y que pasara los veranos con él en su casa de Marbella o en Estados Unidos donde se instaló el actor. El hijo de Audrey continuó viviendo con su madre en La Paisible y asistiendo a una escuela privada cercana. Para la actriz, el divorcio con Mel Ferrer —fallecido el 2 de junio de 2008 a la edad de noventa años— fue «el gran fracaso de su vida» y lo asumiría como propio hasta el fin de sus días. Según su hijo

Sean, sus padres no se dirigirían la palabra durante veintitrés años, con dos excepciones: el día de su graduación y el de su boda.

Tras su ruptura, Audrey se recluyó en su casa de campo y se dedicó por entero a su hijo. La actriz idolatrada por millones de personas, y modelo de elegancia y glamour, era ahora una madre como cualquier otra que ayudaba a su hijo a hacer los deberes, preparaba suculentos platos de pasta y cuidaba los rosales y las dalias del jardín. Sin embargo, por primera vez en mucho tiempo, Audrey se sentía muy sola, retirada de la gran pantalla y entregada por completo a su hijo. Su aspecto no era saludable, fumaba mucho y adelgazó hasta quedarse en apenas cuarenta kilos. «Siempre tuvo una salud delicada —diría su hijo Sean—, pero era una mujer muy fuerte. El temprano episodio de tos ferina, combinado con la desnutrición que padeció durante la guerra, la llevó a tener asma en su juventud y tuvo los pulmones algo débiles toda su vida. Fumaba mucho, como la mayoría de los bailarines y actores, y se le advirtió durante toda su vida que podría hallarse en las primeras fases de un enfisema.» Fue en ese momento, y sintiendo que se avecinaba una nueva crisis nerviosa, cuando la actriz comenzó a salir con amigos y a disfrutar de su soltería. En aquel año de 1968, Audrey vivió algunos idilios, tan breves como desesperados, entre otros con el torero Antonio Ordóñez y el difunto Alfonso de Borbón, duque de Cádiz.

En junio, Audrey, sumida aún en una profunda crisis, aceptó la invitación de su amiga la princesa Olimpia Torlonia, para realizar un crucero por el Mediterráneo a bordo de su yate. Entre los invitados se encontraba un renombrado psiquiatra italiano, Andrea Dotti, nueve años más joven que ella. Apuesto, divertido, amante de los pequeños placeres de la vida, este joven aristócrata nacido en Nápoles —era hijo del conde Dominico Dotti y su esposa la condesa— parecía el hombre perfecto para la actriz, que atravesaba por un mal momento personal. Antes de que finalizara el crucero por las islas griegas, la pareja se había enamorado. «Todo sucedió de manera inesperada. Era una persona muy entusiasta y alegre, y a medida que le fui conociendo descubrí que también era una persona inteligente, con muchísima sensibilidad», diría Audrey.

Al finalizar el crucero —que duró apenas ocho días—, Audrey regresó a Suiza, y su amante, a Roma. Fue un idilio vertiginoso; la pareja se veía los fines de semana en la capital italiana o en la casa de La Paisible donde el psiquiatra pudo conocer a Sean. Seis meses más tarde, en Nochebuena, Andrea le regaló a la actriz un anillo de compromiso, un magnífico solitario de Bulgari. Audrey, emocionada, aceptó la propuesta de matrimonio. «Estoy enamorada y vuelvo a ser feliz», le confesaría a su amigo Givenchy. Tras conocer a Andrea, la actriz mejoró visiblemente, se mostraba alegre y ganó algo de peso. Por su parte, Sean, que contaba nueve años, aceptó encantado la presencia de Andrea, que nunca pretendió ocupar el papel de su verdadero padre.

El 18 de enero de 1969, para sorpresa de familiares y amigos, Audrey y Andrea Dotti se casaron en una ceremonia privada en el ayuntamiento de Morges, Suiza. Aunque la ceremonia pretendía ser íntima, no pudieron evitar que el enlace se convirtiera en un hervidero de fotógrafos, periodistas y curiosos. La actriz, convertida ahora en condesa Dotti —título que jamás utilizó—, lucía para la ocasión un vestido corto de punto rosa con una capucha a modo de cuello y un pañuelo a juego, diseño de Givenchy. Los recién casados pasaron una tranquila luna de miel en La Paisible y luego regresaron a Roma, donde se instalaron en un hermoso ático de doce habitaciones que disponía de una amplia terraza y unas vistas magníficas de la ciudad.

Audrey estaba dispuesta a convertirse en una esposa romana dedicada por entero a su familia. No tenía la más mínima intención de regresar al cine a pesar de que le seguían lloviendo importantes ofertas que rechazaba educadamente. «No me importa si no vuelvo a hacer otra película —declaró en aquellos días—, al fin y al cabo he trabajado sin parar desde los doce años, cuando empecé a tomar clases de ballet, hasta que cumplí los treinta y ocho. Ahora me apetece descansar, levantarme tarde y ocuparme de mi hijo. ¿Por qué debería reanudar el trabajo cuando me he casado con un hombre al que amo, cuya vida quiero compartir?»

A los cuatro meses de la boda, Audrey supo con alegría que estaba embarazada y decidió cuidarse para evitar un nuevo aborto. La actriz guardó cama durante las diez últimas semanas de embarazo y el 8 de febrero de 1970, en Lausana, dio a luz a otro varón al que bautizaron con el nombre de Luca Dotti. La pareja estaba feliz y Audrey mantenía el sueño de poder aumentar la familia, aunque los médicos le aconsejaron que debido a su edad y a su historial sería muy peligroso para ella. Durante unos meses, la actriz se instaló en La Paisible para recuperarse de la cesárea y cuidar de su hijo recién nacido. Su esposo, a quien el trabajo le absorbía por completo, seguía en Roma y se veían los fines de semana. Fue durante aquella separación cuando comenzaron los rumores sobre la disoluta vida nocturna que Andrea llevaba en Roma mientras su esposa se encontraba en su refugio suizo. Al apuesto médico —que de soltero tenía fama de *playboy*— se le veía en compañía de deslumbrantes mujeres que, según decía, eran colegas de profesión.

En los siguientes años, Audrey se dedicó por completo a sus hijos: los llevaba al colegio, estudiaba las lecciones con Sean, cuidaba de su alimentación y les leía libros como cualquier madre corriente. «Tuve que elegir en un momento de mi vida —dijo en marzo de 1988— o dejar de hacer películas o dejar de ver a mis hijos. Fue una decisión muy fácil de tomar, porque los echaba mucho de menos. Cuando mi hijo mayor empezó a ir a la escuela, ya no pude llevarlo conmigo, y eso era duro para mí, así que dejé de aceptar películas. Me retiré para quedarme en casa con mis hijos. Fui muy feliz. No era como si estuviera sentada en casa frustrada y mordiéndome las uñas. Como todas las madres, estoy loca por mis dos chicos.»

Hacia 1974, la vida de la familia Dotti parecía bastante idílica, al menos de cara a la galería. Sin embargo, Audrey comenzó a sentirse incómoda en Roma porque los paparazzi la seguían a todas horas a ella y acosaban a sus hijos. Además se sentía insegura porque en Italia la violencia y los secuestros estaban a la orden del día. Cuando la actriz se enteró de que habían intentado secuestrar a su esposo a punta de pistola, decidió abandonar Roma con sus hijos. Sean, que ya tenía catorce años, se marchó a un internado en Suiza, y Audrey, con el pequeño Luca, se retiró a La Paisible donde se sentía más segura. En aquel verano, la actriz a sus cuarenta y cinco años sufrió un nuevo aborto. Las esperanzas de tener otro hijo se vieron definitivamente truncadas. En tan duras circunstancias la madre de Audrey, que contaba setenta y ocho años y vivía entre San Francisco y Los Ángeles trabajando como voluntaria para los veteranos de Vietnam, se reunió con ella en su retiro de

Tolochenaz. La relación entre ambas nunca fue fácil, debido en parte al carácter de Ella, incapaz de expresar afecto por muy orgullosa que se sintiera de su hija. También las separaba el aire de superioridad que siempre conservó la baronesa y que a Audrey le resultaba muy embarazoso. A pesar de sus desavenencias, compartió con su hija los últimos diez años de su vida —falleció el 26 de agosto de 1984— ejerciendo de ama de llaves de La Paisible.

Desde que contrajo matrimonio con Andrea Dotti, y tal como había prometido, Audrey no había vuelto a pisar un escenario. Sin embargo, cuando a principios de 1975 llegó a sus manos el guión de la película *Robin y Marian*, cambió de idea. A la actriz le atrajo no sólo la historia —la relación de un anciano Robin Hood con lady Marian, la mujer que siempre amó— sino la posibilidad de trabajar con el actor Sean Connery, ídolo de sus hijos a raíz de su papel de James Bond. Además, lady Marian era una mujer madura como la propia Hepburn y vivía en su plena madurez un hermoso romance. La actriz recibiría por esta película —cuyos exteriores se rodaron en Pamplona, Navarra, durante un tórrido verano— la nada desdeñable cantidad de un millón de dólares. De nuevo la crítica alabaría su regreso a la gran pantalla, tras nueve años de ausencia, con una interpretación calificada de única y memorable. Audrey diría sobre su papel: «Como cualquier actriz en el mundo, durante años mi sueño era trabajar con Sean Connery por su maravillosa apariencia, magnífica forma de actuar, su calidez, su versatilidad y, cómo no, su *sex-appeal*. Y conseguí mi deseo. La pena es que mi papel era el de una monja. Por fortuna, cuando Robin regresa de las cruzadas, en todo su esplendor, el velo de la monja parece venirse completamente abajo».

Audrey había rodado veinticuatro películas a lo largo de su carrera y el público no la había olvidado. A su edad seguía siendo la imagen perfecta de la elegancia, la discreción y el buen gusto. Pero, como ocurrió en su anterior matrimonio, su vida privada no era ni mucho menos idílica aunque tratara de mantener las apariencias sobre todo por sus hijos. La actriz tendría que reconocer, con gran dolor, que de nuevo se había equivocado y que en su vida privada no era feliz. Según dijo en una ocasión Sean, hijo de la actriz: «Mi padrastro era un psiquiatra brillante y un hombre divertido, pero también un mal tipo. No sabía ser fiel. No era una buena elección como marido para quien buscaba estabilidad». Andrea había llegado demasiado lejos, incluso invitando a sus amantes al piso que ambos compartían en Roma.

El divorcio de su segundo esposo comenzó a tramitarse a mediados de 1980. Esta nueva y dolorosa ruptura acabó para siempre con el sueño de la actriz de poder tener una familia tras el nacimiento de Luca. Había sacrificado su carrera en su momento de mayor popularidad, y se había instalado en Roma para estar cerca de él. Tras diez años de matrimonio la unión se rompió, y como en el caso de Mel, Audrey intentó que la relación de Luca con su padre no se viera muy afectada. «Sufrir un aborto es desgarrador, pero también lo es divorciarse. Probablemente es una de las peores experiencias por las que puede pasar un ser humano —declaró Audrey—. En mis dos matrimonios, aguanté con energía todo lo que pude por el bien de los niños, y por respeto al matrimonio. Uno siempre espera que si ama a alguien lo suficiente, todo irá bien; pero no siempre es cierto.»

En 1980, en pleno proceso de divorcio, Audrey viajó a Los Ángeles donde vivía su hijo Sean, que ya tenía diecinueve años, e intentaba abrirse paso en la industria del cine. Durante su estancia se alojó en la casa de su buena amiga y confidente, Connie Wald. Y fue en una de las maravillosas cenas que la anfitriona organizaba para sus amigos del mundo del cine, donde Audrey conocería al actor holandés Robert Wolders. Además de un origen común, los dos vivieron el horror de la ocupación nazi en Holanda y atravesaban un difícil momento personal. Robert acababa de perder a su esposa, la hermosa y genial actriz Merle Oberon, veinticinco años mayor que él. En aquella velada, en la que pudieron hablar los dos en holandés, se sintieron cómodos y relajados, unidos por el desgarro y la tristeza.

En sus diez últimos años de vida, Audrey encontraría en Robbie —como ella le llamaba— al compañero perfecto. Aunque al conocerse su idilio se dispararon los rumores de boda, la pareja nunca contrajo matrimonio. «Fue un enamoramiento tan sólo amistoso. Ninguno de los dos tenía la cabeza como para enamorarse. Los dos atravesábamos un período difícil y triste. Pero entre nosotros surgió inmediatamente una gran amistad y una comprensión sincera», diría la actriz. La suya, como bien reconocería Audrey, no fue una historia de Romeo y Julieta, pero sí fue la relación más estable y profunda de la actriz; en Robbie encontró al fin el afecto y la seguridad que tanto había anhelado. Los dos acabaron viviendo en la casa de campo de La Paisible, rodeados de sus perros, disfrutando de sus paseos, yendo al mercado y compartiendo buenos momentos con los amigos. Cuando en una ocasión un periodista le preguntó cuál era su idea del cielo, Audrey respondió: «Mi idea del cielo es Robert, los chicos (odio las separaciones), los perros, una buena película, una comida fantástica… todo junto. Me siento realmente dichosa cuando esto sucede».

Después de haber llegado a lo más alto de su carrera, de haber trabajado con los mejores directores y actores, y ser una de las mujeres más admiradas del mundo, Audrey Hepburn estaba a punto de interpretar el papel del que se sentiría más orgullosa. «Siempre diferencié lo que era el trabajo y lo que representaba mi vida privada. Ser actriz no ha sido más que un trabajo, pero es ahora cuando disfruto más intensamente como persona, ayudando a los más débiles, a los niños», confesaba la actriz a sus sesenta años. En marzo de 1988 fue nombrada embajadora internacional de buena voluntad de UNICEF, trabajo por el que cobraría simbólicamente un dólar al año. La protagonista de *Sabrina* y *Desayuno con diamantes*, deseaba ahora utilizar su celebridad para ayudar a los niños más necesitados del mundo. En los siguientes cinco años, Audrey, en compañía de Robbie —nombrado su ayudante oficial—, viajaría por todo el mundo visitando más de veinte países, y entrevistándose con presidentes o jefes de Estado. Se tomó su trabajo en UNICEF con la misma entrega y disciplina con la que entró en el mundo del cine.

«Hasta el momento en que viajó a algunos de los países africanos más devastados por la guerra, los recuerdos más tristes de mi madre eran los de la pérdida de su padre y sus abortos», confesaba Sean. Nadie la había preparado para enfrentarse a la dura realidad que estaba a punto de descubrir. De todos los países que visitó, Somalia le causó una profunda impresión. La actriz, que de niña había conocido el drama del hambre y las penurias, se veía reflejada en aquellos niños desnutridos que se acercaban a ella con una sonrisa en los labios. «Padecían anemia aguda, problemas respiratorios e hinchazón de las extremidades. En ese mismo estado me encontraba yo al finalizar la guerra en Holanda», diría muy afectada. En Somalia, un país que estaba atravesando una terrible sequía y hambruna, la actriz creyó que había llegado a las «puertas del infierno». Las imágenes de una Audrey Hepburn excesivamente delgada y desencajada por la impotencia, llevando en sus brazos a un niño esquelético, casi moribundo, darían la vuelta al mundo. Aquélla sería la última —y para ella la más importante— de sus misiones para UNICEF porque la actriz tendría que librar ahora otra dura batalla: un cáncer de colon.

El dolor que reflejaba el rostro de Audrey durante su estancia en Somalia no se debía sólo al espectáculo dantesco que presenció en el campo de refugiados de Baydhaba sino a los síntomas de la enfermedad que ya entonces padecía. Debido a sus obligaciones con UNICEF, Audrey había dejado de lado los chequeos médicos; se había olvidado de ella misma para centrarse en el dolor de los demás. «Al llegar 1992, el trabajo de mi madre para UNICEF se había vuelto extenuante. Los calendarios eran agotadores. En algunos casos, puesto que los billetes de avión eran gratuitos, mi madre y Robbie tenían que hacer numerosas escalas de camino a su punto de destino en algún país en vías de desarrollo. Eso hacía que el viaje fuese aún más largo; además ella daba conferencias sobre todo lo que había visto y averiguado, concedía entrevistas y se unía a la campaña de recaudación de fondos de UNICEF. Hacían esto varias veces al año, con unas pocas semanas de descanso para recuperarse del *jet lag*, y luego volvían a ponerse en marcha. Era un ritmo frenético que acabaría pasándole factura», afirma Sean en su biografía.

Cuando a finales de 1992 fue operada de un tumor maligno en el Cedars-Sinai Medical de Los Ángeles, los médicos descubrieron que el cáncer ya se había extendido al estómago y no había curación posible. Sean, que no se separó de ella ni un instante, fue el encargado de darle la fatal noticia: «Así que se lo conté, le conté lo que el médico nos había dicho, que no se podía operar porque el cáncer se había extendido. Ella desvió la mirada y dijo con calma: "¡Qué desilusión!". Eso fue todo. Le cogí la mano, y me sentí impotente como no me había sentido nunca. En cierto modo, ése fue el día en que mi madre murió. Y los dos permanecimos sentados tranquilamente en aquella habitación, cogidos de la mano...».

Audrey le pidió entonces a Robbie y a sus hijos que la dejaran regresar a su hogar; quería morir en su casa de campo de La Paisible rodeada de sus seres queridos. «Quiero morir en mi casa de Suiza —les dijo—, ver de nuevo las montañas frente a un humeante fuego, estar con mis hijos y mi querido Robert.» Antes de abandonar definitivamente Estados Unidos, Audrey sacó fuerzas para reunirse en la casa de Connie Wald con sus amigos más íntimos de Hollywood. A la reunión, celebrada el 9 de diciembre de 1992, acudieron a darle el último adiós Gregory Peck y su esposa Veronique, y el director Billy Wilder, que en una ocasión confesaría con su habitual sentido del humor: «Todo el mundo se enamoró de ella durante el rodaje de *Sabrina*, yo incluido. Tengo un problema, hablo en sueños y por fortuna el nombre de mi esposa es Audrey...».

Para la familia trasladar a Audrey en avión a su casa, como ella deseaba, era un asunto delicado porque las compañías aéreas no aceptan pasajeros enfermos. Los médicos les desaconsejaron el viaje porque en el estado crítico en el que la actriz se encontraba temían que no llegaría con vida a su destino. Sin embargo, sus deseos fueron cumplidos y el 20 de diciembre Audrey descansaba tranquila en su casa. Su amigo Hubert de Givenchy fletó un jet privado y lo llenó de flores para hacerle más llevadero el viaje desde California hasta Suiza. A ella, que nunca había derrochado, que se negaba a viajar en primera, aquel gesto de su incondicional amigo la conmovió. Cuando Sean se lo contó, sus ojos se llenaron de lágrimas de alegría y de gratitud. Le pidió entonces que le llamara por teléfono para darle las gracias. Aunque apenas podía hablar, embargada por la emoción, le susurró: «Oh, Hubert... *je suis touchée*» («estoy emocionada»). Givenchy le respondió: «Tú has sido lo más importante de mi vida».

Aquellas Navidades fueron para Audrey, según sus propias palabras, «las mejores de mi vida», porque estaban junto a ella sus seres más queridos. «Mi madre —recordaba Sean— nos dijo que no nos enfadáramos. Que era normal, que la muerte formaba parte de la vida.» El 20 de enero de 1993, Audrey Hepburn murió en su habitación de La Paisible, su hogar en los últimos treinta años, con la misma elegancia y discreción que la caracterizaron. Rodeada de los hombres más importantes de su vida —sus hijos Sean y Luca y su compañero sentimental Robbie—, la actriz dejó este mundo para pasar a la inmortalidad. Tenía sesenta y tres años y hasta el último momento de lucidez no pudo olvidar los rostros de los niños desnutridos de Somalia. El hambre en el mundo la obsesionaba y lamentaba no haber podido conocer al Dalai Lama, a quien creía «el ser más próximo a Dios en este mundo...». En 1994 Sean Ferrer y Luca Dotti, fundarían el Audrey Hepburn Children's Fund para continuar el legado de su madre y ayudar a la infancia más necesitada.

El funeral de Audrey no pudo ser tan íntimo como deseaba su familia. Decenas de periodistas, curiosos y admiradores de la actriz siguieron en silencio el paso del cortejo fúnebre. La «princesa de Hollywood», como la prensa la apodaba, descansa en una sencilla tumba en lo alto del pequeño cementerio del pueblo de Tolochenaz. Desde allí se divisa su casa de La Paisible, el hermoso lago Leman y al fondo los Alpes. «La vida —confesaría Audrey en una ocasión— me ha dado mucho más de lo que nunca he soñado. No hubo grandes decepciones o esperanzas que no saliesen bien; no esperaba mucho, y por eso soy la mujer menos amargada que conozco.»

JACKIE KENNEDY

Una mujer herida

> Tengo la impresión de que me he converti-
> do en propiedad pública. Es terrible perder
> el anonimato a los treinta y un años.
>
> JACKIE KENNEDY

Aquella luminosa mañana del vier-
nes 22 de noviembre de 1963 Ja-
ckie Kennedy ignoraba que una terrible tragedia marcaría para
siempre su destino. Acababa de regresar a Estados Unidos, tras
un placentero crucero en el yate de Onassis, para acompañar a
su esposo en su visita oficial a Dallas (Texas). Hacia el mediodía,
sentada junto a John Fitzgerald Kennedy en la parte trasera de
una limusina descapotable, la sonriente pareja saludaba al numeroso público que los aguardaba. Pocos minutos después, el
presidente caía abatido a tiros sobre el regazo de su esposa. Las
dramáticas imágenes de su asesinato dieron la vuelta al mundo;
Jackie, destrozada por el dolor y la impotencia, con su traje
Chanel ensangrentado, acababa de entrar en los anales de la historia. «Bob —le dijo a su cuñado y amigo—, no creo que pueda superarlo.» Su mayor consuelo fueron sus dos hijos, Caroline
y el pequeño John Jr., a los que protegería como una leona del
acoso de la prensa y los escándalos que salpicaron a la familia.

Jackie Kennedy, a sus treinta y tres años, se acababa de convertir en «la viuda de América». Esta mujer de origen francés, atractiva, culta, sofisticada y políglota, que aborrecía que la llamaran *First Lady* porque le parecía el nombre de un caballo, fue algo más que un icono de la moda y de la sociedad estadounidense del siglo xx. Con su encanto y carisma, ayudaría al entonces joven senador John F. Kennedy a ganar las elecciones presidenciales de 1960 frente a Nixon. En los dos años que duró el mandato de su esposo, Jackie supo ganarse el aprecio y la admiración del pueblo americano. Fue durante aquellos legendarios mil días la «reina» de Camelot, como los seguidores de Kennedy llamaron a su presidencia.

Jackie y John Kennedy encarnaron durante más de una década la pareja perfecta: jóvenes, fotogénicos —aunque odiaban que les hicieran fotos—, glamurosos y dinámicos, parecían estar hechos el uno para el otro, pero su vida en común fue un infierno. Jackie sufriría en silencio —y con una serenidad que sorprendía a todos— el desprecio de sus cuñadas, varios abortos que la sumieron en profundas depresiones y la angustia de vivir junto a un hombre enfermo que no por ello renunciaba a sus conquistas femeninas. La primera dama de Estados Unidos más famosa e imitada fue en realidad una mujer acomplejada, solitaria y falta de afecto a quien le desagradaba ser tratada por los medios como una estrella de Hollywood. Frívola, hermética y frágil para unos, inteligente y decidida para otros, la imagen que Jackie proyectaba era tan cambiante como contradictoria. Eleanor Roosevelt, tras conocerla en una recepción, dijo: «Hay más en ella de lo que se ve a simple vista».

Nacida para triunfar

En 1931, la foto de Jacqueline aparecía en la sección de ecos de sociedad del diario local *The East Hampton*, en Long Island, una elegante ciudad de veraneo de los ricos neoyorquinos. La pequeña —que ya definían como «una encantadora anfitriona»— celebraba su segundo cumpleaños y sus padres le organizaron una gran fiesta, digna de una princesa. Subida en su poni y vestida para la ocasión con un elegante traje de amazona, posaba con sorprendente aplomo para los fotógrafos. Su madre, Janet Lee, obsesionada por hacerse un hueco en la *high society* neoyorquina, no dudaba en llamar a los periodistas para que fueran testigos de los avances de su pequeña: cumpleaños, concursos caninos, demostraciones hípicas... todo valía con tal de que su nombre y el de su adorable hija aparecieran en la prensa. Nadie podía imaginar entonces el fulgurante destino de aquella niña morena de rostro sereno, ojos vivos y luminosos, pómulos redondos y espesa melena —rasgos que apenas cambiarían a lo largo de su vida— que durante décadas sería la reina indiscutible del papel cuché.

Jacqueline Lee Bouvier Kennedy —más conocida como Jackie— había nacido en Southampton, Nueva York, el 28 de julio de 1929. Su padre, John Bouvier III, era un apuesto y hábil corredor de bolsa de Wall Street más célebre entre los miembros de la clase alta neoyorquina por sus amoríos y excesos que por sus lucrativos negocios. Los Bouvier provenían de una modesta familia del sur de Francia aunque todos sus miembros se decían emparentados con la aristocracia francesa, lo que les permitió ascender con rapidez en el escalafón social. Fue el abuelo de Jackie, el excéntrico John Vernou

Bouvier Jr. —que se hacía llamar «El Comandante»—, el que
inventó la genealogía aristocrática de los Bouvier. En 1925
publicó un libro titulado *Nuestros antepasados* en el que sin
ningún rubor demostraba los nobles orígenes de la familia y
presumía de su amistad con los Bonaparte. La leyenda se
transmitió entre sus hijos y nietos, y al final todos los Bouvier
—incluida Jacqueline— se comportaban como si por sus venas corriera sangre azul. Su ostentosa forma de vida, sus gustos exquisitos, su manera de relacionarse y el refinamiento del
que se rodeaban eran más propios de la corte de Luis XVI que
de afortunados inversores de la costa Este.

En realidad, la fortuna de los Bouvier procedía de las in-
teligentes inversiones inmobiliarias realizadas por el bisabuelo
de Jackie. Michel Bouvier era un emprendedor carpintero
que llegó a Filadelfia donde residía una importante colonia
francesa. En sus inicios le ayudó a establecerse en los negocios
José Bonaparte, ex rey de España en el exilio, hombre rico e
influyente que sentía debilidad por los muebles finos. En el
verano de 1816, el joven Michel hizo algunos trabajos para
Bonaparte en la mansión de verano que éste poseía en Point
Breeze, junto al río Delaware, en Jersey. De carpintero Bouvier pasó a convertirse en un cotizado artesano ebanista. Con
el tiempo abrió su propio taller, se casó en segundas nupcias
con una hermosa dama, hija de un noble francés, con la que
tuvo una caterva de hijos y acabó amasando una gran fortuna.
En sus últimos treinta años de vida, Michel adquirió propiedades, ganó más dinero y tuvo cuatro hijos más, entre ellos un
varón al que llamó John Vernou. Construyó una inmensa
mansión y llevó a su numerosa familia de viaje por Europa,
haciendo escala en su pueblo natal, Pont-Saint-Esprit, donde
fue recibido con todos los honores.

La madre de Jackie, Janet Lee, era la hija de un importante banquero y avispado hombre de negocios de la ciudad de Nueva York. James Lee había construido algunas de las residencias más lujosas de la ciudad, entre ellas los apartamentos de catorce habitaciones del número 740 de Park Avenue que en 1910 se alquilaban por la increíble suma de 2.000 dólares al mes. La familia Lee era originaria de Inglaterra e Irlanda, al igual que los Kennedy con quien más tarde se emparentaría su hija. Su ambición, como la de todos los descendientes de irlandeses que habían conseguido prosperar económicamente desde la llegada de sus abuelos a Estados Unidos a mediados de 1800, era ser aceptados entre la buena sociedad de «viejos americanos» descendientes de los primeros colonos.

Janet tenía veintiún años cuando dio a luz a su hija mayor, Jacqueline. Mujer mundana, brillante, de gustos refinados y una magnífica amazona, su desmedida ambición social la llevaría a casarse con Jack Bouvier, un rico heredero de buena familia. Al nacer su primogénita, y ante el notable parecido físico con su padre, la llamaron Jacqueline. Janet, obsesionada con las reglas de etiqueta y los convencionalismos sociales, educaría a sus dos hijas —Caroline, la pequeña, era cuatro años menor que Jackie— para ser unas chicas discretas, elegantes y recatadas. La futura señora Kennedy recibiría una excelente y completa educación que la ayudaría a convertirse en una mujer refinada y cosmopolita. Jackie crecería en un mundo de lujo y privilegios, a caballo entre la opulenta mansión colonial de Lasata en Long Island, donde los Bouvier pasaban los veranos, y el magnífico apartamento de Park Avenue, en Nueva York. Sin embargo, aunque en las fotos que se conservan de sus primeros años de vida aparece posando como una feliz niña rica con su gran danés King Phar en los jardines del club social de Long

Island, sentada en las rodillas de su adorado padre o montando a su caballo Danzante, su infancia estaría marcada por las desavenencias y los escándalos de sus progenitores.

Durante un tiempo, el matrimonio Bouvier mantuvo en público las apariencias pero su vida conyugal era un tormento. El padre de Jackie, un auténtico *playboy* aficionado al juego, la bebida y las mujeres, no dudaba en gastar el dinero en juergas y regalos para sus conquistas. Apodado Black Jack —por la obsesión que tenía en estar bronceado—, tenía el aspecto de un galán a lo Clark Gable; moreno, de ojos azules y constitución musculosa, lucía un fino bigote y el cabello engominado. Janet, lejos de ocultar a sus hijas las debilidades de su padre, no sólo las mantuvo al corriente de sus escándalos sino que las pequeñas fueron testigos de las continuas peleas conyugales. Con la llegada de la Gran Depresión y el hundimiento de la Bolsa de Nueva York en 1929, el señor Bouvier sufrió importantes pérdidas económicas. Janet soportó las infidelidades de su esposo mientras éste le permitió mantener su tren de vida, pero cuando Jack cayó en desgracia, le pidió la separación por adulterio. A principios de 1940 y tras veintidós años de matrimonio, los periódicos se hacían eco del divorcio de los Bouvier. Para Jackie, que entonces contaba nueve años, fue un duro golpe pues se sentía muy unida a su padre. Educada para no demostrar jamás en público sus sentimientos, acostumbrada a las bofetadas —cada vez más frecuentes— de su madre, se refugió en su propio mundo.

Para Jack Bouvier la separación de sus hijas fue muy dolorosa. Las quería con locura y lo demostraba a cada instante colmándolas de regalos y caprichos. Se sentía orgulloso de «sus bellezas» y le gustaba exhibirlas en público. Tenía tres caballos para ellas, les permitía que cargasen a su cuenta en un almacén todo lo que desearan comprar y les daba una asignación mensual, más de lo que él podía permitirse. Las llevaba a menudo a casa de sus parientes Bouvier para contrarrestar la influencia de los Lee. Las niñas crecerían con el corazón dividido entre ambas familias. Pero Jack sentía auténtica adoración por Jackie, su favorita. Caroline —a la que todos llamaban Lee— nunca podría competir con su hermana por el afecto de su padre. «Estaban tan unidos que durante años el único hueco en su relación fue su caballo Danzante. Mi padre, el caballo y Jackie, ésa es la imagen que guardo de aquellos años. De hecho, tengo un libro que mi hermana hizo para nosotras a la muerte de nuestro padre donde cada una de las cartas que nos escribe está dirigida a Jackie», confesó Lee en una ocasión.

Cuando Jackie entró en la adolescencia, su padre no dejaba de alabarla en público —que si era la mujer más hermosa del mundo, que si era la mejor amazona…— y si alguien la molestaba o la ofendía, reaccionaba de manera violenta. La joven se ruborizaba ante semejantes alabanzas pero en el fondo le gustaba sentirse admirada y protegida por él. Fue Jack Bouvier quien le inculcó el amor a la belleza, el sentido de la teatralidad y la importancia de cuidar las apariencias, algo en lo que él era un auténtico profesional. Durante los veranos, cuando disponía de más tiempo para sus hijas, no dudaba en enseñarles a llevar la ropa con distinción, como hacía él. También las aleccionaba sobre cómo tenían que comportarse para ser diferentes de las demás mujeres. Estas lecciones paternas quedarían bien grabadas en la memoria de Jackie: «Cuando estés en público, hija mía, mi amor, imagínate que estás en escena, que todo el mundo te mira. No dejes nunca adivinar tus pensamientos. Guarda tus secretos para ti. Sé misteriosa, ausente, lejana y de esta forma seguirás siendo un enigma, una luz hasta el final de tu vida, mi belleza, mi más que bella, mi reina, mi princesa».

Tras la separación, Jack Bouvier visitaba a sus hijas los fines de semana y se las llevaba de compras a los grandes almacenes de la Quinta Avenida o a pasear por Central Park. A los ojos de las niñas su padre, que se mostraba con ellas más divertido y relajado que su estricta esposa, era la víctima inocente. Jackie nunca le perdonaría a su madre el que la hubiera separado de él. Le reprochaban a Janet que hubiera pedido la separación y que por su culpa el sueño de una tranquila vida familiar se hubiera esfumado. Ella, por su parte, decepcionada de su primer matrimonio y dispuesta a mantener su estatus social se apresuró a encontrar un buen partido. El 21 de junio de 1942 se convertía en la tercera esposa del millonario banquero y abogado Hugh D. Auchincloss Jr., diez años mayor que ella y miembro de la élite social al igual que Jack Bouvier. Tras la boda, la madre de Jackie abandonó Nueva York llevándose con ella a sus dos hijas. Para Jackie fue una etapa muy difícil; ya no podría ver como antes a su padre y tendría que adaptarse a vivir con su nueva familia compuesta por los hijos habidos de los anteriores matrimonios de su padrastro. Janet y su flamante esposo tendrían dos hijos en común: Janet y Jamie.

La nueva vida de Jackie transcurriría entre las dos grandes mansiones propiedad de su padrastro: Merrywood, una fabulosa residencia georgiana en las proximidades de Washington, y Hammersmith Farm, una extensa propiedad con vistas a la bahía en el enclave veraniego más exclusivo de la costa Este, Newport. La mansión estaba rodeada de unos cuidados jardines diseñados por el paisajista de Central Park. Jackie tenía once años y pasaría sus días leyendo, escribiendo poemas, dibujando y montando a caballo, afición que heredaría de su madre. Sin embargo, a Jackie le resultaba aburrido y difícil vivir con su madre, que se mostraba siempre fría y distante, y a quien sólo parecía interesarle la vida social. La señorita Jackie Bouvier pasaría su adolescencia rodeada de lujos y privilegios pero sintiéndose muy sola, desplazada y falta de cariño. Si hasta entonces había sido una niña segura de sí misma, enérgica, que ganaba concursos hípicos y no le temía a nada, el divorcio de sus padres la volvió tímida e introvertida. Hasta los trece años, Jackie asistiría a la escuela de miss Chapin, considerada como «un pilar de la educación de las mujeres de la ciudad de Nueva York». A diferencia de otras escuelas de niñas bien de la época, en las clases de miss Chapin se preparaba a las muchachas no sólo para ser excelentes amas de casa y perfectas anfitrionas en las fiestas de sociedad, sino que se las formaba en materias tan variadas como historia, poesía, latín, aritmética y educación física. En septiembre de 1944, a los quince años, ingresó interna en la escuela más chic del momento, la de miss Porter en Connecticut, donde pasaría los siguientes tres años.

En 1947, Jackie fue presentada en sociedad en el exclusivo club Clambake, en Newport, ante la presencia de cientos de invitados. Lucía un vestido de tul blanco que dejaba al descubierto sus hombros y unos largos guantes de satén. Jackie estaba feliz de tener que llevar los guantes blancos de rigor pues así podía ocultar sus dedos manchados de tabaco. Hasta el día de su muerte fumaría a escondidas dos paquetes diarios de cigarrillos. Una vez más, la joven no pasaría desapercibida para la prensa, que la elegiría Debutante del Año. «Este año la Reina de las Debutantes es Jacqueline Bouvier. Una morena

con portes reales de trazos clásicos y la delicadeza de una porcelana de Dresde. Se expresa con dulzura e inteligencia... Bella como una princesa de cuento de hadas, la señorita Jacqueline desconoce el significado de la palabra esnob», destacaría
en una reseña Igor Cassini, conocido cronista de sociedad y
hermano del famoso diseñador Oleg Cassini. Aquel señalado
día, Janet le dio un consejo a su hija que nunca olvidaría: «Va-
les tanto como tu matrimonio».

Jackie estudiaría en los colegios más elitistas del país y a
los dieciocho años fue admitida en la selecta universidad femenina de Vassar, un centro en el que las jóvenes recibían el
mismo nivel de educación que en las más reputadas universidades masculinas. Jackie destacaría sobre todo en arte, literatura, historia y en la asignatura de francés, la lengua de sus antepasados. A diferencia de otras chicas de su condición social,
Jackie poseía una vasta educación que le permitía hablar con
soltura de temas tan variados como filosofía, historia o reli-
gión. Tras su fugaz paso por el Vassar College —donde la consideraban demasiado reservada y sus compañeras la apodaban
«princesa Borgia»—, en 1949 Jackie se marchó a París con
una beca para estudiar en La Sorbona. Según confesaría en su
madurez, aquél fue el mejor año de su vida. Por primera vez
se sintió libre, lejos de la presencia de su estricta madre, en una
ciudad que desde el primer instante la fascinó. Aunque en el
París de la posguerra escaseaban algunos productos de primera necesidad —su familia le mandaba paquetes de azúcar y
café— y vivía en la casa de una condesa que no tenía calefacción y disponía sólo de una bañera, no echaba de menos el
lujo. La señorita Bouvier se sumergió en la rica vida cultural
de la ciudad. Asistió a desfiles de alta costura, a la ópera, al ballet, visitó los más importantes museos de la ciudad y frecuen-

tó los ambientes bohemios de los cafés de la Rive Gauche donde acudían escritores y artistas. Tenía muy claro que quería hacer algo interesante en la vida y que no se iba a contentar con ser la típica ama de casa norteamericana.

Cuando regresó a Estados Unidos, Jackie hablaba a la perfección el francés y el español. Mientras se preparaba para conseguir un título de Literatura Francesa en la Universidad George Washington, en Washington D.C., se inscribió en el XVI Premio Anual de la prestigiosa revista estadounidense de moda *Vogue*, un concurso literario para universitarios. El primer premio consistía en un año de prácticas en la delegación que la revista tenía en París. Aunque ganó y fue elegida entre más de mil doscientas estudiantes, sus padres acabaron por convencerla para que no regresara a Europa argumentando que no estaba lo suficientemente preparada para un puesto de tanto nivel. Para compensar su desilusión le regalaron un viaje de placer a Europa con su hermana Lee. Jackie acababa de decidir su destino. La perfecta debutante se imponía a la joven intelectual.

Jackie tenía ahora un dilema: casarse con un hombre que le permitiera seguir viviendo a lo grande, como estaba acostumbrada, o ponerse a trabajar. Durante un tiempo siguió coqueteando con el periodismo y a través de un contacto de su padrastro, al que llamaba tío Hughdie, entró en el *Washington Times-Herald*. Pero, como ella misma confesó a su director, ya no aspiraba a hacer carrera. Desde muy joven, la señorita Bouvier demostró tener gran facilidad para redactar y le atraía el mundo del periodismo. Tras pequeños trabajos —hizo de chica de los recados y recepcionista—, finalmente le ofrecieron una columna sin importancia que consistía en fotografiar a gente anónima de Washington y hacerles preguntas superficiales, del estilo «Una mujer alta, ¿puede casarse con un hombre bajo?». Aun así, Jackie se volcó con entusiasmo en su nueva profesión de reportera, y aunque nunca había manejado una cámara profesional, el primer día regresó a la redacción con unos retratos que impresionaron a sus superiores. Aquel trabajo le permitió ganar su primer sueldo —56,75 dólares a la semana— e instalarse sola en un pequeño apartamento en Georgetown, un barrio de moda entre los políticos, artistas y periodistas. Gracias a este empleo, Jackie conocería a numerosos políticos, entre ellos a un joven y apuesto senador llamado John F. Kennedy.

En mayo de 1951, la señorita Jacqueline Bouvier y John Kennedy —sus amigos y familiares lo llamaban Jack— coincidieron en una cena en casa de unos amigos comunes. En realidad, el encuentro había sido estratégicamente preparado por sus anfitriones Charles Barlett, corresponsal en Washington del *Chattanooga Times*, y su esposa, Martha. Desde que Barlett había conocido a Jackie dos años atrás no tuvo otra idea que presentarle al único hombre que él consideraba que podía estar a la altura de una mujer como ella, y este hombre no era otro que el joven congresista demócrata John F. Kennedy. Aunque no ocurrió el esperado flechazo, John —doce años mayor que ella— se quedó gratamente impresionado con aquella joven veinteañera tan refinada y preparada. Tras este primer encuentro, el 7 de junio de 1951 Jackie y su hermana Lee embarcaron en el lujoso *Queen Elizabeth* para un tour europeo de tres semanas que las llevaría a Inglaterra, Francia, España e Italia. La pareja no volvería a verse hasta un año después, y de nuevo sería en casa de los Barlett.

Era el 8 de mayo de 1952 y Jackie, vestida con un elegante conjunto azul marino, escarpines negros y un broche que había pertenecido a su abuela materna, se presentó en la casa de los Barlett. Las veladas organizadas por su anfitriona Martha Barlett eran las más célebres de la ciudad. A ellas acudían todo tipo de personalidades, juristas, artistas, periodistas y por supuesto políticos. Para Jackie era una oportunidad de conocer a gente interesante e influyente. Al parecer John F. Kennedy se acercó a ella con un Martini en la mano y la saludó efusivamente: «Me encanta volver a verla». Según Ted, el hermano de John Kennedy, en esta ocasión John no sólo vio a una hermosa y elegante joven perteneciente a una familia de lejana ascendencia francesa que trabajaba como reportera, sino que se quedó impresionado por su inteligencia y amplia cultura. John valoraba mucho que hubiera cursado sus estudios en una de las universidades más prestigiosas de Estados Unidos y que hubiera acudido a la célebre Sorbona de París. Sin duda, la señorita Bouvier no era como las demás chicas que John frecuentaba: hablaba varios idiomas, leía poesía, era una voraz lectora y se interesaba por la pintura.

Tras este segundo encuentro, y aunque al parecer la atracción fue mutua, la relación fue madurando lentamente. En aquel año de 1952, John pasaba la mitad de la semana en el vecino estado de Massachusetts preparando la campaña de elección al Senado. De vez en cuando quedaban para cenar o ir al cine; a veces se reunían con su hermano Bob y la esposa de éste, Ethel, para jugar al bridge o al Monopoly. Jackie sabía que el atractivo John era un codiciado «soltero de oro», que vivía sólo para la política y no tenía intención de casarse como había hecho el resto de sus hermanos. También sabía que disfrutaba de la constante compañía de hermosas mujeres, entre ellas conocidas actrices y modelos. En su ingenuidad, la señorita Bouvier pensó que quizá no había encontrado aún ninguna mujer que estuviese a su altura para ser su esposa.

Jackie Bouvier estaba por aquel entonces prometida con un corredor de bolsa llamado John Husted Jr., e incluso se había fijado ya una fecha para la boda, en junio de 1952. Sin embargo, y por causas que se desconocen —aunque todo apunta a que fue la madre de Jackie quien la presionó para que rompiera con él pues no le consideraba un buen partido—, a su regreso de Europa la joven le devolvió el anillo de compromiso. Libre de ataduras sentimentales, la señorita Bouvier comenzó a pasar algunos fines de semana en la propiedad que la familia Kennedy tenía en Hyannis Port, un exclusivo lugar de veraneo de la costa de Massachusetts. Se sentía atraída por aquel joven, alto, rubio, deportista y de carácter campechano. A sus ojos tenía una mezcla explosiva de «vitalidad, encanto y sentido del humor». Además, John tenía clase y mucho dinero. La fortuna de su padre, el influyente Joe Kennedy, se calculaba entonces en 500 millones de dólares. A partir de 1926, Joe Kennedy había asignado a cada uno de sus nueve hijos la cantidad de un millón de dólares, y en la sombra era él quien administraba la inmensa fortuna de un clan que pronto se convertiría en la más importante dinastía política del país.

En realidad, Jackie y John tenían mucho en común: los dos provenían de modestas familias de inmigrantes que encarnaban el «sueño americano»; los dos habían vivido rodeados de lujo y privilegios pero con unos padres ausentes que apenas cuidaron de ellos. John y Jackie sabían muy bien lo que era el dolor, la soledad y una infancia sin el amor de unos padres. Pero lo que de verdad Jackie admiraba en él era su coraje y entereza. Cuando le conoció tenía treinta y cuatro años, era un héroe de guerra que había perdido trágicamente a dos de sus hermanos y sus problemas de salud le habían llevado, en más de una ocasión, al borde de la muerte. «Parecía un muchacho enfermo y solitario; viéndole te decías que tenía necesidad de un buen corte de pelo y de una comida equilibrada», diría Jackie. A pesar de su aspecto sano y deportista, John F. Kennedy —que por tercer año representaba a Massachusetts en el Congreso— era un hombre enfermo. Durante la guerra sufrió graves lesiones en la columna vertebral que se agravaron con un accidente deportivo en Harvard. John, que padecía terribles dolores, sería sometido a varias intervenciones quirúrgicas y temió quedarse inválido el resto de su vida. A su larga lista de dolencias se sumaba el conocido como mal de Addison, una deficiencia en el funcionamiento de las glándulas suprarrenales que destruye el sistema inmunológico y deja sin defensas al individuo frente a una infección. Si a eso le añadimos que sufría dolor de estómago, que oía mal por un oído y que en privado usaba gafas, no es de extrañar que Jackie admirara su capacidad de trabajo.

Para John, la señorita Bouvier, tan especial, distinguida, culta e independiente, era todo un reto, como le dijo a un íntimo amigo. Sin embargo, a pesar de tomarse en serio su relación con ella, durante su corto noviazgo no dejaría de verse con otras mujeres. La infidelidad era una costumbre muy arraigada entre los miembros del clan Kennedy, y John, siguiendo la tradición familiar, no renunciaría a sus conquistas ni al casarse con Jackie. Ésta ignoraba que, a finales de los años cuarenta, el seductor John Kennedy había salido con famosas estrellas del mundo del cine, entre ellas Lana Turner, Joan Crawford y Susan Hayward. Aunque su relación sentimental hollywoodiense más duradera fue con la actriz Gene Tierney, que por entonces se encontraba en trámites de divorcio con el diseñador Oleg Cassini, quien más adelante se convertiría en el modisto oficial de Jackie.

Durante el breve noviazgo que mantendría con la señorita Bouvier, John se veía en secreto con otra mujer fascinante y hermosa, de la misma edad que su prometida, pero entonces mucho más célebre y querida por el público: la actriz Audrey Hepburn. Así lo afirma el escritor, y gran especialista en la saga de los Kennedy, Christopher Andersen, en su polémica biografía sobre John y Jackie. Dice el autor que John Kennedy pensaba que «Audrey era una mujer exquisita, extremadamente inteligente, culta, divertida, pero también muy sexy». John disfrutaba de su compañía cuando coincidían en Washington, pero siendo una mujer extranjera, no católica y perteneciente al mundo del espectáculo, el patriarca Joe nunca habría aceptado que la encantadora protagonista de *Sabrina* se hubiera casado con su prometedor hijo. Finalmente John se decidiría por Jackie, la única que parecía ser la compañera ideal para impulsar su carrera política. Ella, por su parte, sabía bien que John nunca sería el marido ideal. Un amigo común le advirtió ya entonces no sólo de la «adicción» de John por las mujeres sino de la hostilidad con la que le darían la bienvenida las mujeres del clan Kennedy. Pero Jackie no se dejó amedrentar y aun así se casaría con él. Para algunos biógrafos, el motivo estaba claro: le seducía el dinero de los Kennedy y la perspectiva de una vida de lujo y confort con un hombre sumamente atractivo. A lo largo de su vida, Jackie se sentiría atraída por hombres muy parecidos a su adorado padre: dominantes, despreocupados y poderosos para los que las mujeres tenían un papel secundario o eran simples trofeos.

Matrimonio de conveniencia

A la señorita Jackie Bouvier no le resultó nada fácil adaptarse a la vida familiar del clan Kennedy. John Fitzgerald Kennedy procedía de una familia de origen irlandés instalada en Boston. Su bisabuelo, Patrick Kennedy, llegó a Estados Unidos a mediados del siglo XIX como miles de inmigrantes procedente de su Irlanda natal huyendo del hambre. Con tesón, olfato para los negocios y afán de superación, los Kennedy consiguieron prosperar hasta convertirse en ricos e influyentes miembros de la sociedad estadounidense.

Joseph o Joe Kennedy, el padre de John, era un hombre emprendedor que se enriqueció con los negocios inmobiliarios. Seductor, bebedor y mujeriego empedernido, fue uno de los primeros productores de cine y distribuidor de alcohol de todo el país. Acabaría casándose con una devota y abnegada irlandesa llamada Rose Fitzgerald que le dio nueve hijos y viviría ciento cuatro años. La matriarca del clan —que siempre estuvo al tanto de las infidelidades de su esposo, incluida su relación con la actriz Gloria Swanson— era una ferviente católica. Hija de un legendario alcalde de Boston y educada en los mejores internados religiosos de Europa llevaba con mano firme las riendas de su numerosa familia. Joe, que en tiempos del presidente Roosevelt había sido embajador de Estados Unidos en Londres, volcó todas sus expectativas en su hijo primogénito llamado como él Joe. Pero al morir éste combatiendo durante la Segunda Guerra Mundial, su hermano John cargaría con la responsabilidad de cumplir los sueños de su padre y de no decepcionarle.

Cuando Jackie comenzó a frecuentar a los Kennedy encontró su mayor apoyo en el jefe del clan. Joe fue el único que desde el primer instante supo ver sus cualidades y el potencial que tenía. Su hijo era un brillante y carismático político soltero, pero necesitaba a su lado a una esposa —y formar una familia— si deseaba llegar lejos en su carrera. Cuando conoció a la señorita Bouvier, le pareció la candidata perfecta: era católica como ellos, de buena familia, atractiva y tenía grandes aptitudes. Además hablaba con soltura varios idiomas —francés, español e italiano—, y tenía un origen «aristocrático» del que carecían los Kennedy. Sería el viejo y astuto Joe Kennedy quien animó a John a dar el paso y pedir a Jackie matrimonio.

Mientras Joe se sentía cautivado por la señorita Bouvier, no toda la familia tenía la misma opinión de ella. La actitud silenciosa y prudente de Jackie era interpretada como un síntoma de orgullo y altanería por sus cuñadas, que no le mostraron ninguna simpatía. A su futura suegra, Rose, le resultaba una muchacha demasiado independiente, demasiado sofisticada en su manera de vestir y con unas opiniones poco ortodoxas. Jackie se negaba a comer los bocadillos de crema de cacahuete con mermelada de fresa que le ofrecían en los picnics, el aperitivo por excelencia norteamericano. Rose no salía de su asombro cuando sus hijas la invitaban a navegar y Jackie portaba su propia comida en una cesta de mimbre, a base de «terrina de paté, quiché de verduras, quesos franceses y una botella de vino de crianza». Pero con el tiempo, Jackie supo ganarse a la matriarca del clan e hizo todo lo posible para mejorar su relación con ella llamándola cariñosamente *belle-mère* (aunque en privado era El Dinosaurio). Cuando Joe les confesaba a sus amigos: «Estamos todos locos con Jackie», se refería sobre todo a sí mismo.

En realidad, Jackie no podía ser más distinta de los Kennedy. Ella, que amaba la tranquilidad, la lectura, los paseos a caballo, se encontró de repente en medio de una familia numerosa que destacaba por su febril actividad. Cuando todos los miembros de la familia se reunían en su feudo, una magnífica casa de cedro blanco, de quince habitaciones con amplias terrazas, frente a un brazo de mar en Hyannis Port, al sur de Boston, no había un momento de calma. Joseph obligaba a sus hijos —y nueras— a que compitieran entre ellos jugando al tenis, al fútbol americano o practicando el deporte de la vela. Eran habladores, ruidosos y competitivos entre ellos. La casa estaba siempre atestada de gente: nueve hermanos con sus respectivos esposos y esposas, hijos, amigos, abundante servicio doméstico y un buen número de animales de compañía. Jacques Lowe, el fotógrafo personal de los Kennedy, dijo en una ocasión que la casa de Hyannis Port era «una auténtica casa de locos».

Jackie, elegante, reservada y de modales educados, difícilmente podía encajar en aquel ambiente. Tampoco era competitiva y desde el primer día tuvo muy claro que nunca sería como sus cuñadas: «No pienso ser un chicazo que se sube a los árboles y grita "¡vamos a ganar!". Se pueden reír si quieren de mis faldas y de mis escarpines, pero mi cabeza funciona tan bien como la suya». Lo cierto es que la única vez que intentó unirse a ellos y jugó un partido de fútbol americano, acabó con un esguince de tobillo entre las sonrisas de algunos presentes.

En noviembre de 1952, John fue elegido senador de Massachusetts después de obtener una arrolladora victoria contra uno de los hombres fuertes del Partido Republicano, Henry Cabot Lodge. Ahora el prometedor senador tendría un poco más de tiempo para dedicarle a su novia Jackie Bouvier. El 20 de enero de 1953, la pareja realiza su primera salida oficial con motivo de la celebración del baile inaugural de investidura del presidente Eisenhower. Parecía que al fin John había sentado la cabeza, aunque en privado seguía acostándose con otras mujeres. Tras esta primera aparición juntos en público, cada uno volvería a su trabajo; él al Senado y ella a su puesto en el *Washington Times-Herald*.

Por entonces, Jackie dudaba que el apuesto senador Kennedy se sintiera atraído por ella cuando tenía a su alcance una interminable lista de «amigas». Desde muy joven, Jackie se había sentido acomplejada por su físico y lamentaba no haber nacido tan guapa como su hermana Lee. Nunca le gustó su cuerpo, al que veía un sinfín de defectos: pechos pequeños, manos grandes y varoniles con las uñas siempre comidas —que ocultaba con largos guantes—, y pies grandes del número 42. Unos años más tarde, ya convertida en la señora Kennedy, la insegura Jackie se las ingeniaría para cambiar su imagen y transformarse en la elegante —y admirada por todos— esposa del presidente de Estados Unidos.

En este compás de espera, Lee Bouvier, a sus veinte años, se casaba con Michael Temple Canfield, hijo de un editor miembro de la aristocracia inglesa. Su hermana Jackie fue testigo de la boda, que se celebró el 18 de abril de 1953 en la mansión familiar de Merrywood. Pero el matrimonio de Lee acabó el mismo día en que descubrió que las finanzas de su flamante esposo poco tenían que ver con la realidad. Michael le pidió consejo a su cuñada para poder recuperar el amor de su esposa, pero Jackie —siempre tan pragmática— le respondió secamente que para salvar su matrimonio lo único que tenía que hacer era «ganar dinero de verdad». Poco tiempo después, Lee, con la excusa de que su marido no había querido tener hijos, consiguió la anulación del Vaticano, y en un tiempo récord se convirtió en la esposa de un príncipe polaco, Stanislas Radziwill.

En la primavera de ese mismo año, el *Washington Times-Herald* envió a Jackie a Londres para cubrir como reportera la coronación de la reina Isabel II que a sus veintiseis años, y tras la muerte de su padre el rey Jorge VI, accedía al trono de Inglaterra. Antes de partir, John le pidió que se casara con ella, pero ella le respondió que lo pensaría durante su ausencia. A Jackie, como le confesaría a una amiga, le daba miedo perder su independencia, verse absorbida por la política y sobre todo pasar a formar parte del posesivo clan de los Kennedy. Una semana más tarde, tras haber leído sus artículos en la prensa, John le enviaría un breve telegrama que decía: «Artículos excelentes, pero te echo de menos. Jack». John no parecía dispuesto a dejar escapar a Jackie y no esperó una respuesta a su petición. A su regreso de Londres la fue a recoger al aeropuerto con un anillo de pedida de diamantes y esmeraldas, de la firma Van Cleef & Arpels, que aceptó encantada sin saber que era Joe —su futuro suegro— quien lo había elegido. Al día siguiente, la señorita Bouvier renunciaba a su trabajo en el periódico y se despedía de sus compañeros.

El 25 de julio de aquel mismo año se anunció oficialmente el compromiso de la señorita Jacqueline Bouvier con el senador John Fitzgerald Kennedy. La boda era la unión de dos poderosas familias de la costa Este de Estados Unidos. En su primera aparición en la prensa como prometida del senador Kennedy, la revista *Vogue* la describió como «una joven de belleza extravagante». A principios de julio, *Life Magazine* realizó un amplio reportaje del joven senador y su prometida en la residencia familiar de Hyannis Port, en Cape Cod. La pareja aparecía fotografiada en portada, sonriente y relajada, nave-

gando en su velero por las aguas de la bahía. El público estadounidense comenzaba a mostrar interés por la que en los
próximos diez años sería una de las parejas más célebres del
mundo. Jackie y John estaban empezando a despuntar como
el fenómeno mediático en el que acabarían convirtiéndose.

En julio, mientras Jackie, su madre Janet y su suegra se ha-
llaban inmersas en los preparativos de la boda, el senador Kennedy realizaba un imprevisto viaje de placer a la Costa Azul.
En secreto, como de costumbre, se veía con una de sus amantes habituales, una joven y deslumbrante sueca de veintiún
años llamada Gunilla von Post. A Jackie le desagradó que su
novio despareciera pero pensaba que con el tiempo cambiaría
su comportamiento. A su regreso, John, bronceado y relajado,
asistiría a dos despedidas oficiales de soltero organizadas por su
padre y por el señor Auchincloss, el padrastro de Jackie. Por su
parte, Jack Bouvier no podía competir con aquellas fortunas y
se quedaría al margen del acontecimiento más importante en
la vida de su hija.

El sábado 12 de septiembre de 1953, en la iglesia católica
de Saint Mary, en Newport, John y Jackie se convirtieron en
marido y mujer ante ochocientos invitados. Joe Kennedy or-
questaría el evento en la sombra para conseguir que la boda se
convirtiera en un deslumbrante acto de promoción electoral
en la carrera de su hijo hacia la Casa Blanca. Y sin duda fue el
acontecimiento social más importante del año no sólo por la
lista de insignes invitados, sino por la lujosa puesta en escena
que recordaba las bodas reales europeas. La repercusión mediática del evento fue más propia de un estreno de cine —con
la presencia de famosas estrellas de Hollywood—, que de una
boda entre un político y una chica de la buena sociedad. Al
día siguiente, las fotos de la pareja aparecieron publicadas en

los más importantes periódicos estadounidenses, incluido *The New York Times*, que mostraba en su portada a John y a Jackie cortando la tarta nupcial de casi metro y medio de alto.

Jackie no era aún conocida por el gran público, y sin embargo cerca de tres mil personas se agolparon en las inmediaciones de la iglesia para ver a los novios. La policía tuvo que hacer grandes esfuerzos para frenar a la multitud que quería ver de cerca a la joven novia. Vestida con un elegante traje de tafetán de seda, color marfil, en cuya confección se emplearon cincuenta metros de tela, y con un largo velo antiguo, de fino encaje, estaba radiante. Nadie podía adivinar la profunda tristeza de la novia al enterarse, por su madre Janet, de que su adorado padre no podría llevarla del brazo hasta el altar por encontrarse ebrio en la habitación de su hotel. Sin mostrar un ápice de su desilusión, Jackie reprimió las lágrimas y avanzó con paso firme por el pasillo principal de la iglesia decorada con crisantemos blancos y gladiolos rosados, del brazo de su padrastro.

Tras la boda —calificada por la prensa como «el enlace del año»—, la recepción ofrecida en Hammersmith Farm reunió a cerca de mil quinientos invitados, a los que los novios saludaron de pie, uno por uno, durante más de dos horas. «Fue exactamente como una coronación», afirmó con entusiasmo uno de los asistentes. Para esta ocasión, Jackie lució un traje de Chanel, color gris perla. El regalo de bodas de John a su esposa fue un brazalete de diamantes valorado en diez mil dólares. Para el escritor estadounidense Gore Vidal, pariente de la madre de Jackie, aquél era un matrimonio al mejor estilo del siglo XVIII, «una unión donde se sumaban intereses». Al no conservarse cartas de amor —John era poco romántico; nunca le escribiría una ni tampoco le enviaría ramos de flores—, ni ningún tipo de correspondencia entre ellos, resulta difícil conocer cuáles eran entonces los verdaderos sentimientos de la pareja.

A la vuelta de su breve luna de miel en Acapulco, los Kennedy pasaron los dos primeros meses de vida en común entre Hyannis Port y la mansión de Merrywood. Jackie deseaba con todas sus fuerzas tener un hogar y poco antes de casarse, en una entrevista al *Boston Globe*, describió la casa de sus sueños: «Me muero de ganas de que tengamos una casa para nosotros, que pueda decorar a mi gusto y poder, al fin, desembalar los regalos de boda. Espero encontrar una pequeña casa en Georgetown. Me gustaría encontrar un nidito confortable y decorarlo mezclando muebles funcionales con algunas antigüedades». Finalmente, en el mes de noviembre, la pareja alquiló una casa de ladrillo rojo en Georgetown, el barrio chic donde había vivido Jackie de soltera.

El primer año de casados, Jackie apenas veía a su esposo, cuya carrera política le tenía totalmente absorbido. A sus veinticuatro años era una mujer inexperta, y aunque había viajado mucho, y estudiado en los más prestigiosos colegios, nadie la había preparado para ser la esposa de un ambicioso senador que aspiraba a ser el presidente del país. Se había casado con la ilusión de ser la perfecta esposa, tal como le confesaba ingenuamente a una periodista: «En esa época, mi ideal era llevar una vida normal, con un marido que llegase a casa todos los días a las cinco después de trabajar. Yo quería que pasara los fines de semana conmigo y los niños que íbamos a tener». Pero el sueño de Jackie nunca se haría realidad.

Pasaba sola los fines de semana, y apenas podía organizar su vida pues todo eran imprevistos: cenas hasta altas horas de la noche, comidas de trabajo. Jackie, como esposa de un senador, también se sentía desplazada y no encontraba su lugar. Tenía veinte años menos que la mayoría de las esposas de los colegas de su marido. Y si en alguna ocasión acudió a jugar al bridge con ellas o a algún almuerzo, no tenía tema de conversación. Todas ellas hablaban de sus hijos o de sus adorables nietos. Ella sólo podía hablar de su hermanastro, que entonces tenía seis años de edad. «Jackie detestaba el aspecto artificial de los encuentros programados entre las mujeres de los miembros del Congreso o el desayuno anual de las esposas de los senadores. Era una tradición heredada de la señora Truman y la señora Eisenhower, pero ella no lo soportaba. No tenía nada que ver con ellas…», comentó una periodista del *Washington Evening Star*.

No obstante, Jackie se entregó de lleno a su nuevo papel de esposa fiel y devota. Ella, que tanto había detestado convertirse en una típica y aburrida ama de casa, ahora lo era: «Llevé un poco de orden a su caótica vida. En casa se comía como Dios manda, no sólo productos que Jack tenía costumbre de consumir (sándwiches, café y cerveza), y ya no salía de casa con un calcetín de cada color». Jackie se ocuparía también del vestuario de John, que tenía una pierna casi dos centímetros más corta que la otra, y le encargó no sólo pantalones a medida sino calzado especial para que no cargara tanto la espalda que era su punto débil. El nuevo *look* de John Fitzgerald Kennedy, casual, elegante y deportivo, encarnaba a una nueva generación.

Había pasado sólo un año desde su boda de cuento de hadas y Jackie se mostraba irritable y nerviosa. Conocía las infidelidades de su esposo, quien en aquellos días tenía alquilado un piso de soltero en el hotel Mayflower donde se citaba con sus amantes, y apenas se veían. Jackie se mordía las uñas y fu-

maba de manera compulsiva dos paquetes diarios de cigarrillos. Las disputas entre la pareja eran cada vez más frecuentes,
y Jackie para compensar su frustración se dedicaba a comprar
vestidos y redecorar su casa. Se gastó auténticas fortunas en tapices y muebles franceses del XVIII que eran sus preferidos.
John se escandalizaba al ver las facturas pero por miedo a discutir con ella aceptaba la situación. Decoró su casa con un
gusto exquisito y obras de arte de gran valor que ni su esposo
ni sus colaboradores llegaron nunca a apreciar.

Pronto Jackie se daría cuenta de que la única manera de
estar más cerca de su esposo era colaborar en su carrera política. Ella, que nunca había votado y que por entonces no
mostraba gran interés por el mundo de la política —venía de
una familia de tradición republicana—, estaba ahora casada
con un demócrata con ambiciones presidenciales. Aunque tenía grandes conocimientos de historia europea, sintió que
como esposa de un senador debía estar más informada sobre
la historia de su propio país. Se matriculó en un curso de historia estadounidense en la escuela diplomática de la Universidad de Georgetown, cercana a su residencia. Algunos periódicos sensacionalistas, al conocer la noticia titularon: «La esposa
del senador regresa al colegio...». En ocasiones asistiría al Senado para escuchar los discursos de John y pasaría muchas horas en la Biblioteca del Congreso donde se sumergía en la lectura de obras históricas y temas de actualidad. Pero lo que más
valoraba John era que su esposa le tradujera algunos pasajes de
las obras de célebres filósofos franceses como Voltaire o Rous-
seau, con cuyas citas enriquecía sus discursos.

También Jackie aportaría autocontrol a la personalidad desbordante de John, puliría sus cualidades de orador y le haría
cambiar el tono de su voz y su marcado acento nasal propio de

Nueva Inglaterra. Le ayudó a hablar más pausadamente y a utilizar las manos —John hablaba en público siempre con ellas en los bolsillos— para subrayar los puntos importantes del discurso. Pero aun así la vida en pareja no era fácil y Jackie se lamentaba: «Estoy sola casi todos los fines de semana. No es normal. La política, de alguna manera, era mi peor enemiga y no teníamos ninguna vida familiar». Junto a las ausencias de su esposo estaban sus constantes y graves problemas de salud que la sumían en una gran angustia. En aquellos meses, la salud de John empeoró de manera alarmante. Su dolor de espalda se agravó y ya no era suficiente con que durmiera en una tabla de madera, tomara baños calientes, recurriera en ocasiones a un corsé o tuviera que utilizar muletas para poder caminar.

En octubre de 1954, Kennedy era ingresado en un hospital de Nueva York para realizarle una compleja y arriesgada intervención. El dolor de espalda, que tanto le atormentaba, podía llegar a dejarle parapléjico si no se le practicaba una operación de urgencia. El que John tuviera la enfermedad de Addison complicaba aún más las cosas. Tal y como se temía, tras la operación el paciente sufrió una grave infección urinaria y entró en coma. A sus veinticinco años, Jackie estuvo a punto de quedarse viuda; los médicos le informaron que la muerte de su esposo era inminente y el cardenal de Nueva York llegó a darle la extremaunción. Durante cerca de un mes, John se debatió entre la vida y la muerte. Jackie sorprendió a todos por su fortaleza y serenidad en tan difíciles momentos. A pesar de estar en coma, le leía poesía mientras le cogía de la mano y cuando recuperó la conciencia no se separaría de su lado ni un instante. Ya entonces, los que la criticaban vieron que tras su aparente fragilidad Jackie escondía una voluntad de hierro.

Durante su convalecencia en el hospital, las visitas se quedaban sorprendidas al ver que en la puerta de su habitación había colgado un póster de Marilyn Monroe, vestida con un minúsculo short azul y un polo blanco. John había conocido a la despampanante rubia a principios de 1954, en una recepción en la casa de un productor de Hollywood, en Beverly Hills. Al parecer, John no hizo nada por disimular su atracción hacia la actriz, entonces casada con Joe DiMaggio, y ésta le pasó su número de teléfono al senador sin pensar que la llamaría. Unos días antes de Navidad dieron el alta a John y el clan Kennedy se trasladó a la propiedad que tenían en Palm Beach, Florida, donde el clima benigno favorecería su recuperación.

Dos meses después de su operación, John volvió a sufrir terribles dolores. Los médicos decidieron intervenirle de nuevo en un hospital de Nueva York. El 15 de febrero de 1955 se encontró una vez más al borde de la muerte, aunque consiguió sobrevivir. Durante su larga convalecencia, y obligado a alejarse del Senado, Jackie asumió las relaciones públicas de su esposo. Se volvió imprescindible para él: le leía los periódicos, le mantenía al corriente de los sucesos más importantes de la actualidad e incluso aprendió a cambiarle los apósitos. Fue entonces cuando Jackie le animó a escribir un libro sobre algunos líderes políticos del país que hubieran luchado valientemente por defender sus ideales. John le hizo caso y el 2 de enero de 1956 aparecía publicado el libro *Profiles in Courage*, que tuvo un gran éxito de ventas e incluso obtuvo el premio Pulitzer en la categoría de biografías. El éxito de la obra vino acompañado de un buen número de críticas. Eran muchos los que decían que en el estado en que John se encontraba era imposible que hubiera escrito tan voluminosa y documentada obra. En voz baja se comentaba que Jackie le había encargado a un «negro literario» escribir la obra que firmaría su esposo.

En mayo de 1955, un bronceado John Kennedy regresaba al Senado caminando con la ayuda de unas muletas y soportando un terrible dolor de espalda que los médicos le trataban con inyecciones de novocaína. Una vez recuperado, y lejos de agradecer a su esposa el apoyo y la entrega de aquellos duros momentos, John volvió a sus conquistas. En el verano de 1955, los Kennedy hicieron un viaje de siete semanas por Europa donde fueron recibidos en audiencia privada por el papa Pío XII. Mientras John partía solo unos días antes y aprovechaba para verse con su amante Gunilla von Post en Suecia, Jackie buscaba una nueva casa para ellos. Finalmente, la pareja se reunió en Antibes para seguir su periplo que los llevaría a Italia, Polonia y París. Era su primer viaje por Europa y la presencia de Jackie no pasó desapercibida. En París, le serviría de intérprete a su esposo en las reuniones que tuvo con importantes dignatarios. «Tenía todo el encanto de una cortesana del siglo XVIII. Fundía literalmente a los hombres cuando los miraba con sus inmensos ojos. Los europeos no fueron insensibles; de hecho, creo que fueron mucho más sensibles a su clase que los estadounidenses», diría una periodista que los acompañó en la gira.

El matrimonio Kennedy regresó a Nueva York el 11 de octubre de 1955 y compraron un hermoso edificio histórico llamado Hickory Hill, con piscina y amplios establos, no lejos de Merrywood, en Virginia. Jackie soñaba con tener un hogar espacioso y tranquilo donde poder finalmente ampliar la familia. Según su biógrafo Christopher, a los pocos días de instalarse en su nuevo hogar, la joven señora Kennedy, embarazada de tres meses, sufrió un aborto espontáneo que no llegó a trascender a la prensa. En enero de 1956, Jackie estaba embarazada de nuevo y aunque la noticia devolvió la ilusión a la pareja, iba a ser un año muy duro para ella. John estaba siempre ausente, dedicado a la promoción de su libro, con entrevistas y conferencias por todo el país; por otro lado se preparaba para presentarse como candidato presidencial en la Convención Nacional del Partido Demócrata. Dolida por tantas ausencias, pero ilusionada con la llegada de su bebé, Jackie se puso a decorar su mansión de Hickory Hill dedicando especial atención a la habitación de los niños. Mientras, John alquilaba la suite 812 del Mayflower Hotel, donde comenzó a dar grandes fiestas para sus amigos y se citaba con sus amantes.

Embarazada de ocho meses y en contra de las indicaciones del médico, en el mes de agosto Jackie acudió a la convención demócrata en Chicago. Requerida por las hermanas y cuñadas de John, quienes le dijeron que su presencia era importante, no pensó en el esfuerzo físico que le supondría un viaje tan precipitado y agotador. Para Jackie fue frustrante e ingrato pues durante la semana que pasó en Chicago apenas pudo hablar con su esposo. Ella se hospedó en la casa de su cuñada Eunice mientras John instalaba sus cuarteles en el Conrad Hilton. Pero a pesar del apoyo de su esposa, Kennedy no consiguió la anhelada nominación a la presidencia. Por primera vez se sentía derrotado y fue un duro golpe para un hombre acostumbrado como él al triunfo. Cuando el matrimonio regresó al día siguiente a Nueva York, Jackie —a quien sólo le faltaban tres semanas para dar a luz— se refugió en la casa familiar de Hammersmith Farm. Debido a su avanzado estado de gestación estaba muy vulnerable y le pidió a John que la acompañara. Pero su esposo tenía planeado reunirse

con sus padres, que se encontraban descansando en la Costa
Azul, antes de fletar un velero y navegar durante una semana
por el Mediterráneo.

El 23 de agosto, Jackie se despertó pidiendo ayuda y con
unos terribles dolores. Su madre Janet, alarmada por su estado,
la acompañó al hospital de Newport donde ingresó de urgencias. Tres semanas antes de la fecha prevista, Jackie había sufrido una hemorragia interna y los médicos le practicaron una
cesárea para intentar salvar a su bebe. La niña, que debería lla-
marse Arabella, nacería muerta, y durante unas horas la vida de
la madre también estuvo en peligro. Cuando se despertó de la
anestesia y abrió los ojos, fue Bob, el hermano de John, quien
le daría la triste noticia. A lo largo de su matrimonio con
Kennedy, Bob sería su gran apoyo y consuelo, en ausencia de
su marido.

John se enteraría de lo ocurrido mientras navegaba en alta
mar en compañía de su hermano Teddy y una amiga común.
No pudo ver entonces la portada del *Washington Post*, que en
su primera página decía en un titular: «El senador Kennedy,
en crucero por el Mediterráneo, ignora que su esposa ha perdido su bebé». Tres días después de la muerte de su hija, John
llamó a casa y Jackie le informó sobre lo ocurrido. Tras hablar
por teléfono con su esposa, que estaba muy afectada, aún tardaría dos días más en reunirse con ella. De nuevo Jackie se sentiría traicionada y abandonada por su esposo. La pérdida de su
segundo hijo hizo creer a la pareja que quizá no podrían tener
descendencia. De espaldas a ella, los Kennedy no dudaban en
afirmar que la señorita Bouvier tenía una constitución demasiado delicada para ser madre. La prueba fue más cruel para Jackie pues, pocos días después de su aborto, su cuñada Patricia
Kennedy daba a luz una preciosa niña y unas semanas más tar-

de Ethel, la esposa de Bob, daba a luz a su quinto hijo. Tras perder a su bebé, Jackie no quiso regresar a su hogar de Hickory Hill donde le esperaba una habitación vacía para los niños. La pareja vendería la casa a Bobby y Ethel, que llegarían a tener once hijos, y ellos alquilaron de nuevo una casa en Georgetown.

Tras cuatro años de matrimonio insatisfactorio, y ante la imposibilidad de dar a luz un hijo sano y salvo, Jackie se recluyó en sí misma. Durante un tiempo tomó la decisión de distanciarse de su marido pasando sus días entre la propiedad de su padrastro en Hammersmith Farm y Nueva York, mientras John seguía en Washington. Por primera vez, la prensa se hacía eco de los rumores de un posible divorcio entre la pareja. Según la revista *Time*, fue entonces cuando Joe Kennedy, viendo peligrar la brillante carrera política de su hijo, le ofreció a Jackie un millón de dólares a cambio de reconciliarse. No sabemos si la señora Kennedy llegó a recibir esa cantidad pero la esposa engañada regresaría a su hogar dispuesta a salvar su matrimonio.

A finales de aquel año horrible para Jackie, su esposo anunció a su familia que a partir de ese momento todos sus esfuerzos se dirigirían a conseguir ganar las próximas elecciones y llegar a la Casa Blanca. En marzo de 1957, Jackie estaba de nuevo embarazada y animada por la noticia se sintió con fuerzas de comprar y decorar una nueva casa. Poco antes de Navidad, los Kennedy se trasladaron a una elegante y luminosa mansión de ladrillo rojo en el 3307 N Street de Georgetown. Con la ayuda de una famosa decoradora neoyorquina, Jackie transformó su nueva residencia en un sofisticado hogar —con muebles estilo Luis XV y Luis XVI, sus preferidos— pero sobre todo muy acogedor. Esta vez, Jackie pensó también en las necesidades de su esposo y en que la casa fuera cómoda y práctica para él y sus colaboradores. «Debe tener sillones grandes muy confortables y mesas donde los políticos puedan poner sus papeles, sus tazas de café y sus ceniceros. Y sobre todo no quiero una casa donde le tenga que decir constantemente a mis hijos: "No toques esto"», le diría a la decoradora. Para Jackie éste fue su primer hogar de verdad.

Pero la señora Kennedy no sólo gastaba fortunas en decoración, también lo hacía en ropa. Los opositores a John pretendieron usar el «despilfarro de la señora Kennedy» como arma política contra su esposo. Cuando un periodista en una ocasión le preguntó a la entonces primera dama si era cierto —y lo era— que había gastado cerca de 30.000 dólares sólo en ropa ese año, ella, sin inmutarse, le respondió: «¡No podría gastar todo ese dinero a menos que llevara ropa interior de marta cibelina!». La realidad es que John montaba en cólera cuando llegaban las facturas de su caprichosa esposa, pero ella justificaba sus gastos diciendo que tenía que vestirse de manera elegante para no avergonzarle: «Como hombre público, te sentirías humillado si me vieras fotografiada con un vestido viejo. Todo el mundo diría que tu mujer es una pueblerina y nadie te votaría». John nunca la contradecía, quizá porque en el fondo se sentía culpable por sus constantes ausencias e infidelidades.

El día anterior a su veintiocho cumpleaños, Jackie recibiría una llamada que la sumiría en una profunda tristeza. Su padre, Jack Bouvier, moría en Nueva York víctima de un cáncer de hígado, sin que Jackie pudiera despedirse de él. Cuando ella llegó al hospital adonde había sido ingresado, hacía una hora que había fallecido. Jackie, que llevaba un año sin verle, se sintió culpable por no haberse ocupado de él y permitir que muriera solo en una fría sala de hospital. La enfermera que estuvo a su lado en sus últimos momentos, le comentó a Jackie que antes de cerrar los ojos había pronunciado su nombre. Fue un golpe muy duro para ella y todos temían que de nuevo pudiera perder al bebé que esperaba. Para colmar aquel año, John se vio aquejado de unas fiebres muy altas provocadas por una infección y fue ingresado en el hospital. Salió de la crisis gracias a una dosis elevada de antibióticos pero su salud seguía siendo muy frágil.

El 27 de noviembre de 1957, el sueño de Jackie de ser madre se hizo al fin realidad. El nacimiento de su hija Caroline, una hermosa niña de tres kilos ochocientos gramos, emocionó sinceramente a su marido que esta vez sí estuvo junto a ella: «Nunca olvidaré la cara de John, cuando el médico entró en la sala de espera para anunciar que el bebé había nacido y que la madre y la hija se encontraban bien. Siempre recordaré la dulzura de su expresión y su sonrisa», dijo Janet Lee, la madre de Jackie, a los periodistas. Tras dos abortos, y varios meses de angustia creyendo que no podría tener más hijos, aquél fue para Jackie «el día más feliz e importante de toda mi vida».

Jackie tenía veintiocho años cuando fue madre por primera vez y aquel nacimiento pareció unir más al matrimonio. Ese año, John estaba muy ocupado en su reelección como senador y apenas se veían pues viajaba por todo el estado. Pero a diferencia de antes, intentaba regresar a casa en cuanto podía. «Cuando llegaba a casa, subía directamente a la habitación de los niños. La niña le sonreía como no lo hacía con nadie. Desde el principio, él la amaba y ella le adoraba. Para ella su padre era la persona más importante», diría Maud Shaw, la niñera de Caroline.

A todos sorprendió la transformación de John al ser padre por primera vez. Parecía radiante y rejuvenecido, orgulloso de su nuevo papel. Los medios de comunicación se disputaron la exclusiva del nacimiento de la niña de los Kennedy y finalmente fue *Life* quien publicó el esperado reportaje. «Después de Shirley Temple, ningún niño estadounidense ha estado tan solicitado por la prensa mundial en un lapso de tiempo tan corto», dijo un periodista. Jackie, que no deseaba que su hija se convirtiera en una «mascota electoral», accedió al reportaje de *Life* a condición de que John interrumpiera en verano su campaña y fueran juntos a París.

Tres semanas después del nacimiento de Caroline, los Kennedy se instalaban en su acogedora mansión de ladrillos rojos y un patio de magnolias en N Street donde los esperaba el servicio doméstico contratado por Jackie: una niñera inglesa, una doncella, una cocinera, el sirviente personal de John, un chófer a tiempo completo y una secretaria particular que llevaba su agenda. Por primera vez desde su boda, tenía la sensación de tener un hogar propio y una familia que cuidar. En los meses siguientes apenas recibiría visitas y se dedicaría de manera obsesiva a redecorar la casa. Tal como confesaría su madre Janet, al menos en tres ocasiones Jackie cambiaría el mobiliario y la pintura del salón principal.

La señora Kennedy tenía al fin su propio hogar y una hermosa niña a la que dedicaba todo su tiempo, pero no podía soportar las constantes ausencias de su marido, que sólo vivía para la política. Se mostraba lunática y muy irritable en presencia de John, que no sabía cómo encajar los bruscos cambios de humor de su esposa. Por exigencias de Joe Kennedy, que temía que la prensa se hiciera eco de los escándalos sexuales de su hijo, le pidió que abandonara su nido de amor en el Mayflower y que, al menos hasta la investidura, se mantuviera fiel a Jackie. Joe no se equivocaba, y si durante su matrimonio Jackie soportó en silencio las continuas infidelidades de su marido, fue —como ella misma reconoció a una amiga— porque nunca salieron a la luz pública.

Pero John no estaba dispuesto a cambiar de vida y a pesar de su maltrecha salud seguiría cortejando modelos, azafatas, secretarias y estrellas de Hollywood. Algunos biógrafos lo tachan de adúltero compulsivo y relacionan su enloquecida actividad amatoria con una patología vinculada a sus múltiples dolencias y al abuso de fármacos. En verano de 1958, según el biógrafo Christopher Andersen, comenzó con entusiasmo su relación con Marilyn Monroe. Un año después de su divorcio con el famoso jugador de béisbol Joe DiMaggio, la actriz se había casado con Arthur Miller pero pronto comenzaron entre ellos las desavenencias. Marilyn se veía a escondidas con Kennedy en su pequeño apartamento de Manhattan o en una lujosa suite del Carlyle Hotel. Para ella, John era sólo una diversión, pues entonces estaba muy enamorada del actor Yves Montand.

A su regreso del viaje a París que le había prometido a Jackie, Kennedy continuó con sus compromisos políticos. Pero en esta ocasión su esposa, decidida a controlarle más de cerca, le propuso acompañarle en su gira electoral. Por primera vez se dejó fotografiar sonriente, atendió con amabilidad a la prensa, saludó a la gente que se acercaba para conocerla y escuchó embelesada los discursos de su esposo. No estaba acostumbrada a las multitudes, ni a tener que estrechar la mano a gente que no conocía y la abordaba por la calle, pero supo estar a la altura de las circunstancias. Vestida de manera elegante pero sobria, sin apenas maquillaje ni joyas, aunque luciera un magnífico sastre Chanel, su presencia despertaba un enorme interés en la gente que asistía a los mítines de su esposo. Los asesores del senador pronto descubrieron que cuando se anunciaba la presencia de Jackie en algún acto electoral de su esposo, acudía mucha más gente. Sus aires de princesa tímida enamoraron a los estadounidenses. En vista de los resultados, los asesores de John insistían cada vez más en que Jackie estuviera presente en los actos públicos. *The New York Times* destacaba en titulares: «La esposa de Kennedy encanta a los electores».

JACKIE, PRIMERA DAMA

El 20 de enero de 1960, a sus cuarenta y dos años, John Kennedy anunció oficialmente a la prensa que iba a optar a ser elegido candidato demócrata a la presidencia de Estados Unidos. Lejos de alegrarse, Jackie pensó que perdía para siempre a su esposo. De ganar las elecciones, John pertenecería al pueblo americano y su relación sería aún más fría y tensa. Aun así se mantuvo a su lado durante la última etapa de la frenética carrera de su esposo a la Casa Blanca. En el avión privado de John —bautizado *Caroline* en honor a su hija—, los Kennedy recorrerían juntos miles de kilómetros a través de todo el país. Fueron unos meses de auténtica locura, tal como recordaba Jacques Lowe, el fotógrafo oficial de los Kennedy: «Comenzábamos a las seis y media de la mañana en Nueva York, después íbamos a Boston, Chicago y aun a otras dos ciudades más, para terminar en California a las dos de la mañana. Habíamos asistido a tres comidas y tres cenas, donde Jack no había cesado de hablar, sin tener nunca tiempo para comer». Sólo en 1960,

John haría más de cien mil kilómetros en avión para pronun-
ciar cerca de quinientos discursos.

Durante aquellos maratonianos viajes presidenciales, muchos periodistas se preguntaban cómo Kennedy, con sus graves problemas de salud, podía soportar aquel ritmo tan frenético. La respuesta, de conocerse, hubiera acabado con las
posibilidades del joven senador de llegar a la presidencia. Tal
como afirma la mayoría de sus biógrafos —entre ellos Jean-
Marc Simon y David Heymann—, John tenía una gran dependencia a las medicinas debido a sus dolores crónicos de
espalda, pero también a los tratamientos del doctor Max Jacobson. Este polémico médico alemán que vivía en Nueva
York —también conocido como Dr. Feeldgood (Doctor Bienestar)— era famoso en los años sesenta por sus inyecciones
«milagrosas» de estimulantes —especialmente de anfetaminas— y sus cócteles vitamínicos. Entre sus clientes se encontraban importantes personajes del mundo del cine y de la política, entre ellos Marlene Dietrich, Tennessee Williams o el
escritor Truman Capote.

El doctor Max Jacobson y su esposa Nina acompañarían
de incógnito al presidente John Kennedy y a su esposa en la
mayoría de sus viajes oficiales. Nadie se fijaría en ellos, viajarían en aviones distintos y se alojarían siempre cerca de la suite presidencial para estar disponibles a cualquier hora del día.
John y Jackie utilizarían los servicios de este doctor durante
todo el mandato presidencial: «No tenían elección. Sometidos
a una brutal presión pública, víctimas de sus propias angustias,
no tenían otra manera de enfrentarse a ello. Y John, que sufría
terribles dolores crónicos, por primera vez en su vida se sentía aliviado. Cada vez dependían más de los medicamentos
que les administraba Jacobson, pero entonces no eran cons-

cientes de lo que aquello significaba clínicamente», escribe Christopher Andersen en su libro. Max Jacobson ayudaría también a Jackie —propensa a las depresiones— con sus controvertidos tratamientos a sobrellevar algunos de los trances más dolorosos de su vida como el brutal asesinato de su esposo en Dallas. En 1975, Max Jacobson se vio involucrado en un gran escándalo al ser acusado del envenenamiento de varios de sus pacientes y se le retiró la licencia.

Cuando Jackie, que estaba embarazada de nuevo, llegó a su quinto mes, abandonó discretamente la campaña. Quería evitar que se repitiera la tragedia ocurrida en 1956 y decidió, con el beneplácito de John, que esta vez no le acompañaría a la convención de Los Ángeles. En el mes de julio, relajada y feliz, se quedó en Hyannis Port y siguió la convención por televisión. Todo el clan Kennedy acompañó a John a Los Ángeles donde el senador tuvo tiempo de asistir a fiestas organizadas por sus amigos de Hollywood —Frank Sinatra, Dean Martin, Sammy Davis Jr. y Toni Curtis— y verse a solas con Marilyn Monroe, entonces desesperada porque Yves Montand había decidido seguir con su esposa, la actriz Simone Signoret. Sin embargo, en la lejanía, Jackie estaba al tanto de todo lo que ocurría a través de su hermana Lee, que asistió a la convención demócrata con su segundo esposo, el príncipe polaco Stanislas Radziwill. Jackie no parecía molesta por la relación de John con la explosiva Marilyn, a quien consideraba una amante más, pero si hubiera trascendido a la prensa, habría montado en cólera. La idea de ser humillada en público le resultaba insoportable.

El 13 de julio de 1960, John fue elegido por su partido para presentarse a las elecciones presidenciales frente al candidato republicano, Richard Nixon. Los debates televisivos fueron decisivos para el resultado final. La fotogenia de John, que aparecía frente a las cámaras bronceado, seductor y campechano, conquistó a los estadounidenses. A partir de ese instante, Jackie dejaría de estar en un segundo discreto plano, para saltar al ruedo de la arena política. Ya no sólo era su asesora en la intimidad, sino que se atrevió a dar discursos en público defendiendo los postulados de su marido. En un país de minorías, la joven y estilosa señora Kennedy, que hablaba italiano y español a la perfección, contentaba a la gente dirigiéndose en su propio idioma. El patriarca del clan Kennedy no se había equivocado; Jackie se había convertido en la perfecta esposa y compañera de un político que cada vez estaba más cerca de la Casa Blanca.

El 8 de noviembre de 1960, John Fitzgerald Kennedy se convertía en el trigésimo quinto presidente de Estados Unidos. A partir de ese momento la vida de Jackie iba a dar un vuelco de unas proporciones que aún ignoraba. Poco tiempo después, cuando era primera dama y con la prensa pendiente de todos sus movimientos, Jackie se lamentaría: «Tengo la impresión de que me he convertido en un pedazo de propiedad pública. Es terrible tener que perder el anonimato a los treinta y un años». En los siguientes dos meses y medio su casa familiar de Georgetown, en Washington, serviría como cuartel general para el joven y enérgico equipo del candidato. «La casa estaba siempre llena de gente, podía salir de mi baño y encontrarme con Pierre Salinger, portavoz de Kennedy, ofreciendo una rueda de prensa en mi dormitorio», diría Jackie.

Dos semanas más tarde, Jackie ingresaba de nuevo en urgencias a causa de una hemorragia. En contra de todo pronóstico dio a luz a su segundo hijo, llamado John Jr. El niño colmaba la felicidad de una madre que vivía con angustia y pánico cada uno de sus partos. John Kennedy se encontraba

en Florida y se enteró de la noticia a bordo de su avión privado. «Nunca estoy a su lado cuando me necesita», comentaría a
uno de sus colaboradores. John regresó al día siguiente junto
a su esposa y pudo coger en brazos a su hijo. Debido a su
poco peso —2,8 kg—, el recién nacido tuvo que pasar seis
días en la incubadora. Jackie, que había estado al borde de la
muerte, tardaría varios meses en recuperarse.

El mismo día que Jackie Kennedy abandonaba el hospital
de la Universidad de Georgetown en silla de ruedas, la señora
Eisenhower —la ya ex primera dama— le propuso visitar la
Casa Blanca. Jackie quiso declinar la invitación pues no se encontraba con fuerzas para recorrer los interminables pasillos
de la residencia presidencial, pero finalmente tuvo que aceptar. Sólo pidió que a su llegada a la Casa Blanca tuvieran una
silla de ruedas a su disposición por si la necesitaba. Jackie, pálida y agotada, aguantó las dos horas que duró la visita a las
dependencias de la Casa Blanca. Se mostró encantadora con
su anfitriona, saludó al servicio doméstico y posó sonriente
ante los fotógrafos. Más tarde reconocería que no se atrevió a
reclamar a Mamie Eisenhower su silla de ruedas aunque le re-
sultara un auténtico martirio permanecer de pie tanto tiempo. Las dos semanas siguientes las pasaría con su familia en la
propiedad de los Kennedy en Palm Beach, recuperándose en
la cama de su cesárea y pensando cómo convertir la mansión
presidencial en un lugar habitable para ellos.

A sus cuarenta y seis años, John F. Kennedy era el presidente estadounidense más joven —y el primer católico— de
la historia de Estados Unidos que llegaba a la Casa Blanca. Jackie no sería la esposa más joven de un presidente —esta distinción les pertenecía a las esposas de John Tyler y de Grover
Cleveland—, pero sería la más bella y joven del siglo XX. Des-

de el instante en que se conoció la elección de John, la prensa se volcaría en la pareja presidencial y en sus adorables hijos pequeños. Muy pronto la nación más poderosa del mundo estaría representada por el matrimonio más atractivo y mediático de la historia. Jackie, siempre celosa de su intimidad, sabía que a partir de ahora todas las miradas estarían puestas en ella y no estaba dispuesta a defraudar a su marido.

A principios de diciembre, mientras se encontraba convaleciente en el hospital de Georgetown, Jackie hizo llamar al modisto Oleg Cassini para que le indicara algunos modelos de cara a sus próximos compromisos. Faltaba sólo un mes para la investidura de su esposo y para que ella se convirtiera en el centro de todas las miradas. Tras la ceremonia inaugural se sucederían las recepciones oficiales, los viajes de Estado y las cenas de gala. Jackie tenía muy poco tiempo para ocuparse de ella misma y necesitaba estar a la altura de las circunstancias. Oleg Cassini, nacido en París y afincado en Nueva York desde 1936, sería el creador del famoso *look* de la primera dama e introduciría un nuevo estilo de vida en la Casa Blanca.

En sus memorias, el modisto Oleg Cassini recordaba su primer encuentro con Jackie en la habitación del hospital. La señora Kennedy estaba rodeada de bocetos, dibujos y trajes de los mejores diseñadores del momento. Casi todos habían escogido modelos de sus colecciones para vestir a la atractiva primera dama de Estados Unidos. Pero Cassini, que había sido diseñador de grandes estrellas de Hollywood, tenía otra idea en mente: «No hice una selección de mi colección. Había creado un concepto para ella. Le hablé como si fuera una actriz de cine y le dije que necesitaba un guión. Le dije: "Quiero que seas la mujer más elegante del mundo. Creo que debes crear un estilo, un estilo propio que cree tendencia, y no tener que seguirla"». Para Cassini, Jackie Kennedy tenía la imagen perfecta para unos trajes «muy simples, casi arquitectónicos», que marcarían toda una época.

Cuando Jackie vio los veinte bocetos y algunas muestras de tela que le presentó el modisto, y escuchó sus indicaciones, comprendió que había encontrado al hombre capaz de renovar no sólo su imagen sino el estilo de la propia Casa Blanca. Antes de irse le dijo a Jackie: «Tienes una gran oportunidad: la de crear un nuevo Versalles en Estados Unidos». Oleg Cassini se convertiría en su diseñador personal durante los siguientes tres años, creando cada año para ella cien trajes exclusivos que serían imitados por miles de mujeres en todo el mundo. En menos de un mes, Cassini organizó un equipo compuesto por especialistas en telas y colores, y ocho costureras que trabajarían exclusivamente para Jackie. El modisto tendría siempre a su disposición una modelo con las medidas exactas de la primera dama «90-66-96 y una altura de 1,70 m». Sería el patriarca Joe Kennedy quien pagaría sin rechistar las elevadas facturas de ropa de su nuera.

Para Cassini, Jackie Kennedy sería una fuente constante de inspiración para sus creaciones: «Cuando pensaba en ella, veía una silueta de jeroglífico: la cabeza de perfil, los hombros anchos, las caderas estrechas y el cuello estilizado y el porte de una reina. Con sus ojos de esfinge parecía una princesa egipcia clásica: Nefertiti». Las cartas que se han conservado —dirigidas a Oleg Cassini durante los mil días que vivió en la Casa Blanca— muestran a una Jackie exigente y caprichosa para quien el tema de su vestuario se convirtió en una prioridad. «Asegúrate de que nadie tiene exactamente el mismo vestido que yo tengo... quiero que los míos sean originales y que ninguna señora bajita y gordita ande por ahí con un vestido igual al mío», le diría en una carta fechada el 13 de diciembre de 1960.

Oleg entendió perfectamente lo que Jackie deseaba y que se resumía en lo que le dijo tras su primera entrevista: «Vísteme como si John fuese el presidente de Francia». Y así el modisto no sólo diseñaría magníficos vestidos, abrigos y trajes de chaqueta, sino que coordinó todos sus complementos, pieles, sombreros, bolsos y zapatos. Cassini seleccionaba prendas de otros diseñadores famosos como Coco Chanel —quien por cierto solía decir que no había nadie peor vestido que Jackie Kennedy en todo el mundo—, Dior, Givenchy, Bergford Goodman, Pierre Cardin, Gustave Tassell o Donal Brooks. Las blusas y pantalones de Valentino, sus originales sombreros, los vestidos de Givenchy, los pañuelos Hermès, los trajes sastre de Chanel, las botas Vogel, las enormes gafas de sol, los collares de tres vueltas de perlas falsas Kenneth Jay Lane, las chaquetas Huntsman, unido a su corta melena natural, crearon un estilo que inspiró a las norteamericanas de los años sesenta.

Tras vender la casa de Georgetown para trasladarse a la mansión presidencial, los Kennedy alquilaron en Virginia una casa de campo como segunda residencia. Allí Jackie podría pasar los fines de semana con sus hijos y montar a caballo sin que una nube de periodistas siguiera todos sus movimientos. La casa, llamada Glen Ora, rodeada de ciento sesenta hectáreas de extensos campos y bosques, sería para Jackie un refugio al que escaparía de las presiones de Washington. Pagarían por ella la nada despreciable suma de 2.000 dólares al mes. En 1963, Jackie convencería a su esposo para construir no muy lejos de Glen Ora una nueva residencia llamada Wexford, donde poder montar a caballo y cazar. Apenas podrían disfrutarla antes del asesinato de Kennedy.

Después de Eleanor Roosevelt, ninguna primera dama había conseguido destacar en la escena pública. Jackie iba a crear un nuevo estilo y romper con la imagen tradicional de la esposa de un presidente dedicada a inaugurar hospitales y asistir a almuerzos sólo para damas. En realidad, la señora Kennedy era muy distinta de las anteriores inquilinas de la Casa Blanca. Era culta, refinada y moderna, sin dejar de ser una madre y esposa modélica. Bailaba el twist, jugaba al tenis, nadaba y era una excelente amazona. Además vestía con la elegancia y la sofisticación de una princesa europea. Ya entonces la revista *Life* hablaba de la influencia de Jackie en la moda estadounidense: «Poco a poco los adeptos a la moda creada por la tímida y bella primera dama están fomentando toda una revolución. Muy a su pesar, la señora Kennedy se ha convertido en la *top-model* estrella de todo el país».

El 20 de enero de 1961, el matrimonio Kennedy se convirtió en el centro de las miradas de millones de personas. Tras una copiosa nevada caída la noche anterior en las calles de Washington, John Kennedy prestaba juramento de su cargo en el Capitolio ante la atenta mirada de su esposa. Jackie, sentada entre la señora Eisenhower y lady Bird Johnson, destacaba por su aire juvenil entre las demás damas envueltas en gruesos y poco favorecedores abrigos de piel. Jackie, ajena a las bajas temperaturas, vestía un elegante y sencillo abrigo de lana en color beis con el cuello de marta cibelina, a juego con un manguito de piel. Los complementos: botines, guantes largos, y sombrero *pill-box hat* —llamado así por tener la forma de un pastillero— fueron meticulosamente elegidos para la ocasión. Para el baile inaugural de la toma de posesión de su esposo, Jackie deslumbraría con un espectacular vestido largo de satén blanco con mangas tres cuartos, corpiño estilo princesa y falda acampanada, diseño de Cassini, que causaría sensación entre los asistentes. Desde su primera aparición pública aquella gélida mañana en la toma de posesión de su esposo, tanto la prensa acreditada como el pueblo americano estuvieron de acuerdo en que estaban ante la primera dama más elegante del mundo.

Tras la ceremonia inaugural, John y Jackie se trasladaron a vivir a la Casa Blanca donde comenzaron los mil días «de vino y rosas» que harían correr ríos de tinta. La soledad y la falta de intimidad serían el alto precio que tendría que pagar por ser la esposa del presidente de Estados Unidos. Muchas cosas iban a cambiar en su vida, entre ellas, la presencia constante de los hombres del servicio secreto, que la seguirían, a ella y a sus pequeños, como una sombra alargada. Jackie se enteraría horrorizada de que los agentes secretos tenían un nombre clave para cada uno de los miembros de la familia presidencial: John era «Lancer», Jackie era «Lace», Carolina se llamaba «Lyric» y el pequeño de la casa, John-John, era «Lark».

Luego estaban los periodistas, con los que Jackie mantenía una relación de amor-odio. En una rueda de prensa, tras su llegada a la Casa Blanca, un reportero le preguntó qué daba de comer a su perro Clipper, a lo que ella contestó sin dudarlo: «carne de periodista». Jackie no podía soportar que desde la verja que rodeaba los jardines de la mansión presidencial, los periodistas la acecharan a todas horas con sus objetivos; o que la gente de la calle llamara a gritos a sus hijos que aún vivían ajenos al revuelo que su presencia despertaba. Era tan celosa de su intimidad que un estrecho colaborador de la Casa Blanca diría: «Si la hubieran dejado, habría mandado construir una muralla alrededor de la Casa Blanca y un foso lleno de cocodrilos».

Cuando Jackie Kennedy visitó en compañía de su anfitriona, la señora Eisenhower, la Casa Blanca en Pennsylvania Avenue, sintió que el mundo se hundía a sus pies. Con su habitual ironía, la primera dama le diría a su secretaria personal: «¡Dios mío, es el lugar más horrible del mundo! Tan frío y lúgubre como la fortaleza de Lubianka [la prisión rusa]… No puedo soportar la idea de tener que mudarme con mis hijos a este horrible lugar». La señora Eisenhower debió de darse cuenta de la reacción de Jackie y declaró más tarde a los periodistas: «Es extremadamente joven, y tiene la intención de cambiar cada una de las dependencias de esta casa. Estoy segura de que con su llegada va a haber muchos cambios en la Casa Blanca». La ex primera dama, que había vivido ocho años en la solariega residencia presidencial, no imaginaba la remodelación que iba a llevar a cabo la señora Kennedy. Jackie deseaba convertir su nuevo hogar en un lugar más cálido, elegante y distinguido aunque para ello tuviera que gastar una fortuna.

Mientras Jackie Kennedy reposaba en Palm Beach con su familia comenzó a estudiar cuidadosamente planos y fotos de la Casa Blanca, memorizando cada una de las habitaciones y salones hasta en los más mínimos detalles. También se documentó sobre la historia de la Casa Blanca y los ilustres inquilinos que los habían precedido. Para Jackie la familia era una prioridad y lo primero que hizo fue transformar las dependencias privadas de la segunda planta en un lugar confortable y moderno para vivir. En apenas tres meses y con la ayuda de la célebre decoradora neoyorquina Helen Parish, consiguió que aquellas habitaciones «oscuras, incómodas y horribles» fueran irreconocibles. Juntas estudiarían los planos de cada estancia y repasarían el interminable inventario de muebles, cuadros y objetos antiguos —que se remontaban a la cons-

trucción del edificio en 1790— que descansaban en los sótanos cubiertos de polvo. Jackie quería aportar luz y calidez a
todas las estancias, y lo consiguió gracias a los colores claros,
los ramos de flores frescas en mesas y rincones, las mullidas
moquetas y el fuego en las chimeneas. Convirtió las paredes
en una galería de arte donde colgó paisajes originales de Cézanne, acuarelas de célebres pintores estadounidenses y cuadros indígenas. El salón privado de los Kennedy era una mezcla de estilo francés y estadounidense. Una estancia luminosa
con amplios ventanales y los muros tapizados en tela de color
crema. Los muebles antiguos, un sofá de dos plazas bajo un ta-
piz oriental, dos veladores en madera de cerezo, una lámpara
de cabecera de porcelana, dos quinqués Luis XV y una biblioteca en madera de pino blanco daban a este salón un ambiente íntimo y cálido. Era allí donde la pareja recibía a sus
amigos y miembros de la familia. Era, como decía Jackie,
«nuestro particular Georgetown».

Para evitar el impersonal comedor situado un piso más
arriba de la cocina —todos los platos llegaban fríos a la mesa—, Jackie mandó construir una cocina —equipada con la
última tecnología— en las nuevas dependencias y un comedor más práctico y luminoso. La Casa Blanca, antes un edificio meramente administrativo, se había convertido, gracias al
empeño y el gusto refinado de Jackie, en un hogar moderno
de los años sesenta. Ante la prensa no se cansaría de repetir:
«Todo en la Casa Blanca debe tener una razón de ser. Hubiera sido un sacrilegio simplemente redecorar sus interiores, una
palabra que odio. Debe ser restaurada y esto no tiene nada que
ver con la decoración».

Una de las mayores obsesiones de Jackie desde su llegada
a la Casa Blanca fue preservar la infancia de sus hijos. «No

quiero que mis hijos sean educados por un ejército de niñeras y de hombres del servicio secreto», diría en una ocasión. Era la primera vez, en el siglo xx, que dos niños habitaban en la mansión presidencial y Jackie quería que se sintieran a sus anchas. En el tercer piso del edificio, organizó una escuela para que pudieran asistir Caroline y otros dieciséis niños, hijos de empleados y amigos. Cerca del despacho oval mandó construir una zona de juegos al aire libre con columpios, toboganes, túneles y balancines de madera. La pequeña Caroline sólo tenía que subir una escalera después de desayunar para reunirse con sus compañeros de colegio y de juegos. De esta manera también John —cuya apretada agenda no le permitía estar todo el tiempo que deseaba con sus hijos— podía escaparse de una reunión y ver un rato a los pequeños. Al presidente no parecía incomodarle en absoluto que los niños jugaran a su alrededor mientras él redactaba un discurso o dirigía una reunión. Las fotografías de los niños gateando sobre la alfombra del despacho oval, ante la mirada tierna del presidente, mostraban al mundo que a la Casa Blanca habían llegado aires nuevos.

UN SUEÑO TRUNCADO

Tras resolver los asuntos domésticos, organizar la vida de los niños y reformar sus dependencias privadas, Jackie consagraría todas sus energías a restaurar el resto de las dependencias de la Casa Blanca. Quería convertir este edificio emblemático en un monumento nacional del que el pueblo americano se sintiera orgulloso. A Jackie le pareció que la mansión presidencial —todo un símbolo de la nación—, tal como ellos la encontraron, era un lugar inhabitable y sin personalidad. Desde el principio, Jackie dejó muy claro que su proyecto iba más allá de la renovación estética; era un asunto de Estado. «Quiero que la Casa Blanca tenga muebles originales de su época y no copias. Y hacer de este edificio un museo de la cultura estadounidense. Quiero que el arte estadounidense se pueda admirar, junto a muebles originales. La Casa Blanca fue construida en 1790, pero no hay apenas nada anterior a 1948», dijo en una rueda de prensa.

Con una energía desbordante comenzó la ardua tarea rodeándose de los mejores especialistas en arte e historia; incluso recurrió a paisajistas y horticultores. Desde enero de 1961, la primera dama encabezó un Comité de Bellas Artes de la Casa Blanca presidido por Henry Francis du Pont, uno de los mejores especialistas en antigüedades estadounidenses, y formado por importantes —y millonarios— coleccionistas de arte del país. Gracias a ellos, Jackie consiguió recaudar nueve millones de dólares en apenas tres años. Durante los meses siguientes se recuperaron de los sótanos de la Casa Blanca auténticos tesoros escondidos y objetos cargados de historia pertenecientes a los anteriores presidentes, como el tintero de Jefferson o la butaca de piel de Washington. Muebles, porcelanas y pinturas de distintas épocas fueran restauradas con sumo cuidado. El mobiliario se enriqueció con aportaciones de amigos influyentes de la pareja, pero también de regalos procedentes de ciudadanos de todo el país que al conocer el ambicioso proyecto no dudaron en colaborar.

Aunque en un principio John Kennedy temió que bajo la influencia de su esposa, la Casa Blanca fuera «demasiado francesa», al ver los primeros resultados respiró tranquilo. Incluso el despacho oval, cuyas paredes originales, según palabras de

Jackie, eran «de un verde vomitivo», ganó en estilo y luminosidad al pintarlo en un color blanco roto. El propio Kennedy personalizó su lugar de trabajo con fotografías de sus hijos, recuerdos familiares, acuarelas y objetos que reflejaban su gran pasión por el mar. Finalmente, el 14 de febrero de 1962, la primera dama mostró al pueblo americano el resultado de la restauración del histórico edificio. En un recorrido televisado para la CBS, Jackie Kennedy, en su papel de anfitriona, descubría al público las principales dependencias de la Casa Blanca que la cámara iba mostrando al tiempo que explicaba los cambios que el equipo de restauración había llevado a cabo.

El programa fue seguido por cerca de cincuenta millones de espectadores y batió récords de audiencia. Era la primera vez que la señora Kennedy aparecía sola en pantalla y, aunque su voz seguía siendo un tanto aniñada y se mostraba algo cohibida ante la cámara, el resultado fue muy satisfactorio. Jackie también tenía sus detractores, y eran muchos los que no estaban de acuerdo con el costosísimo lavado de cara de la Casa Blanca. O los que creían que en el país había otras prioridades que dedicarse a «sacarle lustre» a la sede del gobierno. Sin embargo, la idea de que fuera un proyecto financiado con fondos privados fue muy aplaudida. *The New York Times* publicaba: «La señora Kennedy ha recurrido a métodos creativos para obtener los fondos necesarios para la renovación de la Casa Blanca y aliviar así los bolsillos de los contribuyentes...». Lo que nadie podía discutir es que la señora Jackie Kennedy se había convertido en la mejor relaciones públicas de la Casa Blanca.

Tras la emisión del reportaje, y muy a su pesar, Jackie alcanzó una gran popularidad. La «Jackiemanía» no había hecho más que empezar pero ya era visible en los escaparates de algunas tiendas donde se podían ver maniquíes con sus rasgos idénticos y las peluquerías anunciaban a sus clientas el corte «Jackie». Las vitrinas de las tiendas prêt-à-porter mostraban sus vestidos sin mangas de cuello geométrico, ajustados al cuerpo, y sus abrigos de manga tres cuartos confeccionados en el mismo tejido y el sombrero «pastillero» a juego. Se fabricaron figuras de porcelana, adornos de Navidad y hasta juegos de mesa inspirados en ella. Jackie era una de las mujeres más famosas, admiradas y fotografiadas de Estados Unidos. Miles de mujeres en todo el mundo soñaban con parecerse a ella e imitaban su particular estilo de vestir —clásico y recatado con un toque de modernidad— al que aún hoy se rinde culto. Convertida en icono de la moda, revistas como *People*, *Life*, *Vanity Fair*, *Vogue*, entre otras, la sacaban continuamente en sus portadas como si se tratara de una estrella de Hollywood. A Jackie todo este protagonismo la desconcertaba: «¿Qué tiene que ver mi peinado con la capacidad de mi marido para servir a su país?», se lamentaba en privado.

El 31 de mayo de 1962, el matrimonio Kennedy realizaba su primera gira oficial europea que lo llevaría a las ciudades de París, Viena y Londres. Para Jackie, uno de los momentos más esperados era la visita a París, la ciudad que la cautivó siendo una adolescente. Para Oleg Cassini, encargado de diseñar y coordinar todo el vestuario de la primera dama para asistir a los múltiples actos de su apretada agenda —cenas de gala, recepciones y visitas culturales—, era su mayor reto. Estaba decidido a vestir a Jackie como «una princesa» y sin duda lo consiguió aunque para ello necesitara veinte maletas. La pareja presidencial llegó puntual al aeropuerto de Orly, donde fueron recibidos por el presidente Charles de Gaulle, que se dirigió a ellos en inglés.

Desde el mismo instante en que descendió la escalerilla del avión, la elegancia y el estilo de Jackie —envuelta en un coqueto abrigo azul pálido— acapararían todas las miradas. La limusina presidencial descapotable los condujo hasta el Quai d'Orsay, sede del Ministerio de Asuntos Exteriores, donde se alojarían durante su estancia. La calurosa acogida del público, que gritaba sus nombres y agitaba banderas estadounidenses, los impresionó vivamente. Jackie, junto a madame Ivonne de Gaulle, se sentía a sus anchas en su papel de primera dama del país más poderoso del mundo.

Ya en su primer almuerzo oficial, en el palacio del Elíseo, Jackie —que lucía un discreto conjunto de seda y lana amarillo pálido a juego con el sombrero—, sentada junto a De Gaulle, pudo demostrar su admiración hacia la cultura francesa y su gran conocimiento sobre la historia de ese país. El anciano De Gaulle, tras charlar animadamente en francés con ella y fascinado por su belleza y cultura, le diría a John Kennedy que su esposa sabía más sobre la historia de Francia que él mismo. «Mis abuelos eran franceses», diría Jackie modestamente al primer mandatario galo; «Los míos, señora, también», le respondió irónico De Gaulle. Mientras John departía con De Gaulle sobre asuntos de Estado, Jackie, acompañada por el ministro de Cultura francés —el célebre escritor André Malraux—, visitaría el castillo de Malmaison, residencia de la emperatriz Josefina, el museo del Louvre y el palacio de Versalles.

En la fastuosa cena, a la luz de las velas, que De Gaulle ofreció a los Kennedy en el Salón de los Espejos de Versalles, Jackie acaparó de nuevo todas las miradas. Cassini eligió para tan importante momento un traje de noche del diseñador francés Givenchy en seda de color marfil con el cuerpo bordado con flores y perlas inspirado en los trajes masculinos del reinado de Luis XVI. El original peinado, diseñado por su peluquero Alexander, estaba inspirado en la duquesa de Fontanges —una de las favoritas del rey Luis XIV—, y adornado con dos broches de brillantes de Van Cleef & Arpels. Jackie nunca olvidaría aquella velada en un marco tan suntuoso, ni el espléndido espectáculo de ballet de época que les ofrecieron tras la cena en el teatro Luis XV. Al día siguiente, John Kennedy, en una conferencia de prensa, comenzaría su discurso con una frase que daría la vuelta al mundo: «Creo que debo presentarme: soy el hombre que ha acompañado a Jacqueline Kennedy a París».

Tras la semana que pasaron en Francia, Jackie y John continuaron viaje a Viena, donde el presidente se entrevistaría con su más temible enemigo: el dirigente soviético Kruschev. En plena guerra fría, la entrevista entre los dos jefes de Estado era un asunto muy delicado, pero una vez más el encanto de Jackie ayudaría a aplacar las tensiones. Cuando en la cena de gala que les ofrecieron en el palacio de Schönbrunn, residencia de verano de la emperatriz Sissí, Jackie hizo su aparición con un vestido de noche rosa ajustado al cuerpo y bordado con perlas, Kruschev se quedó perplejo. Cuando más tarde los fotógrafos insistieron en que ambos presidentes se dieran la mano, el mandatario soviético dijo que prefería dársela a la señora Kennedy, y Jackie sonriente, así lo hizo.

Antes de regresar a Estados Unidos, los Kennedy visitaron Londres donde cenaron con la reina Isabel II y el príncipe Felipe. Fue el colofón a un viaje donde destacó con luz propia Jackie. Había conseguido su propósito: dar la talla como la esposa del primer mandatario del mundo y demostrar a John que podía serle de gran ayuda en sus relaciones diplomáticas.

Con su cultura y encanto, la señora Kennedy había cautivado a los más importantes jefes de Estado extranjeros. A partir de ese momento la relación con John se volvió más estrecha, y Jackie se convertiría en su «mejor aliado político». Convencido de sus capacidades, el presidente no dudaría en enviarla como embajadora y observadora extraoficial a distintos países que mantenían relaciones —a veces tensas— con su Administración. En marzo de 1962, su esposa emprendería su primer viaje «no oficial» a la India y Pakistán —en compañía de su hermana Lee—, dos países vecinos pero mal avenidos que la obligarían a ser muy diplomática.

Jackie no había olvidado lo que le dijo su amigo Oleg Cassini en su primera entrevista: «Tienes una gran oportunidad, la de crear un nuevo Versalles en Estados Unidos». Tras su triunfal gira europea, había perdido su timidez y se sentía más segura de sí misma. Adulada por la prensa europea que la había tratado con gran respeto y admiración, ahora era ella quien deseaba agasajar a los más importantes artistas y dignatarios del mundo. Inspirada por los fastuosos palacios que había visitado y las elegantes cenas parisinas a la luz de las velas servidas en porcelana antigua y cubertería de oro, decidió dar nuevos aires a las recepciones oficiales y aportar a la Casa Blanca un refinamiento propio de una monarquía. En menos de tres años, los Kennedy recibieron a setenta y cuatro jefes de Estado extranjeros y organizaron cerca de sesenta y seis cenas y recepciones de gala. Algunas fueron tan suntuosas que podían rivalizar con las que se ofrecían en la corte de Luis XIV.

En los meses siguientes, Jackie Kennedy se transformó en la anfitriona perfecta, aportando su personal toque de distinción a todas las veladas que organizaba. Con su habitual perfeccionismo ella misma se ocuparía de todos los detalles: desde la lista de invitados hasta los menús, arreglos florales y el protocolo de las mesas. Para crear una atmósfera menos rígida y formal, sustituyó las mesas en forma de «U» por otras redondas de ocho comensales decoradas con pequeños ramos de flores silvestres, manteles de hilo bordados y una sencilla cristalería. Jackie solía utilizar en las cenas de gala la vajilla de Abraham Lincoln y la cubertería de plata del presidente Madison. Después contrató a un renombrado chef francés, René Verdon, para que los invitados disfrutaran de la alta gastronomía. John, en voz baja, se quejaba porque los menús estaban sólo en francés y no sabía nunca lo que iba a cenar en realidad.

De la mano de Jackie, la Casa Blanca se convirtió en un centro cultural de primer orden; un lugar de puertas abiertas para intelectuales, músicos, actores, pintores y políticos. Se organizaron conciertos, ballets, representaciones teatrales y lectura de poemas. Pau Casals, Rudolf Nureyev, Leonard Bernstein, Igor Stravinski, entre otros renombrados artistas, fueron agasajados por los Kennedy. En la recepción ofrecida al ministro de Cultura francés, André Malraux, la primera dama consiguió reunir a Arthur Miller y su esposa Marilyn Monroe —quien acudió por expresa petición de John Kennedy—, Tennessee Williams, Elia Kazan, el coreógrafo George Balanchine y el aviador Charles Lindbergh. Impresionado por la acogida que le dispensaron, Malraux cedería el cuadro *La Gioconda* de Da Vinci a la National Gallery de Washington. En un país donde no existía un Ministerio de Cultura, la señora Kennedy ejercía a la perfección estas funciones.

En julio de 1961, Jackie organizó su primera gala oficial en honor del presidente de Pakistán, Ayub Khan, un amigo muy necesario para Estados Unidos en aquel tiempo. Para esta importante ocasión, a Jackie se le ocurrió celebrar una cena al aire libre, a la luz de las velas, en Mount Vernon. Este lugar simbólico, donde se alza una mansión de madera blanca rodeada de bellos jardines a orillas del río Potomac, fue propiedad del primer presidente de Estados Unidos, George Washington. La organización de la cena fue un tremendo esfuerzo de logística para Jackie y sus ayudantes. Sobre el césped se dispuso una gran carpa para alojar a los ciento cincuenta comensales y bajo ella se instalaron las mesas redondas y las sillas doradas traídas de los salones de la Casa Blanca. Hubo que construir una tarima para los setenta y cuatro músicos de la Orquesta Sinfónica Nacional que amenizarían la velada. La comida se trasladó desde Washington en helicópteros, y la cubertería de plata y la vajilla de fina porcelana, en camiones del ejército. Fueron necesarios tres generadores eléctricos, y hubo que instalar cocinas móviles en el jardín donde el nuevo chef Verdon pudiera preparar al momento el menú elegido para la ocasión.

La cena en Mount Vernon fue un auténtico éxito y John estaba orgulloso de su esposa, pero tanta ostentación suscitó, por parte de la prensa, duras críticas: «Son muchos los que denuncian los aires de grandeza de la señora Kennedy e ironizan sobre su pretendida "ropa interior de marta cibelina"». Al día siguiente, Jackie, ajena a las críticas y agotada por el esfuerzo, volaba a Hyannis Port para descansar el resto del verano con sus hijos.

Pero si Jackie y John se mostraban en las recepciones oficiales como dos perfectos anfitriones, en la vida privada las cosas eran bien distintas. Si la primera dama se esforzaba en organizar cenas y reuniones entre amigos, era también para entretener a John, que cada día se mostraba más distante y encerrado en sí mismo. El modisto Oleg Cassini, que fue invitado en varias ocasiones a la Casa Blanca, fue testigo de la sole-

dad en que ambos vivían. Jackie, en una carta a Oleg, le decía
que se programara para quedarse a cenar cada vez que viniera
a Washington con sus diseños, para «divertir al pobre presidente y a su mujer en esta triste Maison Blanche». Jackie le
confesaba a su amigo y diseñador personal que vivir en la
Casa Blanca no era fácil, pues apenas tenían privacidad rodeados siempre por alguien del servicio doméstico o agentes de
los servicios secretos.

Desde su llegada a la Casa Blanca, John no había cambiado ni un ápice su conducta y seguía añadiendo hermosas actrices —entre ellas Angie Dickinson o la mismísima Jayne
Mansfield— a su interminable lista de amantes. Jackie sabía
que cuando ella se ausentaba algún fin de semana con los niños al campo, John aprovechaba para traer a la residencia presidencial a sus «amiguitas». Los hombres del servicio secreto
estaban no sólo al tanto de sus actividades extraconyugales,
sino que se encargaban de ocultar las pistas o encubrir al presidente. John seguía viendo a Marilyn en Nueva York o en
California, y en ocasiones la actriz acompañaba al presidente
a bordo de su avión *Air Force One*, camuflada con una peluca
castaña y grandes gafas de sol.

El 19 de mayo de 1962, con motivo del cuarenta y cinco
cumpleaños de John, el Partido Demócrata había organizado
una gala en el Madison Square Garden de Nueva York para
sus miles de simpatizantes. Cuando Jackie se enteró de que
Marilyn Monroe actuaría en la fiesta, declinó la invitación.
Lo que ocurrió aquella noche forma parte de la leyenda; la
actriz, enfundada en un ajustado y brillante vestido de color
carne transparente, cantó al presidente su inolvidable y sensual
«Happy Birthday». Aquélla sería la última noche en que se
verían. Nueve semanas después de la famosa fiesta de cum-

pleaños del presidente, las portadas de todos los periódicos del país se hacían eco de la inesperada muerte de la actriz. Cuando a Jackie le preguntaron los periodistas sobre su trágica desaparición, respondería: «Marilyn no morirá nunca». Todos los que conocían a Jackie sabían que ella estaba al tanto de las infidelidades de John, pero en aquella ocasión le comentó a una amiga que «la cosa había llegado demasiado lejos».

En abril de 1963, Jackie estaba de nuevo embarazada y, decidida a cuidarse, diminuyó sus actividades en la Casa Blanca y anuló los viajes programados. John, feliz ante la noticia, decidió pasar el verano con sus hijos en una casa que había alquilado cerca de Hyannis Port. Sin embargo, aquél iba a ser un verano muy doloroso para ambos. El 7 de agosto, la señora Kennedy —cinco semanas antes de lo previsto— tuvo que ser hospitalizada y dio a luz a un bebé prematuro. El pequeño Patrick fallecería al día siguiente y John le daría la triste noticia a su esposa. Fue la primera vez que el presidente se derrumbó en público y Jackie, a pesar de contar en esta ocasión con el apoyo de su esposo, se hundió en una fuerte depresión.

Tras una semana en el hospital, la señora Kennedy regresó a la Casa Blanca donde se refugió en los brazos de sus hijos. Su hermana Lee, que se encontraba en Atenas, dispuesta a levantarle la moral le pidió a su amigo Onassis que la invitara a un crucero por el Mediterráneo. En aquel tiempo, Lee deseaba divorciarse de su esposo Stanislas Radziwill y mantenía una relación íntima con Onassis. A pesar de las reticencias iniciales de John Kennedy —que ya estaba pensando en las elecciones presidenciales de 1964—, que no veía con buenos ojos que su esposa se relacionara con un hombre de la fama de Onassis, aceptó con la condición de que le acompañaran dos personas de su confianza. A principios de octubre, Jackie embarcaba en el lujoso yate *Christina*. Por primera vez en mucho tiempo se mostraba en público tranquila y relajada.

Durante los siguientes días disfrutaría de las atenciones de su anfitrión, que haría todo lo posible para que la señora Kennedy se sintiera como una reina en un palacio flotante. Magníficas puestas de sol, baños en el mar —la fotografía de Jackie en biquini en la cubierta del yate daría la vuelta al mundo—, cenas románticas, champán y abundante caviar, y como colofón un magnífico collar de diamantes y rubíes, consiguieron devolver a Jackie la alegría de vivir. El 17 de octubre, con sus maletas llenas de vestidos, regalos y antigüedades, regresaba bronceada y relajada dispuesta a cumplir, una vez más, con su papel de perfecta esposa del presidente de Estados Unidos. Fue entonces cuando John le pidió que lo acompañara en su gira oficial a Dallas, Texas. Los Kennedy llevaban diez años casados y juntos habían pasado pruebas muy duras. Sus más allegados ahora los veían más unidos que nunca; habían conseguido formar un buen equipo.

El 22 de noviembre de 1963, John y Jackie llegaban al aeropuerto de Dallas dispuestos a enamorar al electorado texano. Lo que ocurrió a continuación forma ya parte de la historia. Los Kennedy recorrían las calles de la ciudad en su limusina descapotable, saludando con la mano a los miles de personas que habían acudido a verlos. A las doce y media, tres disparos acababan con la vida de John, que caía abatido sobre el regazo de su esposa. El mundo entero presenció en directo el brutal asesinato del presidente más carismático de Estados Unidos. Jackie, que en un primer momento intentó huir del coche, siempre se culparía de no haber podido cubrir a su esposo con su cuerpo y evitar así su muerte. Destrozada por el dolor y la impotencia, no quiso separarse ni un instante del cuerpo sin vida

de John. Su entereza y valor en los días posteriores al brutal asesinato le granjearon la admiración de todo el país.

En ningún momento Jackie se derrumbó en público. En
el avión *Air Force One* de regreso a Washington, permaneció
sentada junto al féretro de su marido con su traje Chanel y los
guantes blancos manchados de sangre. Cuando la azafata le
preguntó si deseaba cambiarse de ropa, Jackie respondió tajante: «No, quiero que el mundo vea lo que le han hecho». A su
llegada a la Casa Blanca comenzó a preparar los funerales de
su esposo, con el mismo gusto por el detalle y rigor histórico
que siempre la caracterizaron. Decidió que los restos mortales
de John Fitzgerald Kennedy descansaran en el cementerio de
Arlington, donde reposan los héroes de guerra. Al día siguiente, el mundo entero contemplaba en directo el solemne funeral inspirado en el entierro de Lincoln. Jackie, vestida de riguroso negro y con un velo cubriéndole el rostro, encabezaba
erguida el cortejo de la mano de sus dos hijos. Caminó tras el
ataúd desde la Casa Blanca hasta la catedral de St. Matthew
donde la esperaban sesenta y dos jefes de Estado y de gobierno, entre ellos De Gaulle. La imagen del pequeño John Jr. saludando militarmente ante el féretro de su padre quedaría
para siempre grabada en la memoria del público. Aquella misma tarde, sin alterar su rutina, Jackie celebraría el tercer cumpleaños de su pequeño.

Tras los actos oficiales, Jackie desapareció de la vida pública. El 6 de diciembre abandonó definitivamente la residencia
oficial y durante un tiempo vivió en una casa prestada rodeada
de sus Van Gogh, Matisse, Cézanne y sus objetos de arte más
apreciados que le recordaban los buenos tiempos. A principios
de 1964, la ex primera dama compró una mansión de catorce
habitaciones, repartidas en tres niveles, que le costó una fortu-

na para la época. Intentó en su nuevo hogar recrear el ambiente de las habitaciones que sus hijos tenían en la Casa Blanca, quizá para contrarrestar la enorme nostalgia que sentía. Durante un año guardaría un discreto luto y se dejaría ver en contadas ocasiones. Tenía sólo treinta y cuatro años y sus dos hijos pequeños eran ahora su máxima prioridad. En los meses siguientes se dedicaría a defender la memoria de su esposo, implicándose en una exposición itinerante y en la creación de la biblioteca Memorial John F. Kennedy en Boston, para la que consiguió recaudar diez millones de dólares. Acosada por la prensa y pensando en la seguridad de sus hijos decidió trasladarse a Nueva York donde compró un lujoso ático en el 1040 de la Quinta Avenida. En este enorme apartamento de quince habitaciones frente a Central Park viviría durante treinta años, hasta el día de su muerte.

Con el paso del tiempo y ya instalada en Nueva York, Jackie fue reconstruyendo los pedazos de su vida. Poco a poco fue superando la profunda depresión en la que se sumió tras la muerte de John. El polémico doctor Jacobson —que Bob Kennedy detestaba— seguía acudiendo en su auxilio con sus recetas milagrosas. Pero Jackie se había acostumbrado demasiado a los sedantes y otros medicamentos y su cuerpo ya no respondía a los tratamientos a base de anfetaminas y esteroides. Caroline y John iban a dos prestigiosas escuelas católicas y empezaban a tener una vida «normal» tal y como siempre había deseado su madre para ellos. «Son el centro de mi universo, espero yo también ser el centro del suyo. Tengo la intención de estar junto a ellos y no fallarles», diría Jackie. Y así, cuando comenzaba a reponerse, otra nueva desgracia la golpearía con fuerza. En la madrugada del 6 de junio de 1968, el senador Robert Kennedy era asesinado apenas una hora después de haber sido elegido candidato a la presidencia. Fue en ese instante cuando Jackie empezó a temer seriamente por su seguridad y la de sus hijos. «Desprecio este país y no quiero que mis hijos sigan viviendo aquí. Si han decidido matar a los Kennedy, mis hijos son el principal blanco. Quiero irme de aquí», diría totalmente desbordada por la muerte de Bob, su fiel amigo y confidente. La esperanza de una vida tranquila y la posibilidad de un regreso de los Kennedy a la Casa Blanca se esfumaron con la muerte de Bob.

Pero una vez más Jackie Kennedy resurgiría de sus cenizas. A sus treinta y nueve años, no estaba dispuesta a asumir el resto de sus días el papel de «viuda de América» y el 20 de octubre de 1968 se casó con otro hombre poderoso, rico y muy influyente: Aristóteles Onassis. El público estadounidense, que antes la adoraba, ahora criticaba esta unión que muchos tachaban de interesada y sin un ápice de amor. «Te bajarán de tu pedestal», le advirtió un amigo. «Mejor eso que morirme sobre él», fue su respuesta. Jackie, ajena al revuelo que provocó su decisión, comenzó una nueva etapa de la mano de un hombre —veintitrés años mayor que ella— que le aportó el consuelo y la seguridad que en esos momentos necesitaba. Su matrimonio de conveniencia no fue un lecho de rosas. Jackie se casaba con un hombre con el que no compartía ni gustos ni aficiones, pero que pagaba sus abultadas facturas —por entonces era una compradora compulsiva que podía adquirir doscientos pares de zapatos en un día— y le regalaba magníficas joyas. Como esposa de Onassis contaba con una asignación anual de 20.000 dólares, y sin embargo todos los meses enviaba facturas a la secretaria de Ari para cubrir gastos imprevistos. Cuando el magnate murió el 15 de marzo de 1975 a causa de una neumonía bronquial, Jackie se quedó de nuevo viuda —y con una cuantiosa herencia en el banco—, pero esta vez comenzó a vivir a su manera, sin depender de los hombres.

Sus últimos años fueron quizá los más felices porque finalmente hizo lo que le gustaba sin tener que dar cuentas a nadie. Tras años sin trabajar, dedicada en cuerpo y alma a sus caprichos, y a gozar de todos los privilegios, regresó a su antigua vocación literaria. Instalada en su ático neoyorquino se dedicó a viajar por todo el mundo, a editar libros exquisitos y cuentos infantiles para Doubleday —hasta su muerte trabajó tres días a la semana como editora de libros ilustrados— y a disfrutar de sus nietos. Encontró en Maurice Tempelsman, un conocido asesor financiero y propietario de un negocio de diamantes, al mejor compañero para recorrer el último tramo de su turbulenta vida. Cuando en noviembre de 1993, tras una caída de caballo en una exhibición hípica, descubrió que padecía un cáncer linfático, organizó una magnífica comida de Navidad y se marchó de vacaciones al Caribe. Cinco meses después, Jackie ingresaba de urgencia en un hospital de Nueva York. Al saber que el cáncer había ganado la batalla, les pidió a sus hijos que la dejaran morir tranquila en casa. Previsora y meticulosa como siempre, redactó un largo testamento —su fortuna se calculaba en torno a los 200 millones de dólares—, y preparó los detalles de su entierro en la iglesia de San Ignacio de Loyola. Eligió un canto gregoriano, la camisa que quería lucir en su funeral y redactó una lista de las personas que podían acercarse a su lecho y despedirse de ella. Un tiempo atrás había decidido que quería ser enterrada junto a John F. Kennedy y sus dos hijos Arabella y Patrick, en el Cementerio Nacional de Arlington.

El 19 de mayo, a sus sesenta y cuatro años, Jackie murió en su lecho rodeada de sus hijos sin entender por qué su vida

privada aún importaba a la gente. Su adorado hijo John Jr.
—un atractivo periodista y abogado que moriría a los treinta
y ocho años en un extraño accidente aéreo— fue el encargado de leer un breve y emotivo comunicado a los periodistas
que hacían guardia frente a la casa: «Anoche, a las diez y cuarto, mi madre se apagó rodeada de sus amigos, de su familia, de
sus libros, de las personas y objetos que más quería. Murió
como ella había deseado, y por eso estamos felices. Está ahora
en manos de Dios. Han sido enviados un número incalculable
de mensajes, provenientes de Nueva York y del mundo entero. En nombre de mi familia, agradezco sinceramente a todos
los que se han manifestado de esa manera. Ahora que lo sabéis
todo, confío en que nos daréis dos o tres días de paz».

Jackie Kennedy Onassis, que toda su vida intentó preservar
su intimidad, no podría evitar que tras su muerte su imagen se
convirtiera en un icono de su tiempo y su vida en una leyenda plagada de luces y sombras. «El público jamás se cansaba de
leer cosas, por triviales que éstas fuesen, sobre ella y sobre sus
hermosos hijos. Se convirtió en una estrella, en un ídolo. Parecía la perfecta esposa, la perfecta madre, la perfecta amante,
realmente la mujer perfecta», diría uno de sus biógrafos. La que
en su día fuera la mujer más fotografiada y admirada del mundo, la sofisticada y enigmática dama que compartió su corazón
con dos hombres poderosos, seguiría interesando a un público
que nunca la olvidó.

Bibliografía

ANDERSEN, CH., *Jackie et John, les années de pouvoir*, Ramsay, París, 1996.

—, *John et Jackie, histoire d'un couple tragique*, Ramsay, París, 1996.

—, *John-John, ou la malédiction des Kennedy*, Ilustrée, col. J'ai Lu, 2000.

BARDÈCHE, M., *Histoire des femmes*, Stock, París, 1968.

BARNES, J., *Eva Perón*, Ultramar, Madrid, 1979.

BOWLES, H., *Jacqueline Kennedy: The White House Years*, Bulfinch, Boston-Nueva York-Londres, 2001.

BRADFORD, S., *America's Queen: A Life of Jacqueline Kennedy Onassis*, Viking, Nueva York, 2000.

BUCK, P. S., *Las mujeres Kennedy*, Dopesa, Barcelona, 1972.

BURAYA, L., *María Callas*, Edimat, Madrid, 2005.

CAFARAKIS, CH., *El fabuloso Onassis*, G. del Toro, Madrid, 1971.

CALLAS, J., *Sisters: A Revealing Portrait of the world's most famous diva*, Gordonsville, Virginia, St. Martin's Press, 1990.

CAPOTE, T., *Desayuno en Tiffany's*, Anagrama, Barcelona, 1988.

CASSINI, O., *In my Own Fashion*, Pocket Books, Nueva York, 1987.

—, *A thousand days of magic*, Rizzoli, Nueva York, 1995.

CHARLES-ROUX, E., *Le temps Chanel*, Éditions de La Martinière, París, 2004.

CLARKE KEOGH, P., *Audrey Style*, Aurum Press, Londres, 1999.

CRAMER, H., *La duquesa de Windsor*, AHR, Barcelona, 1957.

CROWE, C., *Conversaciones con Billy Wilder*, Alianza, Madrid, 2002.

DEGUNST, S., *Coco Chanel, citations*, Les Éditions du Huitième Jour, 2008.

DHERBIER, YANN-BRICE (ed.), *Maria Callas. Les images d'une vie*, YB éditions, París, 2007.

DUNCAN, P. (ed.), *A. Hepburn*, Taschen, Colonia, 2006.

DUQUE DE WINDSOR, E., *La vida de un rey*, Ediciones Grijalbo, México D.F., 1958.

EDWARDS, A., *Maria Callas intime*, J'ai Lu, París, 2002.

ELLIOT, M., *Cary Grant. La biografía*, Lumen, Barcelona, 2007.

ERWIN, E., DIAMOND, J. Z., *Los tesoros de Audrey Hepburn*, La Cúpula, Barcelona, 2008.

FRASER, N., NAVARRO, M., *Eva Perón. La verdad de un mito*, Bruguera, Barcelona, 1982.

HAEDRICH, M., *Coco Chanel íntima*, Dopesa, Barcelona, 1973.

HELLSTERN, M., *Cómo ser adorable, según Audrey Hepburn*, Vergara, Barcelona, 2005.

HEPBURN, S., *Audrey Hepburn, un espíritu elegante*, Scyla, Barcelona, 2009.

HEYMANN, D., *Pauvre petite fille riche*, Presses de la Cité, París, 1987.

—, *Una mujer llamada Jackie*, Ediciones B, Barcelona, 1989.

HIGHAM, CH., *La scandaleuse duchesse de Windsor*, JC Lattès, París, 1989.

JENNINGS, D., *Barbara Hutton: A Candid Biography*, F. Fell, 1968.

KASPI, A., *John F. Kennedy*, Grupo Correo, Madrid, 2003.

KELLEY, K., *Los Windsor*, Plaza & Janés, Barcelona, 1997.

LAGERFELD, K., *Mademoiselle*, Steidl, 2009.

LECOMTE, F., *Jackie. Les années Kennedy*, L'Archipiel, París, 2004.

MADSEN, A., *Coco Chanel*, Circe, Barcelona, 1998.

MARTÍNEZ PUJALTE, M. A., *Yo, Maria Callas. La ópera de mi vida*, Huerga & Fierro editores, Madrid, 1998.

MENEGHINI, G. B., *My wife, Maria Callas*, Farrar, Straus & Giroux, Nueva York, 1982.

MONTERO, R., *Historias de mujeres*, Alfaguara, Madrid, 1995.

—, *Pasiones*, Aguilar, Madrid, 1999.

MORAND, P., *El aire de Chanel*, Tusquets, Barcelona, 1999.

MOSLEY, D., *La duquesa de Windsor*, Planeta, Barcelona, 1980.

MURPHY, CH., BRYAN III, J., *Los duques de Windsor*, Lasser Press Mexicana, México D.F., 1980.

PERRIS, A., *Jacqueline Kennedy*, Edimat, Madrid, 2005.

RADZIWILL, L., *Happy Times*, Ediciones Assouline, Nueva York, 2001.

RENSSELAER, PH. VAN, *Million Dollar Baby: An intimate Portrait of Barbara Hutton*, Putnam, 1979.

RIVERA DE LA CRUZ, M., *Fiestas que hicieron historia*, Temas de Hoy, Madrid, 2001.

ROYO-VILLANOVA, J., *Porfirio Rubirosa, el último playboy*, Espejo de Tinta, Madrid, 2006.

SIMON, J.-M., *Jackie Kennedy: une femme blessée*, Bernard Giovanangeli, París, 2005.

SPENCER, J., *Eva Perón*, Bartillat, París, 2007.

SPOTO, D., *Jackie, le roman d'un destin*, Le Cherche Midi, París, 2001.

—, *Audrey Hepburn. La biografía*, Lumen, Barcelona, 2006.

STANCIOFF, N., *Maria Callas. Remembered*, Dutton, Nueva York, 1987.

STASSINOPOULOS, A., *Maria Callas. La mujer detrás de la leyenda*, Ediciones Quarto, Barcelona, 1984.

SUCARRAT, M., *Vida sentimental de Eva Perón*, Sudamericana, Buenos Aires, 2006.

SYLVESTER, CH. (ed.), *Las grandes entrevistas de la historia*, El País Aguilar, Madrid, 1997.

TOLEDO, D., *Audrey Hepburn de la A a la Z*, Jaguar, Madrid, 2006.

YUSTE, C., *Audrey Hepburn en el recuerdo*, Cacitel, Madrid, 2003.

Agradecimientos

Este libro no existiría si mi apreciado Eduardo Sánchez Junco —a quien siempre echaré de menos— no me hubiera propuesto escribir para *¡Hola!* estas biografías (ahora ampliadas y revisadas). Mi sincera gratitud a su magnífico equipo de redactoras —Paula López, Silvia Luengo y Lola Delgado— con quienes comparto la fascinación por estas mujeres de leyenda. Y a Belén Junco, un torbellino de creatividad, a quien dedico este libro que contiene sus sabias sugerencias.

Doy las gracias a Ana Roca por su ardua tarea de documentación y por descubrir aspectos inéditos de estos mitos del siglo XX. A Jackie Bassat por su apoyo a la promoción de todos mis libros y su colaboración en la presentación de *Divas rebeldes* en Barcelona. Y al fotógrafo Javier Alonso Asensio por conseguir buenas fotos de la autora y cederlas para su promoción. También mi sincero agradecimiento a Gemma Nierga, por los buenos momentos compartidos en las presentaciones de mis libros.

Para esta edición he contado con el inestimable apoyo de mis editores David Trías y Emilia Lope, siempre pacientes y eficaces. Y con Alicia Martí y Leticia Rodero que siempre me hacen fácil la dura travesía de la promoción. Gracias también a todo el equipo de Plaza & Janés y el grupo Random House Mondadori que ha participado en la confección de este libro. Mi especial agradecimiento a Assunta Jiménez-Ontiveros, directora de Relaciones Exteriores de Chanel en España, por abrirme las puertas en París al universo de la genial Coco Chanel. Y a mi marido, José Diéguez, por su incondicional apoyo, sentido del humor y compañía en esta nueva aventura literaria.